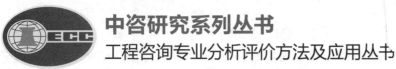

中咨研究系列丛书

工程咨询专业分析评价方法及应用丛书

工程项目经济分析理论方法及应用

主 编　李开孟
副主编　徐成彬　李　燕

中国电力出版社
CHINA ELECTRIC POWER PRESS

内 容 提 要

本书系统地阐述了工程项目经济分析的理论方法及在工程咨询实践中的具体应用，内容包括经济分析的必要性及主要特征，经济分析方法的研究及应用，经济费用效益的界定和量化，劳动力、生命及健康、土地、时间节约、外汇等经济价值的计算思路和专业方法，社会折现率的测算，费用效益流量的分析评价，重大项目的经济影响分析，以及不同行业项目经济分析方法的应用。

本书可作为各类工程咨询机构、发展改革部门、项目业主单位、投融资机构相关领域专业人员开展专业学习、业务进修及继续教育用书，也可作为高等院校相关专业研究生和本科生教材使用。

图书在版编目（CIP）数据

工程项目经济分析理论方法及应用/李开孟主编. —北京：中国电力出版社，2020.8
（工程咨询专业分析评价方法及应用丛书）
ISBN 978-7-5198-4616-9

Ⅰ.①工… Ⅱ.①李… Ⅲ.①工程经济分析－研究 Ⅳ.①F403.7

中国版本图书馆 CIP 数据核字（2020）第 071977 号

出版发行：中国电力出版社
地　　址：北京市东城区北京站西街 19 号（邮政编码 100005）
网　　址：http://www.cepp.sgcc.com.cn
责任编辑：孙建英（010-63412369） 马雪倩
责任校对：黄　蓓　常燕昆
装帧设计：张俊霞
责任印制：吴　迪

印　　刷：北京天宇星印刷厂
版　　次：2020 年 8 月第一版
印　　次：2020 年 8 月北京第一次印刷
开　　本：787 毫米×1092 毫米　16 开本
印　　张：18.75
字　　数：462 千字
印　　数：0001—1500 册
定　　价：78.00 元

丛 书 总 序

现代咨询企业怎样才能不断提高核心竞争力？我们认为，关键在于不断提高研究水平。咨询就是参谋，如果没有对事物的深入研究、深层剖析和深刻见解，就当不好参谋，做不好咨询。

我国的工程咨询业起步较晚。以1982年中国国际工程咨询公司（简称中咨公司）的成立为标志，我国的工程咨询业从无到有，已经发展成具有较大影响的行业，见证了改革开放的历史进程，并且通过自我学习、国际合作、兼容并蓄、博采众长，为国家的社会经济发展做出了贡献，同时也促进了自身的成长与壮大。

但应该清醒地看到，我国工程咨询业与发达国家相比还有不小差距。西方工程咨询业已经有一百多年的发展历史，其咨询理念、方法、工具和手段，以及咨询机构的管理等各方面已经成熟，特别是在研究方面有着深厚基础。而我国的工程咨询业尚处于成长期，尤其在基础研究方面显得薄弱，因而总体上国际竞争力还不强。当前，我国正处于社会经济发生深刻变革的关键时期，不断出现各种新情况、新问题，很多都是中国特定的发展阶段和转轨时期所特有的，在国外没有现成的经验可供借鉴，需要我们进行艰辛的理论探索。全面贯彻和落实科学发展观，实现中华民族伟大复兴的中国梦，对工程咨询提出了新的要求，指明了发展方向，也提供了巨大发展空间。这更需要我们研究经济建设，特别是投资建设领域的各种难点和热点问题，创新咨询理论和方法，以指导和推动咨询工作，提高咨询业整体素质，造就一支既熟悉国际规则，又了解国情的专家型人才队伍。

中咨公司重视知识资产的创造、积累，每年都投入相当的资金和人力开展研究工作，向广大客户提供具有一定的学术价值和应用价值的各类咨询研究报告。《中咨研究系列丛书》的出版，就是为了充分发挥这些宝贵的智力财富应有的效益，同时向社会展示我们的研究实力，为提高我国工程咨询业的核心竞争力做出贡献。

立言，诚如司马迁所讲"成一家之言"，"藏诸名山，传之其人"。一个人如此，一个企业也是如此。既要努力在社会上树立良好形象，争取为社会做出更大贡献，同时，还应当让社会倾听其声音，了解其理念，分享其思想精华。中咨公司会向着这个方向不断努力，不断将自己的研究成果献诸社会。我们更希望把"中咨研究系列丛书"这项名山事业坚持下去，让中咨的贡献持久恒长。

《中咨研究系列丛书》编委会

前　　言

中国国际工程咨询公司一直非常重视工程咨询理论方法及行业标准规范的研究制定工作。公司成立30多年来，接受国家发展和改革委员会（简称国家发展改革委）等有关部门的委托，以及公司自开课题开展了众多专题研究，取得了非常丰富的研究成果，部分成果以国家有关部委文件的方式在全国印发实施，部分成果以学术专著、论文、研究报告等方式在社会上予以推广应用，大部分成果则是以中国国际工程咨询公司（简称中咨公司）内部咨询业务作业指导书、业务管理制度及业务操作规范等形式，用于规范和指导公司各部门及所属企业承担的各类咨询评估业务。中咨公司开展的各类咨询理论方法研究工作，为促进我国工程咨询行业健康发展发挥了重要作用。

工程咨询专业分析评价方法的创新，在工程咨询理念及理论方法体系创新中具有十分重要的地位。工程咨询是一项专业性要求很强的工作，咨询业务受到多种不确定性因素的影响，需要对特定领域的咨询对象进行全面系统的分析论证，往往难度很大。这就需要综合运用现代工程学、经济学、管理学等多学科理论知识，借助先进的科技手段、调查预测方法、信息处理技术，在掌握大量信息资料的基础上对未来可能发生的情况进行分析论证，因此对工程咨询从业人员的基本素质、知识积累，尤其是对其所采用的分析评价方法提出了很高的要求。

研究工程咨询专业分析评价关键技术方法，要在继承的基础上，通过方法创新，建立一套与国际接轨，并符合我国国情的工程咨询分析评价方法体系，力求在项目评价及管理的关键路径和方法层面进行创新。所提出的关键技术方法路径，应能满足工程咨询业务操作的实际需要，体现工程咨询理念创新的鲜明特征，与国际工程咨询所采用的分析评价方法接轨，并能对各领域不同环节开展工程咨询工作所采用的分析评价方法起到规范的作用。

本次纳入《工程咨询专业分析评价方法及应用丛书》范围内的各部专著，都是中咨公司过去多年开展工程咨询实践的经验总结，以及相关研究成果的积累和结晶。公司各部门及所属企业的众多专家，包括在职的和已经离退休的各位资深专家，都以不同的方式为这套丛书的编写和出版做出了重要贡献。

在丛书编写和出版过程中，我们邀请了清华大学经管学院蔚林巍教授、北京大学工业工程与管理系张宏亮教授、同济大学管理学院黄瑜祥教授、天津大学管理学院孙慧教授、中国农业大学人文学院靳乐山教授、哈尔滨工程大学管理学院郭韬教授、中央财经大学管理科学与工程学院张小利教授、河海大学中国移民研究中心陈绍军教授、国家环境保护部环境规划院大气环境规划部宁淼博士、中国科学院大学工程教育学院詹伟博士等众多国内知名专家参与相关专著的编写和修改工作，并邀请美国斯坦福大学可持续发展与全球竞争力研究中心主任、美国国家工程院 James O. Leckie 院士、执行主任王捷教授等国内外知名专家学者对丛书的修改完善提出意见和建议。

本次结集出版的《工程咨询专业分析评价方法及应用丛书》，是《中咨研究系列丛书》中的一个系列，是针对工程咨询专业分析评价方法的研究成果。中咨公司出版《中咨研究系列丛书》的目的：一是与我国工程咨询业同行交流中咨公司在工程咨询理论方法研究方面取得的成果，搭建学术交流的平台；二是推动工程咨询理论方法的创新研究，探索构建我国咨询业知识体系的基础架构；三是针对我国咨询业发展的新趋势及新经验，出版公司重大课题研究成果，推动中咨公司实现成为我国"工程咨询行业领先者"的战略目标。

纳入《工程咨询专业分析评价方法及应用丛书》中的《工程项目经济分析理论方法及应用》，是中咨公司在工程项目经济分析理论方法研究领域的一项重要成果。原国家计划委员会（简称原国家计委）于 1987 年发布《建设项目经济评价方法与参数》（简称《方法与参数》）第一版，原国家计委和原建设部于 1993 年联合发布《方法与参数（第二版）》，国家发展改革委于 2006 年 7 月批准发布《方法与参数（第三版）》，均对投资项目经济费用效益分析的方法体系及参数选取提出了规范要求。《方法与参数》是在借鉴国际经验的基础上，结合中国项目评价及政府审批项目的实际需要进行研究制定的。20 世纪 60~70 年代，一些西方经济学家针对发展中国家评估项目的实际需要，提出以影子价格为核心的投资项目经济评价方法体系，在当时引起国际学术界和实际工作部门的轰动，但包括世界银行在内的众多机构，并没有认真地使用过这套方法，也没有足够的证据表明因为一些国家使用了这套方法而改进了投资效果。50 多年过去后的今天，当年发展中国家所处的经济背景远非昔比，多数已从出口导向转为贸易和投资的开放与均衡，全面的价格转换已没有必要。针对发展中国家投资项目经济费用效益分析的研究和应用，近 20 年来在学术界已逐步趋冷。但是，西方市场经济国家公共支出管理当局，一直将经济费用效益分析奉为圭臬，主要用于揭示项目的公共支出是否合理，强调方案比较，淡化经济净现值和经济内部收益率等评价指标的计算。我国经过 30 多年的改革发展，已经基本建立起现代市场经济体系，在公共投资项目的决策及分析评价领域，应该借鉴西方市场经济国家的经验，完善我国项目评价方法体系。

中咨公司一直是国家发展改革委、住房和城乡建设部研究制定《建设项目经济评价方法与参数》的主要参与者，对投资项目经济分析理论方法研究领域的最新动态一直予以持续关注，并开展了各项专题研究。本书就是在过去各项研究成果的基础上进一步完善和深化所取得的投资项目经济分析理论方法研究创新成果，内容包括经济分析的必要性及主要特征，经济分析方法的研究及应用，经济费用效益的界定和量化，劳动力、生命及健康、土地、时间节约、外汇等经济价值的计算思路和专业方法，社会折现率的测算，费用效益流量的分析评价，重大项目的经济影响分析，以及不同行业项目经济分析方法的应用。本书可作为各类工程咨询机构、发展改革部门、项目业主单位、投融资机构相关领域专业人员开展专业学习、业务进修及继续教育用书，也可作为高等院校相关专业研究生和本科生教材使用。本书编写得到了同济大学黄瑜祥教授、中国农业大学靳乐山教授的大力支持，上海同济大学邵颖红等老师也为本书出版做出了重要贡献。

《工程咨询专业分析评价方法及应用丛书》的编写出版工作，由中咨公司研究中心具体负责。研究中心是中咨公司专门从事工程咨询基础性、专业性理论方法及行业标准制定相关研究工作的内设机构。其中，开展工程咨询理论方法研究，编写出版《中咨研究系列丛书》，是中咨公司研究中心的一项核心任务。

　　在此希望，工程咨询专业分析评价方法及应用系列丛书的出版，能够对推动我国工程咨询专业分析评价方法创新，推动我国工程咨询业的健康发展发挥积极的引领和带动作用。

编　者

二〇二〇年三月

目　录

第一章

经济分析的必要性及主要特征

经济分析是项目评价的重要内容。工程项目经济分析试图采用特定的专业分析方法和评价标准，真实反映拟建项目的经济代价及效益，评价项目投资的经济合理性，是进行科学决策的重要专业分析评价工具。我国开展投资项目经济分析及评价工作已有 30 多年的历史，但经济分析在推动我国投资项目科学决策方面的作用还有待进一步发挥，并值得我国项目评价领域专业人员认真研究。

第一节　工程项目经济分析的特征

一、工程项目经济分析概述

（一）经济分析的意义

经济分析是按照资源合理配置的要求，分析投资项目所耗费的经济资源和对经济的真实贡献，并可采用影子价格、影子工资、影子汇率和社会折现率等参数体系，定量计算经济分析指标，评价投资项目的经济合理性。许多项目的实施，不仅要考虑项目本身的财务现金流量情况，也要考虑到该项目对经济发展和社会公平所产生的影响。典型的如公路建设项目，若是公益性的基础设施建设项目，不是收费公路，则在财务上没有收益，无法进行财务盈利能力评价，但公路建设将大大增加旅客、货物的运输量，节约旅客、货物的在途时间，缓解其他道路的拥挤状况，并给周边地区的土地带来增值等，经济分析可以为该类项目是否可行提供决策依据。

财务评价是从投资者和融资者的角度，评价工程项目在财务上及商务上的可行性，分析在特定的商务环境中，工程项目及其所依托的企业的经营状况，考虑项目的财务现金流入及流出状况，所有投入物和产出物的价格均按市场状况进行测算评价。同时，投资项目还应在广泛的区域经济和社会环境中进行论证。因为由投资者决定的公司目标和投资政策并不总是与社会经济政策及投资领域相吻合。

经济分析可采用定性和定量的方法评价投资项目的经济合理性。在进行定量分析时，一般采用影子价格、影子工资、影子汇率和社会折现率，分析项目建成后对各利益相关者所带来的效益，以及各利益相关主体为该项目所付出的全部代价，以评价项目的经济合理性。投资项目在其所处的社会经济系统中，既是一个单独的实体，又是区域经济不可分割的组成部分，在其寿命期内的投入与产出，都会对当地经济产生直接或间接的影响。通过对投资项目的经济分析，可以使投资决策更加科学合理，并可以促使产业结构、规模布局的合理化，从当地经济社会系统中实现经济资源的优化配置。经济分析是项目评价的核心内容，是项目投资决策的重要依据，必须予以高度重视。

进行投资项目经济分析需要关注公众利益。在不是充分竞争的理想市场环境下，市场机制不能保证在任何情况下，都能够对资源进行最优配置。企业因项目投资而获得的最大财务盈余并不能充分反映项目投资的其他发展目标。有时，不充分的市场竞争能够使某些企业占据市场垄断地位，政府干预（通过税收、补助、利率、价格控制、进口限额等）则经常使贸易货物和服务的价格发生偏差，使得这些价格不能真实地反映货物和服务的经济价值。在这种情况下，客观上需要测算项目有别于财务现金流量的真实经济价值。

在市场充分竞争的环境条件下，大多数建设项目的财务评价结论能够满足项目投资决策的需要。尤其是各类加工业项目，应当由市场竞争决定其生存，由市场竞争优胜劣汰机制促进生产力不断发展和进步。这类项目的财务评价结论应当与经济分析结论一致。当出现投资项目的经济费用效益流量与财务现金流量不一致时，即表明项目投资建设和运营活动出现了经济外部性，应通过国家经济政策的干预，促使项目的外部性内部化，使得项目的财务评价结论与经济分析结论一致。但也存在一些项目，在现行的财务税收制度下，财务评价不能真实反映项目的经济价值，有些行业存在市场失灵情况，投资活动不能由市场力量自行调节，需要政府干预，这类项目则需要进行经济分析。

有些项目财务评价的效益很好，盈利性很高，但实际上对经济社会发展的贡献并不大。比如某些地区建设的煤矿项目，从财务评价角度看，企业盈利性很好，当地也可以获得较高的税收，似乎对当地经济发展的贡献也很大。可是如果从整个社会经济体系的角度考察，就会发现小煤窑乱采乱挖，严重损害煤炭资源的综合开发和集约利用，通常没有必要的安全生产防护措施，事故频发，矿工的人身安全受到严重威胁，其真实经济价值并不高。有些项目财务评价的盈利性不高，但可能是由于价格、税收等方面的政策所致，项目实际上对经济发展的贡献很大，比如一些资源开发项目、农林水利、公路桥梁、社会文教、卫生等工程。开展投资项目经济分析，其核心目的就是要解决财务评价不能正确反映项目真实经济价值的问题，为投资决策提供科学可靠的依据。

在项目投资决策的分析评价阶段应重视投资项目的经济分析，主要理由如下：

（1）经济分析是项目分析评价方法体系的重要组成部分，市场分析、技术方案分析、财务分析、环境影响分析、组织机构分析和社会评价都不能代替经济分析的功能和作用。

（2）经济分析是市场经济体制下政府对投资项目进行分析评价的重要方法，是政府部门履行对拟建项目的外部性管理职能的重要依据。

（3）经济分析强调从资源配置经济效率的角度分析项目的外部效果，通过费用效益分析及费用效果分析等方法判断投资项目的经济合理性，是政府审批或核准项目的重要依据。

投资建设项目的经济分析应达到下列目的：

（1）全面识别整个社会为项目付出的代价，以及项目为提高社会福利所做出的贡献，评价项目投资的经济合理性。

（2）分析项目的经济费用效益流量与财务现金流量存在的差别，以及造成这些差别的原因，提出相关的政策调整建议。

（3）对于具有明显经济合理性但其自身不具备财务生存能力的项目，应通过经济分析来论证对其投资建设的经济合理性，分析利用公共资源对其进行投资建设的必要性，从而为政府对其投资建设和生产运营提供优惠政策、进行投资补助等决策活动提供分析依据。

（4）对于市场化运作的基础设施等项目，通过经济分析来论证项目的经济价值，为制定财务方案提供依据。

对于企业投资建设的项目，不论是实行核准制的项目还是备案制的项目，在关心财务评价结论的同时，也需要关注投资项目的经济效果，必要时应专门进行经济分析。主要理由是：

（1）项目的经济价值是构成财务现金流量的基础。虽然企业直接关心的是投资项目的财务现金流量，是通过财务分析来评价投资项目对企业价值及股东财富的贡献，但为了准确地分析企业从项目的投资建设中可能得到的持续稳定的财务现金流量状况，必须对其真实的经济价值进行分析评价。例如，企业对高速公路的投资，直接关心的可能是高速公路的收费水平及交通量大小，以及由此而决定的财务现金流量。但是，高速公路的经济价值，如为通行者带来的时间节约、运输费用节约、运输质量提高等方面的经济价值，才是高速公路能够为企业带来现实的财务现金流量的基础。没有经济价值基础的财务现金流量，必然带有明显的泡沫成分，因而难以具有可持续性。

（2）项目的经济价值是企业评价其应该承担的社会成本的重要依据。投资项目的经济费用效益流量，是项目的投资建设所引起的一种真实存在的费用效益流量，无论它是否反映在负责项目投资建设的企业的财务报表里，它都真实地存在着，而且需要社会经济系统的不同利益相关者来支付其成本。例如，企业排泄的污染物，可能企业不直接为其污染行为付出代价，但需要转嫁给社会为治理污染付出成本。即使当代人不需要为此付出代价，但由于损害了可持续发展的能力，可能需要子孙后代为此付出代价。通过经济分析，有助于企业正确评价投资项目的真实经济价值，为履行其社会责任提供分析的依据。

（3）项目的经济价值为企业获得政府转移支付等支持提供依据。企业投资的许多项目，都具有明显的外部经济性，带来的许多有益的外部经济效果实际上是通过企业付出一定的经济代价所取得的，但却不能直接反映在企业的财务报表之中。对于自身财务生存能力较强的项目，政府出于兼顾公平和效率的角度考虑，一般不会因为该项目具有明显的外部效益而给予企业额外的补贴。对于具有明显的外部效益但财务生存能力不足的项目，为了保证项目能够实施，以便其外部效益能够相应地发挥出来，政府一般通过转移支付等方式，对企业参与这类项目的投资建设予以鼓励和支持。经济分析是用于评价企业应该获得的政府给予的投资补助、税收优惠等转移支付数量大小的重要分析依据。

（4）项目的经济价值是企业处理各种利益关系的重要依据。通过对拟建项目进行全面的经济分析，可以分析有哪些利益相关主体为本项目付出了代价，获得了收益，通过对受损者及受益者的经济分析，有利于企业判断各利益相关者的受益受损情况，以及他们对项目建设和运营的抵制和支持情况，为企业处理各种利益关系，保证项目顺利实施提供依据。

（二）工程项目经济分析的发展历程

研究经济分析理论及方法演进及其应用的发展历程，必须追溯到经济学的发展历史。20世纪30年代经济大萧条以前的百余年间，自由放任的经济学说支配着西方国家特别是英美的经济思想和政府政策。那时人们相信，一个好的政府的主要任务是维护社会秩序，以及提供少数不可缺少的公共设施和服务，市场竞争能够使得资源配置得以优化。在那种情形下，除了公共财政、保障劳力、促进贸易和其他少数有益公众的事业外，没有政府投资和公共项目的公共效益问题，这时所有的投资项目评价都是私人部门的投资活动财务评价。仅有的针对公共事业的研究，只被当作政府公务。

在经济大萧条年代，形势有了重大变化。随着西方世界自由放任体系的崩溃，一些政府，特别是美国政府，开始采用新的财政政策、货币政策和公共建设工程来挽救萧条的经济。这类处理危机的应急措施，其后成为国家层面宏观经济管理的常规手段，并取得了一定成效。在第二次世界大战期间，各国政府为了军事动员，以及在战后为了经济重建和恢复，曾运用各种政策和行动来干预经济事务，以动员人力和物力实现国家经济社会发展目标。随着各国政府管理公共事务的经验积累和人民要求改善生活的强烈愿望，政府干预社会经济活动的需要和作用逐渐加强。因此，在项目评价中，必须从经济社会发展的角度考虑投资项目的经济合理性，从而对投资项目经济分析提出了现实的需要。

西方国家进行投资项目经济分析所采用的方法主要是费用-效益分析法，该方法起源于法国工程师杜比特（J. Dupuit）在建桥时提出的消费者剩余概念。消费者剩余是消费者从项目投资及运营活动中得到的满足减去其实际支付的费用。消费者剩余量度的基础是物品和服务的效用，效用是消费者为了获得某个物品所愿付出的最大代价。计算公式为：

消费者剩余=消费者为获得某项物品或服务的最大支付意愿–实际支付费用

但是，杜比特的消费者剩余标准忽略了收入分配这个问题。他假定福利分配的变化对经济效用不产生影响，即认为收入重新分配的损失和收益是相互平衡的，消费者边际效用是一个常数。

1890年，英国经济学家阿尔弗雷德·马歇尔（Alfred Marshall）在其《经济学原理》第一版中，对杜比特的一些假设进行了更为明确的阐述。他把社会成员分为消费物品的消费者、生产物品的生产者以及社会其他成员三类，他们各自都有自己的剩余标准，并且认为消费者剩余、工人剩余和储蓄剩余都可以和生产要素占有者剩余相加，并明确指出：应该假定估算每一种商品总效用和消费者剩余所基于的需求价格获得的效用相等，而价格的提高说明了它们的稀缺性。

英国经济学家约翰·理查德·希克斯（John Richard Hicks）在总结前人研究成果的基础上，于1940年在《消费者剩余修正》一文中，提出了剩余标准是由社会剩余标准、消费者剩余标准、生产者剩余标准和其他商品潜在的剩余损失构成的，其相互之间的关系为："社会剩余＝消费者剩余+生产者剩余－其他商品潜在的剩余损失"，并对价格和边际效用之间的关系提出了自己的见解。杜比特和马歇尔都假定在商品价格发生边际变化时，其效用保持不变，即商品的边际效用是常数。希克斯则认为，由于价格的下降或上升影响着消费者可支配收入实际价值的增加或减少，并且消费者以后的市场行为受价格和收入的影响。价格的影响使消费者沿着补偿需求曲线左右移动,这取决于消费者可支配的收入是增加还是减少以及商品的好坏。

希克斯提出了利用"补偿"和"等效"变异的概念来分析消费者剩余的变化。补偿变异意味着消费者在高价格水平和低价格水平得到同样的商品所损失的资金量；等效变异则意味着消费者在低价格水平得到和高价格水平同样的商品所获得的资金量。他根据这两个概念来观察价格变化对消费者剩余所产生的影响，得出如下结论：对于任何价格变化，都必须考虑消费者的两种剩余量度。补偿变异量度其下限，等效变异量度其上限。当收入影响很小，以至于可以忽略不计时，两条补偿需求曲线是一致的。

美国1936年制定洪水管理法案时，采用了经济费用-效益分析（CBA）的思想，并对美国水资源综合开发利用起到很好的作用。但由于对经济费用和经济效益的量度方法不统一，在之后的若干年内费用-效益分析方法并没有在实践中得到推广应用。直到1950年，美国联邦河域委员会发表的"河域项目经济分析的建议"第一次把当时平行独立发展的两个学科，即实用项目分析与福利经济学联系起来。1958 年诺贝尔经济学奖金获得者之一，荷兰计量经济学家詹恩·丁伯根（Jan Tinbergen）提出了在费用-效益分析中使用影子价格（或计算价格）的主张。1962 年应肯尼迪总统的要求，美国联邦预算委员会发表了"联邦水资源开发的评价标准和准则"，作为水资源开发项目评价的指导性文件。英国在项目经济分析方面的研究较晚，主要在交通运输项目的经济分析方面，比如伦敦第三机场的经济分析等。英国政府于 1967 年提出"国有化工业采用费用-效益分析的指导意见"。加拿大政府财政委员会也于 1965 年发表"费用-效益分析指南"，从政府层面对费用效益分析提出明确要求。

西方市场经济国家由于私人部门占经济活动的主体地位，且市场机制较为完善，费用-效益分析在西方发达国家的应用极其有限，主要用于政府财政资金支持的公共项目投资决策分析评价。对于生产性的公共项目，市场价格和反映真实经济价值的影子价格背离不大，费用-效益分析与财务分析的结果区别不大。对于非生产性的公共项目，因经济效益定量计算困难，且主要体现为外部效益，项目投资决策受政治因素的影响很强，费用-效益分析的结果并不一定为决策者所接受。例如，1970 年英国政府委托以罗斯基尔（Roskill）为首的一个七人委员会对伦敦第三机场的场址选择方案进行了规模空前的费用-效益分析。1971 年发表了著名的罗斯基尔报告，提出从费用最小的角度出发，应将机场建在伦敦西郊的 Cubbiington。该方案比最差方案（建在 Foulness Island）能节省费用现值 2 亿英镑。这个分析几乎把所有的费用和效益都进行了量化，包括吸引旅客的多少，旅客到机场的费用，旅客多花的时间费用和噪声的费用等。英国政府可能出于政治上的考虑，并没有采纳这个结论，而倾向于建在经济费用最高的海边（Foulness Island）。

后来，费用-效益分析方法在发展中国家得到了应用和推广。世界银行和联合国工业发展组织（UNIDO）都在其贷款项目评价中同时使用财务分析和经济分析这两种方法。1968 年牛津大学著名福利经济学家利特尔（I. Little）和经济数学教授米尔利斯（J. Mirrlees）联合为经济合作与发展组织（OECD）编写了《发展中国家工业项目分析手册》；1972 年联合国工业发展组织（UNIDO）出版了一本重要著作《项目评价准则》；1974 年 Little 和 Mirrlees 又联合发表了《发展中国家项目评价和规划》；1975 年和 1979 年世界银行研究人员发表了《项目经济分析》和《项目规划和收入分配》两本重要著作。1980 年日本国际开发中心（财团法人）委托岛山正光编写了《工程项目可行性研究的理论及实践》。这些著作代表了西方国家关于投资项目经济分析的主要观点。

二、经济分析必要性的理论阐释

传统经济学理论认为，只要满足一定条件，自由市场就一定能够自动地实现经济效率。然而，在许多情况下，这些条件无法满足，市场偏离了实现效率的轨道。经济学家称这种偏离为"市场失灵"。在现实经济环境中，理想的自由竞争市场条件难以满足，"市场失灵"成为常态。

对于市场失灵，经济学家提出了许多"最优干预"的解决办法，以设法恢复使市场回复到实现经济效率轨道上去，或者用其他有同样效果的条件来代替。因此，经济学家认为，政府的作用就是实行"最优干预"。但是，在现实生活中，政府的干预往往并不能实现最优，不能采取最优的措施纠正市场失灵。相反，政府却常常在市场本身并未失灵时进行干预，结果这种干预本身破坏了经济效率。把非最优干预和无成功把握的干预合在一起，称为"政府失灵"。如果所有的干预都是最优或有把握的，在此情况下的财务价格（市场价格）和经济价格

（影子价格）将相差无几，在评价可在市场上销售的商品和服务的投资项目（例如大多数工业项目）时就不需要使用影子价格。但是，如果存在政府失灵，在项目评价时反而需要使用某种形式的影子价格以纠正因政府干预导致市场失真的情形。

经济学家关于市场失灵的理论认为政府的作用应有两大类型：①对特定行业或市场进行干预，其目的就是要纠正具体市场的失灵。市场不同，干预的内容和方式也应不同。②对于宏观经济层面的干预，其目的则是要保证充分就业、稳定价格水平和保持国际收支平衡。

（一）完全竞争

西方传统经济学理论认为，只要满足一定条件，自由运转的市场能自动过渡到静态和动态效率状态。这些"一定的条件"，一般称为"完全竞争"条件。

完全竞争是指大量买主和大量卖主参与某种私人产品自愿交易的一种状态。其基本含义是：

（1）每种市场都具备大量买主和大量卖主参加的特征，买卖的产品（或称商品）彼此之间无区别。

（2）每种产品都具备私人产品的属性，即：①产品的所有者能够排除他人，不让他人同自己一起使用该产品；②对商品或服务的所有权可以在市场上买卖；③除了买卖双方，该种商品的生产和使用不影响其他任何人。

（3）所有的市场交易都是由买卖双方自由自愿达成的，即无外来其他方面的唆使或干涉。

微观经济学有很大一部分内容是在阐述生产厂家在具体的决策环境下如何"正确"选择投入产出的问题。这里的"环境"包括很多内容，例如现存的市场、生产厂家对投入产出价格影响的程度、技术、信息、政府政策以及各种各样的风险和不确定性。在讲到生产厂家如何"正确"做出选择时，必须牢记关于其环境的各项假设。

如果假定生产厂家遵循最大利润原则行事，且掌握完全信息，彼此竞争但无力对价格产生影响，技术规模收益不变或至少技术收益不增加，并且不受政府行动的影响，那么就能很容易地说明，生产水平和投入的选择使得工资和要素价格等于其边际产品的价值。换言之，工资和要素价格等于在保持其他所有要素的使用不变的条件下由于再多使用一个单位的一种要素而增加的产出物的价值。当改变关于环境的假设时，关于生产厂家上述"最优"行为的说明也将随之改变。

完全竞争的各种假设是所谓经济学理论的主要基础内容。在许多情况下，完全竞争的环境假设同实际脱节。然而，这种假设仍然视为是一种重要的标准情况，能够得出相对简单、容易处理的结果。在某些情况下，这些假设可以充当粗略的近似。此外，还有其他几个关于产业规模、不完全信息、风险、不确定性和政府税收政策偏离理想情况时经济后果等有价值的研究。当厂家的数目少到能够影响差别产品或者某些投入的市场价格时，就会形成垄断或寡头，因而"优化"行为就会不同于纯粹竞争厂家的行为。当市场上有几家厂商参加时，就将他们彼此相同的假设放松，要说清楚何为"正确的"行为就变得非常复杂。这时候可以利用对策论进行分析。当存在寡头垄断时，需要研究其他厂商动机的不确定性或不完全信息导致的各种行为选择。

（二）市场失灵

经济学理论认为，市场失灵可能妨碍静态和动态效率的实现。市场失灵指的是具体商品或服务的市场未能满足上述完全竞争条件的情况。市场失灵表明未达到完全竞争，结果必须进行某种形式的干预以实现社会福利最大化。所谓社会福利实现最大化，则认为是在不发生市场失灵的情况下，由市场自身调节会自然而然出现的一种状态。

在市场失灵时，政府应当对经济活动进行干预，使之回复到静态和动态效率的轨道之上。换言之，政府在经济活动中的作用就应当是通过项目、规划和政策等手段进行"最优干预"，以纠正市场失灵，确保社会福利达到最大。

当市场失灵时，在市场上表现的价格可能使人们做出无助于实现经济效率（即静态和动态效率）的有关消费和生产决策。于是，在投资项目经济分析中，就需要通过使用影子价格，部分地纠正经济活动中因为市场失灵造成的价格失真而发生的资源配置不当。

当政府的干预有助于恢复实现经济效率时，就可以看作是"最优"干预。破坏经济效率的干预，或者不能完全恢复实现经济效率的干预，被看作是"非最优"干预。不幸的是，政府有时为了实现某些目标，采取的一些行为不是纠正市场失灵引起的价格失真，而是使失真更为甚之。经常可以看到政府的一些政策，如保护性关税、进口限制和出口补贴等，增加了价格的失真程度。政府通过采取各种措施改变市场价格，恰恰破坏了市场竞争所需要的那些必要条件，导致这些改变使得资源配置效率更差。需要特别指出的是，政府有时对某些产品的国际贸易进行限制，但是他们却没有意识到在这些产品的国际贸易过程中，口岸价格是一种有效、代价低且公平的调节机制，对生产者和消费者进行有利于国内公众利益的调节。

市场失灵可以分为四种类型：垄断（包括自然垄断，例如公用事业，以及不完全竞争）；外部性；公共产品和准公共产品；信息不对称。

在完全自由的市场环境无法提供公路、国防、教育、电力供应及污染治理等产品时，就要考虑政府能否直接提供这些公共设施和服务。对于市场无法提供的国防等特定产品而言，政府的直接介入显得尤为重要。但是问题在于，如果连市场也无法有效地提供这些产品，我们有什么理由相信政府提供就一定是有效率的呢？确切地说，究竟应提供多少国防才是真正有效率?这类产品的提供能够为社会中的成员带来价值，但对稀缺资源的占用并非就是有效的。因此，必须对这些公共设施的效益与费用进行确切的比较。在投资项目的决策评价中，必须进行不同于财务分析的经济分析，以便为公共项目的投资决策提供依据。

准公共产品似乎介于公共产品和私人产品之间。随着信息技术的发展，准公共产品可以通过技术手段来实现排他性，甚至可以测量其被使用或提供服务的数量。例如，ETC 技术可以以很低的社会成本实现公路收费，而通信技术可以通过测算流量对观看电视节目收费。经济分析面临的很多对象将是这类项目，有时被统称为"基础设施"或"公益性"项目。清晰地界定这类项目的"公共"性和"私人"性以及这两种性质所占的比例是重要的，不能不加分析地"回归"为公共项目，而使其失去"私人"部分可能提供的重要市场信息以及通过收费实现资源的合理配置的可能性。

具有外部性明显的项目，有必要将其纳入经济分析。如新能源和城市轨道交通项目可以减少化石燃料的碳排放，基础教育项目可以培养对他人和社会的良好态度，居民卫生保健项目可以防止对他人的疾病传染等。应该承认，多数外部性具有公共产品的性质，因此有时把这类项目也归为准公共项目或公益项目，其区别是外部性往往是指那些非本意的、间接进入项目受众对象的外部效果。

（三）政府失灵

政府失灵可以分为两种类型：①计划用来纠正市场失灵的干预措施在实施之后发现不合

适、不完备或者矫枉过正；②破坏了本来运行正常、很有效率的市场。例如政府政策无意识的、扭曲的副作用，或者导致了某种从经济资源优化配置的观点出发认为是不适当的资源利用行为。如政府常常对一些资源的使用给予补贴，包括对水、能源、农药及化肥等关键性农业投入提供补贴，鼓励这些资源的过度使用，导致了环境退化。

投资项目经济分析中使用影子价格的目的是部分纠正因政府和市场失灵造成的价格失真。换言之，影子价格允许提出能够改善静态和动态效率的项目。之所以会如此，一个重要原因是大多数国家的产业部门都接近于经济学理论建立的完全竞争模型，即有大量的买主和卖主、生产无差别的产品等。在许多发展中国家，纠正因政府政策造成的价格失真，被认为是使用影子价格的直接原因。

使用影子价格可以看成是对政府失灵的一种纠正。而之所以需要使用影子价格则可以看作是对政府不能够对经济进行最优干预的一种批评。因为如果政府能够找到某种办法在所有的市场上都恢复经济效率所必需的条件，就没有必要再使用影子价格进行经济分析。在项目评价中使用影子价格，是用现存"市场"价格或干预价格以外的价格，以便纠正由于市场失灵和政府失灵的存在而造成的扭曲。

同时也应看到，实现经济效率不是社会追求的唯一目标，当然也不是政府追求的唯一目标。在项目分析中就不应将经济效率当作需要考虑的唯一因素。以经济效率为重点进行项目评价，需要真正理解在什么情况下才能实现经济效率，要弄清楚哪些情况会破坏经济效率以及如何判断对经济部门的干预是否能够帮助恢复实现经济效率的必要条件。对负的外部性较现实的办法是公开立法征税，并不断修正；对正的外部性的补贴要谨慎，因为计量上的困难，会导致寻租而产生的资源配置的扭曲。

（四）市场失灵与政府干预

竞争性价格机制将引致有效或帕累托最优资源配置，但这需要具备一定的条件，包括技术和偏好的规定，远比现实世界中存在的事实苛刻。即使忽略市场从来都很少处于完全竞争状态这一事实，对于一个放任自由的经济体系为何仍然可能缺乏效率，还存在着一系列值得探究的原因。垄断或寡头垄断行为以及买方独家垄断行为会促使政府通过立法或制定规章进行干预以促进竞争。

价格机制有效配置资源的失灵主要出于两种原因：

（1）市场价格不一定能够反映边际收益或成本，市场盈利不一定能够恰当反映经济净收益。因此，需要采用虚拟的影子价格来衡量其真实的经济价值。

（2）市场本身有效配置资源的失灵，客观上需要直接配置资源的辅助机制（例如提供公共物品和服务）以及通过干预价格的纠正机制（如税收和补贴）。市场机制不能有效地以及公平地配置资源，这就为政府干预提供了理论基础。

根据现代经济学理论，建立在市场失灵之上的公共部门行动的合理性，依赖于人们对经济目标所持的个人观点。也就是说，资源配置效率最终由考虑到所有个人偏好的帕累托原则来判定，而不是用所谓"国家"这样一些独立组织实体的偏好来判定，整个社会期望达到的经济目标应是满足构成这个社会的所有个体的总福利。国家被认为是社会中个体的总和而不是有其自身欲望和目标的实体。从这个意义而言，评价政府决策的标准与评价市场决策的标准应该是一样的，即依据其在多大程度上和众多社会个体的偏好相吻合。

一般认为，市场失灵本身的单独存在并不能构成政府部门对市场进行干预的理由。对于政府行为而言，市场失灵是政府进行干预的必要条件，但不是充分条件。若不存在市场失灵，则市场将令人满意地运转下去，因此不需要政府干预，所以市场失灵是必要条件，但由于政府干预本身也有可能造成市场扭曲，从而使市场缺乏效率，因此市场失灵并不是政府干预的充分条件。在失灵的市场环境下，真正需要的是对市场自由运作及政府干预各自在资源配置中的作用分别进行评价。许多情况下政府干预可以改进资源配置，但在另外一些情况下则可能不行。经常由于情况的不确定性，以至于对政府干预是有利的还是无利的存在着很大的争论。最好能阐明市场可能产生无效率的各种模式以及政府采取措施纠正其无效率的各种模式，并对其分别进行评价。至于现实世界中某项特定的市场失灵是否需要集体性干预，则需要经验进行判断。

第二节　评价标准及功能特点

一、帕累托最优和帕累托改进

（一）竞争性市场和帕累托最优状态

帕累托最优状态是指社会资源配置已达到无法在不损害其他人利益的情况下，使任何一个人的福利得到改进，这是一种只考虑资源配置效率性的准则。帕累托最优态不一定是社会的理想状态（没有考虑公平分配），但一般认为，社会的理想状态是一个帕累托最优状态。帕累托最优状态与市场经济有如下关系：完全竞争的市场经济的一般均衡状态是一个帕累托最优状态（福利经济学第一定理）；任何一个帕累托最优状态都可以从适当的初始配置出发，通过完全竞争的市场来实现（福利经济学第二定理）。

经济机制的目标是配置经济活动中的稀缺资源用于生产实物产品和服务以满足社会个体的需要。在混合经济体制中，依靠两种基本机制来实现这种目的。其一是市场定价机制，通过此种机制，私人厂商对由市场供求水平决定的价格作出反应，并据此从事自利的经济活动。所有在这种市场机制的制约下运行的厂商的集合就称为私营部门。其二是政府，或称之为公共部门，通过征税、实物产品和服务的支出、直接对家庭和厂商的货币转移，以及为私营部门的运行制定法规等，包括进行资源配置的决策。公共部门的决策行为包含了对资源配置施加直接影响以及对私营部门行为的间接影响。

一个经济可以完全依赖私营部门配置资源，但此情形从未出现过。其原因并不仅仅因为公共部门决策本身带来的好处，而是在于自由放任的市场经济中无约束行为带来的恶果。评判私人市场有效性的前提是必须确立某种标准，据此来评价资源的配置。可应用的标准有两个：一是经济效率的概念，经济学理论通常使用它来评价各种资源配置的优劣及用于制定政策；二是公平的概念，要求公共部门决策者，必须基于公平目的在各种可替换政策之间作出选择；而当现实阻碍私人市场机制在进行资源配置中达到期望的经济效率和公平时，公共部门的经济行为将会变得十分有用。

自从亚当·斯密时代起，人们就已经认识到竞争性市场机制作为经济资源配置机制的好处。事实上，在自由市场中以给定价格进行自由买卖的自利的个人和厂商被所谓"看不见的手"所引导，从事专业化活动，由此相对于其他人而获得了比较优势。在此情形下，所有的参与者都通过在竞争性市场进行自愿交易而获益，并使得社会资源的产出价值获得最大化。正是在经济效率这一基本概念下，形成了福利经济学的许多领域与范畴，例如交换利益、比较优势以及产出价值最大化。

理解现代福利经济学的中心环节是帕累托最优的概念，这一名称得自于意大利经济学家帕累托（Pareto）的发现。帕累托最优是指在此状态中没有使得任何其他人的处境变得更坏的基础上让自己的处境变得更好。就整个经济而言，对可用资源配置的帕累托最优是指至少无损于他人福利（即减少其效用）而提高某人福利（或效用）的资源重新配置是不可能的。十分明显，达到资源配置的帕累托最优非常困难，但同时也是人们所希望的。在现实世界中，有很多原因使之通常达不到这种状态。但人们仍喜爱用帕累托最优的概念来评价未达到最优的人为资源配置状况。如果至少一个人处境变好了，其变动结果又并未使任何人处境变糟，则这种变动就称为帕累托改进。因此，帕累托最优就是帕累托改进不可能发生的状态。

对于帕累托最优概念的兴趣在于它是评价资源配置的实证分析基础。我们接受这样一种基本的价值判断：即任何帕累托改进的变动都给社会福利带来了改进。经济效率的概念直接源于帕累托最优原则。有效率的资源配置被定义为帕累托最优：即使自己的处境改善而同时不使另一人的处境变糟是不可能的。这里将社会所有成员用货币表示的获益和损失加总起来，以这种惯常的测定经济变动福利效果的方式来分析经济效率。当然应当牢记用这种惯常方式来解释社会福利变动时必须接受的前提：不管一元钱的获益发生在谁身上，它带来的效用对整个社会来说是一样的。

（二）帕累托改进准则

一种社会状态的改变能使部分人增进福利，而不使其他任何人受损，则是一个帕累托改进。也就是说，如果通过投资项目的实施使社会经济状态 x 变到 x'，至少使一个社会成员 i 得益，而其他人没有受到损失，定义这种改变是一种社会状态的改进或者叫 Pareto 改进，同时也是走向 Pareto 最优的一种改变。显然，Pareto 改进准则是最能被广泛接受的项目经济分析和决策的准则，但也正因为如此，很少有项目能够符合这个准则。几乎所有的项目实施都会使社会中的一部分人受到损失，但 Pareto 改进一直是投资项目经济分析所追求的目标。

二、补偿准则和补偿判据

（一）补偿准则

社会经济状态 x 变到 x'，如果得益者足以补偿受损者且仍有剩余，那么这种改变可以看作是社会状态的改进，这种判别准则叫作潜在的 Pareto 改进准则或补偿准则。用符号表示，就是社会经济状态从 x 变到 x'，如果存在 x'' 保持 $X'' = X'$（其中 X 表示对应状态下的社会最终产品、资源和服务的总量向量，其元素 $X_j = \sum_{i=1}^{i=I} x_j^i$）至少使一个社会成员 i 得益，而其他人没有受到损失，则这种改变称之为符合补偿准则。其中"保持 $X'' = X'$"表示社会最终产品、资源和服务的总量保持不变下的补偿。补偿准则只要求存在通过补偿而实现 Pareto 改进的可能性，但并不要求补偿的实现，这就大大放宽了准则的要求。也正因为如此，这个准则遭到质疑：低收入阶层财富的边际效用很高，也就很容易"被补偿"，若这种补偿不能立即兑现，这样的评价准则显然不利于低收入阶层。作为这个准则的辩解，则认为不必要求所有的投资项目都要实现效率和公平。因此，补偿准则是一个被广泛接受的准则。

（二）补偿准则的判据

在市场导向的经济社会中，可以利用市场的价格信号来判断社会经济状态的改变是否符合补偿准则。可以通过两个定理来表述。

定理 1-1 如果 (x, p) 是完全竞争的市场一般均衡状态，那么凡是符合补偿准则的社会状态改进必将增加社会收入。即：如果 x 到 x' 符合补偿准则，那么必有：

$$p \cdot X' > p \cdot X \qquad (1\text{-}1)$$

式中　p——完全竞争市场一般均衡的价格向量；

　X、X'——分别是对应于 x 和 x' 两种状态下的社会最终产品总量向量。

上述不等式两边表示的是社会收入。

这个定理的成立不难理解：既然符合补偿准则，必存在补偿后的状态 x' 与原状态 x 相比，使得至少有一个 i 增加了效用，而补偿后的其他人的效用水平不降，这只有在增加预算约束下才能做到。因为原状态是完全竞争的一般均衡状态，每个社会成员都在预算约束下达到了效用最大化。从总量看必有：

$$p \cdot X'' = p \cdot X' > p \cdot X \qquad (1\text{-}2)$$

式（1-1）只是说明若符合补偿准则，必然会增加社会收入（用完全竞争的价格计算），这一结论对我们的帮助不大。重要的是它的逆定理。

式（1-2）(x, p) 是完全竞争的市场一般均衡状态，如果 x 到 x' 有 $p \cdot X' > p \cdot X$，我们无法保证 x 到 x' 一定符合补偿准则。但是，当这种改变不大时（改变具有边际性），可以认为实现了补偿准则。

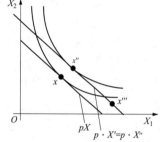

如图 1-1 所示，若 $x \rightarrow x'$ 符合补偿准则，则经补偿后的 x'' 效用高于原来的效用，必有 $p \cdot X'' = p \cdot X' > p \cdot X$。当然，高于预算约束线（社会收入）的所有状态并不一定都符合 Pareto 改进，但靠近原状态的较高预算约束线上的点是一种 Pareto 改进，偏离较远的，如 x''' 则不符合 Pareto 改进。

式（1-2）的意义在于：如果承认补偿准则是可以接受的社会改进的判别准则，那么，在一系列假定条件下，只要看这种改进是否能增加社会收入。只要增加社会收入，那么就可以判断这是一种社会改进。也就

图 1-1　补偿准则的判据

是说判别的标准就变为：

$$p \cdot X' > p \cdot X \text{ 或}$$
$$p \cdot (X' - X) > 0 \text{ 或}$$
$$p \cdot X^{+} - p \cdot X^{-} > 0$$

式中　X^{+} 和 X^{-}——分别表示项目实施后的净产出和净投入。

这样，判别的标准就变成：只要产出的价值大于投入的价值，并且项目的实施具有边际性（对整个社会经济的变化不是很大），就是一种符合补偿准则的社会状态改进。这里梳理的理论对于工程项目经济分析的意义在于：市场化项目的盈利性评价是有可能符合帕累托补偿准则的，可以认为财务评价的结论与经济分析的结论是一致或接近一致的。必要时，可以在财务评价盈利性分析的基础上用影子价格等手段对评价指标进行修正。

三、经济分析的功能特点

本书所言"经济分析"和"财务评价"，是沿用了世界银行等国际组织针对发展中国家项目评价中的习惯用语。"经济分析"不同于一般经济学中相对于会计成本或会计利润中的经济成本和经济利润等从企业经济决策角度所说的经济分析，而是从社会资源配置效率角度所进行的分析评价。市场发达国家或地区，只对公共或准公共项目进行这种分析，所以一般直接称为费用-效益分析、效益-费用分析或社会经济效率分析。发展中国家因上述种种原因导

致市场实际价格信号失真，即便非公共项目也有必要通过影子价格对财务评价的实际交易价格加以校正，所以采用"经济分析"以示与财务评价的区别。随着我国市场化进程的完善，因价格失真的校正分析将逐步淡化，但是我国在城镇化过程中的公共项目和基础设施等项目还将占投资项目的很大比例。另外，作为我国经济发展的特色，政府在相当广泛的项目决策中还将发挥主导作用。经济分析的实际功能仍然应该予以高度重视。

（一）工程项目经济分析的功能

1. 正确反映项目对社会福利的净贡献，评价项目的经济合理性

财务评价主要是从财务主体的角度考察项目的财务盈利性。由于企业的利益并不总是与国家和社会的利益完全一致，项目的财务盈利性不能全面、正确地反映项目对于社会福利的净贡献，例如国家给予项目补贴、企业向国家缴税、某些货物价格可能的扭曲、项目的外部效果等。经济分析要求从项目对社会的贡献以及项目引起经济资源耗费的角度评价项目，能够正确反映项目对社会福利的净贡献。

2. 为政府对资源配置决策提供依据

从经济社会发展的角度，如何把有限的资源，包括劳动力、土地、各种自然资源等，有效地分配给各种不同的经济用途，是一项重要任务。在完全的市场经济条件下，可通过市场机制调节资源的流向，实现资源的优化配置。在非完全的市场经济中，需要政府在资源配置中发挥作用。正是由于经济分析能够恰当反映项目对社会福利的净贡献，因此可以为政府在资源配置决策中提供重要依据，提高资源配置效率。在政府审批或核准项目中，对于那些本身财务效益好但经济效益差的项目，政府可以通过审批或核准的手段限制项目的建设，以使有限的社会资源得到更有效的利用。对于那些本身财务效益差而经济效益好的项目，政府可以采取某些支持措施鼓励项目的建设，促进对社会资源的有效利用。我国政府对工程项目的审批和核准，重点放在项目的外部性、公共性方面，经济分析强调从资源配置效率的角度分析项目的外部效果，通过经济费用效益分析或费用效果分析等方法判断投资项目的经济合理性，是政府审批或核准项目的重要依据。

3. 为市场化运作的基础设施等项目提供财务方案的制定依据

对部分或完全市场化运作的基础设施等项目，可以通过经济分析来论证项目本身的经济价值，为制定融资或补贴方案提供依据。

4. 对比选和优化项目方案提供依据

项目评价的过程，就是拟建项目的方案比选和优化过程。为提高资源配置的有效性，方案比选应根据能反映资源真实经济价值的相关数据进行分析，经济费用效益分析是对项目方案进行比选和优化的重要工具。

5. 有助于促进各利益相关主体的利益均衡

对于实行政府审批和核准的投资项目，应当特别强调要从社会经济发展的角度进行评价，要支持对社会经济贡献大的产业项目，并特别注意限制和制止对社会经济贡献小甚至有负影响的项目。正确运用经济分析的各种方法，分析各利益相关者的损失和收益，有利于平衡各利益相关主体之间的利益关系，促进社会和谐。

（二）经济分析与财务分析的区别和联系

1. 两者的主要区别

（1）评价的角度和基本出发点不同。财务评价是从企业的角度，从项目的出资人、项目

法人或债权人的角度，分析投资或贷款的收益与风险，判别项目在财务上的可行性；经济分析则是从经济资源优化配置的角度，评价项目的经济净贡献，判别项目在经济上的合理性。

（2）效益和费用的含义和范围划分不同。财务评价只根据项目直接发生的现金流量，分析项目的现金流出和流入情况；经济分析则从经济资源优化配置的角度，分析项目的经济效益和费用，不仅考虑直接效益和费用，还要考虑间接的效益和费用，即由于项目外部性所带来的影响。同时，从经济资源优化配置的角度考虑，项目的有些财务收入和支出不能作为经济效益和费用，例如作为财务现金流量的国家给予企业的补贴和企业上缴国家的税金，不能视为经济效益和费用。

（3）采用的价格体系不同。财务评价采用预测的财务收支价格，可以考虑或不考虑通货膨胀因素的影响；经济分析原则上采用影子价格，不考虑通货膨胀因素的影响。

（4）分析内容不同。财务评价可进行财务盈利能力分析、偿债能力分析和财务生存能力分析；经济分析只进行盈利性分析，即经济效率的分析，不包括偿债能力和财务生存能力两方面的分析。

（5）使用参数不同。财务评价的主要指标是财务内部收益率和财务净现值，其判据参数是财务基准收益率，也即财务主体或项目出资人的最低可接受收益率；经济分析的主要指标是经济净现值和经济内部收益率，其判据参数是社会折现率。

2. 两者的密切联系

经济分析与财务评价相同之处主要是：两者都使用效益与费用比较的方法框架；遵循效益和费用识别的有无对比原则；根据资金时间价值原理，进行动态分析，计算内部收益率和净现值指标。在很多情况下，经济分析是在财务评价基础之上进行的。经济分析可以财务评价为基础，利用相关财务数据，进行必要的调整，进而计算得出经济净现值和经济内部收益率指标。

经济分析也可以先于财务评价或单独进行，例如交通运输等基础设施项目，通常在财务评价之前进行经济合理性分析。

第二章

经济分析方法的研究及应用

投资项目经济分析理论及方法体系由西方国家及有关国际组织经济学家率先提出并在各发展中国家推广应用，总体上应用效果并不理想，根本原因在于不能有效解决广大发展中国家在项目评价实践中面临的实际问题。我国开展投资项目经济分析及评价工作，要在总结国外投资项目经济分析理论及实践经验的基础上，研究提出符合现代市场经济体系运行实际需要的投资项目经济分析方法框架，以满足我国在项目投资决策领域发挥市场配置资源决定性作用的实际需要。

第一节　经济分析不同方法的比较

发展中国家工程项目经济分析方法产生于 20 世纪 60 年代末至 80 年代，由世界银行（WB）、联合国工业发展组织（UNIDO）、经济合作与发展组织（OECD）等国际经济组织和发达国家的对外援助机构推动，旨在解决受援国因价格扭曲而造成的项目评价失真问题。当时，一批国际著名发展经济学家致力于开发一套以边境价格为基础的影子价格或价格转换系数，将费用-效益分析（CBA）的原理用于一般项目评价。

一、工程项目经济分析方法的回顾

（一）工程项目经济分析的主要流派

我国是世界最大的发展中国家。西方国家经济学家针对发展中国家项目评价的实际需要而提出的工程项目经济分析的各种方法，对我国项目评价的理论方法研究和实际应用产生了重大影响。

第一本应用现代费用-效益分析的方法来解决发展中国家项目评价的著作，是经济合作与发展组织（OECD）发展中心于 1968 出版的 Little 和 Mirrlees 合作编著的《发展中国家工业项目分析手册》，所推荐使用的方法被称为 OECD 法或 OECD L-M 法。1974 年 Little 和 Mirrlees 在对 1968 年的著作进行补充完善的基础上，出版《发展中国家项目评价和规划》专著。联合国工业发展组织（UNIDO）于 1972 年出版，由 P.S.Dasgupta、A.Sen 和 S.A.Marglin 编著的《项目评价准则》，所推荐使用的方法被称为 UNIDO 法。Hansen、Weiss 分别于 1978 年、1980 年为 UNIDO 撰写《项目评价使用指南》、《工业项目实用评价》，属于 UNIDO 法。UNIDO 和阿拉伯国家工业发展中心（IDCAS）联合组织专家编写《工业项目评价手册》，于 1977 年以阿拉伯文出版，1980 年英文版问世，所推荐使用的方法被称为 UNIDO-IDCAS 法。1975 年 Squire 和 Van Der Tak 为世界银行（WB）编写《项目经济分析》，提出经济分析中应考虑公平目标，并把分配问题纳入影子价格的计算模型中，提出经济社会分析的方法框架，被称为 WB 法或 WB S-VT 法。法国 Marc Chervel 和 Michel Le Gall 在 1976 年编著的《项目经济分析手册——影响方法》中，提出了完全不同于其他方法的项目评价方法，被称为 EM 法（影响方法），并在发展中国家得到应用。上述工程项目经济分析各流派的代表著作及基本情况见表 2-1。

表 2-1　　　　　　　　发展中国家工程项目经济分析各流派的代表著作及基本情况

方法流派	代表性著作	作者	出版年份
OECD L-M 法	Manual of Industrial Project Analysis in Developing Countries《发展中国家工业项目分析手册》	Little & Mirrlees	1968
	Project Appraisal & Planning for Developing Countries《发展中国家项目评价和规划》	Little & Mirrlees	1974
WB S-VT 法	Economic Analysis of Projects《项目经济分析》	Squire & Van Der Tak	1975
UNIDO 法	Guidelines for Project Evaluation《项目评价准则》	Dasgupta etc.	1972
	Guide to Practical Project Appraisal《项目评价实用指南》	Hansen	1978
	Practical evaluation of industrial projects《工业项目实用评价》	Weiss	1980
UNIDO-IDCAS 法	Manual for Evaluation of Industrial Projeots《工业项目评价手册》	UNIDO-IDCAS	1977 年（阿拉伯文版）1980 年(英文版)
EM 影响方法	The Methodology of Planning Manual of Economic Evaluation of Projects-The Effects Method《项目经济分析手册-影响方法》	Marc Chervel & Michel le Gall	1976

　　上述评价方法都认为，在发展中国家，由于市场机制不完善及政府干预等原因，存在市场价格扭曲情况，项目投资人通过项目所获得的利益并不能代表项目的真实经济效益。因此，提出需要进行有别于财务评价的经济分析，但具体如何进行经济分析，各流派有其不同观点。

　　（二）各流派分析方法的主要特点

　　（1）经济合作与发展组织（OECD）和世界银行（WB）的方法在分析思路及框架上基本一致，只是在具体应用的技术细节上有一些不同。T.A.Powers 在其 1981 年编著的《项目评价中计算价格及其测算》一书中，干脆把 OECD 的 L-M 法和 WB 的 S-VT 法合并，统称为 LMST 评价系统。

　　（2）经济合作与发展组织（OECD）及世界银行（WB）方法，和联合国工业发展组织方法（UNIDO 法）评价项目的程序一样，即先进行财务分析再进行经济分析。不同之处在于所采用的指标和价格计算单位不同。OECD 方法关注拟建项目对国民收入的贡献，并根据项目对国民收入积累的贡献大小来判断项目优劣；UNIDO 法则关注对社会消费的贡献，并根据项目对累积总消费的贡献大小来判断项目优劣。二者采用的计算单位也截然相反，OECD 法要求采用世界货币；UNIDO 法则要求采用本国货币。理论上，收入等于消费与储蓄之和，储蓄实质上就是被放弃的现实消费，国民收入和社会消费在长期的时间跨度内应该一致。所以，二者在评价方法上并无本质区别。

　　（3）OECD 法和 UNIDO 法的主要区别在于以什么样的价格作为经济分析的计算价格。假设有一个工程项目，国内投入物 A 为农产品，价格为 N_1 元/年，B 为工业品，价格为 N_2 元/年。若项目设备系进口，按到岸价分摊到每年为 M 美元，项目的产品系用于出口，以离岸价计为 X 美元/年。设官方汇率为 OER，项目所在地就在港口（国内运输费用忽略不计），由于存在着价格扭曲，为了使农产品价格与进出口的价格可比，设定农产品影子价格转换系数为 C_1，工业品影子价格转换系数为 C_2。

则在经济分析中，项目的年净效益为：

$$NB_1 = OER(X - M) - (C_1N_1 + C_2N_2) \tag{2-1}$$

$$NB_1\left(\frac{N_1 + N_2}{C_1N_1 + C_2N_2}\right) = \left(\frac{N_1 + N_2}{C_1N_1 + C_2N_2}\right)OER(X - M) - (N_1 + N_2)$$

令：

$$\left(\frac{N_1 + N_2}{C_1N_1 + C_2N_2}\right)OER = SER$$

则得：

$$NB_2 = SER(X - M) - (N_1 + N_2) \tag{2-2}$$

式中　NB_1、NB_2——项目的净效益；

　　　 OER、SER——官方汇率和社会（市场）汇率。

NB_1 以国际市场价格决定的口岸价格为基础，把国内产品价格折算为国际市场价格，计算得出项目净效益（OECD 法）。NB_2 则是以国内价格为基础，把用外币表示的外贸货物口岸价格转化为国内价格计算得到项目的净效益（UNIDO 法）。实质上，采用不同的计算单位虽然会得出不同的项目净效益和净现值（NPV）评价结果，但会得出相同的经济内部收益率（EIRR）评价值，因此计算单位的选择不会影响经济分析的结论。

（4）不同方法流派在很多方面存在相互渗透和补充。这里表现突出的是，一个流派的代表作可能出自另一个流派的雇员之手。例如，世界银行经济学者 J. R. Hansen 就在 UNIDO 出版的《项目评价准则》（1972）基础上，为从事项目评价实际工作的人员编写出具有程序化、表格化特点的实用手册—UNIDO《项目评价实用指南》（1978）。另外，出自同一国际组织的方法在不同年代可能会有比较大的发展变化，例如联合国工业发展组织（UNIDO）和阿拉伯国家工业发展中心（IDCAS）在其出版物《工业项目评价手册》（1980）中推出的 UNIDO－IDCAS 法，在原理和方法上与 UNIDO 之前出版的《项目评价准则》（1972）和《项目评价实用指南》（1978）大相径庭。《工业项目评价手册》不主张在项目评价实践中采用影子价格，建议采用实际的国内市场价格来计算项目的经济净增值，对于产品出口和替代进口，以及需要进口的投入物，要求按照实际的出口离岸价格或进口到岸价格计算其价值。《工业项目评价手册》要求在评价项目时，要考虑项目的直接效果和间接效果，要考虑供应项目投入物和使用项目产出物的部门关联效益和费用的变化，对于在技术、经济、地理位置与项目密切联系的生产部门，可作为一个工业综合体进行总体评价。因此，UNIDO 出版的《工业项目评价手册》与其说是 UNIDO 法，不如说它更接近于法国的影响方法（EM 方法）。

（5）法国提出的影响方法，完全不同于世界银行、经济合作与发展组织、联合国工业发展组织等国际组织的评价方法。影响方法从分析项目对经济发展的初次影响（拟建项目引起对投入物需求的增加，以及对当地经济所产生的影响）和二次影响（项目产出物的分配和使用对当地经济的影响）为切入点，分析计算项目所产生的增量国内增加值（domestic value added incremental，DVAI），并作为评价拟建项目的依据。影响方法强调，国民收入是增加消费和积累（投资）的唯一来源，以国民收入的增量为目标来评价项目的经济价值。在计算项目的费用和效益时，摒弃了影子价格或采用换算系数（conversion factor，CF）进行转换计算，直接采用本国货币为计算单位的实际市场价格进行计算。

上述各国际组织分别推出的工程项目经济分析方法，根据其机构名称或国别，分别称之为 OECD 法、WB 法、UNIDO 法和法国 EM 法（影响方法）。根据这些方法之间的差异和内在联系，将其分为两大派别，即基于影子价格的价格方法（简称价格方法）和基于项目对经济影响分析的影响方法（见表 2-2）。

表 2-2　　　　　　　　　　　工程项目经济分析的价格方法和影响方法

方法体系	采用的方法	主要出版物	发表年份
影子价格	OECD 法	《发展中国家工业项目分析手册》（作者：L-M）	1968 年
		《发展中国家项目评价和规划》（作者：L-M）	1974 年
	WB 法	《项目经济分析》（作者：S-VT）	1975 年
	UNIDO 法	《项目评价准则》（作者：Dasgupta etc.）	1972 年
		《项目评价实用指南》（作者：J. R. Hansen）	1978 年
	UNIDO-IDCAS 法	《工业项目评价手册》（作者：UNIDO-IDCAS 评价专家组）	1977 年（阿拉伯文版）1980 年（英文版）
经济影响	法国 EM 法	《项目经济分析手册》（作者：Marc Chervel 等）	1976 年

二、影子价格方法的比较

（一）OECD（WB）法和 UNIDO 方法的比较

1. L-M 法

OECD（WB）法以 OECD L-M 的《发展中国家工业项目分析手册》（1968）、《发展中国家项目评价和规划》（1974）和 WB S-VT 的《项目经济分析》（1975）为代表著作。由于《发展中国家工业项目分析手册》（1968）是第一本把费用-效益分析用于发展中国家项目评价的专著，这本书的出版很快引起各国际组织和有关学者的注意，掀起了对工程项目经济分析研究的热潮，发表了不少论文。1971 年在英国牛津大学召开 L-M 的《发展中国家工业项目分析手册》（1968）研讨会，专题讨论《发展中国家工业项目分析手册》（1968）提出的一系列准则的合理性和适用性。1972 年英国海外开发署（Overseas Development Administration，ODA，后改名为 Department for International Development，DFID）根据 L-M 的《发展中国家工业项目分析手册》（1968），对 L-M 提出的影子价格计算方法进行简化，编写出一本强调实用性的指南——《发展中国家项目评估指南》（A Guide to Project Appraisal in Developing Countries. London. H. M. Stationary Office. 1972）。1973 年 L-M 还参加了美洲开发银行（Inter American Development BanK，IDB）和 UNIDO 召开的项目评价方法比较的研讨会。在此基础上，L-M 根据《发展中国家工业项目分析手册》（1968）的基本观点，重新改写和出版了《发展中国家项目评价和规划》（1974）一书，其基本思想是：由于不存在完美的市场和自由竞争，用实际市场价格计算得出的项目投入和产出不能真实地反映社会付出的代价和获得的效益，因此应采用影子价格来衡量项目的效益和费用。《发展中国家项目评价和规划》（1974）还建议，应当采用代表一个国家真正贸易机会的世界市场价格来表示影子价格。因此，选择项目的指标，应是采用世界市场价格来计算拟建项目的商品和服务的经济价值，计算得出的项目的净现值，用国际货币作为计算单位来衡量项目的收入。

L-M 法的贡献在于提出了一个经过简化的影子价格计算方法。L-M 法把货物分为贸易货物和非贸易货物两类，建议以口岸价格为基准来计算影子价格，即进口货物用到岸价格，出口货物用离岸价格。项目的产出物用于代替进口，或投入物若是可以出口的货物，均按贸易货物对待。投入物若是非贸易货物，建议采用成本分解法来计算边际成本，以边际成本作为投入物的经济费用。即将非贸易货物分解为贸易品、非贸易品、土地和劳动力等生产成本要素，其中的非贸易品再进一步分解，直到最终分解为贸易品（或占有份额很少的非贸易品）、土地和劳动，最后贸易品按口岸价格计算，土地、劳动力则分别按影子价格（国家参数）进行计算。为了计算资源和服务的影子价格，《发展中国家项目评价和规划》（1974）提出采用转换系数（CF）把当地实际市场价格 MP 转换为影子价格 SP。

$$SP_i = MP_i \cdot CF_i \tag{2-3}$$

转换系数可以分为不同种类：①单一非贸易品（如电力、运输等）的 CF；②某一特殊部门（如土建工程）的 CF；③某类物品（如农产品）的 CF；④某一特定因素（如非熟练劳动力）的 CF；⑤某一特定支出（如投资）的 CF；⑥针对所有商品的标准转换系数 SCF，是用口岸价格计算的所有进、出口品的价值与用国内市场价格计算的价值之比。

$$SCF = \frac{\sum Q_i \times SP_i}{\sum Q_i \times MP_i} \tag{2-4}$$

式中 Q_i——第 i 种商品的数量；

  SP_i——第 i 种商品的影子价格；

  MP_i——第 i 种商品的国内市场价格；

  SCF——标准转换系数。

在工程项目经济净效益的计算中，还要用到一些经济参数，如投资的影子价格（取决于投资比消费具有更高边际价值的程度）、劳动力的影子工资（取决于投资的影子价格和本国"先进"部门和"落后"部门之间劳动力创造价值能力的差异）和社会折现率（取决于一段时间内储蓄、投资和消费的分配）。这些影子价格的取值，与宏观经济目标和国家经济政策密切相关，不是单个项目所能决定的，因此这些参数被称为国家经济参数（national economic parameter，NEP）。

（1）投资的影子价格。L-M 认为支付给劳动力的工资能使消费增加，但会减少储蓄。由于储蓄能够增加今后的消费，而现时的消费却不能增加今后的消费。储蓄将转化为投资。消费和储蓄（投资）相比，同量的储蓄（投资）的经济价值应大于现时消费。令 S_0 表示投资的影子价格，即单位投资的价值与立即消费的价值之比。又设：单位投资在 t 年产生的再投资增值为 r_t；单位投资使第 t 年增加的就业人数为 n_t；第 t 年每个就业人员的平均消费水平为 c_t；第 t 年每个就业人员使原所在部门减少的平均边际产出为 m_t。

当前时点（第 0 年末）的单位投资，由于能够不断扩大就业，并可增加每年的消费，用折现率 i_t 进行折现，可得：

$$P_{INV} = s_0 = \sum_{t=1}^{\infty}(c_t - m_t)n_t \prod_{t=1}^{t}\frac{(1+r_{t-1})}{(1+i_t)} \tag{2-5}$$

为简化起见，令 c、m、n、r、i 等参数各年取值相同。则：

$$P_{INV} = s_0 = (c-m)\cdot n \cdot \frac{1}{1+i}\sum_{t=1}^{\infty}\frac{(1+r)^t}{(1+i)^t} \tag{2-6}$$

当 $r<i$ 时，上式近似地收敛于：

$$P_{INV} = s_0 = \frac{(c-m)n}{1-r} \tag{2-7}$$

（2）劳动力的影子价格。劳动力的影子价格又称影子工资率（*SWR*），是劳动力流出部门的边际劳动效益值。如 c' 为用于一个就业职工的资源消耗，亦即用于职工消费而使投资的减少额，包括职工的平均消费和安排职工消费而增加的运输、市政管理和服务等部门的费用及投资。

为一名职工就业而增加消费为（$c-m$），可将其调整为相应的投资额：$\dfrac{1}{s}\cdot(c-m)$。因此，由 *SWR* 的定义可知：

$$SWR = c' - \frac{1}{s}\cdot(c-m) = c' - \frac{1}{s}\cdot(c-m) + m - c - m + c$$

$$= (c'-c) + m + \left(1-\frac{1}{s}\right)(c-m) \tag{2-8}$$

即影子工资率=安排职工消费所增加的交通运输、市政管理和服务等部门的投资及费用+劳动力流出部门的边际产出+用于投资的资金转用于消费而造成的资金贬值损失。

L-M 法反映了 OECD 及 WB 等国际组织确定影子价格的传统做法，集中研究了在替代用途中放弃的劳动产出和由于劳动者收入的增加可能导致消费的提高和储蓄的增加。考虑到边际上消费的价值低于储蓄的价值，因此劳动者收入的增加（包括自我就业得到的收入）引起消费的增加是一种费用，应当加到 SWR 上去。L-M 法并未把对工作及闲暇时间的偏好考虑进去。

（3）社会折现率。社会折现率是计算单位（如美元、人民币）的价值随时间而下降的比率。L-M 法关注的是拟建项目可能带来的社会收入的数额，而不考虑这些收入的用途。L-M 法用于评价项目的年度净效益，是扣除消费后的净现金流，其折现率被称为计算利率（accounting rate of interest，ARI），其计算公式如下。

$$ARI = r + c'\cdot n - SWR\cdot n \tag{2-9}$$

2. S-VT 法

世界银行《项目经济分析》（1975）中阐述的 S-VT 法，与《发展中国家项目评价和规划》（1974）中阐述的 L-M 法基本观点十分接近。主要表现在：①所选择的评价目标相同。《项目经济分析》（1975）中的评价目标是"用本国货币表示的，具有恒定购买力的，可自由兑换成其他货币的公共部门收入"，与《发展中国家项目评价和规划》（1974）完全一样。②选用的计算利率完全相同。《项目经济分析》（1975）和《发展中国家项目评价和规划》（1974）都规定采用会计利率作为折现率。③对项目投入物和产出物的划分（贸易品、非贸易品及其他）和影子价格的计算方法基本一致。另外，《项目经济分析》（1975）和《发展中国家项目评价和规划》（1974）都要求关注收入的分配效果，在项目内部收益率的计算中，要求考虑项目对收入分配产生的影响，在投资和消费之间以及在贫富阶层之间的分配问题。

和 L-M 法的主要不同之处在于，S-VT 法提出了针对收入分配的一个简单的社会福利函数。其计算公式为：

$$S = (E - c\beta) + c\cdot\omega \tag{2-10}$$

式中　E——项目为公共部门带来的实际资源净增值；

　　　c——某一特定阶层的收入增加值，假定全部用于消费；

　　　β——消费品转换系数；

ω——私人消费权重。

即：

社会净效益=公共部门实际资源增加额+私人部门消费增加所产生的社会福利

其中消费品转换系数的定义，是按口岸价格计算的进出口品价值与按国内市场价格计算的进出口物品价值之比。即：

$$\beta = \frac{M + X}{M(1 + t_m) + X(1 - t_x)} \qquad (2\text{-}11)$$

式中　M——进口品到岸价值；

　　　X——出口品离岸价值；

　　t_m、t_x——进、出口关税率。

S-VT 法和 L-M 法提出的国家参数基本相同。

S-VT 法虽是在 L-M 法的基础上提出来的，但在考虑收入分配问题的社会分析方面比 L-M 法更进一步。

（二）UNIDO 方法的比较

西方国家经济学家针对发展中国家工程项目经济分析提出的各种方法集中问世于 20 世纪 60 年代末至 70 年代末的 10 来年间。UNIDO 自 1972 年出版《项目评价准则》后，1978 年世界银行经济学家 J. R. Hansen 根据《项目评价准则》（1972）的思想和原理，出版一本具有实用性的应用手册《项目评价实用指南》。和前述 OECD 方法将国民收入作为评价目标不同，《项目评价准则》（1972）和《项目评价实用指南》（1978）都要求以累积总消费作为评价目标。《项目评价准则》（1972）提出要计算拟建项目所产生的累积总消费值，但并没有考虑将哪个阶层的消费作为计算基准。《项目评价实用指南》（1978）则明确提出将具有基准消费水平人群的消费值作为计算基准。《项目评价准则》（1972）和《项目评价实用指南》（1978）都要求考虑收入的分配问题，都认为市场价格不能真实反映经济费用和效益，而应当用影子价格进行纠偏。《项目评价准则》（1972）主张项目的全部投入物和产出物都需要采用影子价格进行调整计算，《项目评价实用指南》（1978）则提出要有选择地确定影子价格，原则上仅对项目中较为重要或失真较大的资源进行影子价格调整计算。《项目评价实用指南》（1978）还根据《项目评价准则》（1972）提出的确定影子价格的 3 种来源（消费者支付意愿、生产成本和外汇价值），给出了确定影子价格的具体方法。

由于 UNIDO 法的《项目评价准则》（1972）和《项目评价实用指南》（1978）都提出以不变值（不受通货膨胀的影响）的本国货币作为计算单位，因此除了需要计算 OECD 法提出的投资影子价格、影子工资率和社会折现率并作为国家参数外，还需要考察外汇的影响，并将影子汇率作为国家参数。

在评价方法上，《项目评价准则》（1972）提出应按 5 个步骤对社会利率进行调整计算：①按市场价格计算得出财务盈利率；②确定资源的影子价格，求出按经济价格计算的净效益；③就项目对储蓄和投资的影响进行调整；④就项目对收入分配的影响进行调整；⑤就项目对诸如奢侈消费品和基本必需品等社会价值小于或大于其经济价值的货物的生产或使用进行调整。

如前所述，UNIDO-IDCAS 还推出一本《工业项目评价手册》（1977），这本手册与 UNIDO 的《项目评价准则》（1972）、《项目评价实用指南》（1978）不同，不是以累积总消费作为评价目标，而是认为国民收入是增加消费和积累的唯一来源，因此其观点和法国 EM 法（影响方法）一样，把国民收入作为项目评价的主要目标，认为拟建项目对国民收入的贡献就是项目的净增值。《工业项目评价手册》（1977）认为，从项目的观点出发，工资和薪金是投入物，但从社会的观点出发，工资、薪金则是国民收入的一部分，这部分多则意味着就业多、工资额高、民众购买力高，是提高实际消费水平的先决条件之一。社会盈余包括财政税收、股东分红、贷款利息、租金、公司的发展基金、储备基金和社会福利等。这些盈余除用于私人消费和公共消费外，大部分则用于投资，因此社会盈余也是提高未来消费水平的先决条件之一。《工业项目评价手册》（1977）把工资和社会盈余视为同类，并将两部分的增值赋予相同的权重，认为二者对国家同等重要，并把国民净增值（除去转移出国的外籍职工工资、利息、红利、专利费和租金等）作为项目经济分析的目标。

《工业项目评价手册》（1977）与《项目评价准则》（1972）、《项目评价实用指南》（1978）不同，它承认由于市场价格常常是不真实的，采用影子价格进行项目评价能够更精确地反映项目的经济费用和效益。但是，《工业项目评价手册》（1977）认为，"把影子价格用到发展中国家的项目评价中去，至少在现阶段，在概念上和实际上是不可行的"。《工业项目评价手册》（1977）指出，在概念上的不可行是因为无法确切说明一个国家现存的社会经济环境条件，我们对社会经济相互关联的认知还非常有限，不可能恰当地进行模拟计算。在实际应用中，各项影子价格是相互关联的，当其所反映的国家基本目标和经济环境发生变化时，全套影子价格都必须进行重新调整，这显然是不现实的，导致影子价格的实际应用非常困难。因此《工业项目评价手册》（1977）主张在理想的影子价格（实际上并不存在）和实际市场价格之间进行折中处理，与《项目评价准则》（1972）和《项目评价实用指南》（1978）的处理方法不同，《工业项目评价手册》（1977）实际上是抛弃了应用影子价格。《工业项目评价手册》（1977）甚至提出：价格脱离了实际，就成了同实际无关的猜想；由于不恰当地使用"人为"的影子价格所造成的失真，不一定比使用实际价格造成的失真来得小；与影子价格相比较，以市场价格为依据，不可能把不好的评价变好。所以《工业项目评价手册》（1977）和法国 EM 法（影响方法）一样，在评价中摈弃影子价格的使用，而只是对外汇进行调整计算，其他投入物和产出物则全部采用市场价格和口岸价格，只需要确定社会折现率和调整汇率这 2 个国家参数。因此，《工业项目评价手册》（1977）是介于 UNIDO 法和法国 EM 法之间的一种方法，是一种更接近法国 EM 法（影响方法）的方法。UNIDO 各种方法的比较见表 2-3。

表 2-3 　　　　　　　　　　　　　　**UNIDO 各种方法的比较**

序号	项目方法	《项目评价准则》（1972）方法	《项目评价实用指南》（1978）方法	《工业项目评价手册》（1977）方法
1	代表作发表年份	1972 年	1978 年	1977 年
2	出版机构	UNIDO	UNIDO	UNIDO-IDCAS
3	代表作者	Dasgupta etc.	J.R.Hansen	评价专家组
4	著作性质	原理性论著	实用性手册	实用性手册
5	方法复杂程度	复杂	复杂	简单
6	评价主要目标	累积总消费	累积总消费	国民净增值

序号	项目方法		《项目评价准则》 （1972）方法	《项目评价实用指南》 （1978）方法	《工业项目评价手册》 （1977）方法
7	项目辅助目标		收入再分配，优先需要（就业水平、教育水平）	收入再分配，优先需要（就业水平、教育水平）	就业效果、分配效果、净外汇效果、国际竞争力
8	影子价格认识		相同	相同	认为在现阶段，把影子价格用到发展中国家的项目评价中在概念上和实际上都是不可行的
9	影子价格应用		全部采用影子价格	有选择的确定影子价格	主要采用实际市场价格
10	价格基准		本国货币	本国货币	本国货币
11	国家参数理论认识		相同	相同	仅采用非常重要的国家参数
12	应用的国家参数		社会折现率、影子汇率、影子工资率、投资影子价格	社会折现率、影子汇率、影子工资率、投资影子价格	社会折现率、调整汇率
13	国家参数的测算方法		侧重理论公式	无测算公式	提出简化计算公式
14	社会折现率的测定		（1）根据市场利率。 （2）根据资本边际生产率。 （3）社会折现率 $SDR=-$（边际效用弹性）×（人均消费增长率）	无	社会折现率 $SDR=$ 世界资本市场利率（r_w）－世界资本市场利率（r_w）×战略行业及落后地区国内项目补贴率（P_d）
15	汇率的测定	影子汇率			用调整影子汇率 SER 用调整汇率 $P_E=$官方汇率×（外汇支出 M/外汇收入 B）
		汇率调整率			在不能用调整汇率时可考虑用旅游汇率
16	财务评价指标		财务净现值 财务内部收益率	财务净现值 财务内部收益率	财务净现值 财务内部收益率
17	标准表格体系		无	一套表格	一套表格
18	经济分析指标		经济净现值（$ENPV$），经济内部收益率（$EIRR$）	经济净现值（$ENPV$）经济内部收益率（$EIRR$）	公民净增值（$NNVA$）和考虑项目直接、间接效果的公民净增总值

（三）OECD（WB）法和 UNIDO 法的比较

OECD（WB）法与 UNIDO 法的区别首先在政府评价目标和计算单位上。根据选用的计算单位不同，OECD 的 L-M 法和 WB 的 S-VT 法被称为"世界价格体系"法，UNIDO 法则被称为"国内价格体系"法。OECD（WB）法与 UNIDO 法的政府评价目标不同，OECD（WB）法关注国民收入，国民收入是积累（投资）和消费之和；UNIDO 法以社会累积消费值作为评价目标。此外，OECD（WB）法和 UNIDO 法在评价项目时都考虑经济增长和公平分配目标。在项目评价的步骤上，UNIDO 法提出在财务分析的基础上通过调整计算以便进行经济分析（共分 5 个阶段来完成项目的财务、经济和社会分析❶），而 OECD（WB）法则不单独进行社会分析，而是在测算国家参数影子价格时考虑公平分配的目标。

OECD（WB）法和 UNIDO 法除评价目标和计算单位不同之外，在纠正市场价格失真及影子价格的计算方面也有较大分歧。两种方法都把货物分成外贸、非外贸和特殊货物（如土

---

❶ 这里的社会分析，不同于我们理解的社会评价，是指考虑社会公平和分配效果的经济分析。

地、劳动力等），也都承认现实世界市场上的货物（即外贸货物）价格可以作为影子价格，并提出采用转换系数（CF）的办法把非外贸货物的国内市场价格转换成影子价格。UNIDO 法和 OECD（WB）法比较见表 2-4。

表 2-4 **UNIDO 法和 OECD（WB）法比较**

评价步骤	国内价格体系（UNIDO 法）	世界价格体系［OECD（WB）法］	评价层次
第一步	财务效果	财务效果	财务评价
第二步	资源配置效果	资源配置效果（L-M 法）	经济分析
第三步	储蓄效果	资源配置加上收入分配影响（S-VT 法）	社会分析
第四步	收入分配效果		
第五步	优质货物、劣质货物等政治因素影响		

OECD（WB）法提出当缺乏各类投入物和产出物转换系数（CF）特定数据，或处理费用或效益数值较小的次要非贸易品时，可采用标准转换系数（SCF）或平均转换系数进行简化计算。Schydlowsky（1969）提出，标准转换系数 SCF 是"进口货物口岸价格和其国内价格之比"，其计算公式为：

$$SCF = M /(M + T_m) \tag{2-12}$$

式中　M——以到岸价格计算的、并用 OER 换算成本国货币的进口货物总值；

　　　T_m——进口关税。

L-M（1974）则指出，在 SCF 的定义上应加上"一批有代表性的货物的"作为冠词，考虑外汇可用于增加进口或减少出口，建议标准转换系数 SCF 的计算公式为：

$$SCF = \frac{M + X}{(M + T_m) + (X - T_X)} \tag{2-13}$$

式中　M、X——以到岸价格和离岸价格表示的进口及出口货物价值；

　　　T_m、T_X——相应的进、出口关税。

对于采用"国内价格体系"的 UNIDO 法，由定义可知，SCF 实质上就是外汇影子汇率的倒数。在《项目评价准则》（1972）中所阐述的 UNIDO 法，将外汇影子汇率记为 P_F。假定得到的外汇增量只与进口有关，则：

$$P_F = \frac{SER}{OER} = \sum_i a_i \frac{DP_i}{WP_i} \tag{2-14}$$

式中　a_i——第 i 种货物在边际进口中所占的份额；

　　　DP_i——第 i 种货物的国内市场价格；

　　　WP_i——第 i 种货物的到岸价格，用官方汇率（OER）换算成国内价格。

P_F 是 $SCF = M /(M + T_m)$ 的倒数。即：

$$P_F = (M + T_m)/M \tag{2-15}$$

当得到的外汇增量对进出口均发生影响时，则可得：

$$P_F = \sum_i a_i \frac{DP_i}{WP_i} + \sum_j a_j \frac{DP_j}{WP_j} \tag{2-16}$$

式中　i、j——分别表示第 i 种进口货物和第 j 种出口货物。

且，$\sum\limits_i a_i + \sum\limits_j a_j = 1$

因此不难得出 OECD 法中的 SCF 与 UNIDO 法中的 SER 的关系是：

$$P_F = \frac{1}{SCF} \text{ 或 } SER/OER = 1/SCF \tag{2-17}$$

OECD（WB）法和 UNIDO 法对折现率的取值也有不同观点。OECD（WB）法建议采用会计利率或计算利率（ARI），是用外汇衡量的公共收入的价格随时间下降的比率。UNIDO 法建议采用消费利率（CRI），是消费增量的权重随时间下降的比率，也就是单位现时消费调整为将来消费的边际调整率。

尽管 OECD（WB）法与 UNIDO 法在计算单位的选取等方面存在一定的差别，但这两种方法评价项目的基本原理及所采用的国家参数影子价格计算方法十分接近。正如《项目评价实用指南》（1978）阐述的 UNIDO 法所指出的："计算单位的选用对于使用不同方法得出的结论不会有重要影响。还应该指出的是：随着 1974 年修订版中 Little-Mirrlees 方法所做的变动和这本《项目评价实用指南》中 UNIDO 法的变动，从项目评价的基本观点上说，这两种方法之间实际上已经没有多大的差别了。"

从出版时间序列看 OECD（WB）法和 UNIDO 法这两种方法的代表作，如 OECD 的《发展中国家工业项目分析手册》（1968）、《发展中国家项目评价和规划》（1974）和 UNIDO 的《项目评价准则》（1972）、《项目评价实用指南》（1978），早期的著作《发展中国家工业项目分析手册》（1968）和《项目评价准则》（1972）都比较强调系统性，理论论证比较严密，在计算上强调精确复杂，但是很快发现这些特点给方法的推广及使用带来很大不便。因此后继的著作《发展中国家项目评价和规划》（1974）和《项目评价实用指南》（1978）就比较精炼和实用。特别是比较晚的著作，如 UNIDO 的《项目评价实用指南》（1978）则提出了一套标准评价表格，明确分成 5 个阶段来完成项目的财务、经济和社会分析，具有规范化、程序化的特点。

OECD（WB）法的最后一本代表著作是 S-VT 的《项目经济分析》（1975），该方法的特点是"强调评价的系统性，强调对传统效率价格（未考虑收入分配影响）和考虑了分配权重在内的社会价格的协调一致的应用"，在影子价格的估算和应用中强调"保持客观性和无所偏倚"，因此作者承认"应用我们的方法会花费较多的时间和精力"，这和 UNIDO 方法追求简单实用的趋势形成鲜明对照。

OECD（WB）法强调在项目评价中要引入社会分析，考虑收入的公平分配。S-VT 法推荐运用包含收入分配因素的"社会价格"而不是原来 L-M 法和 UNIDO 法采用仅反映经济效率的影子价格。这些方法的理论依据是，国家除追求经济增长目标之外，还要考虑公平分配等其他目标。因此，项目评价除需要进行企业层面的财务评价之外，还需要进行国家层面的社会分析。因此 OECD（WB）的 S-VT 法提出采用社会价格比较合理，但是在进行项目的社会分析时发现，很多国家参数并非是一个恒定的数值，这些参数的确定往往带有较大的主观随意性。此外，还发现一些在贫富阶层之间、储蓄与消费之间、发达和落后地区之间有较好公平分配效果的项目，对国民收入的贡献并不一定很大，而且常常非常小，若过分强调分配目标往往会带来一种系统性的倾向价值判断，并可能导致资源配置效率低下。需要特别强调的是，尽管 20 世纪 70 年代后期，世界银行等国际组织在投资项目社会分析方面做了大量工作，但是迄今为止，还没有一个发展中国家在其制定的项目评价方法中采用了考虑分配效果的社会分析相关方法。

我们对影子价格方法中的 OECD（WB）法和 UNIDO 法的看法是：①两种方法存在很多不同，但对项目经济分析的结果是一致的；②OECD（WB）的 L-M 法首先提出影子价格的概念并给出实际估算的方法，奠定了发展中国家项目评价的理论方法基础，OECD（WB）法提出了不同的计算单位，把项目的经济分析和社会分析分成两个阶段，简化了项目评价及影子价格估算的方法，特别是采用标准表格和程序化的方法，比较实用和便于推广；③从影子价格方法的《项目评价实用指南》（1978）和《工业项目评价手册》（1977 年阿拉伯文版，1980年英文版）以及法国 EM 法（影响方法）（1977）来看，工程项目经济分析方法的演进趋势和发表的有关文献内容一致。20 世纪 60 年代末和 70 年代初期，理论界的注意力集中到影子价格的推导和估算上，但不久就转移到国家多目标的处理方面，提出要重视工程项目对贫富阶层收入分配的影响和对投资及消费间收入分配的影响，即所谓社会价格的计算问题。这些内容集中反映在 S-VT 法的《项目经济分析》（1975）中，但人们很快就发现确定社会价格的参数取值不仅带有很强的主观随意性，而且技术上不便操作，难以推广应用，最后还是要采用简单加权或调整的分析办法。UNIDO 的《项目评价实用指南》（1978）和《工业项目评价手册》（1977）把项目评价基本上局限在基于经济效率的经济分析方面。《工业项目评价手册》（1977）从发展中国家项目评价的实践出发（特别是对阿拉伯国家），认为由于项目评价人员的主观臆断，缺乏经验，缺少资料，计算手段不足或因时间紧迫，常会造成影子价格的应用不当，于是提出用国民净增值为目标，用实际市场价格来进行项目的经济计算，并通过对就业效果、分配效果，外汇效果和国际竞争力这些辅助指标的描述和计算，来完成项目的社会分析。

（四）影响方法和 UNIDO-IDCAS 法的比较

与影子价格方法一样，影响方法也认为在发展中国家市场价格存在着严重扭曲现象，用市场价格来计算项目投入物和产出物的价值并得出项目利润，不能代表项目的真实经济贡献，因此不能将市场价格直接应用在工程项目的经济分析之中。和影子价格方法要求专门设计一套影子价格（计算价格）来计算项目的效益和费用不同，影响方法仍然建议应用市场价格进行计算。为了纠正市场价格的扭曲现象，影响方法通过沿着项目有关的产业链，来分析和计算项目对经济的全面影响。例如影响方法计算项目对经济的影响包括：项目的投资建设增加了对国内建筑、电力、交通等基础设施的需求；对本国设备、进口设备、劳动力（熟练劳动力和非熟练劳动力）、投入原材料（本国的或是进口的）需求的增加；由于项目产出的增加值在国民经济各部门之间的分配和使用对经济发展和结构变动的影响等。

影响方法和影子价格方法在评价指标的选用方面存在不同，影子价格方法以国民收入作为评价指标，而影响方法则用增量国内增加值 DVAI 作为项目的评价指标。DVAI 在数值上是有项目和无项目两种情况下以世界市场价格表示的国内增加值的变化量，是通过项目产生的以世界市场价格表示的国内增加值的增量。

项目的 i 产品的国内市场价格为 p_{di}，应是投入物（进口的或是国产的）国内市场价格和用于该产品生产的各项要素国内市场价格之和，即：

$$P_{di} = \Sigma a_{ji} P_{dj} + \Sigma a_{mi} P_{dm} + \Sigma a_{fi} P_{df} \tag{2-18}$$

式中　　P_{dj}——生产产品 i 需用 j 种国内投入物的国内市场价格；

　　　　P_{dm}——生产产品 i 需用 m 种进口投入物的国内市场价格；

P_{df}——生产产品 i 需用 f 种生产要素的国内市场价格；

a_{ji}、a_{mi}、a_{fi}——分别为生产单位产品 i 所需各类投入物的数量。

对国内投入物的费用构成进行分解，直到产品 i 仅由进口投入物和基本生产要素组成。记 r_{ji} 为单位产品 i 对投入物 j 的需求量（考虑到国内投入物的分解后）则可得：

$$P_{di} = \sum\sum a_{mj}P_{dm}r_{ji} + \sum\sum a_{fi}P_{df}r_{ji} \tag{2-19}$$

假设产品及投入物的国内市场价格等于用货币表示的口岸价格加关税或补贴，则上式可表示为：

$$P_{wi}OER(1+t_i) = \sum_j\sum_m a_{mj}P_{wm}OER(1+t_m)r_{ji} + \sum_j\sum_f a_{fi}P_{df}r_{ji} \tag{2-20}$$

式中　P_{wi}——用外汇表示的产品 i 的价格；

t_i——出口关税率或补贴率，%；

t_m——进口关税率；

P_{wm}——用外汇表示的进口产品的价格。

增量国内增加值 DVAI，是用国内货币表示的产品世界市场价格与用国内货币表示的进口投入物世界市场价格之差，即用国内货币表示的项目的外汇净获得量。

UNIDO 和 IDCAS 合编的《工业项目评价手册》（1977）和法国 EM 法（影响方法）有很多共同之处。首先《工业项目评价手册》（1977）虽然承认影子价格在理论上能够反映一个国家资源的稀缺程度，但不主张在项目评价实践中采用影子价格。《工业项目评价手册》（1977）和法国 EM 法（影响方法）都主张采用实际市场价格进行项目评价，并且要求仅对明显失真的投入物或产出物价格进行调整。例如《工业项目评价手册》（1977）认为只有存在外汇收支不平衡的国家，才需要对官方汇率进行调整。《工业项目评价手册》（1977）建议可用下式计算调整汇率（本国货币/外国货币）：

$$P_F = R_F\left(1 + \frac{M-B}{B}\right) = R_F\frac{M}{B} \tag{2-21}$$

式中　P_F——调整汇率；

R_F——官方汇率 OER；

B——用本国货币表示的一定时期内的外汇收入；

M——用本国货币表示的相应时期内的外汇支出。

《工业项目评价手册》（1977）以经济净增值作为评价项目的目标，和法国 EM 法（影响方法）一样，要求采用本国货币作为计算单位。二者均以经济现状（国内市场价格）为基础分析项目的投入和产出对经济发展的影响。所不同的地方是：法国 EM 法（影响方法）要求分析项目对经济的初次影响（直接影响+间接影响）和二次影响（经济净增值的分配和使用对当地经济所产生的影响），而《工业项目评价手册》（1977）仅要求考虑初次影响。为了计算间接影响，法国 EM 法（影响方法）提出需要把初次影响分解到对国内生产的投入物的需求不再增加时为止（由于影响是递减的，实践表明一般分解 3~4 次即已满足要求）；《工业项目评价手册》（1977）则采用类似的方法，要求把与项目关系密切的生产部门与项目合并在一起，作为一个"综合体"进行分析评价。

《工业项目评价手册》（1977）要求通过计算国民收入净增加值（NNVA）来对项目进行评价：

$$NNVA = \sum_{t=0}^{n} NVA_t = \sum_{t=0}^{n} O_t - \sum_{t=0}^{n} (MI_t + I_t + RP_t) \qquad (2\text{-}22)$$

式中　NVA_t——t 年项目的净增值；

　　　O_t——t 年项目的产值，通常为销售收入；

　　　MI_t——t 年项目的边际投入；

　　　I_t——t 年项目的投资；

　　　RP_t——t 年项目的所有汇出资金（外籍人员工资、外资部分股息、红利、利息、租金、专利使用费等）。

这里的 $NNVA$ 与 $DVAI$ 一样，均由工资和社会剩余两部分组成。

《工业项目评价手册》（1977）与法国 EM 法（影响方法）在计算费用和效益时，虽然都要求以国内市场价格为基础进行计算，但《工业项目评价手册》（1977）要求对汇率进行调整，采用"调整汇率"进行折算，这是二者的不同之处。

上述分析表明，《工业项目评价手册》（1977）与法国 EM 法（影响方法）虽然存在一些差别，但二者的分析思路框架基本一致，《工业项目评价手册》（1977）的主要内容在法国 EM 法（影响方法）中均得到体现。

三、影子价格方法和影响方法的比较

西方经济学家针对发展中国家的情况所提出的各类工程项目经济分析和社会分析方法，大体上可分为影子价格方法和影响方法两类。两种方法都希望把工程项目的费用和效益放在一个共同的可比标准之上进行衡量和比较。如果这种以共同标准（尺度）衡量的效益超过费用，则项目应予以接受。否则，项目则应被拒绝。理论上，采用影子价格方法和采用影响方法进行工程项目经济分析的结果应该是一致的。但是，两种方法在费用、效益的识别以及采用共同可比标准对工程项目的经济费用和效益进行估算上存在很大差别。

（一）从项目财务分析和经济分析两个阶段进行分析

（1）财务分析阶段。影响方法在工程项目财务分析阶段，追求的目标是企业获利最大化，此时的约束条件是企业可利用的资本。与之对应，影子价格方法在财务分析中采用的价格是市场价格，要求计算项目财务内部收益率 IRR，并与资金成本进行对比分析，研究企业在可供资本的约束条件下如何获利最大化。二者的分析思路一致。

（2）经济分析阶段。在经济分析中影响方法追求的目标是国民净收入最大化，包括不同部门的净收入，涉及居民、企业、国家财政以及所有与项目发生关系的个人或团体。影子价格方法则要求推导和估算出一个能够真正反映资源经济价值的影子价格体系，以衡量项目产出扣除投入后的社会净产值，从而得到与影响方法相对应的最大社会收入。理论上二者的评价结论应该一致。

在实践中，影子价格方法和影子价格并不是通过宏观经济优化规划模型来求解的。因为受到技术方法和规划水平的限制，希望通过建立和求解宏观经济模型来得到影子价格数值往往是不可能的。因此，影子价格方法所采用的影子价格是在一系列现实的假设和简化了的经济模型基础上计算得出的，所以影响方法和影子价格方法对项目计算所得出的结果，在数值上并不完全一样。但是这并不影响两种方法对工程项目经济分析结果的一致性。

（二）两种方法的共同点

（1）对项目评价的认识相同。影响方法和影子价格方法都认为在对不同的项目进行评价时，项目所有人通过项目取得的利益不能代表项目的全部真正利益，因此还需要考虑项目所处的特定经济环境及其他经济目标，应根据项目对资源配置效率及社会公平目标的贡献和损失大小，来衡量项目的费用和效益。影响方法和影子价格方法都认为国家经济发展的主要目标，除增加国民收入之外，还应考虑国民收入的公平分配问题，把工程项目的经济分析向着社会分析的方向发展。当然，这里的社会分析是指考虑收入分配效果的广泛意义上的经济分析。

（2）影响方法和影子价格方法都认为在现实经济环境中，特别是在发展中国家，存在着严重的失业等问题，市场机制很不完善，价格严重失真和有较强的政府干预等。因此两种方法都企图利用经济分析的专业方法来找出项目对当地经济的全面影响，从而选择有利于实现国家经济目标的工程项目。

（3）影响方法和影子价格方法都认为国际市场是接近完全竞争的市场，国际市场价格受到垄断、资源短缺以及政治因素的影响相对较小，因此对于外贸品，影响方法和影子价格方法都采用到岸价格和离岸价格作为项目经济分析的价格。此外，两种方法在计算项目的效益和费用时都要求考虑时间因素，应用现金流量的分析方法。

（三）两种方法在宏观经济层面的不同点

（1）对国家经济规划所起的作用不同。影响方法与国家发展规划的制定密切相关。影响方法分析的出发点是国内需求，认为未来经济发展规划目标已经确定，因此应在国家经济发展规划的基础上，通过模拟有无项目情况，测算拟建项目对经济增值的影响，使决策者在规划的项目库中做出选择，以利于国家规划目标的实现。影子价格方法则是要求从具体项目层面，采用费用效益分析的方法，通过影子价格计算项目的经济评价指标，为项目决策提供依据，因此受到国家经济发展规划的影响较小。

（2）对拟建项目经济影响的分析方法不同。影响方法是沿着与项目投资和生产运营有关的产业链来追寻项目对当地经济带来的影响，分析项目对现有经济结构、资源和市场价格的影响，比较有项目和无项目两种情形下的经济状况，计算项目带来的经济增加值。影子价格方法则认为现实经济状况是不完善的，价格是被扭曲了的，因此应采用世界市场价格作为计算价格，用影子价格来衡量项目的经济净效益，引导国家经济向没有"扭曲"的理想状态发展。

（3）对项目效益的理解不同。影响方法要求计算拟建项目对经济发展带来的净增加值，包括社会剩余、个人工资和薪金，以国民收入净增加值作为衡量项目效益的依据，既要考虑项目对目前消费的贡献，也要考虑对未来消费（社会剩余）增长的贡献，对拟建项目效益的评价比较全面。影子价格方法则仅考虑社会剩余，将工资和薪金视为项目的经济费用，在项目的选择上不利于劳动力密集型项目的决策。

（四）两种方法在项目层面的不同点

（1）对影子价格的看法不同。与影子价格方法不同，影响方法认为由于无法完全掌握一个国家现实复杂的社会经济联系，国家经济发展的目标和约束条件也会经常变化，影子价格不仅难以正确地确定，而且还会随着经济发展目标和约束条件的变化而经常变化。对于一个发展中国家（经济价格与市场价格相差较大且变化频繁）实际上是无法进行测算的，因此提出应采用市场价格作为工程项目经济分析的基础，通过考虑初次影响和二次影响或对价格进行适当调整来对工程项目进行经济分析，因此拒绝使用影子价格。

（2）对国内生产影响的分析不同。影响方法通过模拟项目实施后的真实情况，沿着产业链条计算由于项目投入物的需求增加和产出物的分配及使用对经济产生的直接和间接影响，最终得到项目对经济的影响，分为进出口变化（进口增加或出口减少）和国民收入增值两部分。

影子价格方法则要求对非贸易品进行产业链的反向追踪分解，把非贸易品分解为贸易品投入和国内生产要素的使用。影子价格方法把间接影响视为外部效果，或将其置于项目联合体一并予以考虑，一般只进行定性分析和说明。

（3）对进口限额和关税保护的看法不同。影响方法认为工程项目所产生的增量增加值与进口限额和关税税率保护无关。以一个进口替代项目为例，如原来产品是进口的，国内价格为到岸价格（c.i.f.）+关税（V_1），现改为国产，由于成本高，为保护本国生产，实行高税率，进口关税由 V_1 增高到 V_0。计算项目的增量增加值，需要把国内价格分解为直接和间接进口投入 I_i 及直接和间接增加值 VA_i，与原来进口相比，增加值就等于外汇的获得量，即到岸价（c.i.f.）－进口投入（I_i），也就是全部增加值（VA_i-V_0）。政府提高关税税率，并不能改变项目的增量增加值，它在数值上等于外汇的获得量（到岸价 c.i.f. －进口投入 I_i）。

在没有本项目的情况下，产品来自进口，存在着进口限额及关税 V_1。项目上马后，增量增加值保持不变，改变的是不同类型人群分配的变化。对消费者而言，原来的（c.i.f. $+V_1$）价格买到的产品现在需要（c.i.f. $+V_0$），实际上等于他们的收入少了（V_0-V_1），这部分收入从消费者手中转移到了生产这种产品的生产者手中。

影子价格方法认为，针对非最终消费品征收的关税会提高在产品的成本从而不利于出口，针对最终消费品加征收税则有利于储蓄。进口限额可能造成外国供应商提高产品价格，对原材料及中间产品的进口限额会使国内生产者受到约束，可能造成生产和投资的延迟。因此限额和关税会对出口、储蓄、国内生产和消费产生影响，并使得官方汇率难以反映国内货币与外汇的真实比价。

（4）对投资与消费权重的看法不同。影响方法的项目评价指标是新增国民收入增加值，包括工资薪金和社会剩余（公共投资来源于社会剩余），影响方法对这两部分赋以相同的权重，即认为投资与消费具有同等重要性。影子价格方法的项目评价指标是社会盈余，并对社会盈余的分配和用途给予不同的权重，认为发展中国家普遍存在储蓄不足的情形，社会盈余中投资的价值大于消费的价值，主张投资的影子价格 $P_{INV}>1$。

（5）对土地价值的看法不同。影响方法认为土地的使用者和所有者如果同属于国家，则土地费用是一项转移支付，因为这项费用的支出不改变公共部门的总体收入。此外，由于工业项目占地相对较少，因占用农地而损失的农业产出的机会成本可以忽略不计。影子价格方法则要求采用社会成本来衡量项目占用土地的费用。如果一个项目所需的土地并无其他潜在用途，则该块土地的市场供应价格应该为零。不管实际支付多少，土地应作为项目的一项投入，其费用按零计算。如果土地确有另外用途，则需要按土地因不能他用而放弃的收益来衡量该土地的机会成本。

（6）对工人工资的看法不同。影子价格方法认为非熟练工人工资的影子价格由两部分构成：放弃的产出和储蓄的减少。对非熟练工人而言，放弃的产出一般相对较低，有时可予以忽略。由于工人的收入全部用于消费，使得储蓄减少。对于发展中国家而言，储蓄非常稀缺，减少储蓄有着较高的经济成本。对于熟练工人，影子价格方法认为熟练工人是稀缺的，因而应在近乎完全竞争的市场上获得，影子工资应等于市场工资或高于市场工资。影响方法则认为公平分配不会减少储蓄，因此不主张采用影子工资来衡量劳动力的经济价值。影响方法认为影子工资的测算，除考虑经济因素之外，还要考虑不同地区、不同项目等的影响，因此很难测算准确，一般会高估劳动力的费用。对于熟练工人而言，影响方法认为在不发达的国家中，熟练工人也与非熟练工人一样存在着就业不足，从中长期角度看，不存在稀缺性，因此不能依照稀缺性来计算劳动力的经济价值。这两种方法在工人工资问题上的本质区别在于：影子价格方法把劳动力工资视为项目费用，而影响方法则把劳动力工资视为项目效益的一部分。

影响方法起源于法国。影子价格方法虽然被多个国际组织所接纳和推广应用，但其经济专家主要来自英国，因此可以认为这套方法主要起源于英国。英法两国是欧洲最具影响的两个大国，研究制定方法标准是这两个国家展现软实力的最主要体现。我国投资项目国民经济评价方法的研究和应用，受到英国专家的影响最为深刻。客观上讲，影响方法更具有适用性，但并没有受到相关国际组织及国际社会的重视。影子价格方法体系完整，理论技术含量高，从学术上更占优势，但实际应用难度大，难以真正发挥其实际应用价值。两种方法的对比研究，对于今后我国进一步完善工程项目经济分析评价理论及方法体系具有重要借鉴价值。

第二节　经济分析方法在国外的应用情况

一、发展中国家项目经济方法的兴起和衰落

西方著名发展经济学家提出的针对发展中国家工程项目经济分析的各类方法，对于推动当时发展中国家的项目决策起到一定的作用，但并没有得到全面应用，并且从 20 世纪 80 年代之后，应用热情开始衰退。

（一）CBA 在世界银行和相关国家的兴起和衰落

世界银行是对发展中国家提供经济援助的重要多边金融机构，也是针对发展中国家工程项目经济分析方法研究和应用的主要倡导者和执行者，代表性的方法就是世界银行专家 Little 和 Mirrlees 于 1968 年发表的《发展中国家工业项目分析手册》，以及 Dasgupta 于 1972 年发表的《项目评价准则》。在众多国际组织和西方国家政府援外机构中，使用这些方法最充分的机构当属世界银行。世界银行首次采用一整套影子价格来演示和评价其援助发展中国家的项目，世界银行经济学家 Squire 和 Van Der Tak 还于 1975 年出版《项目经济分析》专著，并首次根据消费者收入和消费分布的权重来测算"社会"价格，以体现公平分配的政策诉求，纠正了不考虑收入分配影响的"效率"价格。

在 1970 年代间，世界银行内部关于是否需要使用社会价格曾有过激烈争论，最终"社会价格"派在这场争论中赢得了胜利，使得在工程项目经济分析中需要使用分配权重的准则被纳入世界银行于 1980 年发布的业务手册之中。世界银行专家 Little 和 Mirrlees 认为，在世界银行的实际工作中，除个别试验性项目之外，这套复杂的影子价格测算方法几乎没有被真正应用过。

由于世界银行要求在其援助项目的评价中必须进行经济分析，世界银行职员或咨询机构在接下来的时间内为近 20 个国家开发出了相当完备的影子价格行业转换系数和影子工资率，要求采用世界市场价格作为项目投入物和产出物的计价依据，并一直延续下来。制定各种专项转换系数是 L-M 法和 Squire-Van Der Tak 法中最具重要实质性的特征，这种做法由于不要求分别测算每一项投入物和产出物的影子价格，大大方便了项目分析的实际工作。1981 年前

后，世界银行采用影子价格进行工程项目经济分析在形式上达到了高峰。但是，对在 1970 年代批准项目的完成报告样本检查发现，Squire-Van Der Tak 方法体系在深度和广度上远远没有得到实质性采用。很多国家项目评价人员对这套方法并不真正信服，原因可能是工作负荷太重或懒惰，或者他们根本就不相信这套方法体系的有用性和可靠性。与此同时，经常出现一些世界银行高级职员对工程项目经济分析表示怀疑，特别是当经济分析的结果与他们的判断有冲突时更是如此。

从 1980 年代开始，世界银行采用影子价格进行经济分析的工作开始减退，无论是从兴趣、关注、指导、监控还是研究方面看都是如此，而且衰退的趋势堪称急剧。事实上，世界银行专家 Little 和 Mirrlees 认为，即便是在高峰期，世界银行职员也并没有完全理解和消化 Squire-Van Der Tak 所提出的复杂的影子价格计算方法。突出表现为以下事实：①采用分配权重的社会价格被放弃了；②没有区分公共和私人收入，或者没有区分收入的使用、积累或投资；③即便是采用影子价格对项目进行了经济分析，但很少使用行业转换系数；④没有系统地使用或估算影子工资率。在世界银行项目经济分析实践中，除采用社会折现率之外，仅真正采用一个影子价格，即标准转换系数或影子汇率，但其取值也不清楚是如何估算出来的，同时也不清楚对不同的国家是否采用了同一种估计办法。世界银行专家 Little 和 Mirrlees 认为，目前世界银行在工程项目经济分析中所采用的方法，肯定不是 Squire 和 Van Der Tak 当初所设想的方法，也不是 Little 和 Mirrlees 的方法，当然也不是 UNIDO 的方法。

采用影子价格进行经济分析在同一行业的应用情况也有不同，比如电力项目，发电效益一般都用卖出价格进行计算，这就可能导致效益的低估，因为电价经常被控制在较低的水平之上。有的水电项目的评估报告，是用替代火电（基于进口原油发电）的费用作为项目的效益，这就会高估项目的效益，因为世界银行总体上是高估了原油的将来价格。

上述经济分析方法在区域性援助机构和发展中国家中的应用同样不理想。在 1970 年代中期，这些机构要么有限地采用 L-M 方法，要么直接跟随世界银行的做法，包括亚洲开发银行（ADB）、泛美开发银行（IDB）、英国海外开发署（ODA，英国国际发展部 DFID 的前身）和德国援外局。日本也声称跟随世界银行的做法。法国和欧盟国家仍然采用他们提出的"影响方法"，但美国经济学家 Bela Balassa 于 1976 年明确提出这套"影响方法"同样存在重大缺陷。其他发展中国家有的没有特意跟随什么特定的方法，或者根本不进行费用-效益分析。

（二）影子价格和费用-效益分析方法衰落的原因分析

在项目评价中单独计算影子价格的目的是要纠正价格扭曲现象。只有影子价格与市场价格一致时，财务分析才能与费用-效益分析的结果保持一致。因此，传统的针对发展中国家的工程项目经济分析主要是对扭曲的价格进行调整。随着发展中国家市场化发育逐步完善，价格扭曲的现象得到改善，因此使得通过影子价格对价格扭曲进行调整计算失去其存在的基础前提。另外，即便是发展中国家存在市场扭曲的现象，通过影子价格进行调整始终存在很大的争议。当然，这些调整方法在理论分析层面确实有很强的说服力，但在实际操作层面很难应用。世界银行被认为是知识的银行（bank of knowledge），被公认为是对工程项目经济分析的方法研究和实践应用水平最高的国际组织。即便如此，世界银行专家不得不承认，世界银行的职员在执行具体项目的经济分析中，根本不能掌握影子价格和经济分析的真正含义，所做的经济分析多数处于流于形式的状态。越来越多的经济学家认为，在市场经济环境下，对于价格扭曲的情况，要通过适当的政策干预，设法使市场价格尽可能地接近其影子价格，要把精力放在政策调整方面，而不是进行项目层面的影子价格调整计算。

随着时间的推移，人们对项目的关注越来越广泛，除对经济效率的关注之外，人们更多地关注削减贫困、社会性别平等、环境及可持续性发展等问题，而且这些问题更具有紧迫性和更加实实在在的内涵。另外，人们越来越关注影子价格计算方法本身的缺陷，尤其是对所谓国家参数的取值出现很大的争议。例如，世界银行和亚洲开发银行等多边金融机构对所有国家都采用单一的计算利率，将所有国家的社会折现率都定为10%或12%，但各个接受援助的发展中国家的经济发展水平、资源禀赋条件、对外开放水平、经济结构特征都存在很大差异，采用统一的社会折现率不仅在理论上站不住脚，在项目评价实践中也是没有道理的。同时，不同国家地区、不同行业等工程项目经济分析方法及参数的取值也应该反映区域及行业特点，比如发电项目，从经济分析的角度看，电力是非常重要的非贸易物品，世界银行专家认为，电力项目是成网的，在项目评价实际工作中，发电的效益从来没有按照 Squire 和 Van Der Tak 的方法进行估值。事实上，对于每一个发电项目都去计算 EIRR 是非常荒谬的。正常情况下，作为核算价格的电价应该根据长期边际成本（LRMC）计算。一旦这种电价到位，那么就要按照这种价格估计需求并给以满足，并对该行业的投资进行决策，而不是对每一个发电项目计算电力的转换系数。由于以世界银行为代表的国际组织所采用的考虑分配效果的社会费用-效益分析方法在实践中的应用效果非常有限，使得人们对影子价格的调整和计算越来越失去兴趣。

在经历近三十年的理论探索和经验积累，世界银行等国际组织慢慢放弃复杂的影子价格方法体系，在项目评价中更加关注项目所在地的经济体制环境，强调影子价格要根据不同国家的经济环境和市场扭曲程度而有选择地使用，并建议使用国内价格体系，以便于进行财务评价结果和经济分析结果的比较。这种改变使得目前的项目经济分析方法更加接近于国内市场，是对原有理论与实践的重要突破。Mirrlees 分析认为，世界银行、亚洲开发银行等国际组织不再完全采用 L-M 法的原因主要有以下三个方面：①政府职能的转变。L-M 法产生的年代，政府正在大力扩张其公共部门，投资于各种公共设施，然而现在政府的工作重心已转变为健康、教育、环境等私有经济无法涉足的领域。②贸易扭曲的减弱。政府已不再投资于普通贸易商品，而是让社会生产的产品在市场中自由贸易，最终形成以市场为导向的价格机制。③投资方向的转换。在社会分工优化的过程中，国际援助机构更加关注于公共支出项目的投资，而不再参与市场资源配置的工业项目。

二、发达市场经济国家的费用-效益分析和项目决策

（一）费用-效益分析是市场经济国家公共投资决策的重要分析方法

与在学术界受到冷落形成对照的是，经济费用-效益分析在西方市场经济国家的公共项目分析评价中得到广泛应用，在 20 世纪 80 年代以后被西方市场经济国家的立法部门和政府机构日益看重❶。在美国从里根政府开始，历届政府都有行政指令［如 Executive Order 12291（1981）和 Executive Order 12866（1993）］，要求各行政机构在提出法规之前都要提供一份法规影响分析（regulatory impact analysis，RIA），用以说明所提出的法规"是否还有基本上能达到同样目标的、费用更低的法规备选方案，简要说明这些备选方案的潜在效益和费用，并

---

❶ 对 CBA，学术界的冷落与实际部门的重视形成的反差，相关论述可参见 M. D. Adler（1999），"Rethinking Cost-Benefit Analysis"，The Yale Law Journal，Vol. 109，pp. 165-248.

说明这些备选方案不被推荐的理由"。值得注意的是，在 1981 年的行政指令中的用词"效益要超过费用（benefits outweigh costs）"被 1993 年的指令修改为"效益与费用要恰当（benefits justify costs）"，并指明效益包括"经济的、环境的、公共健康与安全的、其他好处以及分配影响和公平等"，并不是所有这些都能被量化。因此，并不明确要求效益一定要在数值上超过费用，重要的是让项目评价人员有"费用-效益的思想（cost-benefit thinking）"。

市场经济发达国家都制定有相应的费用-效益分析（cost-benefit analysis，CBA）手册和准则，多数是指导性的，对具体的方法和标准不具行政和法律的约束力。除独立的 CBA 手册和准则外，费用-效益分析的思想还体现在各种涉及公共开支的行业准则和环境卫生一类的法规中，如 OECD 国家的法规影响分析（regulatory impact analysis，RIA），美国环保署（US EPA）颁布的各种法规。如《有害物质控制条例》（Toxic Substances Control Act）、《联邦杀虫、杀菌和灭鼠剂条例》（Federal Insecticide，Fungicide and Rodenticide Act）和《安全饮用水条例修正案》（Safe Drinking Water Act Amendment）等在出台前后都进行了多方案的效益和费用对比分析。例如，1991 年美国环保署（US EPA）出台饮用水铅含量标准时，就给出了系统的 CBA 数据。为达到标准，其费用的计算包括管道的更换、提高水处理标准和建立监测和控制标准等内容，而达到标准（减少铅含量）产生的效益包括儿童和孕妇医疗费的节省、儿童智商受损减少以及按支付意愿计算的成人健康寿命延长等。这个标准实施后的 20 年中，总效益是 638 亿美元，而总费用只有 40 亿美元。1995 年，美国国会通过了一个法令，要求所有的、凡是涉及各级政府和社区开支的重要的联邦政府法令都要进行费用-效益分析[1]。

（二）公共项目采用费用-效益分析方法的原因

西方多数市场经济国家关于公共项目或公共政策的评价准则及指南（guide or guideline），几乎无一例外地使用 CBA 的原则和方法，一般要求尽可能地将效益和费用进行货币量化，并进行对比分析，得出项目或政策是否值得进行或通过类似的比较形成和选择经济上最有效率的方案。费用-效益分析以其简洁、明了和透明性，更易于被人们所接受。尽管管理科学家和数学家发明了很多更"先进"、更具复杂技术的评价方法，如多目标层次分析（AHP）法、模糊评价（FAM）法、多目标判据分析（MCA）法等，但还是停留在发表论文阶段，至今仍没有被政府部门或有关机构采纳为正式的项目或政策分析方法。在公共事务的决策过程中，信息的透明清晰非常重要，复杂的技术方法掩盖了事物的真相并难以得到公正的认可和接受。就方法论本身而言，费用-效益分析只用到一些简单的四则运算，但其主要工作在于效益与费用的界定和计量。在市场导向的经济体系中，没有比货币更具统一的、可供比较的参照物，这可能是 CBA 被实践广泛接受的一个重要原因。正如市场机制提供信息让消费者做出正确的选择一样，经济费用-效益分析要求尽可能全面地提供经济效益和费用的相关信息，有利于决策者选择最佳方案。D.Pearce 等在为 OECD 编写的《费用-效益分析及其环境—当前进展》（Cost-Benefit Analysis and the Environment—Recent Developments ）中就"为什么要使用费用-效益分析"列出 7 个方面的原因：

（1）CBA 要求决策者考虑项目或政策的实施产生的受益者和受害者，以及这些效益和费用在空间和时间两个维度上的分布，避免决策者从单一目标和群体考虑而做出想当然的决策。

---

[1]　关于这些方面的大量法规，可参见：E.R.Morrison，"Judicial Review of Discount Rates Used in Regulatory Cost-Benefit Analysis"，*The University of Chicago Law*，Vol. 65，PP. 1333-1369，1998.

决策者往往从政治和号召力上考虑，强调单一的目标而不计费用，不加以选择和权衡：讨论卫生健康项目时就强调卫生健康，讨论环境时又强调一票否决。CBA 在计算效益和费用之前，不人为地设定可供选择的优先顺序，因此被认为是一种理性（rational）的分析思路。

（2）CBA 要求进行多方案的比较，分析的基本思路和方法在于谋划各种可行方案（包括什么都不做的方案）并进行择优。

（3）CBA 采用同一量纲来比较效益和费用，可以对各个方案进行评价并加以优化。

（4）CBA 有可能对不同的利益相关群体赋予不同的权重，考虑公平分配问题，为项目和政策的社会评价提供经济上量化的可能性。

（5）不同时间上的效益和费用通过折现的方法赋予其不同的权重。尽管对折现率的取值存在无法统一的争议，但是如果不折现则更不可思议。

（6）CBA 对效益的量化是基于个人的支付意愿，从好的方面说是一种"民主"的过程：公共决策取决于个人的偏好。从不好的方面说，这种分析逻辑助长了"个人的私利"，过分关注个人的价值判断。

（7）CBA 通过考察人们在直接市场或构造出的模拟市场的行为，给出度量人们偏好的价值量，以评价项目和政策，通过显示偏好对经济费用和效益进行量化，比隐含偏好的假设更容易为人们所理解和接受。

（三）费用-效益分析方法在西方国家公共项目决策应用的局限性

尽管 CBA 分析框架较之其他方法有很多优点，各国都将 CBA 作为公共项目经济分析的基本方法，但实际工作中往往并不按照 CBA 的结论进行决策，这种情况非常普遍，在我国也是如此。经济学家 D.Pearce 等人曾以"政治经济与 CBA"为题对此展开论述，认为项目和政策的最后决策并非完全遵循 CBA 的效率准则，其目标函数也不是 CBA 的社会福利函数，而是依赖于一种很复杂的政治福利函数（political welfare function）。这种政治福利函数是公众的福利和压力集团利益的某种加权。决策者实际上追求的是这种政治福利函数的最大化：除了公众利益外，决策者还要考虑来自利益相关者集团的偏好和政治压力，后者包括上级和平级的政府部门、国际关系、政治团体和新闻媒体等的利益和偏好。CBA 只是单纯考虑全部利益相关者个人偏好的总和（通过支付意愿的叠加和补偿进行测算），必要时给低收入群体以较高的权重，通过社会价格来计算项目的经济价值。然而，考虑政治因素的决策则与此不同，较高的权重往往会给予一些政治压力较大的集团。正是由于 CBA 所思考的角度过于单纯和理想化，通过定量分析的结果往往还容易被误解，使其结论不被重视和接受，成为 CBA 方法在西方市场经济国家应用的重要弱点，具体表现在以下方面。

1. CBA 实质上考虑的是个体私利，不是从社会整体利益出发

CBA 所计算的经济效益是基于社会个体的支付意愿的加总求和，强调消费者或公民的主权，带有"私利"的色彩。实际上，整个福利经济学都是以个体（individuals）为出发点进行分析的。从个体过渡到社会整体，在技术处理上是需要非常谨慎的。由于信息的不对称性，个体对全局并不了解，其意愿不一定正确，个体福利的最大化并不必然导致社会整体的福利最大化。因此，专家或领导人的意见往往更能代表社会整体的长远利益。但并非总是如此，因为专家和领导人往往也会有个人的私利，也会犯决策错误，比如一些贫困地区的政府投资建设的豪华机关大楼和城市广场，如果按照 CBA 方法所要求的陈述偏好或严格的意愿调查进行评价，就可能得出不应建设的结论。

2. CBA 很多效益和费用计算的可靠性无法得到检验

CBA 分析方法应用的难点在于费用与效益的界定和计量，大量的数据量化表面上看起来似乎很精确，但实际上这种精确可能是不准确的甚至是虚假的，尤其对于环境和健康改善等效益难以进行货币量化。影子价格、支付意愿、隐含价值和各种偏好揭示方法并没有以实际能够观察到的数据为背景，其取值是在一定假设条件下进行估算的结果，难以辨认其真实性和可靠性，且很容易造假。比如，世界银行和亚洲开发银行等国际开发援助机构将所有接受援助的发展中国家的社会折现率基准值确定为 10% 或 12%，要求投资项目的经济内部收益率 EIRR 必须满足社会基准收益率的评价标准。一方面，这种取值本身的科学性受到很大质疑；另一方面，在项目评价实际工作中，很有可能随意地增加或夸大效益，以满足项目决策分析评价的需要，而且这种做法似乎也没有人提出质疑，貌似科学的定量分析实际上并无太大的实际意义。就方法本身而言，CBA 比其他方法，如 AHP、MCA 和 FAM 等方法更具透明和客观性，但是 CBA 计算和评价的最大问题就是缺乏公共参与性（participatory）。在项目方案形成、评价和决策过程中似乎没有人代表公正的 CBA 结论的参与者，也就没有人对 CBA 的结论及其可靠性给予关注。财务分析则不同，投资者和银行会关注盈利性分析，项目的发起人会关注财务的可持续性，但没有人关注经济费用-效益分析的结论。理论上，项目的受益人和受损者应该最关心项目的真实经济费用和效益，经济分析结论应该是投资决策的最重要依据，但在实际上没有真正关心工程项目真实经济价值的代表者。由于 CBA 的分析过程和评价结论没有人去认真关注，导致实际操作就变得非常随意，并难免得出倾向性的结论。因此，通过陈述偏好和意愿调查等方法，增加 CBA 的参与性至关重要。

3. 项目的很多费用和效益难以进行货币量化

CBA 方法要求采用货币度量项目的效益和费用，而项目带来的很多效益和费用都不能用货币进行度量，如生命、健康和环境等。由于各种文化、信仰和历史等原因，人们往往把货币（钱）看作是贪婪的代名词，与此有关的方法也往往被鄙视。事实上，货币在 CBA 中是一种度量人们偏好的计算单位（numeraire），在市场经济体系之中，没有比货币更为合适的项目价值评价计算单位。但在实际上，很多公用设施和非经营性项目不是通过经济分析来进行决策的。例如，由公共财政出资兴建的政权机关建设项目，没有必要也不可能通过经济分析来进行决策。还有一些涉及人们生活必需的生命线工程，如供电、供水和供气等公用设施项目，其产出属于非贸易的生活必需品，其影子价格（或边际支付意愿）在实际上往往很难测定，而实际定价又要考虑人们的接受能力，不可能按照理论上的边际成本进行定价。在这种情况下，满足需求就是第一位的，也就没有必要计算经济内部收益率或经济净现值等评价指标来判定项目建设的必要性。我们认为这些项目的投资决策，不是要判断是否应该投资建设的问题，而是要回答如何进行投资建设的问题，经济分析的重点应该是通过采用最小费用法或其他技术经济评价指标进行方案优选，以及通过计算长期边际成本来分析价格的合理性等内容。

费用-效益分析建立在一系列的假定条件基础之上，其中有些假定条件在实践中或许并不存在，例如 UNIDO 法在计算影子汇率时，假定各种外贸品的转换系数能够准确给定，然而实际上却很难做到。费用-效益分析的框架体系尽管在理论上可能比较完美，但在实际应用中由于需要大量的基础数据资料，应用的难度增加，影响了可操作性和实际应用价值。

4. 代内和代际公平问题

费用-效益分析的基础 Pareto 改进准则所强调的是一种效率准则，认为只要得益者足以补偿受损者的损失而且还有剩余，就可以看作是社会状态的改进，而这种补偿所需要评价的只是一种潜在的补偿能力，可以不进行实际的补偿支付。因此，按照这样的基准选择的项目和政策无法体现公平分配的目标。对于很多公共项目和政策而言，效率不是唯一目标，还必须兼顾效率和公平，考虑效益和费用的分配问题。对于那些主要受益者为少数富裕个体而使广大穷人受损的项目，即使有较高的效益费用比，从分配的角度看也是不可取的。应该认识到，传统的费用-效益分析以至整个经济分析只是对项目的资源配置效率进行分析，并不意味着这种分析结果可以作为决策和比选的唯一依据。否则，按照经济净现值（economic net present value，*ENPV*）的大小对项目进行排队或选择，肯定会得出建设更多的高尔夫球场，应该有更多的项目安排到沿海发达地区等评价结论。英国政府财政部发布的政府投资项目费用-效益分析绿皮书曾采纳 F.A.Cowell 和 K.Cardiner 等专家的建议，要求以简单的边际效用为基础，对不同收入群体的受益和受损给予不同的权重：权重与收入水平成反比，如果中等收入者的权重为 1，收入高出一倍者的权重为 0.5，收入一半者的权重为 2。这种简单处理的理论背景是假定消费者都有相同的效用函数：

$$u = \log C$$

式中　*C*——收入（消费）水平。

作为权重的边际效用为：

$$\frac{\partial u}{\partial C} = \frac{1}{C} \tag{2-23}$$

但这种做法的实际操作可能性和效果尚无定论，特别在项目层次上似无如此重要和迫切。因此，这种处理方法后来并没有得到推广应用。

关于代际公平问题，用于不同时点费用效益流量进行折现的折现率以及效益和费用的时间选择都会影响到代际分配，从而对代际公平产生影响。高折现率有利于可以即刻获得净效益的项目而不利于须长期等待之后才能产生效益的项目，而低折现率对具有长期净效益的项目的限制性作用较少，而对不利的未来影响则给予较大的权重。另外，效益和费用的时间选择不当，可能忽视项目的远期有利或不利影响，并对项目评价结论产生影响。

5. 环境资源和可持续发展问题

从 1992 年在巴西里约热内卢召开的联合国环境与发展大会开始，世界各国都把可持续发展作为本国社会经济的发展目标。在工程项目的分析评价方面，世界各国都有环境影响评价（environmental impact assessment，EIA）的相关规定。CBA 与 EIA 不是替代的关系，而是从不同角度的相互补充。EIA 是对项目实施可能产生的环境影响的一种系统收集分析并给出度量的程序。显然，EIA 是项目评价不可或缺的组成部分。但是，EIA 一般不考虑非环境影响，也不要求给出费用及其在时间上的分布，其本身也没有类似 CBA 分析评价所要求的效益应该大于费用之类的决策规则。从一定意义上说，CBA 比 EIA 更深入，要求尽可能把环境的影响用货币计量并与非环境影响进行全面的权衡。环境资源保护主义者往往强调一些物理量上的绝对标准，希望污染和资源耗用越少越好，经济学家则不同，从经济费用-效益分析的角度，认为污染的危害大小，不仅取决于物理量，而且还要取决于人们的补偿意愿以及耗用资源的稀缺性。因此，不顾一个国家的发展阶段、资源禀赋和人们的支付意愿而一味地提高环保标准，从经济费用-效益分析的角度被认为是不可行的。可以这样理解，EIA 可以给CBA 提供环境影响方面经济分析的物理数据，CBA 依此进行全面的权衡分析，为科学决策提供更全面的依据。

从资源环境可持续发展的趋势来看，费用-效益分析可以对环评和资源利用起到补充和提供具体判别标准的作用，同时可持续发展也对 CBA 方法的改进提出了新的要求：

（1）关于折现率的确定问题。显然，从可持续发展字面上就可以理解到，不能将社会折现率定得太高，否则就不利于旨在发挥长远效益的项目，有悖于可持续发展的理念。但是，如果不进行折现，或者采用折现率为零，在理论上也难以自圆其说。总体而言，我们现行的不考虑地区、行业及时间差异，采取统一的折现率的做法有可能不符合可持续发展的要求。在理论上应该进一步探讨在不同行业、不同地区以及项目计算期不同时段采用不同折现率，甚至对项目的费用和效益采用不同折现率进行折现的可能性。

（2）后代人的支付意愿问题。CBA 度量效益的基础是当代人的支付意愿。从可持续发展的角度，似乎还要考虑后代人的支付意愿。当然，我们不能排除有觉悟的当代人的支付意愿中包含了对后代人支付意愿的考虑。当今世界提出可持续发展理念的就是当代人。因此，有人建议把这种对后代人考虑的、可持续发展需要的自然资本（natural assets）和环境存量（environment stock）加入效益的核算之中，即在当代人的消费支付意愿中增加这部分储蓄，定义为社会真实的储蓄 S_G（真实储蓄 genuine saving），包括资源环境价值、基础设施和人力资本的增量。只有当人均的 S_G 为正值时，社会经济的发展才是可持续的。即：

$$S_G = \sum_i p_i X_i \tag{2-24}$$

式中　　X_i ——各种社会资本的净增量；

p_i ——相应的影子价格。

这种处理实际上和 CBA 所采用的边际支付意愿和影子价格的分析思路是一致的。由于各种社会资本 X_i 的约束都有一定的弹性，因此这种可持续性被称之为弱的可持续性（weak sustainability）要求。

（3）强可持续性要求问题。有些社会环境资源的约束达到一定程度之后，被认为其持续性是不可或缺的，具有刚性约束，则被称之为强可持续性（strong sustainability）要求。譬如，温室气体排放（greenhouse gas emissions，GHGs）在《京都议定书》中明确，要在一定时间内，全球 GHGs 应在 1990 年水平上进一步削减；我国的耕地面积不得低于 18 亿亩等，都可以认为是强可持续性要求。在这种背景下，建设项目分析评价出现了一种新的概念，所谓影子项目（shadow project），即某些项目造成的环境资源破坏，一定被要求用另一个影子项目来加以恢复，以保持总量不受影响。我国农业用地复耕、矿山用地恢复整治都可看作是强可持续性约束下的影子项目，这些项目的投资费用在 CBA 分析中都应该作为费用处理。在美国，影子项目被称之为公共信托要约（public trust doctrine），其含义是社会对有些自然资源有受后代之托予以保全的责任。例如，在美国建立的湿地银行，可以进行湿地使用权的交易，以便始终保持全国湿地面积不至于减少。影子项目也会发生在跨国投资领域。《京都议定书》规定的清洁发展机制（clean development mechanism，CDM），允许工业化国家投资于发展中国家的减排项目，其减少温室气体的排放量可以计入这些国家履行所承诺的限排和减排任务量。由于发达国家减排的成本远高于发展中国家，这些国家为了达到减排的承诺量，可以通过向发展中国家提供资金技术或直接投资植树等方式，提高其能源资源利用效率，并可大大节约减排的成本。我国作为发展中国家，必须承担有区别的减排责任，可以通过引进对减排有利的影子项目，在项目评价中考虑排放费用，为投资决策提供科学依据。

（四）经济分析方法的发展趋势

在传统的观念中，经济分析强调采用经济费用-效益分析（CBA）的方法，追求尽可能准确地计算投资项目的经济内部收益率（*EIRR*）和经济净现值（*ENPV*）等评价指标，并以此作为判断投资项目经济合理性的重要依据。然而，在项目层次上强调对项目的所有经济费用和效益进行货币量化分析往往是非常困难的，而且在很多情况下也是没有必要的。现在越来越强调经济分析的目的不是要单纯追求经济评价指标计算的准确性，而是在于通过经济分析，尽可能全面地分析投资项目的经济影响，将项目的各种直接影响和间接影响效果纳入项目投资决策需要考虑的众多因素之中去，以便避免因财务分析和评价的片面性可能导致的项目投资决策失误。在国民经济核算体系中，虽然强调绿色 GDP 核算的重要性，但不应过分追求绿色 GDP 计算数据的准确性，而是强调在一个国家的经济总量核算中，不能仅仅考虑以货币实际计量的 GDP（传统的 GDP 概念，相对于项目分析评价中的财务分析），而且要重视所付出的资源环境等代价的情况是一脉相承的。根据这种观念的转变，近年来，对投资项目经济分析在评价方法、评价层次、目标、内容、准则等方面都出现了不同程度的变化。

1. 强调规划和政策层次的经济分析

市场经济国家近年来非常重视规划和政策制定的经济分析，并将经济影响效果分析作为国家出台某项政策的重要依据。由于一项法律法规的颁布往往具有反复、多次、长期适用的特征，与单个项目相比，法律法规所产生的影响和作用更为重要。例如我国部分城市制定的优先发展小轿车的政策，引起轿车生产线的大量引入，并对城市公共交通、道路建设、城市环境等产生多方面的影响，从经济分析的角度来判断优先发展私人轿车的政策是否具有经济合理性，就成为这项政策能否出台的重要依据。目前我国在一些重要政策的制定及战略规划的研究中，还普遍缺乏进行经济分析。今后随着我国政府科学决策水平的逐步提高，经济分析在规划及政策研究层次上的应用将会受到重视，并对企业的投资行为及项目投资决策的分析评价产生重要影响。

2. 强调进行多目标分析

20 世纪 90 年代中期以前，投资项目分析评价重点关注项目带来的直接影响和效益，即生产者剩余和消费者剩余对社会福利的贡献，而很少或没有考虑项目的间接影响、对区域或宏观经济的影响、对就业和居民收入的影响和贡献等。近年来学术界提出投资项目要进行更深入、更广泛的费用-效益分析（deeper and wider cost-benefit analysis），要求对投资项目经济评价必须站在更高的视野和更广泛的角度进行分析，以全面评价其宏观及区域经济影响价值。受此影响，国外对包括费用-效益分析在内的经济分析统称为经济影响（economic impact）分析的趋势日渐普遍。要求在对各种费用和效益进行全面分析的基础上，分析这些影响最终导致的受影响地区的企业、政府、居民及其他社会组织福利增长的效果。强调经济分析并不等同于定量分析，定量分析也不完全等同于经济费用-效益分析。费用-效益分析方法由于其自身所具有的不可避免的缺陷，例如它不能有效地考虑相关项目的费用与效益分配问题，对于大量基础设施项目的费用和效益难以量化的问题，因此转而强调通过多目标分析方法（multi-objective analysis approach），根据投资项目的经济和社会发展目标，提出诸如环境质量、经济发展、可持续性、社会公平等目标，评价项目满足这些目标的程度，进行多目标分析评价。2015 年 9 月，联合国可持续发展峰会通过了一份由 193 个会员国共同达成的纲领性文件，即《改变我们的世界——2030 年可持续发展议程》（Transforming Our World: The 2030 Agenda for Sustainable Development），提出到 2030 年要实现 17 项可持续发展目标和 169 项具体目标。这是人类为了追求更美好未来的具有普世价值、推动变革的愿景，也是世界各国领导人与各国人民之间达成的社会契约。

3. 强调进行利益相关者分析

近年来各国对投资建设项目经济影响的分析不仅强调多目标分析，而且强调所谓的项目分配效果（distribution effect）和对利益相关者的影响分析，即强调对谁受益和谁受损进行分析。项目的利益相关者可能包括政府、投资者、建设者、贷款者、使用者和非使用者等。这种分析的目的在于通过有关分析以便采取相应的政策（如对受损者给予补偿）来协调各种利益关系，使项目达到帕累托改善，以利于项目顺利实施，促进社会公正和包容，增强妇女和女童的权能等。

4. 企业投资的有形产品项目一般只进行财务分析

对于通过企业投资进行市场化运作的无形产品项目，即产出物不具备实物形态的项目，如水电资源开发、交通运输、教育、医疗服务等项目，往往将经济分析作为企业投资财务评价的基础。对于产出物具有实物形态的有形产品项目，在市场机制发育比较完善的经济体系中，其产出物一般具有可以直接进行识别和预测的市场价格，而且市场价格基本能够反映其相应的经济价值，企业一般直接采用市场价格，通过财务分析进行投资决策。在企业的投资行为符合有关政策法规规定的前提下，政府部门一般不会对企业的投资行为进行直接干预，因此也不会对项目的前期论证中是否进行经济分析提出要求，但政府应通过有关法律法规的形式对企业的投资行为进行间接约束，如企业投资项目必须符合环境保护达标排放等方面的要求。

三、影子价格的测算及应用情况

（一）世行和亚行影子价格的测算及应用情况

1. 世行影子价格的测算及应用

世界银行认为项目经济分析中使用影子价格❶的目的是纠正因政府和市场失灵造成的价格失真，并对影子价格提出两种价值单位：一是"愿付价格"价值单位，在估算所有的投入和产出的价值时，根据市场愿意为这些投入和产出支付的多少进行估算；二是"通用外汇价值单位"，该方法要求将所有的投入和产出换算为外汇计算单位。UNIDO 指南也建议使用愿付价格分析国内价格水平，而 OECD 手册则要求使用外汇价值单位形式，世界银行在确定影子价格时，同时推荐使用两种方法，评价人员可根据情况选用。工业项目一般采用 L-M 法，农业项目则一般采用 UNIDO 法。

世界银行的学者们采用 L-M 法时将所有的商品和服务都视为直接或间接可贸易的商品，因而就将所有的投入和产出都按照 CIF 和 FOB 等口岸价格来确定其机会成本，而在采用 UNIDO 法时则使用"贸易商品"和"非贸易商品"两个术语，并认为并非所有的经济价值都可以按口岸价格进行计算。世界银行要求对两种方法的价格衡量基准可根据实际情况选择采用国内价格水平或口岸价格水平，认为即便采用 L-M 法，也可以选用国内价格水平。当项目分析人员使用以本币表示的口岸价格时，他们通常用进口货物原产国相应的成本加上保险费

---

❶ 参见 P. 贝利，J. 安德森，H. 伯纳姆，J. 迪克逊，谭继鹏（2002），《投资运营的经济分析》，建设部标准定额研究所，译. 北京：中国计划出版社和 William A Ward，Barry J. Deren，Emmanuel H. D'Silva（2001），《项目分析经济学实践指南》，北京：清华大学出版社。

和运费（均用外币表示），也就是用到岸价格（CIF）来计算所有进口货物的价格，再用现行市场汇率或者官方汇率将其换算为本币，而不管项目实体采用何种汇率来购买外币。然后，项目分析人员还必须采用国内运费对到岸价格进行调整。计算出口货物价格时则要求采用由外币表示的离岸价格（FOB），并且使用现行市场汇率或官方汇率将其换算为本币，同时还要用国内运费对离岸价格做出调整。这里所说的市场汇率是指实际购买外币时的汇率。到岸价格和离岸价格都称为口岸价格，表示消费或生产的货物在以口岸价格估价时对国家而言的机会成本。

如果分析是采用以外币表示的口岸价格，进口和出口货物都应采用外币价格。然而，非外贸货物的价格（如清洁服务之类的货物和服务的价值），首先要采用换算系数将其换算成等值的口岸价格，然后再用现行市场汇率或官方汇率将其换算成等值的外币。

如果分析采用的是用本币表示的国内价格水平，分析人员要按照进口和出口货物各自的口岸价格来计算其价格，但在将这些价格换算成等值本币时，采用的是能够反映外汇机会成本的影子汇率。对于非外贸货物和服务的价格，比如清洁服务的价格，项目分析人员应采用对扭曲作出调整后的现行市场价格。

世行方法中的口岸价格是经过对国内运费和其他费用进行适当调整后的离岸价格或到岸价格，但其中不包括关税和补贴，分为出口平价（export parity）和进口平价（import parity）两类。

2. 亚行影子价格的测算及应用

亚行确定影子价格的思路是 L-M 法[1]，首先将货物分为贸易货物和非贸易货物，并在此基础上进一步区分为增量的和非增量的货物。增量是指增加市场供应的产出物或使市场通过增加供应来满足的投入物。非增量是指取代原有市场供应的产出物或排挤原有用户需求的投入物。项目产出物和投入物影子价格的确定见表 2-5。

表 2-5 亚行项目产出物和投入物经济价格的确定

项目	增量的	非增量的
产出	调整后的需求价格或支付意愿	调整后的供应价格或机会成本
投入	调整后的供应价格或机会成本	调整后的需求价格或支付意愿

亚行强调世界市场价格的作用，主张用世界市场价格来度量货物的价值，认为国际市场价格比国内市场价格更能反映货物的经济价值。世界价格既可以直接用于测算贸易货物的边际价值，也可以间接用于测量非贸易投入的增量生产费用。运用世界市场价格评估产出物和投入物时，要注意区别每个项目细目的贸易影响，具体的评价方法参见表 2-6。

表 2-6 亚行主要项目产出物和投入物的估价

项目	分类	项目影响	经济价格的计算基础	评价基础
产出物	可贸易	增量	需求价格	WMP（$=FOB$）
		非增量	供给价格	WMP（$=CIF$）
	不可贸易	增量	需求价格	$DMP+CT$
		非增量	供给价格	$DMP-PT-OS$

---

[1] 参见 the Asian Development Bank（ADB，1997），*Guidelines for the Economic Analysis of Projects*.

续表

项目	分类	项目影响	经济价格的计算基础	评价基础
投入物	可贸易	增量	供给价格	WMP（=CIF）
		非增量	需求价格	WMP（=FOB）
	不可贸易	增量	供给价格	DMP–PT–OS
		非增量	需求价格	DMP+CT

注　CIF 为到岸价；OS 为营业盈余（生产者剩余）；CT 为净消费税；PT 为净生产税；DMP 为国内市场价格；WMP 为世界市场价格；FOB 为离岸价。

表 2-6 是采用世界市场价格评价贸易货物和非贸易货物经济价格的基础。对于贸易货物，首先将其区分为用于出口的产出物、替代进口的产出物、进口的投入物和减少出口的投入物四类，其经济价值都要求按照口岸价格等价值进行评价。所谓口岸价格等价值，就是将贸易产品的世界价格调整到项目所在地的价格水平，具体评估和调整见表 2-7。

表 2-7　　　　　　　　　　　　　亚行口岸价格等价值调整

产出物	出口的产出物	FOB	–PTDH（从项目所在地到港口）
	替代进口的产出物	CIF	+TDH（从港口到市场） –TDH（从市场到项目所在地）
投入物	进口的投入物	CIF	+TDH（从港口到项目所在地）
	减少出口的投入物	FOB	–PTDH（从投入物产地到港口） +PTDH（从投入物产地到项目所在地）

注　PTDH 为加工（processing）、运输（transport）、分装（distribution）以及装卸（handling）的经济价格；TDH 为运输（transport）、分装（distribution）以及装卸（handling）的经济价格。

对于非贸易货物，有的是本质上就属于非贸易性质，例如国内运输和工程建造，因此只能在国内经济中进行生产和销售；有的是由于政策的影响而无法进行贸易；还有的是由于成本和质量方面的原因而无法进入国际市场。有的非贸易产品有比较接近的贸易替代品，这样就可以利用贸易替代品的等价值来推导非贸易产品的经济价格，但是大多数的非贸易产品没有相近的贸易替代品。具体的非贸易货物经济价格评价方法见表 2-8。

表 2-8　　　　　　　　　　　　　亚行非贸易货物经济价格

项目	分类	评 价 方 法
投入物	增量投入	供给价格，即增加供给的边际经济费用[①]
	贸易成分	口岸价格
	非贸易成分	标准换算系数
	非增量投入（固定供给）	需求价格，即支付意愿
产出物	增量产出	需求价格，即有项目和无项目时，新增消费者由于产出物而获得价值的平均值（包括所有间接税税收，不包括净补贴）
	非增量产出	供给价格，即被项目所替代的其他产出的供给费用

注　两种情况下增量投入的边际经济费用不同，一是目前具有多余的生产力，因此只有可变运营成本增加；二是目前没有剩余生产力，因此边际费用中要包括资本要素。

　　另外，由于非贸易投入物和产出物是在国内经济中进行生产和使用的，因此会对国内市场产生影响，应考虑非贸易货物价格变动的影响，以及需求量随着价格变动而变动的情况。

　　（二）英美等发达国家影子价格的测算及应用

　　1. 英国

　　英国[1]财政部绿皮书虽然对影子价格进行了定义，但在实践中并不采用影子价格的概念。在其费用-效益分析方法体系，体现出"两大评估，三大调整"的特征。

　　英国**费用-效益**分析体系如图 2-1 所示。

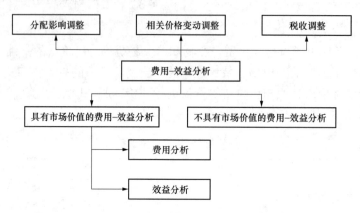

图 2-1　英国费用-效益分析体系

　　对于具有市场价值的费用和效益，绿皮书中规定应该以市场价格为基准进行评估，因为市场价格通常可以反映货物或劳务的机会成本。具体而言，对于费用，应该以相应的机会成本进行计算，不考虑沉没成本、折旧和资本支出，但是要考虑资产残值和临时负债。对于效益，应该以真实的市场价格或估计的市场价格为评估基准。但是当市场存在垄断或者由于税收或补贴而严重失灵的时候，就需要做出一些调整。

　　对于不具有市场价值的费用和效益，可以采用支付意愿法或接受补偿意愿法来评估其经济价值。其中支付意愿法又包括显示偏好法（隐含价格法）和陈述偏好法。

　　关于相关价格变动的调整，绿皮书中首先规定费用和效益的评估应该以实际价格或不变价格为依据，而不是名义价格或现行价格，并规定可以通过相关的减缩指数预测值来降低未来的现金流水平，这样就可以消除通货膨胀对总价格水平的影响。推荐使用的缩减指数为英国中央银行的年通货膨胀率指标，大约为 2.5%。绿皮书中还强调，当某些特殊货物的价格增长率显著大于或小于通货膨胀率时，要单独计算这些货物的相应价格变动。影响货物价格变动的因素主要包括：①稀缺性；②可替代性；③非线性；④竞争强度；⑤经济规模。

　　对于税收调整，其实在实际中很少用到，一方面是因为不同的方案之间适用的是相同的税收策略，不需要进行调整；另一方面是因为实际中很难估计净税收费用。但是，如果方案之间适用的税收策略显著不同时，就需要做出一些调整。

　　2. 美国

　　美国[2]的费用-效益分析使用的是国内市场价格体系，不区分贸易货物和非贸易货物。但

---

❶　参见 HM. Treasury（U. K.）（2003），*Appraisal and Evaluation in Central Government*（*TheGreenBook*），*the Stationery Office*.

❷　参见 OMB（USA）（1992/2003），*Circular A-94*，"Guidelines and Discount Rates for Benefit-Cost Analysis of Federal Programs".

是由于外部性、垄断以及税收或补贴等因素的影响，市场价格会发生某种程度的扭曲。这时就需要对市场价格做出一些调整，主要从税收、通货膨胀和分配影响三个方面进行调整。

对于税收，认为是对社会的净损失，因此是一种超额负担（excess burden）。美国税收系统的研究建议，边际超额负担的价值的合理估计值为每美元税收 25 美分。根据此建议，政府支出费用应该乘以 1.25，并重新计算净现值。但是，当超额负担高于（或低于）25%时，就要重新选取边际超额负担的价值数据。

对于通货膨胀，首先说明由于未来的通货膨胀率是高度不确定的，因此项目分析中要尽可能避免对通货膨胀率做出假定。如果不可避免的话，那么推荐使用国内生产总值缩减指数增长率作为总体通货膨胀率的假定值。如果项目的预算范围超过六年，那么可以以预算中第六年的通货膨胀率为基础来推导其后各年的通货膨胀率。美国政府部门的经济预测值一般一年发布两次，一次在一月或二月，另一次在七月。另外，如果不选择使用这个推荐值，那么也可以使用可靠的私人部门的通货膨胀率预测值。

对于实际价值和名义价值的区别，认为经济分析应使用实际美元价值或不变美元价值。但是，如果未来的效益和费用是以名义价格的形式给出的，那么在分析中就应该使用名义价格而不是将它们转换为不变价格，并强调同一分析中不能同时使用名义价值和实际价值，只能二者择一，这就要求将一些名义价值转换为实际价值，反之亦然。

3. 加拿大

加拿大[1]的费用-效益分析虽然大致上属于市场价格体系，却不同于英国和美国的做法。最明显的一点就是，在英国和美国的费用-效益分析准则中，当市场价格失灵时，虽然要对市场价格做出调整，但并没有出现影子价格的概念。而在加拿大的费用-效益分析中明确提出了影子价格的概念，指出当市场价格扭曲时就应该使用社会价格，也称为影子价格。

加拿大的费用-效益分析准则有很多版本，这里主要介绍 1998 年版的做法。1998 年版要求费用-效益分析必须遵循有无对比增量分析的原则，具体评价方法见表 2-9。

表 2-9　　　　　　　　　加拿大费用-效益分析的估价方法

分类	估价方法
具有良好市场价格的货物或劳务	主要以市场价格估价，必要时根据消费者剩余和生产者剩余分析对市场价格做出调整
具有市场价格，但价格严重扭曲的货物或劳务	根据专家预测的假设不存在市场失灵时的价格，称为调整后的价格（也称为社会价格或真实价格）
不具有市场价格的资源	使用消费者剩余和生产者剩余的概念来估计费用和效益的价值。由于此类资源种类众多，各类之间的处理各有不同，因此将其主要分为时间价值，生命价值，外汇价值等几类单独进行评价

另外，在 1998 年版的准则中还提出应该注意的问题：①区分财务性效益和真实效益，避免费用和效益的重复计算；②确定项目分析的立场和范围，区别转移支付和真实的效益和费用；③应考虑项目的机会成本，不应该考虑沉没成本；④应该考虑项目的外部性；⑤应该将资产残值作为项目的一项效益（对于一般性资产，其残值就是项目期末该资产的市场价值；对于具有特殊用途的资产，要单独考虑。土地的残值可由专家使用某些指数进行估算；计算

---

[1]　参见 Treasury Board of Canada Secretariat（1998），*Benefit-Cost Analysis Guide*，Ottawa.

建筑物的残值时，要明确建筑物的经济寿命，项目周期与建筑物经济寿命的比例 R 以及项目期末该资产的重置价值 V，建筑物的残值就等于 V 乘以 R）；⑥对于一般费用（管理费用或间接费用）的处理，如果某机构只是偶尔进行大型投资，那么可以忽略这些费用，如果某机构经常进行投资，那么就要考虑这些费用；⑦分析中不包括保险费用和或有费用。

4. 澳大利亚

澳大利亚❶的做法不同于英国、美国和加拿大，英国、美国明确提出并使用影子价格的概念；加拿大在市场价格严重扭曲的时候使用影子价格代替市场价格。而澳大利亚是针对没有市场价格的物品才要求使用影子价格。

澳大利亚的费用-效益分析遵循有无对比增量分析的原则，主要以市场价格来衡量费用和效益，评价方法采用典型样本法，即只估计项目对于一些具有代表性的企业或个人的影响（包括费用和效益），然后再计算对于整体的影响。可以进一步表述为，先计算项目对于企业和个人的平均净影响值，然后再乘以受到项目影响的企业和个人的数量。

对于没有市场价格的物品，使用影子价格进行估算。测算影子价格的方法主要有显示偏好法和陈述偏好法两大类，具体又分为意愿调查法、旅行费用法以及隐含价格法等。其他一些条目的处理和英美等国基本相同，这里不再赘述。

第三节　我国工程项目经济分析方法的选择

一、我国开展 CBA 方法研究和应用情况

（一）我国开展工程项目经济分析方法研究的情况

在全世界发展中国家中，我国是开展工程项目经济费用-效益分析方法研究投入力度最大的国家。从 20 世纪 80 年代开始，伴随着改革开放，我国有关部门和研究机构开展了多项与 CBA 相关的理论方法研究，主要成果包括国务院技术经济社会发展研究中心（国务院发展研究中心前身）的《工业投资项目可行性研究经济分析方法－区域经济分析》、中国投资银行（后来并入中国建设银行）的《工业贷款项目评价手册》、中国人民建设银行（中国建设银行前身）的《中国人民建设银行投资项目评价实施办法》、中国社会科学院数量经济与技术经济研究所的《建设项目评价试行办法》、原水利电力部的《水利经济计算规程》、原国家计委综合运输研究所（国家发展改革委宏观经济研究院综合运输研究所前身）的《交通运输投资项目可行性研究的经济评价方法》、原交通部规划设计院的《公路投资项目经济评价方法》、原交通部水运规划设计院的《水运建设投资效益计算试行办法》、原铁道部规划院的《铁路建设项目可行性研究的经济评价试行办法》、原国家计委于 1987 年发布的《中国国际工程咨询公司投资项目评价暂行办法》（计标〔1987〕1850 号）、原国家经委于 1988 年颁布的《工业企业技术改造项目经济评价方法》（经标〔1988〕47 号）、原国家计委于 2002 年发布的《投资项目可行性研究指南》（计办投资〔2002〕15 号）等。这些研究成果及相关文件的发布实施，推动了我国投资项目经济分析方法的实际应用。

对我国工程项目经济分析方法的推广应用影响最大的成果，是在世界银行和联合国工业发展组织等机构的影响和推动下，我国技术经济专家从 1982 年开始研究制定并由国家投资建

---

❶　参见 Australia Treasury Department（2000），*Project Evaluation Guidelines*.

设主管部门发布的《建设项目经济评价方法与参数》（简称《方法与参数》），于 1987 年发布第一版（计标〔1987〕1359 号）、1993 年发布第二版（计投资〔1993〕530 号），2006 年发布第三版（发改投资〔2006〕1325 号）。《方法与参数》是我国技术经济研究的重大成果，是我国项目评价理论方法研究方面所获得的唯一一项国家科学技术进步奖，其研究的投入、专家团队组成及颁布的行政级别之高，在全世界发展中国家首屈一指，对于引进国外项目评价理念、推动项目评价理论方法创新、借鉴国际组织开展项目评价的经验，以及推动我国工程项目经济分析评价理论方法的研究和应用，都发挥了十分重要的作用。

（二）我国影子价格的衡量方法及应用现状

影子价格的衡量主要根据国家投资建设主管部门发布的《建设项目经济评价方法与参数》进行。《方法与参数（第二版）》在确定影子价格时，把项目的投入物和产出物分为外贸货物、非外贸货物、特殊投入物三类。外贸货物指项目生产或使用将直接或间接地影响国家进出口的货物，包括直接进出口的货物，间接减少出口、增加进口的投入物，替代进口、间接增加出口的产出物。非外贸货物指其生产或使用将不影响国家进出口的货物，包括天然非外贸货物，如建筑、国内运输、商业及其他基础设施的产品和服务；地理位置所限，国内运费过高不能进行外贸的货物；受国际、国内贸易的限制不能进行外贸的货物等。特殊投入物指劳动力和土地等。

划分外贸货物和非外贸货物的依据，是看项目的产出或投入将主要影响的是对外贸易水平（进出口）还是国内消费。对于可外贸货物，寻找其口岸价，即以国际市场价格来替代影子价格。具体的计算公式如下：

（1）出口产出的影子价格（出厂价）＝离岸价（FOB）×影子汇率–国内运输费用–贸易费用。

（2）进口投入的影子价格（到厂价）＝到岸价（CIF）×影子汇率＋国内运输费用＋贸易费用。贸易费用率取值 6%。

对于非外贸货物，原则上以用户的"支付意愿"来确定。价格合理的，或按国家统一价格定价，或按国内市场价格替代。价格不合理的，用分解成本的办法，将财务价格调整为影子价格。

《方法与参数（第二版）》主要采用 L-M 法，但与标准的 L-M 法采用口岸价格水平计算影子价格不同的是，《方法与参数（第二版）》以国内价格水平计算影子价格。

《方法与参数（第三版）》认为经济效益和经济费用应采用影子价格进行计算，首先将货物分为具有市场价格的投入和产出、不具有市场价格的产出和特殊投入物三大类。在第一大类中，又将投入物和产出物进一步区分为外贸货物和非外贸货物，并采用不同的思路确定其影子价格。对于可外贸货物，其投入物或产出物价格应基于口岸价格进行计算，以反映其价格取值具有国际竞争力。具体的计算公式如下：

（1）出口产出的影子价格（出厂价）＝离岸价（FOB）×影子汇率–出口费用。

（2）进口投入的影子价格（到厂价）＝到岸价（CIF）×影子汇率＋进口费用。

对于非外贸货物，其投入或产出的影子价格根据下列要求计算：①如果项目处于竞争性市场环境中，应采用市场价格作为计算项目投入或产出的影子价格的依据；②如果项目的投入或产出的规模很大，项目的实施将足以影响其市场价格，导致"有项目"和"无项目"两种情况下市场价格不一致，在项目评价中，取二者的平均值作为测算影子价格的依据。

以上的计算都属于具有市场价格的投入和产出的影子价格，计算时要注意影子价格中流转税（如消费税、增值税、营业税等）宜根据产品在整个市场中发挥的作用，分别计入或不计入影子价格。

对于不具有市场价格的项目产出效果，《方法与参数（第三版）》中规定应遵循消费者支付意愿和（或）接受补偿意愿的原则，具体的方法有以下两种：①采用"显示偏好"的方法，通过其他相关市场价格信号，间接估算产出效果的影子价格；②利用"陈述偏好"的意愿调查方法，分析调查对象的支付意愿或接受补偿的意愿，推断出项目影响效果的影子价格。

对于特殊投入物，分为劳动力、土地和自然资源三部分来分别计算相应的影子价格。

可以看出，《方法与参数（第三版）》采用了 UNIDO 法，以国内价格水平计算影子价格。

无论是《方法与参数（第二版）》还是《方法与参数（第三版）》，涉及项目经济分析时，都把我国界定为发展中国家，认为市场机制不完善，市场价格不能反映资源稀缺情况和供求情况，因而采用国际市场价格为基础的影子价格衡量项目效益和费用的经济价格。

（三）《方法与参数》在我国的应用情况

（1）1987—1993 年，属于学习推广阶段。我国技术经济专家从 20 世纪 80 年代初期开始学习研究世界银行、联合国工业发展组织及英国国际开发署等机构的工程项目经济费用-效益分析理论方法，经过几年的努力，于 1987 年完成《方法与参数（第一版）》，并由当时的国务院投资主管部门国家计委发布，这是我国政府首次发布的针对工程项目经济分析的操作规范，具有很强的权威性，要求上报国家计委审批的项目必须按照《方法与参数》的要求进行财务评价和国民经济评价，其中的国民经济评价，就是西方国家所称的经济分析，核心方法是经济费用效益分析，即 CBA 方法。《方法与参数（第一版）》对学习研究西方国家经济学者提出的针对发展中国家的工程项目经济费用-效益分析理论及方法框架发挥了很大的促进作用，各地方上报的可行性研究报告都尝试按照《方法与参数》的要求开展国民经济评价，建设项目国民经济评价方法得到了有效推广。

（2）1993—2006 年，属于推广普及阶段。《方法与参数（第一版）》是在学习借鉴国外针对发展中国家工程项目经济分析影子价格方法体系的基础上，结合我国具体情况研究制定的，内容相对比较简单。随着我国技术经济专家对国外工程项目经济费用-效益分析和费用-效果分析方法研究的深化，以及我国《方法与参数（第一版）》的经验总结，结合我国财税体制改革等出现的新情况，在原国家计委和建设部的支持下，我国技术经济专家启动了《方法与参数（第一版）》的修订工作，并于 1993 年由原国家计委和建设部联合发布《方法与参数（第二版）》。《方法与参数（第二版）》比《方法与参数（第一版）》内容更加丰富，体系更加完善，并仍然保持《方法与参数（第一版）》所具有的权威性，全国各地开办多种培训班学习贯彻和应用《方法与参数》，各类工业项目、水利项目、交通运输项目、电厂建设项目等项目的可行性研究报告都要求包括国民经济评价章节，使得国民经济评价在我国得到了推广和普及。全国广大技术经济从业人员虽然可能不能完全理解《方法与参数》的深层次内容，但都会按照《方法与参数》案例提供的模板，编写出形式上符合要求的国民经济评价篇章，咨询评估机构在对项目单位提交的可行性研究报告进行评估时，也需要对国民经济评价篇章提出咨询评估意见。

（3）2006 年至现在，属于冷落衰退阶段。《方法与参数》在全国各地推广和普及的同时，我国技术经济专家对工程项目国民经济评价的实际作用、操作方法、适用范围、参数取值等问题一直进行着各种研究，在国家发展改革委、住房和城乡建设部的支持下，启动了《方法与参数》的进一步深化研究和修订工作，并于 2006 年由国家发展改革委、住房和城乡建设部联合发布《方法与参数（第三版）》。2004 年，国务院发布关于投资体制改革的决定，要求国家投资主管部门不再审批企业投资项目可行性研究报告，对企业投资项目根据项目性质、规模等因素分别实行核准制和备案制，且实行核准制的项目范围不断缩小。由于失去了政府审批的权威性，项目单位相应地失去了开展可行性研究国民经济评价的动力。目前，所有的工业项目、社会事业发展项目、高新技术产业项目、国防军工项目、农业项目均不再开展国民经济评价，部分高速公路项目、港口项目和水电开发项目还在勉强开展国民经济评价，但国民经济评价并未得到认真对待，工程项目国民经济评价在我国进入冷落衰退阶段。

（四）我国开展工程项目经济分析存在的主要问题

1. 国民经济评价的实际效果基本没有显现

随着国家投资主管部门的强力支持，并以政府审批投资项目为依托，使得工程项目国民经济评价在我国得到推广应用，但人们普遍认为，国民经济评价是为了应付审批服务的，只要能够凑出一个符合审批要求的国民经济评价指标，国民经济评价的任务就算圆满完成。我国在国民经济评价应用的鼎盛时期，所有的投资项目可行性研究报告都有国民经济评价章节，而且结论几乎都是国民经济评价可行，能够满足审批要求。一些项目的财务盈利能力很差，往往受到现实成本、价格的限制，很难将财务评价指标提上去，这时候就会非常需要借助国民经济评价，采用一些虚拟的数据进行定量测算，得出项目"虽然财务效益不高，但国民经济效益非常好"的评价结论，为项目获得批准提供所谓的科学依据。但在实际上，我们没有发现因国民经济评价结论不可行而遭到否决的项目。因此，可以认为，我国开展的工程项目国民经济评价的实质效果基本可以忽略不计，这是国民经济评价在我国进入冷落衰退状态的最根本原因。

2. 评价方法体系存在问题

我国对工程项目的经济费用-效益分析叫作"国民经济评价"，主要是因为所采用的是 20 世纪 60 年代和 70 年代西方经济学家针对发展中国家项目评价的特点所制定的影子价格方法体系。无论是 OECD 的 L-M 法、世界银行的 S-VT 法、UNIDO 法还是法国的影响方法，本质上关心的都是工程项目投资对宏观经济目标的贡献，评价对国民财富的积累、储蓄和消费的影响，对积累总消费或国民净增值的贡献，并要求采用反映整个国民经济资源配置效率的国家参数对项目的经济费用和效益进行调整计算。我国技术经济专家将西方国家经济学者的这套经济费用-效益分析逻辑和方法体系引入中国，并根据中国的汉语表达习惯，将其命名为"国民经济评价"，而不是采用英文直译的经济分析或经济费用-效益分析（CBA），是非常贴切和符合实际的。

我国是从 20 世纪 80 年代开始学习研究西方国家项目评价的相关方法体系的，而且主要研究成果是在 90 年代形成的。事实上，在此期间，西方国家经济学家针对发展中国家项目经济费用-效益分析的影子价格方法体系已经全面进入衰落阶段，学术界对以世界银行为代表的工程项目经济分析影子价格体系质疑不断。我们认为，影子价格方法体系在理论层面具有很高的学术价值，这套体系拓宽了人们对项目评价的分析思路，尤其是世界银行提出既要考虑经济资源配置的效率，又要考虑公平分配效果的思路很有借鉴价值，而且对于一些规模很小的发展中国家是可以实现的，这些国家经济结构简单，对工程项目各种产出物的流量流向的分析比较容易，能够非常方便地进行成本分解，影子价格的取值计算相对比较容易。但是，对于中国这样的发展中大国，引入和应用影子价格方法体系根本不具有可行性，影子价格的科学计算难度很大，根本不具备可操作性，很容易变成数字游戏。

由于我国采用的影子价格方法体系本身的缺陷，以及在我国难以进行实际操作，使得我国技术经济专家研究制定的建设项目国民经济评价方法和参数，仅能够在审批制的投资体制下为项目获得审批提供借口和理由，不可能对科学决策产生实质性效果。因此，在高潮过后，也难以逃脱 CBA 在国外进入衰退状态的类似命运。

3. 难以满足非工业项目评价的需要

西方国家经济学家专门为发展中国家量身定做的基于影子价格调整计算的经济费用-效益分析方法体系，主要针对的是工业项目，将工业项目的投入物和产出物分为外贸货物和非外贸货物，主要以国际市场价格为依据，对影子价格进行调整计算。所以，影子价格方法体系对工业项目的实用性相对较强。

在市场经济环境下，工业项目是最典型的市场化项目，是靠市场配置资源的项目。随着我国市场机制的完善，投资体制改革的深化，工业产品及原材料价格扭曲的现象得到明显改善，对工业项目进行影子价格调整计算越来越失去其必要性。

如前所述，西方市场经济国家开展经济费用-效益分析的项目，主要是政府投资的公共项目，是典型的非工业项目，这类项目即便需要进行影子价格调整计算，其计算的内容和方法与工业项目也会存在很大差异。因此，现行的基于工业项目影子价格调整计算的国民经济评价方法体系难以适应公共项目经济费用-效益分析的需要。

4. 经济评价参数难以得到及时更新

在传统的国民经济评价体系框架下，需要按照影子价格计算的思路，定期进行各种国家参数的测算和发布，定期更新各种转换系数，为各种投入物和产出物的影子价格调整计算提供参数取值方面的支持。由于这些参数的计算往往仅具有理论层面的学术意义，在实际操作中根本难以实现，在项目评价实践中不得不采用简化处理，使得实际计算和理论推导存在重大偏差。即便如此，国家投资主管部门仍然需要定期更新和发布各种必要的国家参数，以便在形式上能够满足开展国民经济评价及工程项目可批性研究工作的需要。由于越来越多的人意识到这种纯属数字游戏的参数测算和发布并没有实际意义，使得我国开展国民经济评价的相关参数难以得到及时更新，从而导致国民经济评价在我国难以得到有效开展。

5. 对参数取值存在争议

对于项目评价参数的取值，尤其是那些关键数据的取值，即那些占项目效益和费用比例较大、足以影响评价结论的产出、投入的数量以及所用的价格或边际支付意愿等数据，对评价结论影响很大，必须做到客观科学可靠。如交通项目的国民经济评价，有时为了提高国民经济评价指标，就会高估舒适性的价值，其取值经常占到项目效益的一半以上，大大超过旅行时间和交通费用节省的效益。又如，交通项目诱发货物交通量效益，用货物的净产值来计算，占到项目效益的80%以上。这些效益本身在定量上就很困难，如果再把这些效益作为定量计算的主要效益，就需要对其取值进行认真和充分的论证，给出这样计算的依据和前提，否则，计算结果难以令人信服。有些确实难以进行货币量化的效益，为了凑够国民经济评价指标的取值，对其勉强进货币量化计算，同样难以让人接受。对于有些项目所占比例很小的费用，根本没有必要采用换算系数（如非熟练劳动力的影子工资采用 0.25～0.8 的换算系数，外汇用 1.08 的转化系数进行换算之类）进行调整，同样存在很大争议。因此，人们感觉国民经济评价纯属数字游戏，越来越失去开展国民经济评价的兴趣。

二、我国工程项目进行经济分析方法创新

（一）对于市场不能有效配置资源的项目仍需进行经济分析

1. 依靠市场配置资源的项目不再单独进行经济分析

经过四十多年的改革开放，我国目前市场机制已经起到配置资源的决定性作用，多数以市场物品（market goods）为产出和投入的项目，其从投资主体（包括政府投资的经营性项目）出发的财务盈利性分析，与从社会角度出发的以资源配置效率为目标的经济分析具有一致性。只要这类项目不是太大（具有边际性），外部效果不显著，竞争相对充分，财务盈利性分析与经济分析的结论趋于一致，因此没有必要再单独进行费用-效益分析或费用-效果分析。

传统的主要针对工业项目的国民经济评价就不再具有存在的必要，工业项目作为完全市场化的投资项目，仅需要进行财务评价，并根据财务现金流量的分析结论进行投资决策。对于这类项目，政府的主要作用是构建发挥市场机制作用的制度框架，而不是具体的项目投资决策。因此对于这类项目，除涉及国家经济安全、影响环境资源、公共利益、可能出现垄断、涉及整体布局等问题的项目外，一般不必单独进行经济分析，而是由市场竞争决定其生存，由市场竞争优胜劣汰机制促进企业发展。

2. 市场配置资源失灵的项目需要单独进行经济分析

在现实经济活动中，由于市场本身的原因及政府不恰当的干预，都可能导致市场配置资源的失灵，市场价格难以反映投资项目的真实经济价值，客观上需要通过经济分析来反映投资项目的真实经济价值，判断投资的经济合理性，为投资决策提供依据。对于一些大型（非边际）或具有垄断属性（自然垄断或行政性垄断）的项目，也需要在财务盈利性分析的基础上，进行独立的经济费用-效益分析。对于产出物为非市场（non-market）物品的公共项目和准公共项目，由于项目本身不具备财务盈利能力，需要进行经济分析。

市场配置资源的失灵主要体现在以下几类项目：①具有自然垄断特征的项目，例如电力、电信、交通运输等行业的项目；②产出具有公共产品特征的项目，即项目提供的产品或服务在同一时间内可以被共同消费，具有"消费的非排他性"（未花钱购买公共产品的人不能被排除在此产品或服务的消费之外）和"消费的非竞争性"特征（一人消费某种公共产品并不以牺牲其他人的消费为代价）；③外部效果显著的项目；④涉及国家战略性资源开发和关系国家经济安全的项目；⑤受不恰当行政干预的项目。

需要进行经济分析的具体项目范围包括：①政府公共投资用于关系国家安全、国土开发和市场不能有效配置资源的公益性项目和公共基础设施建设项目、保护和改善生态环境项目、重大战略性资源开发项目；②政府各类专项建设基金投资用于交通运输、农林水利等基础设施、基础产业建设项目；③利用国际金融组织和外国政府贷款，需要政府主权信用担保的建设项目；④其他涉及国家经济安全、影响环境资源、公共利益、可能出现垄断、涉及整体布局等的建设项目，主要是产出物不具备实物形态且明显涉及公众利益的无形产品项目，如水利水电、交通运输、市政建设、医疗卫生等公共基础设施项目，以及具有明显外部性影响的有形产品项目，如污染严重的投资项目等。

（二）我国开展工程项目经济分析方法的选择

如前所述，经过 40 多年的改革开放，我国已经完成市场经济体系的建设，需要单独开展经济分析的项目，主要是公共项目和准公共项目，或者是大型具有垄断性质的项目，一般

的工业项目均不需要单独进行经济分析。因此，我国现行的针对工业项目的以影子价格调整为主要特征的国民经济评价方法体系已经不再适用。我国开展工程项目经济分析的目的，不是要对项目的投入物和产出物的价格扭曲进行调整计算，而是对于具有外部性和公共产品属性的投资项目，要通过经济分析来全面衡量拟建项目的所有费用和效益，以弥补工程项目财务现金流量分析之不足，为投资决策提供尽可能全面的经济数据。

在经济分析方法的选择上，要放弃以发展中国家影子价格调整计算为主要特征的方法体系，要采用支付意愿和偏好分析，创新经济分析的方法体系，主要体现为工程项目经济费用和效益进行货币量化的方法创新。具体体现在以下方面。

1. 关于影子价格的调整计算

不再进行各种影子价格的调整和计算，也不要求采用各种投入物和产出物的国家参数及各种转换系数，因此不再采用西方国家经济学家提出的针对发展中国家项目评价的影子价格方法体系。

2. 关于定量评价指标的使用

我国开展工程项目经济费用-效益分析或费用-效果分析的目的，主要在于要有费用-效益的理念，要尽可能全面地分析项目或政策的实施会付出何种代价，能够产生哪些效益，但不强求对所有的费用和效益进行量化计算，也不强求计算项目经济内部收益率（$EIRR$）或者经济净现值（$ENPV$）评价指标并将这些指标作为经济合理性的判断依据。

3. 关于评价标准的使用

由于在很多情况下经济费用和经济效益难以进行准确量化，因此不要求经济效益必须超过经济费用，只要效益和费用能够适当匹配（benefits justify costs）就是可以被接受的，并为经济费用和效益的计算留下很大的研究空间，比如费用和效益可以采用不同的折现率。

4. 关于使用对象

经济费用-效益分析主要用于公共部门的投资决策。企业投资项目由企业自主进行投资决策，主要是基于企业理财的思路逻辑，根据财务现金流量的分析结果进行投资决策。

政府公共部门投资决策的经济费用-效益分析，主要用于项目群（由若干同类项目，或具有密切关联性的项目组成的项目群）或者特定的规划方案、公共政策的决策分析，不主张对每一个具体的公共投资项目都进行经济费用-效益分析。一旦某项政策获得通过，则该项政策所支持的项目也就相应地获得了认可，因此也就不需要单独进行经济费用-效益分析。

（三）经济分析步骤及方法

1. 经济分析的主要步骤

经济分析包括经济费用-效益分析、费用-效果分析及宏观和区域经济影响分析等。经济分析强调从整个社会经济体系的角度，分析所有相关社会成员为项目投资活动所付出的代价以及项目占用经济资源所产生的各种经济效果，评价项目投资的资源配置效率。其主要步骤包括：

（1）利益相关者的识别。分析项目的投资建设及运营活动所涉及的各种利益相关者。

（2）对项目涉及的各种利益相关者为项目的投资建设及运营活动所发生的费用和获得的效益进行识别，分辨哪些是直接费用与直接效益，哪些是间接费用与间接效益。

（3）对能够进行货币量化的费用和效益进行量化计算，编制经济费用-效益流量表进行定量分析评价，或者进行费用-效果分析，计算有关评价指标，进行方案比选及经济分析和评价。

（4）对于不能进行货币量化的费用效益进行定性分析，结合费用-效益分析，评价投资项目对区域及宏观经济的影响。

（5）分析项目所产生的利益分配格局及费用负担情况，评价不同利益相关者对项目的受益或受损情况。

（6）根据经济分析的结果，为项目的投资、建设和运营提出需要改善的对策建议。

2. 经济分析方法的选用

经济分析强调从整个社会的角度，分析社会资源占用的经济效率，其分析方法应根据项目的具体情况选用。

经济分析的主要方法包括：

（1）经济费用效益比较的分析方法，如经济费用-效益分析方法（CBA）、经济费用-效果分析方法（CEA）、风险效益分析方法（RBA）等，其中 CBA 和 CEA 是经济分析的核心方法。

（2）多目标分析方法（MCA）：将拟建项目视为多目标的投资决策问题，将经济分析纳入多目标决策的框架体系中，通过对目标进行识别和评价、层次分析等方法，评价项目投资建设对多目标的贡献。

（3）定性分析方法，对项目的各种经济影响进行全面陈述，为投资决策提供依据。

（4）其他分析方法。其他还有总费用分析方法、完全费用效益分析方法以及项目周期费用分析法等。

第三章

经济费用效益的界定和量化

如果人们接受经济分析的帕累托补偿准则，并沿用以货币为基本单位的效益与费用比较的分析框架，就有必要对经济分析中的效益和费用进行界定和货币量化计算。由于非边际性和外部性的存在，即使对于市场导向的项目，有时财务分析的现金流量不足以代表经济分析的效益和费用，因此有必要对投资项目经济费用和效益进行重新界定和量化计算。

第一节　经济费用效益的识别和计算思路

一、经济费用和效益的识别

（一）财务价格与经济价格的区别

经济价格是社会愿意为某种商品或服务支付的价值；财务价格是人们实际上支付的价格。在投资项目经济分析中，常常根据社会对于项目的投入和产出支付的意愿来计算其经济价值。由于税收和补贴等财务现金流量并不是真正的资源流动，因此在进行项目经济分析时首先要从财务现金流量中剔除税收和补贴等流量，以剔除不代表真正经济资源流量的"转移支付"。

对于扣除"转移支付"之后的财务现金流量，可能仍然不会准确地反映项目投入和产出的真实愿付价格。经济价格用于反映社会愿意为某种商品或服务支付的价值，而财务价格却是人们实际支付的价格。经济分析需要将财务价格换算成经济价格，使其能够更准确地代表经济价值。由于市场失灵和政府失灵等原因，使得财务价格和经济价格出现偏差，这就需要对经济价格进行重新测算。

（二）项目直接效益和直接费用

项目直接效益是指由项目产出物产生并在项目计算范围内的经济效益，一般表现为项目为社会生产提供的物质产品和各种服务所产生的效益。如交通运输项目提供的运输服务、邮电通信项目提供的邮政通信服务、医院提供的医疗服务、学校提供的学生就学机会等。项目直接效益大多在财务评价中已经得到了反映，尽管有时这些反映存在一定程度的失真。

项目的直接费用是指项目使用投入物所产生并在项目范围内计算的经济费用，一般表现为投入项目的各种原材料、人工、技术以及自然资源而带来的资源消耗。这种资源消耗可能表现为扩大生产供给规模所消耗的资源费用，或者表现为当社会不能增加供给时，导致其他人被迫放弃使用这些资源而被迫放弃的效益。当项目的投入物导致增加进口或减少出口时，这种效益表现为外汇支出的增加或收入的减少。直接费用一般在项目的财务评价中已经得到反映。

（三）间接效益和间接费用

间接效益是指由项目引起而在直接效益中没有得到反映的效益。例如项目使用劳动力，使得劳动力熟练化，由没有特别技术的非熟练劳动力经训练而转变为熟练劳动力。再比如技术扩散效益，城市地下铁道的建设使得地铁沿线附近的房地产升值。间接效益一般在财务评价中不会得到反映。间接费用是指由项目引起但在项目的直接费用中没有得到反映的费用，如项目对环境造成的损害、项目产品大量出口从而引起产品出口价格下降等。间接费用一般在项目的财务评价中没有得到反映。项目的间接费用和效益又统称为外部性或外部效果。项目间接费用和效益通常需要从以下几个方面进行识别。

1. 环境影响

有些项目造成环境污染和生态破坏。主要的环境污染包括：①排放污水造成水污染；②排放有害气体和粉尘造成大气污染；③噪声污染；④放射性污染；⑤临时性或永久性的交通阻塞、航道阻塞；⑥对自然生态造成破坏。项目造成的环境污染和生态破坏，是项目的一种间接费用，一般较难定量计算，近似的可按同类企业所造成的损失估计，或按恢复环境质量所需的费用估计。有些项目含有环境治理工程，会对环境产生有益影响，也应计算相应的效益。环境影响有时不能定量计算，至少也应当作定性描述。

2. 技术扩散效果

一个技术先进项目的实施，由于技术人员的流动，技术在社会上扩散和推广，整个社会都将受益。但这类外部效果通常难以定量计算，一般只做定性说明。

3. "上、下游"企业相邻效果

项目的"上游"企业是指为该项目提供投入物的企业，项目的实施可能刺激这些上游企业得到发展，增加新的生产能力或是使原有生产能力得到更充分的利用。项目的"下游"企业是指使用项目的产出物作为投入物的企业，项目可能对下游企业的经济效益产生影响，使其闲置的生产能力得到充分利用，或使其节约运营成本。

4. 乘数效果

乘数效果是指项目的实施使原来闲置的资源得到利用，从而产生一系列的连锁反应，刺激特定区域或行业的经济发展。一般情况下，只计算一次相关效果，不连续扩展计算乘数效果。

在计算项目的外部效果时应注意不能重复计算，特别要注意那些在直接费用和效益中已经计入的，不应再在外部效果中计算。同时还要注意所讨论的外部效果是否确实是应当归因于所评价的项目。在讨论外部效果时，往往容易发生重复计算和虚假扩大项目间接效益的问题。由于项目外部效果计算困难，有时可以采用调整项目范围的办法，改变项目的外部效果，使之变为项目以内的影响。调整项目的范围一种是将项目的范围扩大，将几个项目合成一个大项目进行经济分析，这样就可以将这几个项目之间的相互支付转化为项目内部的相互支付而相互抵消。例如，在评价项目联系的煤矿、铁路运输和火力发电项目时，可以将这些项目合成一个大的综合能源项目，这些项目之间的项目支付就转变为大项目内部的项目支付而相互抵消。另一种调整项目范围的方法是缩小项目的范围，将一个大项目分解成几个小项目分别进行评价。

二、消费者剩余和生产者剩余

（一）消费者剩余

消费者剩余理论是工程项目经济分析中计算项目经济价格的重要理论依据。在实际生活中，消费者（使用者）的支付意愿要高于实际支付或实际的费用，这高出的部分称之为消费者剩余（consumer's surplus，CS）。对消费者而言，消费者剩余同样也是消费者获得效益的组成部分。譬如说，免费通行的路桥，尽管没有经常性的过路费收入，但不能说这个路桥没有效益，此时的路桥通行者的支付意愿全部体现为消费者剩余。

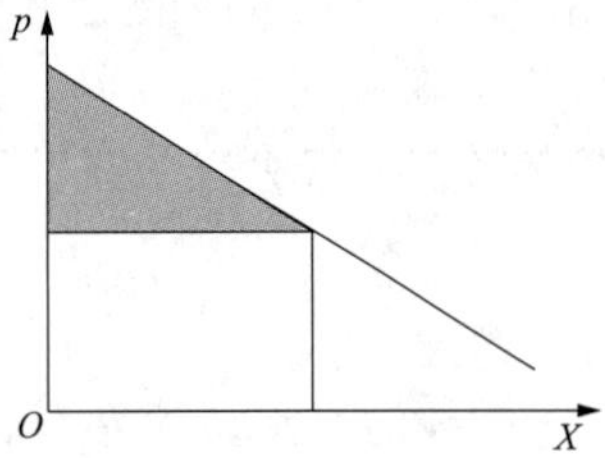

在一种物品或服务的局部均衡分析中，消费者剩余（CS）的总量就是需求曲线下的面积（总的支付意愿）减去价格下面的面积（总的实际支付），如图 3-1 阴影部分所示。图中 p 代表商品或服务价格，X 代表商品或服务消费量，曲线代表价格和消费量之间的关系。

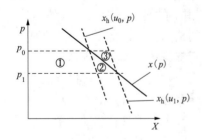

图 3-1　消费者剩余

通常我们更关心由价格（或费用）的变化引起的消费者剩余的变化。比如通过道路修缮，使消费者（使用者）交通费用节省（单位通行的费用从 p_0 下降到 p_1），消费者剩余增加（见图 3-2），一般可表示为：

$$\Delta CS = \int_{p_0}^{p_1} X(p)\mathrm{d}p \tag{3-1}$$

类似于支付意愿（willingness to pay，WTP）和接受补偿意愿（willingness to accept，WTA），消费者剩余可以用较严谨的定义，用补偿需求函数（即 Hicks 需求函数）$x_\mathrm{h}(u,p)$ 之上的货币补偿量来计算。价格或费用下降，在原效用水平 u_0 上的消费者剩余增加，称之为补偿变异（compensating variation，CV），其含义是：保持原效用不变，由于价格或费用下降，可以从消费者的收入中扣除的货币数量，表达式为：

$$CV = \int_{p_0}^{p_1} x_\mathrm{h}(u^0,p)\mathrm{d}p \tag{3-2}$$

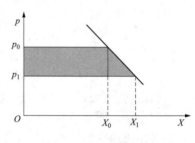

图 3-2　消费者剩余增量

消费者为了达到价格或费用下降后的效用水平 u_1，要求得到的补偿称为等效变异（equivalent variation，EV），表达式为：

$$EV = \int_{p_0}^{p_1} x_\mathrm{h}(u_1,p)\mathrm{d}p \tag{3-3}$$

就数值大小而言，在消费者面对价格或费用下降的情况下，有

$$CV < \Delta CS < EV$$

从图 3-3 可以看出（图中较陡的曲线为补偿需求曲线），上述各函数的面积关系为：$CV=①$；$\Delta CS =①+②$；$EV=①+②+③$。

尽管从补偿准则的角度，CV 和 EV 比普通的消费者剩余更具理论上的正确性，但我们无法从市场观察到补偿需求函数。在多数情况下（特别是价格和费用发生变化的情况下），其数值和普通的消费者剩余 ΔCS 差别不大❶。如果把需求曲线近似地看作是直线，则消费者

图 3-3　补偿需求曲线下的 CV 和 EV

---

❶　这一具有重要影响的结论，由 R. Willig 提出，见其论文"Consumer's Surplus without Apology"，*American Economic Review*，Vol. 66，No. 4，pp.589-597。但当我们用意愿调查等方法直接调查由价格或费用的升降而产生的 WTP 和 WTA 时，还会产生选择和存在的差异问题。

剩余可表示为：

$$\Delta CS = \frac{1}{2}(X_0 + X_1) \cdot (p_0 - p_1) \quad\quad (3\text{-}4)$$

（二）生产者剩余

类似于消费者剩余，定义生产者（供应者）的实际收益减去经常性的费用支出，即可得到生产者剩余（producer's surplus，PS），在计算口径上类同于财务投资盈利性分析中的经常性年净现金流，即销售收入减经营成本，或者是利润和税收、折旧摊销之和，即息税折旧摊销前利润（EBITDA）。在经济分析中，经常性的费用可以用边际成本曲线下面的面积来表示。图 3-4 所示为生产者剩余增量。

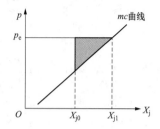

图 3-4　生产者剩余增量

图 3-4 中，生产者提供产出从 X_{j0} 增加到 X_{j1} 所形成的生产者剩余的增量（Δps），由图 3-4 中阴影部分的面积所示，表达式为：

$$\Delta ps = p_e(X_{j1} - X_{j0}) - \int_{X_{j0}}^{X_{j1}} mc(X_j)\mathrm{d}X_j \quad\quad (3\text{-}5)$$

（三）经济净效益

讨论了支付意愿、消费者剩余和生产者剩余，作为一种归纳，在有无对比情况下的项目正常经营年份的净效益（net benefit，NB）可定义为：

$$NB = 效益–费用$$

$$= 支付意愿–费用$$

$$= 消费者剩余+实际支付–费用$$

$$= 消费者剩余+生产者剩余$$

以上各项计算都是在有无项目对比情况下的增量。

（四）效益费用的局部均衡度量

对于具有边际性的项目，如果产出物或投入物已处于完全竞争的均衡状态，则产出的效益或投入的费用就可以采用与财务盈利性分析中的财务现金流量相一致的数据。当项目规模大到一定程度时，其产出或投入足以影响到原有的市场均衡价格，这时既不能用项目投入前的市场价格，也不能用项目投入后的市场价格来表达项目的边际效益和费用，需要考虑支付意愿或资源耗用的非边际量的变化情况。

项目投产以后，产出物投放市场，由于增量相对较大使得原有市场均衡价格从 P_0 降为 P_1，这种价格的下降，使原有的供应者减少了部分供应量。项目产出（Q_1-Q_2）中的一部分（Q_1-Q_0）是增加的市场供应，另一部分（Q_0-Q_2）是对原有供应者的挤占。前者的效益是增加的支付意愿，后者的效益是原供应者因不再生产而节省的资源耗费（可变费用的节省）。因此，产出的效益如图 3-5（a）形如箭头的打阴影的面积所示。

类似地，项目的主要投入物因占用市场份额较大，项目耗用（Q_1-Q_2）后，使得原有的市场均衡价格从 P_0 上升为 P_1，这种价格的上升，使原有的部分消费（耗用）者退出消费，其数量为（Q_0-Q_2），仅有（Q_1-Q_0）部分是由新增的市场供应来满足的。前者的费用是被挤占掉的支付意愿，后者是增加的社会资源耗费。因此，投入（Q_1-Q_2）的总费用如图 3-5（b）形如箭尾的打阴影的面积所示。

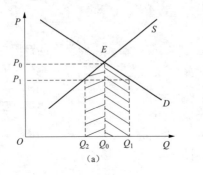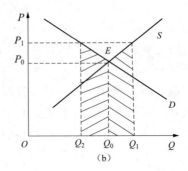

图 3-5　项目投入产出的费用-效益示意图

（a）产出的情况；（b）投入的情况

三、外部性、公用物品和全部经济价值

（一）技术外部性和财务外部性

消费者剩余和生产者剩余用于拟建项目产生的直接的、主要的效益和费用的计算。除此之外，还会产生一些间接的，甚至是非本意的效果。例如，公路和机场的修建带来的噪声对附近居民所产生的负面影响，水利灌溉设施的建设有可能改善附近的景观和生态，产生正面的外部影响，这类效果由于多数是无形的（intangible）或具有公用物品的特性，难以通过市场来计量和交易，此外还有可能因产权界定不清，无法达成合约收取费用或进行补偿[1]，统称为外部性或外部效果（externalities）。作为从社会角度考察资源配置效率的经济分析，在计算项目的效益和费用时，显然应该把这类效果包括进去。但在进行工程项目的经济分析中，要区分真实的（real）和财务性（pecuniary）的效果[2]，要注意不应将项目产生的财务效果包括进去，否则会造成重复计算。

真实效果是指项目能够使最终消费者增加效用的效果，这类效果反映了公众福利的增加。真实费用是指有用资源实际减少所付出的真实代价。财务效果是指由项目引起的相对价格变化或供求变化而产生的效益和费用在经济体系内部的重新分配和转移，并未实际增加效益或产生资源的耗费，因此不能计入项目的经济效益和费用，否则就会导致重复计算。比如由于农田灌溉项目的实施，增加了农业产出、美化环境、减轻土地沙化、稳定农村社会等都属于真实效果，而由项目引起的农机、农药和化肥行业增收、食品加工行业成本降低等则属于财务性外部效果。又比如城市轨道交通项目可以节省出行时间和费用、减少交通事故、减轻空气污染、缓解地面交通堵塞，这些均属于真实效果，至于城市轨道交通沿线的土地、房产升值则属于财务性效果。就高等技术教育项目而言，增加受教育者的日后就业收入、丰富生活意义、减少犯罪、提升社会道德水准等属于真实效果，教职工收入的增加就属于财务性

---

[1] 科斯在 1960 年发表的《社会成本问题》一文中认为，外部效果的存在从根本上是产权界定不够明确或界定不当所引起的，所以只需界定并有效地保护产权，随后产生的市场交易，交易成本为零的讨价还价，就能自然地实现资源的帕累托最优配置，而不管产权是如何界定的。这就是所谓的科斯定理。

[2] 财务性是一个专用术语，不是通常意义上用货币表示的效益或费用，主要发生在外部效果和派生效果的识别和计算方面。有些文献将其译为"金融性效益"。关于真实的和财务性的效果二者之间区别的讨论，可详见 R. A. Musgrave 等的名著《公共财政学—理论与实践》，该书把真实的外部效果称为"真实的间接效果"。

效果[1]。

有些外部效果不容易进行货币量化，例如水利项目为农户提供灌溉用水产生的效益计算，一种解决的办法就是把外部效果内部化，例如把水利、灌溉和农业生产看成一个项目整体，扩大项目的边界，以达到投入和产出都比较容易界定和量化。

（二）公用物品与市场失灵

保尔·萨缪尔逊在其《公共支出的纯粹理论》（1954）提出关于公用物品[2]本质特征的经典定义：一是非排他性（Non-excludability）；一是消费上的非竞争性（Non-rivalry）。非排他性是指不可能阻止不付费者对公用物品的消费，不付任何费用的人同支付费用的人一样能够享有公用物品带来的益处；非竞争性是指一个人对公用物品的消费不会影响其他人从对公用物品的消费中获得的效用，即增加额外一个人消费该公用物品不会引起产品成本的任何增加。美国经济学家布坎南教授在其著名论文《俱乐部的经济理论》（1965）中进一步指出，保尔·萨缪尔逊给出的公用物品的定义是"纯公用物品"（pure public goods），而与其对应的是"纯私用物品"（pure private goods）。在现实中，大量存在的是介于纯公用物品和私用物品之间的物品，其公用性程度从零到百分百之间不等，称之为混合物品（impure public goods）。混合物品的供给在超过一定容量后，往往会发生拥挤效应（public goods with congestion），此时增加一个新的消费者，会造成原有消费者边际成本的增加，就这个意义上而言，混合物品在一定程度上存在消费的非竞争性特征，布坎南称此类物品为俱乐部物品（club goods）或者通常称之为准公用物品。在该基础上，根据是否具有竞争性和排他性特征，将物品分成四个类别，见表3-1。

表 3-1　物 品 的 分 类

竞争及排他情况	竞争性	非竞争性
排他性	私用物品	如有线电视
非排他性	如城市道路	纯公用物品（如国防、安全、清洁的空气）

与公用物品相对应的是私用物品（private goods），因其具有排他性和独占性特征，因此可以通过市场交换来进行资源优化配置，市场交易的信号也为这类物品效益和费用的度量提供了重要信息和依据。公用物品或准公用物品因其不同程度地具有非排他性和非独占性特征，对其消费或占用的收费就变得不可能，或者变得非常困难，于是就出现市场机制失灵的情况。

公用物品的供应同样需要遵循效率原则，同样适用效益应该大于费用的评价准则，也需要对提供这类物品的项目从经济效率的角度进行评价。而且，随着社会经济的发展，这类项目的比重会越来越大，构成经济资源合理配置必须研究的重要课题。在现实生活中，尽管消费者对这类物品的支付意愿是存在的，但是消费者在很多情况下会隐藏或者夸大其支付意愿。例如，当消费者得知，要按其表述的支付意愿对其获得的服务进行付费时，消费者往往会压低其真实的支付意愿，而希望别人多支付费用，因为公用物品一旦被提供，没有人能够阻止其进行享用，也没有办法对其享用多少进行准确度量，因此就会诱发其少报支出并增加享用。而一旦得知不必按所报的支付意愿进行支付，而是由更广泛的公共财政来支出时，很多人又

---

[1]　由财务效果引起的重复计算（Double Counting）问题是费用-效益分析应用早期争论的热点问题。
[2]　一般文献中都用"公共物品"，此处是从消费的角度对物品进行划分，而不是从权属的角度进行划分，因此用"公用物品"更为贴切。

会夸大其支付意愿，以促使项目尽快建成，以便早日得到公用物品的享用，并把费用分摊到更广泛的人群中去。这类现象在经济学中被称为"搭便车"（free ride）现象。

（三）全部经济价值

在工程项目的经济分析中，所有用支付意愿（WTP）或接受补偿意愿（WTA）度量的效益被称为全部经济价值（the total economic value，TEV）。按 TEV 的性质又可区分为使用价值（use value）和非使用价值（non-use value），后者也被称为被动使用价值（passive use value）。使用价值包括实际的和可能的对各种提供的消费或服务的支付意愿。这里的"可能的"是表示将来有可能被发现的使用价值，因此被称为选择权价值（option value）。例如，耕地比工业用地（如房地产和高速公路）就有较高的期权价值。非使用价值是指人们并不实际和可能使用，但希望其存在下去而不被破坏，由此而产生的支付意愿，如自然景观、珍稀物种、历史遗迹和非物质文化遗产等。人们并不期望一定要去使用（包括访问和游览），但就是为这些物品的存在而感到满足，有支付的意愿，这种意愿被称之为存在价值（existence value）。有时，人们对非使用价值的支付意愿是出于对他人的享用或为后代考虑，这又可被称为利他（altruism）和遗赠（bequest）价值。归纳起来，工程项目全部经济价值的构成如图 3-6 所示。

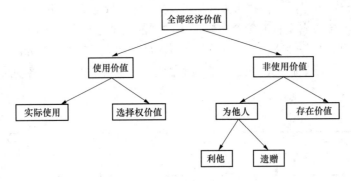

图 3-6　全部经济价值分类图

使用价值通常可通过实际的或隐含的市场交换信息来揭示人们的支付意愿，而非使用价值一般只能通过意愿调查来揭示其支付意愿。

第二节　项目投入物和产出物经济价值的计算方法

对于工程项目投入物和产出物经济价值的评估，应按照货物或服务的不同类型采用不同的量化计算方法。对于国内市场完善的项目，按照支付意愿的原则计算其愿付价格；对于国内外市场融为一体的物品，可参照进出口评价计算其经济价格；对于市场发育不完善，或者没有市场交易信息的物品，采用显示偏好或陈述偏好的思路进行估算。

一、愿付价格的计算

（一）支付意愿的衡量

工程项目的经济效益以社会成员的实际得益为基础进行计算。经济学理论认为，社会成员的个人得益可以采用效用（utility）进行衡量。增加消费或享用的效用增加可以用支付意愿（willingness to pay，WTP）来度量。在一定条件下，项目的总体经济效益是个人支付意愿的叠加，也就是整个市场的支付意愿，如图 3-7 所示的是需求曲线下的面积。

（二）愿付价格的计算

如果要根据项目对经济效率的贡献来判断其经济价值，则其贡献就要用某种共同的标准来计算，这种共同的标准称为"计算单位"。一般采用愿付价格计算单位。

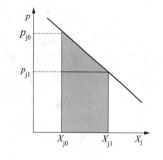

愿付价格计算单位根据社会愿意支付的数量估算商品或服务的价值。采用愿付价格分析方法，在估算所有的投入和产出的价值时，要根据市场愿意为这些投入和产出支付的价格进行估算。

采用愿付价格进行计算，要求每一单位产出的经济价格都以市场对这种商品的边际愿付价格进行计算，将来的消费

图 3-7　商品 X_j 市场的支付意愿

则采用反映消费价值随时间推移而减少的折现率折算成现值。这里需要强调的是，市场愿意支付的价格与实际支付的价格有可能存在差异，在项目评价实际应用中，产出按反映边际愿付价格的价格估算，而投入则按无项目情况下使用这些投入带来的产出的边际愿付价格进行估算。

二、进出口平价的计算

（一）进出口平价的意义

进口平价（import parity）是用来衡量在自由贸易条件下货物或服务进口和国内生产无差别，国内生产者不得不接受其在国内市场销售的价格。出口平价（export parity）是用来衡量在自由贸易条件下国内生产者出口和在国内市场销售无差别，不得不接受在国内市场销售的货物或服务的价格。计算项目主要投入物和产出物的进出口平价的意义在于：如果这些物品存在进出口的可能性，那么作为一种符合效率要求的价格，国内价格应与进出口平价相一致。

（二）进出口平价的计算公式

1. 产出物

对于产出物确定的是出厂经济价格。

（1）可出口产品（可外销产品）。

$$出口平价=离岸价格×汇率-项目至口岸的物流费用 \tag{3-6}$$

（2）可进口产品（内销产品，可顶替进口）。

$$进口平价=进口货物的到岸价×汇率+口岸至市场的物流费用-项目至市场的物流费用 \tag{3-7}$$

2. 投入物

对于投入物确定的是到厂经济价格。

（1）可进口产品。

$$进口平价=到岸价格×汇率+口岸至项目的物流费用 \tag{3-8}$$

（2）可出口产品（国内产品，耗用出口）。

$$出口平价=离岸价格×汇率-出售厂家至口岸的物流费用$$
$$+出售厂家至项目的物流费用 \tag{3-9}$$

（三）进出口价格弹性的处理

上述各项计算均假定口岸价格具有充分弹性，不因项目的进出口而变化，这种假设在大多数项目中是成立的，因为绝大多数项目对国际市场的影响具有边际性。但是，当某种货物

进出口占国际市场的份额较大时，对于这种非边际性的项目，需要考虑进出口增量对价格的影响。

当项目的产出用于出口时，且出口的规模较大，而且这种产出物的需求价格弹性较小，增加出口有可能使口岸价格下降，这种情况不仅导致项目的出口收益比预期要减少，同时也会使原有出口的收益下降。因此，项目产出的经济效益不仅要考虑本项目出口收益的减少，还要分析对原有出口收益的影响。假定出口产品的价格需求弹性为 ε，项目产出出口量为 ΔQ，那么这部分产出的效益可表为：

$$\Delta B \approx p_e \left(1 + \frac{1}{\varepsilon} \right) \Delta Q \tag{3-10}$$

上式可以看出，当 ε 值很小时，出口的效益增量也会很小，甚至有可能出现负值。同样道理，当进口货物的供应弹性较小，而项目大量投入这类货物时，会推动口岸价格的上升。这种投入的经济费用不仅包括项目为此而付出的代价，还应包括原有进口的这类货物因进口价格上升而付出的额外费用。

估计货物进出口平价的步骤如下：①识别项目新增产出的影响，尤其是对国际贸易的影响；②识别项目投入新增需求的影响，尤其是对国际贸易的影响；③分析项目产出的贸易影响：增加出口，减少进口或者两者兼有；④分析项目投入的贸易影响：减少出口，增加进口或者两者兼有；⑤考虑产出物和投入物对国际市场价格的影响；⑥识别增加的出口和增加的进口的离岸价和到岸价，识别替代进口或出口的到岸价和离岸价，必要时调整质量上的差异；⑦计算市场或者项目所在地的相关进口或出口费用；⑧将所有的价值换算为国内价格水平；⑨加总得出进口平价或出口平价。

三、显示偏好和陈述偏好的计算

对于市场交换缺失的项目投入物和产出物，要想获取消费者的真实支付意愿，克服搭便车的倾向，主要采用两类方法：一是基于市场信号的显示偏好方法（revealed preference method），二是基于意愿调查的陈述偏好方法（stated preference approach）。

（一）显示偏好法

这类方法基于这样的认识：有些非市场物品或服务，尽管不存在市场的交换，但这些无形效果根植或被包涵（embedded）于某些在市场交换的、可以观察到的价格之中，应设法将其支付意愿或接受补偿意愿的真实信息从有关市场信号中"剥离"出来（tease out）。具体方法又分为以下几种。

1. 隐含价格法（the hedonic method）

隐含价格法是通过在市场可以观察到的相关联的市场商品来估计非市场物品的价值。例如，人们对住房的支付意愿，除了住房的质量、标准和交通区位以外，安静平和的周边环境也是重要的影响因素。"安静平和"显然是一种无形效果，无法通过市场进行单独的交易，但是它们随同住房物业进行了隐含的交易。人们对不同噪声指标的住房有不同的支付意愿：其他条件相同，安静的小区房价高，噪声指标高的住宅房价低。如果能收集到这类房价差别的样本信息，采用统计学的分析方法建立噪声（负的"安静"）指标与房屋价格差异的函数关系，那么就可以求出人们对降低一个噪声单位的边际支付意愿，也就是隐含在住房物业内的噪声的隐含价格。这种方法曾被广泛地应用于旅行时间、噪声、空气污染、水质、水景和绿化等无形效果的货币化度量上。又如，劳动力市场的工资价格信号，也被用来估计工作伤残风险的溢价：在其他条件相同的情况下，风险高的工种或职业，要求的报酬高。

在具体应用时，隐含价格法会碰到不少困难。譬如说，职工因对工作的伤残风险缺少信息或劳动力市场机制不充分，对工资溢价的要求不足以反映其真实的支付意愿。又如，公路旁住房同时受到噪声和空气微尘等多种因素的影响，在对房价差异的统计分析时就可能出现多重因素的分解问题等。

隐含价格法除了上述采用直接回归的分析方法来揭示其支付意愿外，还可以通过间接的统计回归来得出相关结果。比如，假设人们的效用（或决策变量）是随机的，则：

$$D = \alpha_0 + \alpha_N x_N + \alpha_M x_M + u \tag{3-11}$$

式中　D——可以观察到的行为（决策）逻辑变量，$D=1$ 表示消费者采纳（或购买），$D=0$ 表示不采纳；

　　　x_N——表示某种效果的实物量值，如时间节省或噪声指数；

　　　x_M——货币量，如不同交通方式的票价或房产价；

　　　u——随机误差项。

根据观察到的 D、x_N 和 x_M 可以回归出各变量的系数，这些系数可理解为各种变量对决策变量的边际效果。如果其中的货币变量系数是 α_M，那么 α_N / α_M 就可揭示为人们对无形效果变量 x_N 每变化一个单位（如节省 1h 或减少噪声 1dB）的支付意愿（隐含价格）。

2. 旅行费用法（the travel cost method）

旅行费用法很早就被应用于评估公园、林地、沙滩、湖泊和度假休闲区等旅游点的价值。这些旅游景点和休闲地区可能是收费的。即使收费，也不足以反映旅游者的支付意愿。如果到这些旅游点的旅行费用和其他开支与旅游点的价值具有互补性，那么可以从旅行费用等来揭示人们对这些旅游点的支付意愿。

近来对旅行费用法应用的进展是利用 GIS 来计算游客的旅行费用，在费用中还包括在途时间的费用和住宿等开支。这个方法最大的问题是旅游者一次出行可能有多个目的地，如何分摊成本又会成为难题。

3. 规避行为和保卫性开支法（averting behavior and defensive expenditure）

规避行为和保卫性开支法是基于人们为了避开非市场的负影响（non-market bad），通过规避或用其他设施保护所支付的代价来间接地表露出对避免这种负影响的支付意愿。例如，道路旁的住户，用双层玻璃的门窗来防止噪声；购买瓶装水来代替自来水的饮用，这些额外的支出，可以看作是避免噪声和水污染的支付意愿。如果在研究投资道路隔音屏蔽和进一步净化供水项目时，就可以用这种揭示出来的支付意愿来表征项目的效益。

这类方法应用中的困难往往是保护性物品（或行为）可能有多种功能，也存在效益分摊上的困难。我国目前在环境污染损失和治理效益的估值上普遍采用的治理费用法，就可以归为这类方法。

4. 医疗费用和产出损失法（cost of illness and lost output approaches）

由于空气污染，增加了某类疾病的发病率，增加了医疗费用，用此来代表空气污染的代价，或者用此来代表空气污染治理的效益。同样，道路交通造成地表空气的臭氧浓度集聚，使邻近的农产品减产，而农产品是有市场价格的，由减产而招致的损失，可以用来表征这种污染的负效益。但其困难在于确认农产品的减产是在多大程度上由这种污染造成的。

5. 治理费用法（administering expenditure method）

我国目前在环境污染损失和治理效益的估值上普遍采用治理费用法：污染物本身没有直接的市场，但污染治理的投入是有市场的，可以从治理投入反推出排污权交易的初始价格。据载，从 2008 年 1 月 1 日开始，江苏省首先在太湖流域开展化学需氧量（COD）排污权的有偿使用试点，核定出排污企业购买排污权的初始价格为：化工企业每千克 COD 定价为 10.5 元，印染企业为 5.2 元，造纸企业为 1.8 元，酿造企业为 2.3 元，其他企业为 4.5 元。为准确核定这些初始价格，有关部门以污染治理直接成本为基础，乘以一定的地区系数得出。调查显示，化工企业削减 1kgCOD 处理成本是 5.8 元，印染企业削减 1kgCOD 处理成本是 2.9 元，同时核定太湖地区差异系数为 1.8。在试点基础上，到 2009 年，江苏又在太湖流域推进氨氮和磷的排污权有偿使用试点。这种方法并没有以环境治理改善的支付意愿为基础，对不同行业的污染收取不同的排污费，也不符合资源优化配置的原则。

（二）陈述偏好法

项目的一些产出效果没有市场交易价格，也不能通过有形市场商品进行剥离。比如非使用价值（non-use value），也称被动使用价值（passive use value），其主要组成部分中的存在价值（existence value），只能通过调查，对样本消费者的陈述进行分析加工，获取人们对这类物品的支付意愿。这种通过调查获取支付意愿相关信息的方法，也可用于对以市场为基础的使用价值进行估值。

1. 意愿调查评估法

意愿调查评估（contingent valuation approach，CV）法是陈述偏好类方法中的主要方法，20 世纪 90 年代以来，被广泛地应用于环境、自然资源、生态和物种保护等效益的测算。长期以来，经济学家认为，由于搭便车等原因，没有市场实际支付为基础的简单的问卷调查所得的信息是不可靠的，难免有各种人为的倾向性。1989 年，美国国家海洋空气署（NOAA）指定以 Kenneth Arrow 和 Robert Solow 为首的著名经济学家组成的专门小组对阿拉斯加的 Exxon Valdez 石油泄漏污染进行意愿调查评估，完成著名的 NOAA 报告[1]，得出的结论认为："在遵循一系列建议的条件下，意愿调查评估法可以提供为诉讼程序所需要的、足够可靠的自然资源损害的价值估计"，自此之后，这种方法的地位得以肯定。早至 1995 年，至少已有 40 个国家超过 4000 余个案例使用了 CV 法。经过 20 多年的实践，总结出有关陈述偏好特别是意愿调查评估的完整的理论与方法，并产生了一些"正式"的准则性手册[2][3]，为工程项目经济分析做出了有益的方法探索。

【例 3-1】 挪威某地区拟对空气污染进行治理，受益对象约 35 万户，为了估计效益（支付意愿），曾做过使用 CV 法的尝试。按正规的抽样方法询问 1000 户，设计的问卷是："本地区空气污染严重（家庭取暖等原因造成），现有可能采取集体的净化措施使本地的空气质量改善到与其他空旷地区一样。这项措施的投资与经常性运行费用的现值达 10 亿元。这笔费用只能由受益者平均分摊（通过税收或其他公共福利的减少），相当于每户的净收入的 0.6%左右。即如果家庭每月净收入是 5000 元，那么为此要减少 30 元。请问你是否支持实施

---

❶ K. Arrow，R. Slow，P. Portney，E. Leamer，R. Radner andH. Schuman（1993，2001），*Report of the NOAA Panel on Contingent Valuation*，Federal Register，Vol. 58，No10，pp. 4016-4064）

❷ I. Bateman et al.（2002），***Economic Valuation with Stated Preference Techniques: A Manual***，Cheltenham，Edward Elgar.

❸ P. A. Champ et al.（2003），***A Primer on Non-market Valuation***，Dordrecht，Kluwer.

这个项目？回答只能是'是'或'否'"。令回答"是"的比例是 P，"否"的比例是（$1-P$），那么有两种方法可估算出消费者的支付意愿：第一种是按赞成的比例推算到全体赞成的受益户的支付意愿：

$$B_1 = P \cdot 350000 \times 0.0006 \times \overline{R} \tag{3-12}$$

式中　$\overline{R}$——社区家庭的平均净收入。

这种估计是趋于保守的。因为回答"是"的支付意愿低限是其家庭净收入的 0.6%，有些赞成的人的实际支付意愿会高于此比例。

第二种办法是适当调整分摊费用的比例，譬如说从 0.6% 调整到 x%，使回答是与否的比例相近，即 $P \approx 0.5$。如果赞成和反对者的支付意愿具有对称性，那么可以推出全部住户的支付意愿：

$$B_2 = 350000 \times 0.001x \times \overline{R} \tag{3-13}$$

这两种估计方法可由图 3-8 表示。通过这样测算得的支付意愿计算出的效益现值与费用现值进行比较，社区当局就可以作出相对来说比较能够符合民意的决策。

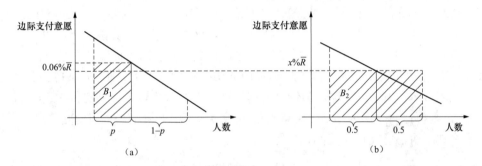

图 3-8　支付意愿测算的两种方法

（a）方法一；（b）方法二

接下来对 NOAA 专门小组报告建议的 CV 准则和以此准则所进行的 Exxon Valdez 事故 CV 应用实例予以介绍[1]。

（1）Exxon Valdez 事故及 NOAA 意愿调查评估的背景。1989 年 3 月 24 日晚，油轮 Exxon Valdez 号在美国阿拉斯加的威廉王子海湾处，因避让冰山，偏离航道，操作失当，触礁后导致 1100 万加仑的原油泄漏。这是美国历史上最严重的一次原油泄漏造成的环境污染事故。其使用价值如商业捕鱼、旅游，以及以休闲为目的的钓鱼、驾船、游泳和徒步旅行等活动受到影响，其损失可以基于市场信息加以估计。但是污染造成的非使用价值损失涉及全体美国公民。基于诉讼赔偿的需要，应阿拉斯加州政府的请求，对此次事故造成的被动价值损失用意愿调查评估法进行评估。

（2）严格的抽样统计，防止样本偏差。被抽样的母体是 50 个州和哥伦比亚特区的全美国住户。抽样分三个层次。第一层是从全国 1712 个县，按人口大小比例随机抽取 61 个样本县；第二层是从这些样本县按人口比例抽取 334 个普查块；第三层是从这些模块中最后抽得共 1600 个样本户。

[1]　根据 R. T. Carson，R. C. Mitchell，M. Hanemann R. J Copp，S. Presser，P. A. Rund "Contigent Valuation and Lost Passive Use Damage from Exxon Valdez Oil Spill"，*Environmental and Resource Economics* **25**，2003. pp. 257-286 整理。

（3）向调查者传达清楚、完全和准确的信息，防止信息偏差。每次个别面谈访问的 40min 中，用大约一半的时间向被调查者介绍损害情况，包括事故发生的地理位置、周边环境、泄漏事故的范围、野生动物死亡情况以及拟采用的清污办法和自然恢复的过程及时间等，用照片显示并伴以讲解。为避免夸大事实，不用照片显示鸟类死亡特写，而是列举各种鸟类死亡的数量和占总数的比例，并说明事故造成的伤害可在 3 年内恢复。最后，展示为避免此类事故拟采取的措施计划，如包括配备护航船只和对油轮装备双层甲板及有关费用。

（4）构造真实的支付场景，防止策略性偏差。经专题研究，在可供选择的提高税收、提高油价和在增加货物消费税等三种方案中选择了第一种。在支付时间的场景设计方面，采用的是一次性支付而非分期支付。在让被调查者表态前，向他们陈述如下内容："因为每一家庭都要承担部分费用，本调查的目的是让你表达是否赞成这样的计划。我们认为，有人赞成，也有人反对，两者都是可以理解的。赞成者认为花这笔钱避免类似的事故是值得的。反对者可能认为花这笔钱可能影响了我其他方面更重要的开支或超过了我的支付能力"。为稳妥起见，要求回答为避免此类事故的支付意愿（WTP），而非可接受的补偿意愿（WTA）。

（5）公决选择式的问题设计（回答"是"或"否"），防止起点偏差。采用双区间两分法意愿吸取方法，也可称之为区间普查数据残存法❶。这里引用一个美国案例，以美元为计算单位，有四套（A、B、C、D）设定的支付意愿，供被调查者随机抽取其中之一。A15 列是首先发问的支付意愿，如回答"是"，再追加问 A16；如回答"否"则追问 A17。支付意愿测试初始表见表 3-2。以抽中方案 A 为例，先问"你是否愿意为这个计划支付 10 美元？"，如回答"是"，则再追问"那么你是否愿意支付 30 美元？"；如果第一个问题回答"否"，则再追问"那么你是否愿意支付 5 美元？"等。

表 3-2　　　　　　　　　　　　支付意愿测试初始表　　　　　　　　　　　（美元）

方案	A15	A16	A17
A	10	30	5
B	30	60	10
C	60	120	30
D	120	250	60

（6）科学的统计分析，给出统计误差。经整理，回答结果见表 3-3。

表 3-3　　　　　　　　　　组合回答比例（不确定的归入"否"）

方案（美元）	是-是	是-否	否-是	否-否
A（10-30-5）	45.08%	22.35%	3.03%	29.55%
B（30-60-10）	26.04%	26.04%	11.32%	36.30%
C（60-120-30）	21.26%	29.13%	9.84%	39.76%
D（120-250-60）	13.62%	20.62%	11.67%	54.09%

（7）依表 3-3 结果，方案 A 的区间是：（0～5 美元［否-否］）；（5～10 美元［否-是］）；（10～30 美元［是-否］）；（30 美元～∞［是-是］）。类似的，方案 B 的区间是：（0～10 美元，10～

---

❶　有关这种方法的进一步介绍，可参见 W. Nelson，Applied Life Analysis，New York：John Wiley，1982.

30 美元，30~60 美元，60 美元~∞）；方案 C 的区间是：（0~30 美元，30~60 美元，60~120 美元，120 美元~∞）；方案 D 的区间是：（0~60 美元，60~120 美元，120~250 美元，250 美元~∞）。根据以上区间和回答的比例，按最大或然率，用 Weibull 分布或 Turnbull 非参数估计[1]，得到样本的期望值（支付意愿）是 53.6 美元（下限）和 79.2 美元（上限）（置信区间为 95%）。以样本期望值乘以美国的家庭总数（9084 万户），得出这次事故的非使用价值损失是 48.7（下限）和 71.9（上限）亿美元。

2. 选择实验法

选择实验法（choice experiments approach）很早就被应用于市场研究和交通运输模型中，原本是一种计量经济学模型[2]方法，后来被引进到工程项目实施效果的估计中，成为陈述偏好的一种方法。类似于上述间接的隐含价格法，其理论背景也是建立在如下的随机效用模型基础之上。

$$U_j = \sum_k \beta_k x_{jk} + \beta_p p_j + \varepsilon_j \tag{3-14}$$

式中　U_j——方案 j 的效用水平；

　　　x_{jk}——方案 j 第 k 个功能因子度量水平；

　　　p_j——方案 j 用货币表示的支付费用；

　β_k、β_p——效用换算系数；

　　　ε_j——随机项。

这种方法应用的基本思路是，人们对方案 j 的效用水平可表述为若干个功能因子（attributes）k 的取值水平（level）x_{jk}，这些可以是实物指标或者甚至是没有量纲的等级，p_j 是用货币表示的支付费用或价格，ε_j 是随机项。如果误差项服从 Gumbel 一类分布，并且满足效用或选择独立于无关方案，则消费者选择方案 i 的概率为：

$$P_i = \frac{\exp\left(\sum_k \beta_k x_{ik} + \beta_p p_i\right)}{\sum_j \exp\left(\sum_k \beta_k x_{jk} + \beta_p p_j\right)} \tag{3-15}$$

如果比较的方案中有一个是"无"项目方案，那么接受或不接受方案 i 的概率可表示为：

$$\ln \frac{P}{(1-P)} = \sum_k \beta_k x_k + \beta_p p \tag{3-16}$$

式（3-16）中略去了方案标记 i，这些方案可由不同的功能因子取值水平和支付费用的各种可能组合形成。类似于意愿调查，通过样本户选择最满意的方案，用 Logistic 回归，得出上式系数的估计值。那么，样本户对功能因子 k 的支付意愿就估计为：

$$WTP_k = \beta_k / \beta_p = (\partial U / \partial x)/(\partial U / \partial p_j) \tag{3-17}$$

下面举例说明这种估计方法的应用[3]。

建于 19 世纪的英国泰唔士河沿岸排水管老化，导致水管堵塞，污水雨水直排入泰唔士

---

[1]　这种方法的进一步介绍。详见 B. W. Turnbull, "The Empirical Distribution Function with Arbitrarily Grouped and Truncated Censor Data", *Journal of Royal Statistical Society Series*, B38, pp.290-295, 1976.

[2]　D. McFadden（1973）"Conditional Logit Analysis of Qualitative Choice", *Frontiers in Econometrics*, Academic Press.

[3]　EFTEC（Economics for the Environment Consultancy Ltd.）（2003），*The Thames Tideway : Stated Preference Survey*, Report to Thames Water plc，EFTEC.

河。每个方案的各种功能因子及其取值水平不同，其投资也不同。功能因子和取值水平见表3-4。

表 3-4   功能因子和取值水平

功能因子	说　明	可能的取值水平
污水管堵塞（sewage）	占全部的（%）	10，3，1，0
水上运动/健康风险（health）	由于污染，年不适宜运动的天数	120，60，10，0
死鱼事件（fish）	概率（%），或每天报告数	8，4，2，<1，0
每年治理费用（cost）	在用水账单中增加的英镑	0，5，15，23，36，47，77，115

从理论上说，所有可能的组合方案共 $4 \times 4 \times 5 \times 8 = 640$ 个，去掉不现实或明显不好的方案，其中至少有 8 种组合比较成熟可行。线性随机效用函数可表述为：

$$U_j = b_1(\text{sewage})_j + b_2(\text{health})_j + b_3(\text{fish})_j + b_4(\text{cost})_j + e_j \qquad (3\text{-}18)$$

当局组织对 1214 个伦敦和东南沿岸样本住户进行面对面的调查，要求每户对 8 张选择卡片（每张卡有三个方案，其中一个方案是维持现状，另两个是功能因子有意义的组合方案）进行方案优选。按样本优选的比例，得到系数的估计值：

$$b_1 = -0.035 ; \quad b_2 = -0.007 ; \quad b_3 = -0.029 ; \quad b_4 = -0.019$$

前三个系数除以 b_4 就表示功能因子减少一个单位的隐含价格（implicit price），也表示被访样本的相应支付意愿：

$$WTP_{\text{sewage}} = b_1 / b_4 = -0.035 / -0.0190 = 1.84$$

$$WTP_{\text{health}} = b_2 / b_4 = -0.073 / -0.0190 = 0.38$$

$$WTP_{\text{fish}} = b_3 / b_4 = -0.0287 / -0.0190 = 1.51$$

全部功能因子治理达到最佳水平，每户的支付意愿为：

$$WTP_{\text{total}} = 1.84 \times (10 - 0) + 0.38 \times (120 - 0) + 1.51 \times (8 - 0) = 76 \text{（英镑）}$$

估计在该地区总计有 560 万户居民，则总的支付意愿每年在 4.2 亿英镑左右。用这个数字代表泰晤士河治理的效益，与治理的费用相比，就可以得出项目是否应该实施的结论。

同样是以随机效用函数为基础的统计技术，隐含价格法和选择实验法的不同之处是，隐含价格法是对消费者的实际行为进行观察，而选择实验法则是用人为构造的场景让人们做出选择；同样属于陈述偏好类的消费者支付意愿的揭示技术，与意愿调查法相比，选择实验法更适合具有多种功能的综合性项目效益揭示，同时还可避开要求对货币值的直接回答，但实施的难度较高。

四、几个特殊问题的处理

（一）流转税的处理

转移支付反映的是一种控制权的转移，即由一个部门或社会成员控制的资源，转移到另一个部门或社会成员手中，从整个社会角度来看，这种转移并不增加或耗费社会财富与资源，所以在进行经济分析时不把这些转移作为效益和费用，以避免重复计算。如旨在调节财富分配的税收和补贴就属于转移支付❶。

---

❶ 有些准则或手册（如亚洲开发银行和我国的《建设项目经济评价方法与参数》等）认为：那些为控制过度使用或消费的政策性税收，应看作是社会资源耗用的代价，如资源税、土地税、能源税、排污税和燃油税等，在项目经济分析时可不剔除，仍作为项目费用。

理论上，税收在经济分析中属于转移支付，不代表真实的资源消耗，不应计入项目的经济费用。在实际操作中，如果是在财务成本基础上推导计算经济费用，对于构成商品价格的流转税，与所得税性质完全不同，它是项目投入物财务成本的重要组成部分，是计算经济费用的重要依据，在处理时要区别对待。这类税收使消费者支付的含税价格高于供应商收到的不含税价格，按照消费者支付意愿来测算效益，应将这些税收数额包括进去。如果不是在财务成本的基础上计算经济费用，而是直接按照资源的耗费来计算其经济费用，则不需要考虑这些税费，而直接按照支付意愿进行测算。理论上，这两种测算思路得到的结果应该是一致的。

以图 3-9 来说明，某产品市场有一个从量税 t，这相当于供应曲线向左上方平移距离为 t，供求均衡点在 e 点，供求量为 OE。此时，消费者支付的价格比供应者收到的价格高出 t。项目产出对这样的产出物的市场均衡会产生两个方面的影响［图 3-9（a）］：①增加了市场的供应量 EB，这部分的效益是用消费者的支付意愿来度量的，应以包括税收在内的价格为基础进行计算（图中表示为 $eEBb$ 面积）；②项目产出的增加导致市场价格下降，进而排挤了原有的市场供应 EA，这时产出的效益是对应于 EA 的费用节省，应该用不含税的供应曲线以下的面积来度量（即图中 $eEAa$ 面积）。因此，前者是以含税价格为基础进行计算，后者是以不含税的价格为基础进行计算。对于项目投入物的费用计算，同样应从两个方面进行分析：投入物市场增加供应以满足项目投入的需要，以不含税的成本价格为基础对其费用进行计算；挤占原有用户需要量，其费用以含税的支付意愿价格为基础进行计算［见图 3-9（b）］。

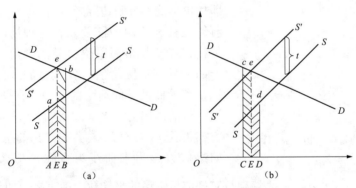

图 3-9　从量税下项目费用和效益的计算

（a）产出情况；（b）投入情况

（二）通货膨胀的处理

工程项目财务现金流量分析既可以采用名义价格，也可以采用实际价格进行计算。相反，工程项目经济分析中使用的所有费用和效益流量都必须以实际价格进行计算。企业和项目的财务计划都以名义价格进行编制，而用来计算内部收益率的财务现金流量表和经济费用效益流量表一般采用实际价格进行编制。

一般情况下"名义价格"和"现行价格"可以视为同一个概念，"真实价格"和"不变价格"的含义也基本相同。但是，在使用"真实"这个术语时却常常发生混淆，原因之一是在讨论经济分析的"真实资源费用效益流量"时经常使用这个术语。可以采用下列方式区分"真实"这个术语在财务分析和经济分析中的不同用法。

在财务分析中，"真实"这个术语的意思是：①反映资源价值的流量（始终以未发生通货膨胀的财务价格估算）；②可能与资源流量无关的现金流量（按某种通货膨胀指数进行折算）。

在经济分析中，"真实"这个术语的意思是反映真正资源价值的流量（以未发生通货膨胀的经济价格估算）。因为在财务分析和经济分析中有可能混淆"真实"这个术语的意义，还因为在提到按"真实价格"进行财务分析时愿意使用"不变价格"这个术语，所以经济学家在提到经济分析时常常使用"真实价格"这一术语。为了避免混淆，真实价格在财务分析中叫作"不变价格"，而在经济分析中叫作"真实价格"。

在财务分析中使用"不变价格"有三大好处：①允许直接从财务现金流量计算无通货膨胀的财务内部收益率；②简化从项目财务流量到项目经济费用效益流量的过渡，因为财务现金流量（按不变价格而不是名义价格进行计算）是经济费用效益流量计算的一个步骤，可以直接采用其计算结果；③便于盈亏平衡点和临界值的计算。

在实际工作中，既可以按照现行价格，又可以按照不变价格进行项目财务分析，两者之间的差别主要体现在联系现行价格和不变价格的通货膨胀率中，应该根据具体情况选择采用相应价格进行项目的财务分析。但是，经济分析必须采用不含通货膨胀的真实价格进行计算。

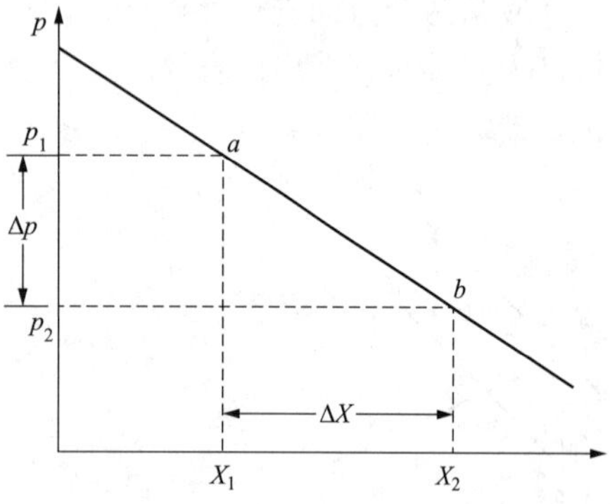

（三）非边际项目的价值计算

如果因项目较大，从而影响投入与产出价格，则即使价格能够反映边际经济价值，它们也并不能满足测算效益和费用的需要。在这种情况下，由于市场价格只能测算最后单位产品的价值，所以必须估计产品的后续边际价值。就项目的产出而言，必须估算在需求曲线下面适当的面积。在图 3-10 中，如果该项目的产出为 X_1X_2（即 ΔX），这样，随着 X 的价格由 p_1 减至 p_2（下降 Δp），该产出的总效益为 X_1abX_2。如果假设该需求曲线为直线，那么 X_1abX_2 等于

图 3-10 非边际项目产出物效益的计算

$\frac{1}{2}\Delta X \cdot (p_1+p_2) = \Delta X \cdot \bar{p}$，$\bar{p}$ 为该项目实施前后价格的平均数。换言之，如果假定需求弹性为常量，X_1abX_2 部分可以被近似地表示为 $\eta \bar{X} \Delta p$，这里 η 为在 X_1 和 X_2 的中点处 $\bar{X}$ 计算的需求弹性，可直接由需求弹性的定义所导出，$\eta = (\Delta X \cdot \bar{p})/(\Delta p \cdot \bar{X})$。

同理，如果该项目迫使某一投入物 Y 的价格上升，则该项目投入物使用的机会成本必须以 Y 的边际成本曲线下面的面积进行计算。在图 3-11 中，某一项目使用 $Y_1Y_2 = \Delta Y$ 单位的投入物 Y 将导致其价格由 w_1 升至 w_2，上升 Δw。机会成本是 Y_1cdY_2 部分，或者可以近似地表示成 $\bar{w} \cdot \Delta Y$，这里 $\bar{w}$ 是投入物的平均价格=$[(w_1+w_2)/2]$。

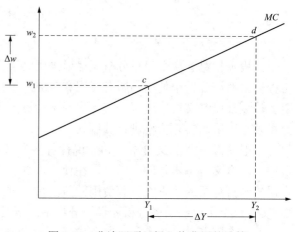

图 3-11 非边际项目投入物费用的计算

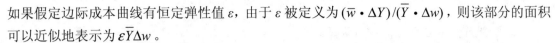

如果假定边际成本曲线有恒定弹性值 ε，由于 ε 被定义为 $(\overline{w} \cdot \Delta Y)/(\overline{Y} \cdot \Delta w)$，则该部分的面积可以近似地表示为 $\varepsilon \overline{Y} \Delta w$。

（四）垄断行业的价格确定

垄断又称独占，是指少数企业或经济组织排他性地控制有关要素和产品市场。垄断的形成可能是由于竞争中的兼并，也可能出于规模经济的要求，还可能因为企业的专利或商标的保护、政府专营或政府限制竞争的法律政策以及运输和流通上的障碍。其中由于规模经济导致的垄断称为自然垄断。

垄断企业的利润最大化目标与整个社会的经济效益最大化目标可能产生冲突。如果垄断企业是价格制定者，将根据边际收益等于边际成本原则来制定其价格，价格高于边际成本，从而导致效率损失（或称为死重损失，dead weight loss）。所以世界各国都对垄断进行限制，如制定反垄断法限制垄断、消除进入竞争的壁垒，对于自然垄断通过法律或行政手段加以干预等。

由于垄断价格存在效率损失，政府一般对垄断企业加以价格管制。从经济福利角度，对于成本递增行业，按平均成本定价是最优的；对于成本递减行业，按边际成本定价是最优的。如果采用边际成本定价，企业存在亏损，此时政府应给予补贴。如果政府不能承受补贴，一般采用次优的平均成本或长期边际成本定价方式。

1. 我国自然垄断行业的价格管制

由于存在着资源稀缺性的规模经济效益、范围经济效益及成本的劣可加性，使提供单一物品和服务的企业或联合起来提供多数物品和服务的企业形成一家公司（垄断）或极少数企业的概率很高，这种由于技术原因或特定的经济原因而形成的垄断，被称为自然垄断。交通运输、邮电通信、电力、煤气、自来水等基础设施产业大都具有自然垄断性质。这些自然性垄断行业都具有以下技术经济特征：

（1）网络性。自然垄断行业所提供的产品和服务必须通过网络系统才能传递到最终用户。例如，电力、煤气、自来水、电信、铁路等行业均建有自己的网络，因此都属于网络性产业。

（2）规模经济和范围经济效应非常显著。平均成本和边际成本随产量增加而大幅度降低，使得在既定的市场需求下，一家厂商足以提供和满足大部分甚至全部市场需求。

（3）有大量的沉没成本。由于资产的专用性，资本一旦投入自然垄断行业就难以收回，也难以改作其他用途。

（4）公益性。自然垄断行业一般带有公益性，为社会公众提供基本的服务，事关社会公共利益，政府对其给予特别的关注。

我国对自然性垄断行业采用价格管制方式，主要采用法定价格、地方政府定价、行业指导、核准价格等方式进行管理，目前普遍使用"成本加成定价法"，即以被规制企业上报的成本和其主管部门提出的调价方案为依据，加上一定的利润作为企业产品或服务的价格。实施"成本加成定价法"存在极大的弊端，一是由于政府对价格的控制，企业投资回报率往往较低（事实上，政府在制定价格时常常没有考虑投资成本而只考虑生产经营成本），甚至需要政府补贴，从而影响企业通过自我扩张提高基础设施服务的供应能力；二是由于按企业实际成本定价，致使企业生产经营成本居高不下（存在所谓"成本黑洞"），即使在成本的基础上加上较低的利润率，仍然会使最终消费价格高于正常水平。这种定价方法难以反映产品真正的经济价值。

2. 垄断行业项目经济价格的估算

自然垄断项目一般是在受限的市场环境下运作的，受到政府的价格管制，不能将市场价格直接用于经济分析。此外，公用基础设施项目由于具有网络性的特点，应该从整个网络效益和费用增加的角度来测算项目的效益和费用增量，主要采用消费者支付意愿法、成本节省法和替代市场法等方法。

（1）供水。中国是人口众多、水资源绝对数量较高而相对数量较低的缺水国家，已被列为全世界 13 个贫水国之一。我国城市自来水价一般有水资源费、提供原水的工程水价、自来水加工水价和污水处理费 4 个组成部分。其中，水资源费的确定过低，不能真正反映水资源的经济价值。自来水的经济价值应区分不同情况予以确定：

1）如果城市不存在缺水现象，新建项目的需水量可以由现有水系统予以满足时，此时水的经济价格以原子系统的边际可变费用计算，包括由于增加供水而导致的管理人员开支、电费等成本的上升值。

2）缺水城市按工程型缺水、水质型缺水及资源型缺水三种类型分别计算：工程型缺水城市以所规划的新建供水工程的单位水量年折算费用调整工程水价；水质型缺水城市可关注对污水处理费的合理估算；资源型缺水城市可关注对水资源费的合理估算。可分别采用机会成本法、缺水损失法、分摊系数法进行估算。机会成本法：满足地区用水需求，一般可有若干个可供选择的工程方案和替代措施。次优方案的年折算费用即为水的经济价值估算值。缺水损失法：由于修建或扩建供水工程因而减免了本地区曾因缺少供水而遭受的净损失值。分摊系数法：由于修建或扩建供水工程因而增加供水量相应增加了净产值，这部分增加的净产值系供水及其他生产要素共同做出的贡献，故推算供水效益时，须对增加的净产值，乘以供水效益分摊系数，由此估算其经济价值。

（2）电力。电力作为项目投入物，可根据不同情况进行计算：①如果城市不存在缺电现象，新建项目的需电量可以由现有电力系统予以满足时，此时电力经济价值以原子系统的边际可变费用计算，包括由于增加供电而导致的管理人员开支等成本的上升值；②如果项目所需的电力需要通过投资扩大现有电力系统才能满足需求，那么此时电力的经济价格即边际经济费用中要包括资本投资；③如果项目所需的电力只能通过挤占其他用户的用电量才能得到，那么此时电力的经济价格可以以其他用户因缺电而导致的工业瘫痪等所引发的成本来计算。

（3）通信。通信服务的经济价格可以通过下列方法进行估算：①意愿调查评估法，直接询问用户愿意为初次或改进后的服务支付的价格；②确定使用电话代替出行等成本节省，估计成本节省的价值；③确定用户和潜在用户愿意为得到服务支付的费用；④采用两部制定价，收取固定的用户费以回收部分固定成本，加以按边际可变成本估算的使用费。如果通信服务区域用户愿意为得到服务支付的费用低于资费水平，则显示资费水平过高，影响需求量，从而降低经济效益。

第四章

劳动力经济价值的计算

在投资项目的经济分析中，需要对项目占用的各种资源的经济价值进行估算。由于市场失灵和政府干涉的存在，使得资源的价值与市场价格可能存在差异。如果项目占用劳动力的经济价值较低，在项目评价中，有利于选择大量使用劳动力的劳动密集型项目，反之则有利于选择劳动力较少的技术或资金密集型项目。本章阐述项目占用劳动力经济价值测算的理论基础及计算方法，提出适合我国国情的劳动力占用经济价值计算方法。

第一节　劳动力经济价值及其理论分析

一、劳动力占用的经济价值

（一）劳动力经济价值的构成

劳动力作为一种资源，项目使用了劳动力，社会要为此付出代价，经济分析中用"劳动力占用的经济价值"来表示这种代价，是指工程项目所占用的劳动力在没有该项目的情况下，从事其他工作可能创造的经济价值，需要计算劳动力为本项目提供劳务而付出的机会成本代价。

劳动力占用的经济价值与财务评价中的工资是两个不同的概念，财务评价中的工资包括职工工资、福利费及其他工资性费用，一般称为名义工资。劳动力占用的经济价值包括项目占用劳动力的机会成本和因劳动力转移而增加的资源消耗。前者指项目占用劳动力如果不用于所评价的项目而在其他生产经营活动中所能创造的最大效益。这种效益与劳动力的技术熟练程度和供求状况（过剩与稀缺程度）有关。对于技术熟练程度要求较高的稀缺性劳动力，其机会成本相对较高，反之则机会成本较低。劳动力的机会成本是项目占用劳动力的经济价值的主要组成部分。劳动力转移的新增资源消耗，是指劳动力由原来的岗位转移到项目中要发生的迁移费用，增加的城市交通基础设施等有关投资和费用，而这种费用与劳动者生活水平的提高无关，在分析中可根据劳动力就业的转移成本进行测算。

劳动力市场有时以需求价格与供给价格即工资率之间存在扭曲为特征。例如，非自愿失业的存在将引起需求价格（支付的工资率）和供给价格（失业工人愿意工作所索取的最低工资率）之间的差异。尤其是在欠发达国家，支付给城市工人的工资率也许高于涌向城市寻找工作的农村劳动力所索取的工资率。这些扭曲现象的存在，表明在工程项目经济分析中有必要对劳动力的经济价值进行重新估算。

项目所需的新增劳动力，主要来源于三个方面：①先前以市场工资率受雇于别处的劳动力；②非自愿失业的劳动力；③自愿失业的劳动力。劳动力的经济价值应该是根据这三个来源而确定的加权平均数，权数是每一来源所占的比例。就受雇于别处的劳动力而言，反映其放弃先前就业的机会成本的工资率，应为支付税金之后的工资率。对于自愿失业的劳动力而言，机会成本应为税后净工资额，因为这反映了他们为了使自身（即边际劳动力）就业所必须支付的金额。对于非自愿失业的劳动力，其供给价格的计算相对比较复杂，因为缺乏能够反映他们为了工作放弃休闲而愿意接受的最低报酬的市场价格信息，这个价格应该低于税后净工资，因为他们属于非自愿失业，表明他们愿意为更低的工资金额而工作。另外，其愿意接受的工资水平应该大于零，因为他们对于自己所愿意放弃的闲暇时间应该赋予正值。在缺少必要信息的情况下，难以得知非自愿失业劳动力的供给价格。在实践中，应在零和税后净工资率之间进行取值。

闲暇时间的价值会受到非自愿失业人员可能获得的转移支付的影响，如可能获得的失业保险或社会福利等。如果闲暇有一个正的收入需求弹性，则收到这些转移支付的结果便是闲暇时间的机会成本增加。然而，所收到的转移支付金额并不能反映闲暇时间的机会成本，因为后者是无法予以观察的。

（二）劳动力经济价值的测算

传统的经济费用效益分析理论认为，发展中国家往往存在非常严重的失业问题，且存在严重的劳动力二元结构特征，在工程项目的经济分析中应该对影子工资率进行单独测算。一般将发展中国家劳动力市场描述为一个二元或细分的市场，包括低工资的农业农村部门和高工资并伴随严重失业的城市工业部门。通常假定在城市部门进行的项目从农村抽出其所需的工人。而在农村，这些工人的产出十分低下，甚至可能为零。在一般文献中，计算影子价格的方法是假定所产生的新工作将由一个来自农村的新移民来承担，而机会成本则是其在农村从事农业劳动的所得，结果便是影子工资率明显低于城市市场工资，从而对新工作的产生有一个明显的刺激作用。

哈伯格（Harberger，1971）和哈里斯与托达罗（Harris and Todaro，1970）等经济学家则对影子工资的计算提出另一种观点，他们认为前述通过劳动力的转移来分类计算劳动力的经济价值根本不具有现实可行性，尤其是一个在城市各部门存在工资差别和失业问题的经济体系中，将劳动力迁移看作是有效平衡劳动力供求手段的观点，并不能找到充分的依据来证明城市部门所产生的新工作，一定是由农村吸引而来的移民所获得。他们认为，应该将发展中国家存在的工资差别和城市失业视为一种均衡的结果，劳动力只愿意定居于其预期收入最高的地方。在农村，由于充分就业的存在，预期收入仅恰好等于当地的工资率 m。在城市，预期收入为 πw，其中 π 是获取一份工作的概率，w 是城市工资。假设所有工作机会的获取都具有随机性，即 π 等于工作总量与城市劳动力能够提供的工作总量之比。当均衡出现时，这两类地区的预期收入相同，即 $m=\pi w$。现在，假定城市部门出现了一份新的工作，而且这一工作机会的获取也是随机的。如果 w 和 m 给定，根据劳动力迁移的均衡条件，得到某一工作的概率应还原为这个工作产生时的最初价值 π。为达到这一条件，$1/\pi$（>1）个劳动力将从农村迁移到城市部门，获取城市工作岗位的机会成本便是迁移劳动力所放弃的在农村的产出，即 m/π，根据劳动力迁移的均衡条件，其数值应恰恰等于 w，即影子价格等于城市工资。因此，在工程项目的经济分析中，不需要通过计算影子工资来对劳动力工资进行调整。

二、劳动力经济价值的理论分析

（一）马克思主义经济学理论对劳动力价值的理论分析

马克思主义经济学理论认为，劳动力的价值像其他各种商品价值一样，是由生产及再生产这种特别物品所需要的社会必要劳动时间所决定。生产劳动力所必要的劳动时间，可以还原为生产劳动力所需生活资料的必要劳动时间。或者说，劳动力的价值，就是维持劳动力所有者所必要的生活资料的价值。劳动力价值由三项内容加总而成：①为维持劳动力生存所必需的生活资料价值；②为维持劳动者家属所必需的生活资料价值，以便有新的劳动力来补充因病、残、老、死而退出市场的劳动力；③劳动者学习专门的劳动技能所需要的教育或训练费用。

马克思主义经济学理论关于劳动力价值构成项中的第一部分，是指劳动者为了明天能够在同样的精力和健康条件下重复同样的过程而所必需的生活资料，否则生产将无法继续。第二部分则说明，人和机器一样，免不了要受到损坏，所以必须用另一个人来代替他。劳动者除了维持其自身生活所必需的一定量生活资料以外，还需要有一定量的生活资料来养育子女，因为他们将在劳动市场上实现替代，并实现劳动力种族的延续。因损耗和死亡而退出市场的劳动力至少要不断有同样数目的新增劳动力来补充。因此，生产劳动力所必需的生活资料，还要包括劳动力的补充者即子女的生活资料。第三部分表明，要改变劳动者的素质，使其获得一定的劳动技能和技巧，成为成熟的和专门的劳动力，就要接受一定的教育和训练。劳动力的教育费用随着劳动力性质的复杂程度而不同。因此，这种教育费（对于普通劳动力而言微乎其微）应包括在生产劳动力所消耗的价值总和之中。

因此，对于劳动力价值构成的三个部分，马克思主义经济学理论从生活资料的使用期限即补充时间的长短入手，给出了"劳动力日均价值"的计算公式：

$$劳动力日均价值=（365A+52B+4C+其他）/365 \qquad (4-1)$$

式中　A、B、C——分别代表生产劳动力每天、每周、每季度所需要的商品量，这里理解成这些商品量所代表的价值。

（二）生产要素价值论对劳动力价值的理论分析

生产要素价值论认为，劳动力作为一种特殊的生产要素，与其他可买卖的商品一样，有其自然价格和市场价格。而劳动的自然价格取决于供养劳动者及其家庭所必需的食品、生活必需品和便利设施的价格。由于社会经济文化发展水平、社会道德、生活习惯和自然条件的不同，维持劳动者所必需的生活资料范围和数量也会存在不同，并形成不同的劳动力自然价格。但在一段时期内，劳动力的自然价格应该是一个稳定的值。劳动力的市场价格则是按照市场供求均衡而形成的实际支付价格。和其他商品价格一样，劳动力稀缺时，价格昂贵；劳动力充足时，价格就会便宜。

在完全竞争的市场条件下，为了实现最大限度的利润，厂商将会把产量调整到其边际成本 MC 等于边际收益 MR 的水平。又因为在完全竞争的市场条件下，产品的边际收益等于既定不变的销售价格 P，所以实现利润最大化的产量应为 $MC=MR=P$。此时，厂商需要做的是确定应该雇佣多少劳动力，以便产品的销售价值与总成本之差达到最大，即利润总量达到最大。因此，只有当厂商通过调整可变要素（劳动力等）的投入量，把雇佣的劳动力总量的最后1个单位带来的收益（边际产品价值 VMP）恰好等于增加雇佣的最后那个单位劳动所付出的工资，即 $VMP=MFC$（边际要素成本）$=W$ 时，利润总量达到最大。因此，在生产要素价值论中，劳动力占用的经济价值可由劳动力投入的边际产品价值来表示。

劳动力市场分割理论领域的大多数学者认为，劳动力市场分为主要市场和次要市场，两个市场彼此分割。主要劳动力市场的工作提供的是相对较高的工资率、较为稳定的就业、良好的工作环境以及进一步的发展机会；次要劳动力市场的工作则只能提供较低的工资率、不稳定的就业以及较差的工作条件，并且缺乏职业发展的机会。对于主要劳动力市场，以及次要劳动力市场，在充分就业时可以认为市场工资基本上反映了劳动力在其他用途中的边际产品价值。然而在许多发展中国家或地区，次要劳动力市场中失业和就业不充分是经常的现象，使得劳动力市场的需求价格和供给价格之间存在着扭曲，市场工资不能真实反映劳动力的机会成本。劳动力供给相对过剩条件下的劳动力市场均衡如图 4-1 所示。

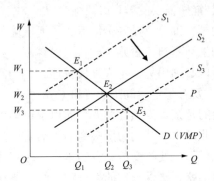

图 4-1 　劳动力供给相对过剩条件下的
劳动力市场均衡

图 4-1 中，横轴 Q 表示劳动力就业数量，纵轴 W 表示实际工资率。S 是劳动力供给曲线，D 是劳动力需求曲线，P 是劳动力自然价格曲线。在完全竞争劳动力市场下，劳动力的市场需求曲线就是所有企业的边际产品价值曲线（VMP），在劳动力供求基本平衡的条件下，假定劳动力供给曲线为 S_1，劳动力需求曲线为 D，这时市场的均衡点为 E_1，均衡工资率和均衡劳动者数量分别为 W_1 和 Q_1，而 W_1 就是边际产品价值的货币表现。然而，由于劳动力市场存在地区分隔，使得各个地区的熟练劳动力只是形成局部的竞争市场，不同地区相同职业部门的熟练劳动力的市场工资各不相同。假设有 A、B 两个地区，未形成统一劳动力市场前，其熟练劳动力市场的均衡工资分别为 W_1 和 W_3，就业数量分别为 Q_1 和 Q_3。当统一的劳动力市场形成时，劳动力可自由流动且转移成本（各城市设置的就业"壁垒"而产生的劳动力转移成本）较低时，B 地区的劳动力会转向 A 地区，此时 A 地区的市场工资会下降，B 地区的市场工资会上升，直至 A、B 两地市场工资相等，劳动力不再发生转移，此时熟练劳动力市场达到平衡。因此，局部的熟练劳动力市场工资不能正确反映劳动力的机会成本。

另外，对于农村劳动力的供给而言，由于存在长期过剩，农村劳动力供给曲线会一直向右下方移动。因此，有人认为来自农村的劳动力占用的经济价值应为零，因为其并未由于新增工作而减少边际产出。例如，我国外出务工的农民工以青年民工为主体，而且一部分是因为荒废农田而外出务工的人员。由于转移成本（住房、交通费用等）的存在，其放弃的边际产出以及社会为劳动力转移提供条件而损失的价值肯定大于零且应在劳动力自然价格上下波动直至平衡。这是因为当 S_1 下降至 S_2 时，劳动力的市场均衡工资率 W_2 应该等于劳动力的自然价格，劳动者能获得维持基本生活所需的生活资料。但当供给曲线移至 S_3 时，均衡工资 W_3 低于劳动力的自然价格，劳动者维持基本生活所必需的生活资料无法得到保障，此时，从农村转移来的劳动力将返回农村，供给曲线将向左上方移动，移至 S_2。最终劳动力的市场价格不会超过其自然价格，而又由于次级劳动力市场属于买方垄断市场，市场价格甚至会低于劳动力的自然价格。在此情况下，$W_2 < W_1$（边际产品价值），市场价格无法真实地反映劳动力的机会成本（边际产品价值）。

第二节　劳动力经济价值的测算方法

一、国外劳动力经济价值的测算方法

（一）20 世纪 70 年代为发展中国家建议的测算方法

在工程项目经济分析中，对劳动力占用的经济价值的衡量和计算主要有以下两种方法：

一是 UNIDO 法，要求计算影子工资；二是 L-M 法，建议使用影子工资率（SWR）。

1. UNIDO 法

在 UNIDO 法中，称项目占用劳动力的经济价值为影子工资。在计算并决定劳动力影子价格时，需要考虑三项因素：①直接机会成本；②间接机会成本；③收入再分配。

（1）直接机会成本，是指劳动力因获得一个新增就业机会而被迫放弃的边际产品的社会价值。其衡量从概念上看比较容易理解，但是实际测算非常困难。因为要衡量所放弃的边际产品的社会价值这个参数，就必须对私人劳动边际生产率做出估计，这将是一项艰巨的任务。

（2）间接机会成本，是指因扩大就业而增加消费，使得储蓄和投资减少而带来的费用。

（3）收入再分配。除了考虑累计总消费之外，还必须对不同收入主体的消费赋予不同的价值权重。一般说来，在考虑再分配的影响因素时，认为厂商的消费在边际上并不比累积总消费的价值高，工人的消费并不比累积总消费的价值低。

2. L-M 法

L-M 法要求计算劳动力的影子工资率（SWR）。按照机会成本原则，如果项目使用了原来失业或待业工人就业，从劳动力资源配置的角度来看，这种投入没有降低原有产出，因此可视其社会边际成本为零，而不论其实际付了多少工资。除此之外，一般情况下，劳动力的转移都会影响原来社会其他部门（即流出部门）的产出。因此，应该估算原来劳动力的边际产出作为劳动力边际社会成本（MSC）的一部分，这就是劳动力的直接社会成本。

L-M 法中，一般把劳动力投入都看作非外贸货物，其影子工资率 SWR 的估算，也就要遵循关于非外贸货物计算价格的计算原则，即根据劳动力边际社会成本（MSC）进行计算。由于劳动力本身的特点，劳动力边际社会成本所包含的内容迥异，从而使 SWR 的计算非常困难。L-M 法着重考虑熟练工人和非熟练工人两种情况下的 SWR。

（1）熟练劳动力的边际社会成本。由三个部分构成：①教育费用；②由于就业可增加的消费支出；③由于后续培训而造成的生产损失。教育费用的衡量取决于由谁来支付。如果由国家支付，则全部构成成本；如果由私人支付，则部分构成成本，因为它可能是由于减少消费或压缩其他方面投资而形成的。第二个成本部分需要考虑消费权重，因为不同的收入阶层由于就业而增加的消费的价值不同。第三个成本部分往往数额很小，其估计也很粗略。

许多发展中国家可能缺乏熟练劳动力。这时，劳动力的计算价格最好采用边际社会效益（MSB）进行衡量，或者采用雇用者愿意支付给有关熟练劳动力的价格来衡量。总之，对于熟练劳动力，L-M 法认为，应该以其总工资乘以通用转换系数作为项目占用劳动力的计算价格。

（2）非熟练劳动力的 SWR。对于非熟练劳动力 SWR 的估算，原则上要区分不同情况，如城镇劳动力与农村劳动力，城市大型企业劳动力与中小企业劳动力，农村中纯农业劳动生产者与农村工业行业劳动力等。L-M 法主要讨论城市大型企业中非熟练劳动力影子工资率的计算原则，包括三个部分内容：①劳动力的边际生产率；②由于增加就业所增加的纯社会支出，如乡村转移到城镇的迁移费等；③由于增加就业所增加的费用。

（二）有关国际组织对劳动力经济价值的测算

1. 亚洲开发银行对影子工资的计算

亚行（ADB，1997）认为在项目中对劳动力的需求可分为稀缺劳动力和剩余劳动力两大类。根据劳动力的稀缺程度可把工人分为熟练工人、半熟练工人和非熟练工人三类。

（1）熟练工人。在发展中国家，熟练工人通常是供不应求的。因此，项目发生地区的主要市场工资可看作为相应的劳动力供给价格，其他福利如住房公积金等也应计算在内。当引进国外劳动力时，经济成本包括其在当地以经济价格消费的消费量加上由受雇国汇出的汇款以及其他福利和所享受到的待遇的成本，如健康或教育支出。

（2）半熟练工人。对于半熟练工人，如果在非正式的或没有保护的部门就业，其工资不在工资法和工会的有效控制范围之内，需要根据项目所在区域的失业程度，对影子工资率进行估计。正式的受保护部门的工资由于受到最低工资标准、集体协商协议或公司雇佣政策等的影响，通常会高于市场平均工资水平。因此，半熟练劳动力的供给价格可由非正式部门和正式部门工资的加权平均值进行估计，其权重为各部门劳动力所占的比例。

（3）非熟练工人。对于非熟练工人，应该根据一年内有报酬工作天数的非保护工资率来估计其影子工资率。大多数发展中国家的农村和城市失业率和待就业率都很高，其中大多数的待就业人员都是非熟练工人。

由于一个项目通常所雇用的剩余劳动力是从农村地区或农业生产中转移出来的，因此可以根据劳动力转移而引起的生产量损失的价值来估算这部分劳动力的经济价值。如果损失的产量属于贸易货物，可根据边境价格计算其价值。如果是非贸易农产品，若当地市场发育良好，可按照市场需求价格作为劳动力机会成本的估计值。

随着城市范围的扩大和城市贫困人口的增长，许多项目更多地雇佣城市劳动力而不是农村劳动力。城市的剩余劳动力通过参与非正式商业活动来维持生活。这些非正式活动的产出通常为非贸易品，只在国内市场出售。城市正式部门的年收入估计值可以用来计算项目雇用城市劳动力的机会成本。在确定非熟练劳动者的影子工资率时，应考虑城市的非熟练工人可能参加许多非正式活动的情况。在农村，失业者会在家帮农，或在附近的工厂做临时工或在建筑工地工作。在估计影子工资率时，这些选择性活动都应考虑在内。

2. 欧盟对影子工资的计算方法

欧盟学者 Massimo Florio（2006）将项目所用的劳动力分为熟练劳动力与非熟练劳动力两种。对于熟练劳动力，项目地区的市场工资可视为其影子工资的估计值。对于非熟练劳动力，分为农村劳动力和失业人员两种情况进行计算。

（1）农村劳动力。首先，需要知道每人在农村非正式部门劳动所获得的日收入（m）和平均工作天数（n）。然后，必须估算由于工人转移至项目所引起的额外成本，包括迁移费用、招聘和培训费用、重新安置费用以及为防止工人转出所支付的额外成本等。接着，需要估算损失的产出的转换系数（c）。如果农产品价格没有存在扭曲，那么转换系数为 1（国内价格与边境价格之比）。然而，欧盟的共同农业政策（common agricultural policy，CAP）指出，欧盟农产品可以享受政府补助，因此通常国内价格要高于欧盟的边境价格，表明转换系数应小于 1。最后，要考虑重新安置成本（z）的转换系数（d）。这样，每人每年的影子工资为：

$$SWR = mnc + zd \tag{4-2}$$

（2）失业人员。在二元经济结构中，对于失业者来说，其先前的产出为零，因为他不从事任何活动，但可能由于其他社会成本的存在，其转换系数会大于零。在均衡或类似均衡的当地市场中，影子工资与市场工资并没有差异，转换系数也是统一的，同样要考虑其机会成本。

（三）有关国家对劳动力经济价值的计算

由于项目占用劳动力的经济价值受到技能、当地情况及劳动者个人因素的影响，不同国家对劳动力经济价值的实际计算方法各不相同。西方市场经济国家普遍认为，对于项目占用熟练劳动力的经济价值可用市场工资来反映。英国财政部（HM Treasury，HMT，2003）认为，影子工资就等于市场工资。加拿大财政委员会秘书处（Treasury Board of Canada Secretariat，TBS，1998）确定，影子工资等于95%的市场工资。在以色列，J. P. Clinch 和 J. D. Healy（2001）指出，项目使用失业人员的影子工资为零，对于充分就业或近似充分就业（失业率为 5%）的情况下，熟练劳动力，特别是在熟练劳动力缺少的情况下，其影子工资不应低于市场工资。

1. 澳大利亚对影子工资的计算

在澳大利亚，认为先前的劳动产量价值是估计劳动力影子价格的主要依据。L-M 法指出，如果在缺少足够信息的情况下，以前工作所获得的工资可作为劳动力边际产品价值的首选近似值。在此基础上，Iraj Saleh（2004）提出一个基于劳动力职业转移率进行影子工资估算的模型。该模型所需要的数据包括澳大利亚统计局发布的劳动力迁移调查以及员工收入和工作时间等数据，这些数据代表了员工的平均税前收入。

在所提供的劳动力转移数据中，工作转换率以年来计算。因此以年为基础计算的工作转移率是计算劳动边际产品或沉没产出的基础。

由于统计数据中没有任何先前工作的工资数据，因此以各主要职业种类及失业群体之间的劳动力转移概率为基础对先前工资进行估算。根据澳大利亚统计局提供的有关劳动力转移的数据，可以计算每个职业种类的转移概率。根据这些概率以及各个职业种类在职员工所获得的平均工资，可计算劳动者以前所从事职业的平均工资。

各主要职业部门的工作转换率（P_i）=过去一年在其他部门工作或失业的总人数/今年从事 i 职业的总人数 　　　　　　　　（4-3）

根据工作转换平均概率和各主要职业部门和失业人员的平均收入可估计先前工作的工资。澳大利亚主要职业部门影子工资转换系数估计值见表4-1。

表4-1　　　　　　　　　　澳大利亚主要职业部门影子工资转换系数估计值

主要职业部门	影子工资率估计值（澳大利亚元/周）	市场工资率（澳大利亚元/周）	转换系数
经理和行政人员	1379.7	1418.5	0.97
专业人员	845.6	880.5	0.96
专业助理	818	854.2	0.96
商人和相关工作者	691.9	722.26	0.96
高级职员和服务人员	595.7	618.3	0.96
中级职员、销售人员和服务人员	702.3	544.7	1.29
中级生产和运输人员	702.3	747.5	0.94
初级支援、销售人员和服务人员	368.5	366.2	1.01
劳动者和相关人员	482.6	508.9	0.95

2. 菲律宾对非熟练劳动力影子工资率的计算

Erlinda M. Medalla 和 John H. Power（1984）给出菲律宾关于非熟练劳动力影子价格或影子工资率计算公式如下：

$$SWR = \alpha z \frac{L}{N} + (w-z)B(S-S_w)(SPS-d) - (w-z)B(1-S)(d-1) \qquad (4\text{-}4)$$

式中　α——农产品的转换系数；

$\quad\quad z$——农业劳动力边际产量；

$\quad\quad \dfrac{L}{N}$——城市劳动力的就业率；

$\quad\quad w$——项目的工资率；

$\quad\quad B$——$\dfrac{OER}{SER}$；

$\quad\quad S$——平均储蓄率；

$\quad\quad S_w$——工人的储蓄率；

$\quad\quad SPS$——储蓄影子价格；

$\quad\quad d$——收入分配权重。

公式的前一项表示项目雇佣非熟练劳动力的机会成本；对于城市部门所创造的每一个（相对持久的）工作，在给定农村城市的工资差异的情况下，迁移理论认为农村迁入城市的劳动力会渐渐减少，直到重新达到另一失业率的平衡状态。有 L/N 的工人将会从农村部门迁出，因此所放弃的产出为 $Z\dfrac{L}{N}$。在此基础上需乘上转换系数转换成边际价格。转化系数应是相对应的农产品产出的转换系数。后两项表示项目雇佣农村劳动力所产生的非直接的成本或他们增加的消费成本。在计算劳动力的间接成本时，假设工人收入的增加（$w-z$）是以其他人收入的减少为代价，并通过税收等手段进行再分配。公式中，影子汇率转换系数（B）是官方汇率（OER）与市场汇率（SER）的比值。

二、我国劳动力经济价值的测算

（一）我国劳动力市场状况

刘易斯的二元经济结构理论认为，发展中国家存在现代工业与传统农业两大截然不同的物质生产部门，一个是城市现代工业部门，集中了大量资本，具有较高的劳动生产率；另一个是传统的乡村农业部门，采用传统生产方式，缺少资本，劳动生产率极其低下，存在着大量的隐蔽失业，农民仅能维持最低的生活水平，但拥有大量的剩余劳动力。传统农业部门由于人口众多，自然资源相对短缺，农村剩余劳动力边际生产率等于零，因此存在着劳动力的无限供给，只要工业部门需要，就可从农业部门中得到无限的劳动力。在这种二元经济结构中，城市工业部门生产规模会不断扩大，从而吸收更多的农村剩余劳动力。农业部门剩余劳动力外出就业，农业产量不会减少。

我国由于存在户籍管理、就业制度、社会保障和教育培训等制度性原因，使得劳动就业市场公平竞争受到一定限制，形成了部门、地区等多重分隔的格局，特别是正式劳动力市场与从属劳动力市场的分隔❶。

正式劳动力市场是指可以获得现代雇佣条件的劳动力市场，在这个市场上，劳动力不仅

---

❶ 李建民在《中国劳动力市场多重分隔及其对劳动力供求的影响》一文中认为，我国劳动力市场形成了多重分隔格局：城乡分隔、地区分隔、劳动力部门分隔及正式劳动力市场与从属劳动力市场的分隔。

可以获得较为合理的工资，而且可以获得包括社会保障在内的福利（休假、培训、晋升等），该市场主要存在于城市正规部门的国有、集体以及建立现代企业制度的公司。从属市场是指工资水平很低，没有社会保障，劳动者权益难以得到保护的市场。正规劳动力市场与从属劳动力市场的主要区别在于前者工资水平高，工作相对稳定，是长期合约的市场，后者是短期合约的市场，工资水平低，如企业雇用的临时工、非正规的保姆市场等；前者是受劳动保障保护的市场，后者是缺乏劳动保障保护的市场；前者进入的门槛较高，需要有一定的技能和教育背景，后者则门槛较低，不需要特别的技能，短期培训即可胜任。正式劳动力市场与从属劳动力市场的分隔存在于各个城市地区的劳动部门中，当农村劳动力转向城市时，由于缺乏相应的知识背景和技能，只能进入城市的从属劳动力市场。近年来，各地区普遍出现招工难，农村剩余劳动力的储备出现不足，因此可以认为，从属劳动力市场基本处于充分竞争状态。对于正规劳动力市场而言，当中小城市正规劳动力市场的劳动力想要转移至大城市的正规劳动力部门时，由于各大城市对于外来劳动力都存在着不同的就业"壁垒"，如就业的额外要求（英语、计算机）以及社会保障体制的不完善等，转移成本相对较高，抑制了劳动力的流动性，无法形成一个统一的劳动力市场。随着我国经济的发展，在各个地区的局部正规劳动力市场中，对于具有一定技术以及高知识背景的熟练劳动力的需求旺盛，因此熟练劳动力可认为是充分就业的，是属于近似完全竞争的劳动力市场。

（二）我国劳动力经济价值的测算

在项目评价实践中，项目占用劳动力的费用占项目总费用的比例都很小，对劳动力经济价值估算出现误差，对评价结果不会产生明显影响。研究国际组织和外国政府关于劳动力经济价值的调整计算方法可以看出，西方国家经济学家针对发展中国家劳动力市场的可能特点所提出的劳动力影子工资的计算公式和模型非常复杂，但在项目评价实际工作中没有太大的应用价值。鉴于我国劳动力市场机制已经基本形成，2020 年我国出台的《中共中央 国务院关于构建更加完善的要素市场化配置体制机制的意见》再次明确提出，劳动力与土地、资本、技术、数据等生产要素的配置由市场决定，有序流动，劳动力工资水平基本上是市场竞争的结果，西方国家经济学家对发展中国家劳动力市场状况的判断，在我国已经不再适用。结合我国劳动力市场的实际情况，以及劳动力费用占项目总费用比例很低的实际情况，认为在我国工程项目经济分析实践中，没有必要再单独测算影子工资或影子工资率，可直接按照市场工资来计算劳动力的经济价值。

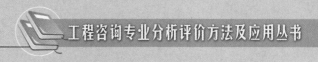

第五章

生命及健康经济价值的计算

工程项目经济分析会涉及卫生、安全以及环境保护等项目，其经济价值会体现为对人的生命及健康的保障，包括降低环境危害、保证安全生产、减少人员伤亡和职业病发生，需要对生命及健康的经济价值进行分析评价，以便纳入工程项目经济费用效益分析的整体框架，得出项目是否经济可行的评价结论。生命及健康经济价值的识别和计算，是工程项目经济分析评价的重要内容，并将越来越受到重视。

第一节 生命经济价值的理论阐释

一、生命经济价值的含义

一些工程建设项目会直接引起人口生命或健康状况的变化，如公共卫生项目可能改善人们的健康状况，交通运输项目可能减少交通事故造成的死亡及人身伤害的发生，从而涉及在工程项目的经济评价时，如何对人的生命或健康价值进行经济估值，计算其货币价值（value for money）的问题。

从理论上，对人的生命和健康状况的经济价值进行货币量化分析，所遵循的原理基本相同。因此，这里仅阐述如何计算人的生命的经济价值，其基本思路就是从人的存活可能对社会产生的利益的角度进行评价，分析死亡发生所带来的经济损失，或社会成员为减少其死亡而愿意支付的价格，或那些受到死亡增加的影响而愿意接受的补偿价格。因此，这类货币量化计算的基本原理与工程项目的其他经济费用和效益的计算没有本质区别。

（一）减少人口死亡可能带来的效益

1. 由有形损害减少而引起的资源节约

有形损害包括诸如对机动车、公路等的损害，同时也包括所发生的医疗和丧葬费用的支出。为了对这些节约的价值进行估值，需要预测拟建项目能够实现的未来因有形损害减少而引起的资源变动数量。

2. 人员死亡需要付出的社会成本

人员死亡需要付出的社会成本是指该人如果能够继续存活下去，能够为社会带来的净贡献，表现为该人未来带来的产出减去其未来消费的净值。这个净值可能是正值，也可能为负值。如果因为拟建项目的实施降低了人口死亡的可能性，则该项目的经济价值之一便是由于死亡减少而增加的有效净产出。由于年龄、受教育程度、个人素质等方面的差异，不同的人对社会的价值各不相同。因而，要估算该种效益，需要分别确定拟建项目减少死亡人员的具体类型。

3. 降低社会成员死亡风险

就理论分析而言，拟建项目降低人口死亡的可能性，实际上是使项目影响地区的所有社会成员都感受到了死亡风险的降低，这可能是拟建项目为相关利益群体带来的一项益处。对于降低社会成员死亡可能性的风险，其价值体现为所有个体为减少死亡风险而愿意支付的最大货币量。也就是说，死亡风险增加的成本是个人担负该类风险所能愿意接受的最小货币量，相关效益可以采用愿付价格或补偿意愿价格进行调查估算。这个货币量所估算出的数值可能会很大。试设想我们去问一个人，他愿意接受多少钱才能抵消他失去性命的成本，这个货币量的希望值可能会很大，甚至很可能趋于无限。如果我们通过向那些将要失去生命的人们询问此问题来估算某一项目中人口损失的价值，那么这一项目将永远无法实现。然而，对于大多数项目而言，我们无法事先明确界定哪些社会个体为可能丧失生命的人，我们能够做到的至多是预测不同的人失去生命的概率。事实通常就是这样，由某一项目而引起的预期死亡的机会成本，是所有受其影响的人们为了接受由该项目带来的失去生命风险时愿意接受的补偿货币金额。当这个概率很低时，其估算金额可能较低，而且规模也易于掌握。所以，对于可能引起某种死亡，且仅能预测这一死亡的概率分布的项目，可能无可非议地被实施；而对于具有同样死亡可能性的项目，如果事先已经能够明确哪些人会身受其害，却反而不太可能被实施。因此，有学者认为不应该对失去生命发生的概率进行事前估计，而是应该重视事后死亡统计，并且不必关心究竟是谁死亡。这种观点可能对生命赋予更高的价值。在现实层面，对失去生命价值的货币量化估算，一直面临社会、宗教、伦理等不同层面的质疑，表明对生命的经济价值进行货币量化所存在的局限性。

4. 减少亲友的负担

一个人的死亡，通常会对其亲朋好友带来心理负担与成本。因此，当拟建项目可以导致人员死亡的可能性降低时，会因降低亲友负担而使社会受益。项目产生的这类经济价值显然难以估算，同时也没有令人满意的方法进行估算，因此在项目评价实践中通常可予以忽略。

（二）自愿风险和非自愿风险

1. 自愿风险

从原则上说，在对某一项目进行经济费用效益分析时，要避免重复计算丧失生命的机会成本或因生命延续而获得的效益。但在现实中，这些费用或者效益可能早已包含在其他费用或效益的计算之中。当某一项目的使用者在高速公路上驾驶汽车或搭乘飞机时，他们都正在自愿接受可能失去生命的风险。假设我们通过适当的需求价格即在需求曲线下适当的部分，来测量使用者从某一项目的服务中得到的效益，这个需求曲线就代表了使用者在知道会有死亡危险的情况下，为使用该项服务而愿意支付的金额。因此，他们愿意支付的价格中已体现了可能存在的死亡风险代价。因而，在对拟建项目的经济费用进行估算时，应尽量避免进行这种重复计算。以在高速公路上驾车为例，这些风险不仅包括自己驾车可能丧生的风险，而且还包含着被他人驾车所撞的危险。无论何时，当使用者已自愿地估计到其可能面临的风险时，情况便是如此。

2. 非自愿风险

有些项目则可能给非自愿受害者带来死亡的风险，具体事例包括传染病，或是在闹市区发生的交通事故。在这种情况下，在进行项目费用效益分析时，就需要考虑拟建项目增加死亡风险的机会成本，或者减少这种风险所带来的效益。

二、生命经济价值估计的理论基础

（一）生命价值的理论阐释

在处理生命价值这一经济学命题时，习惯上把人作为"经济人"对待，而非"自然人"，并从生命过程中的社会经济关系对其价值进行考察，反映人一生所产生的经济活动规模及其价值，而不是作为自然人本身的经济价值。把人的生命采用货币单位进行量化估值，看起来似乎违背伦理。但是，关于人的生命价值的类似观点却可以在汉穆拉比法典、圣经、古兰经和早期的盎格鲁—撒克逊法里面找到。在人类社会实践中，作为个体的人，时刻都在表现出各种各样的经济价值，如一个人参加社会经济活动会得到经济报酬，一个人受到伤害会得到经济赔偿等。所以，当一个人或社会在比较某项工程因减小对生命或健康的危害所需付出的经济代价，以及在比较把同样的资源用于减小对生命或健康的危害或者用于其他用途而获得某种满足时，在这种情况下对人的经济价值进行估值就是有意义的。这种意义不仅表现为从社会的角度来度量一个人的价值，而且也表现为从个体的角度来比较自身的各种生命经济价值。

从经济学的角度看，有意识地对人的生命价值进行探讨和研究，已经延续了4个多世纪，其渊源可以追溯到古典政治学之父威廉·配第（Petty，1690）的《政治算术》，他运用生产成本法计算出当时英国人口的平均货币价值为80英镑。之后，经济学家威廉·法尔（Farr，1853）对人的生命价值理论发展做出了重要贡献，他于1853年在伦敦《统计学会月刊》上首次提出描述人的生命价值的一系列评估计算公式，将个人未来净收入进行资本量化和采用折现现值来分析计算人的经济价值。人的生命价值理念于1880年被引入人寿保险领域后，保险学家Huebner于1924年将其确定为人寿保险精算的经济基础，并提出人力资本法的概念。但自从Schelling于1968发表著名的《你所挽救的生命也许就是你自己》论文以后，大部分研究者都放弃了人力资本法，转而选择采用支付意愿法。尽管如此，世界银行和世界卫生组织在发展中国家仍然应用人力资本法来计量健康、生命安全等工程效益的货币价值。

1. 人力资本法

从人力资本理论角度，认为生命价值是人在其一生中通过合法手段为自己及其家属所获得的全部收入和财富。这是范围最窄的生命价值概念，主要用于人寿保险学上，保险公司以此为依据，来估算和确定保险金额、保险费、保险期限和保险赔偿金等。如美国保险学家侯百纳教授（S. S. Huebner，1924）认为，生命价值是源于人们的收入能力的资本化货币价值，涉及人们的性格和健康状况、教育程度、培训以及阅历、个性、勤奋、创造力和实现理想的驱动力。与生命价值相对照的是财产价值，主要包括基本的物质材料，诸如土地、建筑物、设备、原材料、顾客信誉以及成品。在这两种类型的价值中，生命价值在一定范围内更为重要，它是所有其他价值的源起而非结果。如果没有生命价值的存在，物质财产价值根本不可能存在。也就是说，这是以一个人为自己所创造的收入或财富的多少为依据，来确定和衡量其价值的大小。一个人为自己所赚取的收入或财富越多，其价值就越大。

人力资本法用于衡量社会中一个人在其生命存续期间可能生产的财富或社会产生一个劳动者需要付出的边际代价。例如，国外常用的"延长生命年"法，指出一个人的生命价值就是他每延长生命一年所能生产的经济价值之和。例如一个6岁孩子的生命价值，就要看他的家庭经济水平、他的功课状况，预期他将接受多少教育及可能从事哪一职业。假设他22岁时将成为一名工程师，年薪15万元人民币，由此可用折现率计算他预计60岁退休的生命经济价值。人力资本法对生命价值解释的主要不足之处在于，它仅考虑了一个人一生为自己所创造的价值，而未考虑一个人一生为社会创造的价值。另外，一种更合理的解释认为，生命价值是指一个人一生为自己和社会所创造的全部收入和财富，也就是一个人的自我价值与社会价值之和。

2. 支付意愿法

从支付意愿（willingness to pay）的角度看，生命经济价值是社会和个人为得到更长的生命而愿意支付的价格。生命价值是个人对健康和安全做出含蓄的或者明确的个体选择，也是社会对那些影响生命期望值的税收和支出的项目做出集体和公共的选择，并由此形成了个体选择的环境。个人选择的结论表明，提供公共决策以及基于专家意见的公共政策是为了提高个人决策的质量。生命价值通常是指个体为其生存概率的改变而愿意支付的金钱的数量。这个定义之所以典型，是因为不论个人在生活中，或者是政府在制定公共政策时，都会面对这样的选择。对于从支付意愿的角度对生命价值含义的理解，还有一种是从统计生命价值（value of statistical life，VOSL）的角度。假设有一个包含 10000 个人的群体，该群体的每个人都是同一的，也就是说每个人在身体和精神上都是无差异的。假如因某工程项目的投资建设，根据以往实施类似项目的经验，该群体中将会有 9 个人失去生命。假如每个人都知道，只要增加充足的资金，失去生命的人数将会减少到 8 人。如果每个人为减少 1 人死亡愿意支付 500 美元，那么每个人的生命价值就是每个人 500 美元的 10000 倍，也就是 5000000 美元，这就是对一个人的统计生命价值进行估算的结果。这些人在做出决定时并不知道谁会失去生命，每人都面临相同的失去生命的概率，这就是从死亡风险改变的价值（value of a change in mortality risk）的角度来给出另一种生命价值的解释。仍然采用上面的例子，死亡人数的减少表明，每个人面对的死亡的可能性减少了（由 0.0009 减少到 0.0008），每个人愿意支付的 500 美元使死亡的可能减少了 0.0001。为了便于表达，可以将其价值被标准化为单位变化（1 到 0）。则"死亡风险改变的价值"的标准化就是 500 美元乘以将 0.0001 化为 1 所需要乘的系数 10000，也就是 500 万美元。不管是统计生命价值还是标准化的死亡风险改变价值，都是生命价值含义的一种表达，两者从根本上讲是统一的[1]。

支付意愿法用于反映社会为挽救一个生命所愿意付出的代价，这种意愿可以是已经表现在社会的各种活动中，或只是存在于人们的意识中。已经表现出来的意愿可以是人们为了安全、健康等实际支付的代价（显示偏好法），而存在于人们意识中的意愿则需要进行某种社会意愿调查（采用意愿调查评估法）。人们的支付意愿会随着收入的变化而变化。收入和风险成为计算生命价值时考虑的两个基本因素，因此人们提出采用风险工资法（wage-risk）来计算生命价值。Viscusi 和 Aldy（2003）反复研究了历史统计数据，发现 WTP 对工资的弹性介于 0.5～0.6。而 Pearce（2005）对环境质量的数据研究得出的结果为 0.37～0.4。Blaeij（2003）对运输风险中的数据研究后得出的结果为约 1.33，高于 Viscusi（2003）的结论。Costa 和 Kahn（2002）用时间序列的研究，证明美国人的生命价值从 1940 年至 1980 年有了很大的提高。同时，生命价值相对于单位 GDP 的敏感指数为 1.5～1.7。

人们对待风险的态度与其年龄有一定关联。理论认为，WTP 随着年龄会呈现出一个非线性的变化，如果用图形来表示，就是一个倒的 U 形，在 40 岁时达到峰顶。最早关于生命价

---

[1] 参见 Value of Life，Economics of，Glenn C. Blomquist Department of Economics，University of Kentucky Lexington，KY 40506-0034 USA February 1，2000（Forthcoming in International Encyclopedia of the Social and Behavioral Sciences，Pergamon Press，2001）。

值的研究并没有考虑年龄的因素。这可能是由于早期的学者主要关注的是道路交通事故或者职业风险的研究，这些研究的对象年龄相对集中。然而，当以环境污染为研究背景时，年龄就成为不得不考虑的重要影响因素。因为污染防治政策主要倾向于挽救年龄较大的人的生命❶。表 5-1 是年龄和支付意愿关系的一些研究成果。

表 5-1　　　　　　　　　　　　　　年龄和支付意愿的关系

研究者	风险	支付意愿和年龄
英国		
Carthy（1999）	常见风险	生命价值在 70 岁之前一直在增加，但是之后迅速降低，到 85 岁时的生命价值仅相当于 70 岁时的 35%
Chilton（2004）	常见风险	支付意愿随着年龄的增加而降低
Markandya（2004）	无限制	支付意愿和年龄无联系
日本 Krupnick（1999）	无限制	支付意愿和年龄无联系
美国		
Alberini（2004）	无限制	支付意愿和年龄无联系
Hammitt 和 Graham（1999）	交通风险和食物风险	支付意愿随年龄降低
Dillingham（1996）	职业风险	支付意愿在工作期间随着年龄降低
加拿大 Alberini（2004）	无限制	相对于 40~69 岁的人，超过 70 岁的人支付意愿下降了 25%

资料来源：David Pearce，Cost-Benefit Analysis and the Environment Recent Development，2006.

（二）生命经济价值理论的争议

在费用-效益分析的研究中，对生命价值的估值一直存在争议。由此产生了很多经验的或者理论上的观点，这些观点都对生命价值的研究产生了深远的影响。但是，到目前为止，怎样定义生命的经济价值仍然是一个悬而未决的问题，而对生命价值的评估和计算也仍然是个现实的理论难题。在经过了将近 40 年的争论之后，业界终于达成一个基本统一的意见，那就是对死亡可能性减少的支付意愿能够拿来参考评估生命的价值。但是，这种对生命经济价值的评估更加倾向于对统计生命的评估，而不是针对某个具体的人。这种对分歧有些投机取巧的回避可能导致很多对生命价值评估的伦理上的质疑。正如 Dreze（1962）、Schelling（1968）和 Mishan（1971）说到的，货币等价物的选择必须反映个人的偏好，这种偏好受到被评估项目的影响，个人的偏好还会在无形之中受到风险和健康权衡（trade-off）的影响。尽管支付意愿的概念已经很完善，而且其方法论中提出的经验假设很多学者勉强认同，但是距离完善还有很长的路要走。

据统计，在各种学术杂志上已经出现了多种对生命价值的经验评估理论。评估的结果从 336000 美元到 336000000 美元不等❶，而且这些计算结果的分布非常分散，不具有集中的趋势。因为很多结论都是依赖旧的评估方法，其结论难以在项目评价中直接应用。即便进行敏感性分析，也不会产生逻辑清晰的排列分类。导致这种差异的原因，一是由于世界各国在评估项目时都采用不同的评估方法，所采用的方法本身不具备可比性，二是由于人们对生命风险（risk

---

❶　总的来说，这个问题引出了对来源于意外（特别是道路交通事故和工作场所意外）的生命价值是否与污染导致的生命价值相等，以及生命价值是否应该被年生命价值取代的问题。这里最根本的问题是意外对年龄小的人的影响要比年龄大的人低得多，而政府实施防治污染的政策通常会让年龄较大的人受益。

to life）的理解及评价标准不同，导致计算结果不具有可比性，使得生命价值中的生命风险测度成为学术界和实际应用中最具有争议性的课题。Viscusi（2003）认为，造成这种争议的主要原因，在于学术界对生命风险的理解存在严重差异。影响生命价值的风险主要有两种，一种是环境风险，另一种是与政策或工程项目的实施相关的风险，即与拟建项目直接相关的风险。

在这些研究中，对风险的计算主要采用三种方法：第一种是观察人们为规避风险所愿意支付的费用，或者是为承受额外风险所愿意接受的补偿；第二种是通过对人们进行询问，以显示人们如何评价他们所面对的风险的变化；第三种方法是在统计历史数据的基础上，估算出人们生命或健康遭受伤害的类型和数量，然后再计算出治疗成本，工资损失的成本以及受其影响的健康及生命损失成本。前两种方法都是基于支付意愿的理论，而且都假设人们具备估计风险时所需要的信息和技巧，并会准确地表述出他们的风险偏好。不幸的是，这些假设基本上都不正确。而且，即使在人们认为自己能够准确地表述自己与风险有关的信息且具有评估这些信息的技巧时，也不能确定他们是否具有稳定的风险偏好。

因为第三种方法不考虑人们的主观偏好，而更强调在工程项目的评价中，极力消除对治疗成本和工资损失成本的评估。这种方法避免了前两种方法应用中的难点，而是更加强调实际可能付出成本，但会倾向于低估人们降低工程项目的投资风险所具有的真实效益。人们为了规避伤害所采用的预防行动所具有的效益，往往会大于降低治疗成本和工资损失的代价，因为前述所采用的预防行动同时还避免了致伤和致残等方面的可能性。因此，这种方法往往会低估采用预防行动的真实经济价值。表 5-2 是有关研究文献对生命价值的评估研究结果。

表 5-2　　　　　　　　　　　有关研究文献对生命价值的评估研究结果

研究者	国家	研究方法	风险背景	生命价值（百万美元，括号中为计算价格的年份）
Costa 2002	美国	工资风险时间序列	意外死亡率	4.2～5.3（1990）
Viscusi and Aldy 2003	美国	工资风险综合分析	各种职业风险	7.0（2000）
Viscusi 2004	美国	工资风险	工业职业风险	4.7（2000）
Hmmitt 2000	美国	多种分析	各种风险	3.0～7.0（1990）
Alberini 2004	加拿大 美国	意愿调查评估法	70～80 岁之间的人的死亡风险	1.5～4.8（2000） 0.9～3.7（2000）
Krupnick 2001	日本	意愿调查评估法	70～80 岁之间的人的死亡风险	0.2～0.4（1998）
Persson　2001	瑞典	意愿调查评估法	交通风险	2.64（1999）
Markandya 2004	英国	意愿调查评估法	70～80 岁之间的人的死亡风险	0.7～2.8（2002）
Chilton et al.　2004	英国	意愿调查评估法	空气污染造成的死亡	0.3～1.5（2002）
Chilton et al.　2002	英国	意愿调查评估法	公路（R）、铁路（Ra）以及家庭火灾风险（Fd）	比率： Ra/R=1.003 Fd/R=0.89
Beattle et al.1998	英国	意愿调查评估法	公路以及家庭火灾风险	5.7～14.8（2002）
Carthy et al. 1999	英国	意愿调查评估法	公路风险	1.4～2.3（2002）

资料来源：David Pearce，Cost-Benefit Analysis and the Environment Recent Developments，OECD 2006.

第二节　生命经济价值测算方法及应用

一、人力资本法及其应用

（一）人力资本法计算公式

人力资本法强调将人看作是一种"资本"，根据其对社会的贡献（创造的价值）和对社会资源的耗费，通过折现来计算人的价值。主要内容包括死亡、疾病或病休造成的收入损失，医疗开支增加，以及精神或心理上的代价。

计算公式为：

$$L_1 = \sum_{t=\tau}^{\infty} y_t p_\tau^t (1+i)^{-(t-\tau)} \tag{5-1}$$

式中　L_1——伤残或死亡的经济费用；

　　　y_t——当事人在其 t 年时能给社会带来的增加值（value-added）；

　　　p_τ^t——伤残事故发生在 τ 年后尚能存活至第 t 年的概率；

　　　i——社会折现率。

对于上述计算公式，考虑到当事人存活的生活费支出（社会资源的耗费）c_t，进行进一步修正，则生命的价值可表示为：

$$L_2 = \sum_{t=\tau}^{\infty} (y_t - c_t) p_\tau^t (1+i)^{-(t-\tau)} \tag{5-2}$$

根据上述修正后的生命价值计算公式，可以度量一个人在生命不同阶段的经济价值（见图 5-1）。在一定的年纪，对社会的贡献和对社会资源的消耗二者之差可以代表一个人的"瞬时值"。在他的童年及青少年时期，这个值是负的，并且逐年递减。从其具备生产能力时起，开始对社会带来增加值，当其年龄达到 a_1，他所创造的价值开始大于其支出，曲线开始上升。当其年龄达到 a_2 时，投入与产出达到平衡，其瞬时值开始变为正数。在其此后的持续增长中，年龄达到 a_3 以后，由于劳累及衰老，每年需要的费用开始超过其产出，投入与产出的差距就开始缩小。如果他能够活得足够长，到年龄 a_4 的时候，投入与产出再次达到平衡，其瞬时值又开始变为负数，直至最后。借助这条曲线，可以形象地看出一个人不同年龄段的经济价值，以及对社会经济的繁荣所产生的影响。要想让一个人有助于经济繁荣，他的最佳状态出现在年龄 a_3 上。当达到 a_4 以后，其生命的延续对经济增长而言就变得不利。相反，在年龄 a_2 之前，个人的综合价值虽然是负值，但其有足够的生命力度达到 a_2 年龄段，并进入对社会有利的生命阶段。

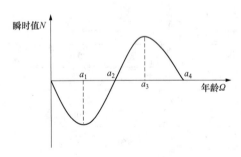

图 5-1　人的生命及其价值

通过繁杂的计算，一些学者试图在这条曲线的横坐标轴（年龄）和纵坐标轴（瞬时值）上确定出各个点代表的具体年龄。在西方社会，a_1 相当于 20 岁出头；a_2 接近 35 岁，并从此开始通过贡献社会来弥补其先前对社会的资源消耗；从 a_4 开始，对社会财富形成净消耗，且到 80 岁之后，其最终耗费的资源比其一生创造的财富还要多。第一位尝试着确定这些年龄点坐标位置的科学家是美国人口统计学家洛特卡，他研究了一千名同时代的美国人，统计其一生累积的收入，扣除其教育及生活开支，计算出他们一生中（包括退休以后）为社会创造的价值，即曲线上年龄对应点的纵坐标。按照当时的价格水平（1935—1940 年），男性创造的价值约为 6 万美元，而女性则为零。

研究这些问题的经济学家，虽然认为人的瞬时值从 a_3 年龄点开始逐渐下降，但并不提倡让年龄超过 a_3 的人实施安乐死。从个人的角度出发，他们或许愿意努力挽救每一位老人的性命，但是他们也认为因抵抗力下降易感染病毒等因素，会导致年龄超过 a_3、a_4 的人口数量下降，从而对社会经济的收支平衡带来益处。对于女性一生对社会的净贡献价值为零的研究结论，部分原因是她们创造的价值往往不以工资或货币收入的形式表现，因此难以完整地体现在收支计算表格之中，再加上女性的统计寿命相对较长，使得她们的生活开支相应增加。

不难发现，采用人力资本法来衡量伤残成本或生命的价值太过功利。根据这种算法，失去劳动力的老年人的生命价值等于零，甚至是负值，认为他们失去生命对社会有利，这种观点从伦理道德的角度是无法接受的。鉴于上述方法的局限性，人们开始探索其他新的计算方法。根据诺贝尔经济学奖获得者莫迪利亚尼（1993）的生命周期假说，人们在工作赚钱的岁月里（18～65 岁）积蓄，以便于他们退休以后进行消费。从而，一个人在不同的年龄段其生命价值的计算方法应该是不同的。未成年时是以他将来的预期收入计算；退休后是按以后的消费水平进行计算；在就业期间则要预测其若干年中的收入变动状况。这三种计算方法不仅在计量标准上是不统一的，而且所反映的生命价值的含义也不相同，有的反映人的生产贡献，有的反映人的消费水平。

采用支付意愿法，调查群体的选择对于评估结果影响很大。例如富人群体和穷人群体对于生命的认识有很大差别，必然导致估算结果的大相径庭。因此采用支付意愿法应该尽量使调查的群体具有代表性，即样本的选择应尽可能地反映群体的特征。如果样本的选择有代表性，那么估算的结果作为平均数，可以降低由富人支付意愿得出的富人的生命价值，并适当提高穷人的生命价值，这样可以消除不同职业、不同年龄和不同收入状况个体之间的生命价值估算的差别。

（二）人力资本的近似估算

如果按个体的收入对其生命价值进行折现，必然会导致富人的生命价值远高于穷人的生命价值，但是如果采用人均国内生产总值或人均国民收入，就可以消除该差别。

1. 按国内生产总值估计

国内生产总值是指一个国家或地区所有常住单位在一定时期内生产活动的最终成果，人均国内生产总值反映了单位个体通过生产活动创造的价值。世界银行建议采用人均国内生产总值按一定折现率进行折现的方法估算人的生命价值，计算公式为：

$$P = GDP_p \times \sum_{n=1}^{N} \frac{(1+g)^n}{(1+i)^n} \tag{5-3}$$

式中　　P——生命价值；

GDP_p——人均国内生产总值；

　　N——期望寿命；

　　g——预期人均国内生产总值增长率；

　　i——社会折现率。

2. 按国民生产总值估计

国民生产总值 *GNP*，是一个国家在一定时期内所生产的最终产品（包括产品、劳务）的市场价值总和，代表一定时期内社会产生的财富，人均 *GNP* 代表个人平均对社会财富的贡献。因此，可以从社会财富贡献的角度衡量一个人的经济价值。人均国民收入估算生命价值的计算公式为：

$$P = GNP_p \times \sum_{n=1}^{N} \frac{(1+g)^n}{(1+i)^n} \tag{5-4}$$

式中　　*P*——生命价值；

　　　GNP~p~——人均国民生产总值；

　　　N——期望寿命；

　　　g——预期人均国民生产总值增长率；

　　　i——社会折现率。

3. 按人均国民收入估计

国民收入与国民生产总值的区别在于：①国民收入不包括折旧；②国民收入是根据企业出售产品的价格来计算的，*GNP* 是根据购买者支付的价格来计算的，不包括间接税。所以人均国民收入更直接地表示了平均一个人产生的社会价值。

4. 按人均消费水平估计

有些经济学家认为，经济活动的最终目的是经济福利的增进，福利更多地取决于消费，而不是生产。人均消费水平反映了社会生产及维持一个生产者的实际费用，也反映了社会中每个人享受的纯经济福利水平。当一个人死亡时，该人实际损失的是自己的消费享受。人均消费水平由于在我国不同地区和不同职业的人群有很大的不同，可按全体城市居民、农业居民和非农业居民的消费水平进行估算。根据消费水平估算生命价值的计算公式为：

$$P = 人均消费水平 \times \sum_{n=1}^{N} \frac{(1+g)^n}{(1+i)^n} \tag{5-5}$$

式中　　*P*——生命价值；

　　　N——期望寿命；

　　　g——预期消费水平增长率；

　　　i——社会折现率。

5. 按职工人均工资或收入进行估计

职工人均货币工资或职工人均总收入是中国城镇人口中的劳动者的人均收入。一般采用每年工资乘以职工法定最大工作时间 42 年，用于估算社会中平均一个人终生预期工资，并可以采取上述贴现的方法进行折算。

按照上述各种计算方法，这里选取 2014 年我国的统计数据，计算得出我国人口生命价值估算结果见表 5-3。表中计算结果的差异，反映了因统计方法、城乡居民收入及消费不同等因素的影响。世界银行推荐按人均 GDP 估计的生命价值，对应的生命价值估算值为 581528 元，可作为人力资本法对生命价值估算的参考值。

（三）人力资本法的局限性

人力资本法的局限性主要表现在以下方面：

（1）这种算法是站在当事人之外的角度，违背了经济学的消费者主权（consumer's sovereignty）原则。

表 5-3　　　　　　　　　　　　我国人口生命价值估算结果　　　　　　　　　　（元）

项目	人均 GDP	人均 GNP	人均消费	城镇居民人均可支配收入	农村居民人均纯收入
经济指标[①]	46629	46475	17705	28843	10488
计算年限[②]	71	71	71	71	71
折现率[③]	8%	8%	8%	8%	8%
生命价值	581528	578476	220375	359011	130545

资料来源：国家统计局，《中国统计年鉴》北京：中国统计出版社，2015。

① 人均 GDP、人均 GNP 等经济指标取自 2014 年的数据，因此该表得出的生命价值的货币单位为元（2014）。

② 中国人口平均寿命按 71 年估计。

③ 折现率按《建设项目经济评价方法与参数（第三版）》公布的社会折现率 8% 计算。

（2）人力资本法只考虑社会经济收入的减少，忽略了疾病和生命伤害的痛苦、悲哀等无形损失。

（3）对家务劳动价值的估算，只对家庭主妇进行货币价值计算，而认为那些退休人员或非劳动力没有创造经济价值。

（4）认为社会中不同群体的收入差别反映的是工资差别，而不是实际的生产力差别。

（5）社会折现率水平的选取对生命价值的估算结果比较敏感。

（6）人力资本法评价的是一个潜在的生产力价值损失，忽略了在生产过程中，每个人都有可能被代替这一基本事实。

在短期缺勤中，工作可由其他雇员完成或工作延期。在长期缺勤情况下，工作可由失业者完成，或者安排其他雇员承担。这些因素均没有进行恰当考虑。

二、支付意愿法

（一）显示偏好方法

支付意愿法建立在效用理论的基础之上，通过观察为减少过早死亡所愿意付出的价格（WTP）或为已造成的过早死亡愿意接受的补偿（WTA）进行计算。计算结果受到人们的生活水平、对健康的态度以及知识层次等复杂因素的影响。

运用支付意愿法评估生命价值在于通过考察人们的某种选择行为来揭示其中隐含的为了降低一定的死亡风险而愿意付出的最大代价，根据显示偏好方法的不同，主要有工资隐含价格法、防护费用法和实验评价法。

1. 工资隐含价格法

工资隐含价格法利用劳动力市场中，死亡风险大的职业工资高（其他条件相同时）的现象，经过回归分析控制其他变量，找出工资差别的风险原因，从而估计出生命价值。工资隐含价格法在实际操作中一般分 2 个步骤。首先，建立隐含价格方程：

$$W = W(J, I, X) \tag{5-6}$$

式中　W ——工资（工作的报酬）；

　　　J —— 一组工作特点变量；

　　　I —— 一组雇员特征变量；

　　　X ——伤亡风险。

收集相关数据，选定方程形式，建立回归方程后就可求出人们对伤亡风险边际变化的支付意愿 P :

$$P = \partial W / \partial X \tag{5-7}$$

P 就是与工作有关的伤亡风险的隐含价格。根据这一隐含价格，可以求出人的生命价值。如果 $P = 500$ 元，表示人们为了避免 1‰ 的死亡风险而愿意少挣 500 元，则隐含的生命价值为 50 万元。

美国学者 Mahmoud Arayssi（2005）等提出基于劳动力模型（Labor-Based Model）计算生命价值。与传统的劳动力模型不同，该模型中工人不仅仅是在工作和闲暇之间进行选择，而是在工作、闲暇和购买保险三者之间进行选择。该模型假设一个保险购买者决定他效用最大时购买保险的数量，以及他愿意为之付出的工作，由此确定生命健康风险的影子价格，进而得到他的生命价值。该模型的估算结果可以帮助保险公司确定一些特殊工作和相关风险的保险成本。模型的推导过程使用到了二次效用函数、对数效用函数和指数效用函数。

2. 防护费用法

防护费用法通过分析利用一些防护措施可以降低死亡风险（如汽车安全带、空气净化器）的消费行为，根据防护费用所能购买的死亡风险降低，可以估计出生命价值。例如，美国经济学家泰勒（1975）对死亡风险较大的一些职业进行了研究，其结果是：由于有生命危险，人们自然要求雇主支付更多的生命保险。在一定的死亡风险水平下，人们会接受一定的生命价值水平，这个数值在 20 世纪 70 年代大约为 34 万美元。英国学者利用本国统计数据研究了三种不同行业为防止工伤事故而付出的代价，通过费用-效益分析得出人们对生命赋予的内涵估值，从而可以通过为防止一个人员死亡所愿意付出的代价来推断人的生命价值。美国学者布伦魁斯特考察了汽车座位保险带的使用情况，他用人们舍得花一定时间系紧座位安全带的时间价值，推算出人们对生命安全代价的接受水平，结果计算出人的生命价值为 26 万美元。美国经济学家克尼斯在他 1984 年出版的论著《洁净空气和水的费用-效益分析》一书中，主张在对环境风险进行分析时，对每个生命价值可在 25 万～100 万美元之间进行取值。

3. 实验评价法

实验评价法采用在模拟市场中求出人们对风险降低的支付意愿。在人群中进行抽样调查，询问人们为了降低特定死亡数量的风险而愿意支付的费用，由此求出人的生命价值。由于这种方法是通过观察人们在模拟市场中的行为，而不是在现实市场中的行为进行评估，通常不发生实际的货币支付，因此它可能出现较大的偏差。但是，该方法具有扎实的经济理论基础，其成功运用的关键在于严格检验操作实施的每一步。从模拟市场设计、问题提问方式、抽样调查操作到结果分析，每一步都要精心设计，成功的设计要依靠实验经济学、认知心理学、行为科学以及调查研究技术的指导。包括两名诺贝尔经济学奖获得者 K. Arrow 和 R. Solow（1993）在内的美国国家海洋与大气事业管理局（NOAA）专家组于 1993 年提交的评价报告，肯定了这种方法的可靠性，认为用该方法得出的生命及健康损害价值结果可以作为司法判决的依据。从此，该方法得到了学术界和社会的广泛认可。

Viscuci（1992）综合分析了人的生命价值评估结果，发现工资隐含价格法和实验评价法的估值结果很接近，而防护费用法得出的结果偏低，比较集中合理的结果是每个统计生命价值（美国）为 300 万～700 万美元（1990 年 USD），见表 5-4。Fisher 在 1989 年的研究也得出了类似结论。

表 5-4	各种计算方法下的生命价值
研　究　方　法	生命价值（1990 年 USD，单位：万美元）
工资隐含价格法	60～1620
实验评价法	10～1560
防护费用法	7～400
最佳估计	300～700

（二）无形损失的支付意愿估价

美国经济学家 Perreira 和 Sloan（2002）分析了三种关于生命价值和伤残的无形损失的评估方法：风险-风险交换法（risk-risk trade-off）、风险-美元对比法（paired risk-dollar comparison）和效用函数估计法（utility function estimation）。

采用计算机重复调查问卷（an iterative computerized questionnaire）的方式抽样调查了 548 人，根据上述三种评估方法得到对生命价值和伤残的无形损失的相近估计结果。基于风险-美元对比法得出生命价值的平均值大约是 1200 万美元（采用 1998 年的美元为计量单位），而同样采用 1998 年的美元为计量单位，在其他陈述偏好的研究中，生命价值在 100 美元和 19 万美元之间。另外，研究发现人们愿意 62 岁以后每年支付 4.7 万美元到 9.5 万美元以避免残疾。基于风险-美元对比法，严重和永久残疾的愿付费用大约为 120 万美元；根据风险-风险交换法估算的结果为 140 万美元；而采用效用模型估计伤残的无形损失大约为 70 万美元[1]。

1. 风险-美元对比法（paired risk-dollar comparison）

风险-美元对比法需要被调查者比较两个社区：社区 A 的生活费比较低而出现伤残的概率较高，社区 B 的生活费较高而出现伤残的概率较低。假定 C_{bH} 为社区 B 相对于社区 A 的生活费的保险费，r_H 为出现残疾的概率，$r_{aH} > r_{bH}$。当生活费的保险费 C_{bH} 足够大到两个社区的的期望效用相等时，被调查者对两个社区保持中立态度。有：

$$r_{bH}V(Y - C_{bH}) + (1 - r_{bH})U(Y - C_{bH}) = r_{aH}V(Y) + (1 - r_{bH})U(Y) \qquad （5-8）$$

式中　$U(Y)$ ——某个人健康时的收入效用；

$V(Y)$ ——某个人残疾时的收入效用。

于是，健康降低的效用为 $V(Y) = U(Y) - L_1$，与收入的边际效用无关。关于残疾的无形损失为：$L_1 = C_{bH} / (r_{aH} - r_{bH})$。

用同样的方法，可以计算出每一位被调查者的生命价值。令 $W(Y)$ 为死亡时的收入效用，C_{bL} 为社区 B 相对于社区 A 的生活费保险，r_{aL}、r_{bL} 代表死于交通事故的概率，两个社区的效用相等时有：

$$r_{bL}W(Y - C_{bL}) + (1 - r_{bL})U(Y - C_{bL}) = r_{aL}W(Y) + (1 - r_{aL})U(Y) \qquad （5-9）$$

生命的价值等于：

$$H_1 = C_{bL} / (r_{aL} - r_{bL})$$

---

[1]　关于上述三种对生命价值和伤残无形损失的评估方法：风险-风险交换法（risk-risk trade-off）、风险-美元对比法（paired risk-dollar comparison）和效用函数估计法（utility function estimation），可以进一步参考 Krista M. Perreira，Franka.Sloan，"Living Healthy and Living Long：Valuing the Nonpecuniary Loss from Disability and Death"，The Journal of Risk and Uncertainty，24：1；5-29，2002.

2. 风险-风险交换法（risk-risk trade-off）

风险-风险交换法要求被调查者在两种选择中作出权衡。一是被调查者经过一次手术彻底治愈残疾而返回健康状态，概率是（1-p）；手术失败立即将人致死的概率是 p。如果手术在概率为 p 的条件下被拒绝，被调查者将永久性残疾。通过改变死亡的概率，残疾状态下的效用等于健康对死亡的期望效用，有：

$$V(Y) = (1-p)U(Y) + pW(Y) \tag{5-10}$$

死亡状态下的效用最低，$W(Y) = 0$。健康降低的效用，残疾状态下的效用：

$$V(Y) = U(Y) - p \times U(Y) \tag{5-11}$$

残疾的无形损失估值为：

$$L_2 = p \times U(Y) \tag{5-12}$$

健康与收入的边际效用无关。

计算 L_2，必须有关于生命价值的享乐测量手段。在该分析中，利用以前的研究结论，残疾的无形损失为：

$$L_2 = p \times H_1 \tag{5-13}$$

3. 效用函数估计法

从风险-美元对比问题中估计效用函数，设定健康状态下的效用函数为 $U(Y)$，残疾状态下为 $V(Y)$，死亡状态为 $W(Y)$。给定这些设定，然后评价一次不利的健康事件降低收入的效用或者收入的边际效用在残疾状态下是否比在健康状态下要低。

4. 各种方法的实际应用

风险-美元对比法允许死亡和残疾的风险与美元相比较，考虑到某些人在永久性病痛的情况下更偏好于死亡的可能性，并不假定死亡是最坏的状态。然而，被调查者对于风险-美元交换问题的回答受其支付能力和财富的影响。风险-风险交换法用一定的尺度来度量风险的减少而不是用节省的统计经济价值（money-statistical lives saved）。因此，对风险-风险交换法（risk-risk trade-off）的回答不受被调查人拥有的财富的影响。但是个体对风险的不同偏好和容忍程度会影响调查结果。因此，对于风险规避者，用风险-美元对比法做出的评估价值会大于采取风险-风险交换法所得出的结果。

根据对风险-美元对比法和风险-风险交换法的询问直接计算无形损失，需要对效用函数做出严格的假设：效用在健康和收入之间具有可分性和收入的边际效用为常数。给定这些假设，一个不利于健康的效果等价于降低效用的经济收入的损失，但是与收入的边际效用函数无关，换句话说就是边际效用与收入和人的健康状况相独立。根据来自被配对的风险-美元问题的数据，可以放松对收入的边际效用为常数和收入的边际效用不依赖于人的健康的假定限制。这样，在给定的在残疾状态和健康状态关于效用函数的不同假设条件下对效用函数的参数进行估计。

三、生命经济价值估算方法的应用

（一）人力资本法和支付意愿法的选择

由于人力资本法的计算方法较为简单，而且数据的采集相对比较容易，所以目前仍然有世界各国和相关的经济组织采用人力资本法对生命价值进行评估。例如世界银行在进行安全和卫生项目的评估时，主要采用人力资本法。另外，在美国和英国等西方国家，用疾病成本法对某些疾病进行评估时，人力资本法也是计算其间接成本的主要方法❶。

支付意愿法经过 50 多年的发展，理论上逐渐成熟，所以其应用较为广泛，特别是在对公共部门制定政策的指导上，支付意愿法比人力资本法更有优势。在发达国家，降低风险的政策适当地增加了生存的概率，例如，环境政策通过以下几种方式影响人类的健康：①减少生命的环境风险，以挽救生命，例如减少儿童夭折的风险；②能够提高病人的健康水平，例如改善患有呼吸道疾病的病人的健康状况；③可以减少人们的生活压力，缓解人们紧张的神经，进而提高人们的精神健康。英国的 NERA/CASPAR（1998）建议，应使用支付意愿的思路来对大气污染相关的项目进行评估❷。英国健康部在 1999 年制定一项针对公务员的道路安全预防措施时，也是采用支付意愿法，将原来对公务员的伤害赔偿金增加一倍。美国环保署在 2000 年讨论制定一项减少癌症风险的政策时，参考了 Savage 和 Jones-Lee（1993）采用支付意愿法来避免癌症风险的建议。在实际应用中，大部分的统计数据显示，健康效益往往超过其付出的成本。欧盟的研究表明，健康效益至少占控制空气污染效益的三分之一，而在控制水污染的收益中，其占比将近为 100%。

通过文献检索，目前国际上对生命经济价值估计方法的应用趋势是从人力资本法向支付意愿法过渡。通过显示性偏好（如隐含价格法、规避行为法和医疗费用支出法等）和陈述偏好（主要是意愿调查评估法）等方法估计出人们的统计生命价值（VOSL）。

（二）我国生命价值估算方法的应用

从社会经济发展状况看，只有生命健康的人，才能发展文化科学技术，创造社会财富；从国家法治建设的角度看，只有公民的生命权处于安全状态，公民的政治、经济和文化权利才能实现。因此，我国对人的生命及健康价值越来越关注。客观上，需要采用货币量化的各种方法工具，来评价和描述生命及健康的经济价值。

目前，我国在事故后的生命价值评估是以人力资本法为主，但是评价体系相对简单。在我国交通事故处理中，《最高人民法院关于审理人身损害赔偿案件适用法律若干问题的解释》规定，死亡赔偿金依照受诉法院所在地上一年度城镇居民人均可支配收入或者上一年度农村居民人均纯收入为赔偿标准❸。《最高人民法院关于审理人身损害赔偿案件适用法律若干问题的解释》将"死亡赔偿金"的性质确定为收入损失的赔偿，赔偿金计算年限由过去的 10 年提高为 20 年。赔偿金计算年限延长有利于体现生命的经济价值，但发生在农村、山区的事故，农民的收入水平较低，而且还经常因事故赔偿义务人无偿还能力，往往得不到足额赔偿。

由于我国还没有展开涉及危险工作收入补偿和消费者安全支出的偏好揭示等方面的研究，因此无法提供个人意愿估算生命价值的足够数据，在这种情况下，借鉴国外在该领域的研究结论，并通过成果参照推算我国居民的生命价值，无疑是一种比较现实的做法。成果参

---

❶ 人力资本理论也是采用疾病成本法的理论基础。采用疾病成本法估算健康及生命的经济价值，通常用来计算健康改善项目的货币效益和费用，测量医疗费用以及由于疾病、事故、过早死亡导致损失的工作收入。

❷ 参见 Hammitt，K. James，Jin-Tan Liu，and Jin-Long Liu.（2000）."Survival is a Luxury Good: The Increasing Value of a Statistical Life," Paper Prepared for the NBER Summer Institute Workshop on Public Policy and the Environment，August 2000.

❸ 《最高人民法院关于审理人身损害赔偿案件适用法律若干问题的解释》（2003 年 12 月 4 日最高人民法院审判委员会第 1299 次会议通过）。

照法的换算公式如下：

$$B_\mathrm{p} = B_\mathrm{s} \cdot \left(\frac{Y_\mathrm{p}}{Y_\mathrm{s}}\right)^{\varepsilon}$$　　　　（5-14）

式中　　B_s、B_p ——国家 s 和 p 的生命价值；

Y_s、Y_p ——国家 s 和 p 的收入水平；

ε ——国家 s 和 p 的收入弹性系数。

　　鉴于目前我国社会对于生命经济价值度量在伦理、道义、社会、文化等角度认识的差异，涉及生命和安全一类项目还只能主要通过费用-效果分析，以延长生命年限的各种指标，如寿命年数（years of life gained，YLG）、健康寿命年数（health years of life gained，HYLG）、伤残调整生命年数（disability-adjusted life years，DALYs），以及质量调整生存年数（quality adjusted life years，QALY））等作为效果指标，只进行费用的比较，这样就可以避开直接估计生命的经济价值。将生命健康经济价值的估算结果纳入项目经济费用-效益分析的框架体系，目前尚处于探讨阶段。在工程项目经济分析评价实践中，对生命及健康经济价值的货币量化分析还处于研究探索阶段。今后，我国应重视生命及健康价值经济分析评价理论方法的研究及实践应用工作，强调重视生命价值，推动我国工程项目经济分析评价理论方法体系的逐步完善，为工程建设科学决策提供多维度的研究依据。

第六章

土地经济价值的计算

土地是重要的经济资源，土地资源的有限性决定了项目合理利用土地的重要性。我国土地属于国家和集体所有，国家对建设项目用地实行用途管制制度。土地使用价格受到土地用途管制的影响，可能并不能反映其真实经济价值。当拟建项目占用了土地，在拟建项目的经济分析中就需要对土地的真实经济价值进行估算，以分析项目占用土地资源配置的合理性及可持续性。

第一节　土地经济价值及其估算方法

一、土地经济价值的含义、理论基础和分析框架

（一）土地经济价值的含义

土地经济价值是建设项目使用土地资源而使社会付出的代价。人们购买土地实际上是购买土地的权利（所有权、使用权、抵押权等），取得什么权利就可以取得相应的土地收益，即不同的土地权利带来不同的收益，并导致土地的经济价值存在差异。土地经济价值的计算应能反映其全部价值。

1. 土地经济价值与市场价格

土地经济价值首先体现在其对人类的有用性上，而土地经济价值的大小则决定于土地的稀缺性、质量和开发利用条件。当存在土地市场的条件下，土地市场价格的确定及其变动，就要受到价值规律、供求规律的制约。土地的质量、开发利用条件、稀缺程度必然反映到土地市场价格上。因此，土地的经济价值是土地价格的内在表现形式，土地市场价格是土地经济价值的反映。但是，还存在开发利用土地产生污染等环境成本，以及开发利用土地对后代人造成的损失成本并没有完全反映在土地的市场价格之中等情况。

2. 土地经济价值与资源折耗价值

土地资源特别是农地资源是不可再生资源，是可耗竭性资源。开发利用土地资源，其资源存量就会减少，子孙后代的占有量可能一代比一代低。根据可持续发展的理念，人们应通过一定的方式保持整个土地资源存量的不减少。如果某个项目占用了耕地，减弱了耕地的生产力或是损害了环境质量、生物多样性，都会引起社会费用的产生。

土地资源消耗作为一种社会为拟建项目所付出的代价，应计算其资源折耗价值，计入土地的经济价值中去，可以作为基金将资源消耗价值累积起来，通过再投资可以恢复消耗的资源或是用于生产其他资本物。例如，如果项目损害了某原始森林，可采取将项目部分收益投资于恢复损耗的自然资源的方式，以弥补资源减少的价值，从而保证人类能够长久地保持土地等自然资源的可持续利用。

3. 土地经济价值与机会成本

土地是一种多用途的稀缺资源，一旦被占用，就意味着社会将放弃土地的其他用途。土地的开发利用应能使资源配置达到最优，利用率达到最高。因此，土地经济价值就是按土地在几种可供选择的用途中为社会所提供的最大价值来衡量，即用土地的机会成本来衡量。

项目占用土地，应考虑土地用途发生变化所引起的经济价值变动，并根据区域内土地的最终占用来核算。例如某一公路建设项目占用土地 100000m²，其中需迁移的土地面积为 20000m²，重新安置的土地面积为 35000m²，现有道路面积为 10000m²，则需考虑土地经济价格的面积为：

$$100000-20000-10000+35000=105000（m^2）$$

（二）计算土地经济价值的理论依据

城镇土地和农业用地的机会成本计算，两者依据的理论基础不同。城镇土地提供工商业生产服务功能，计算其机会成本依据的是地租理论和供求理论；而农业用地具有资源属性，具有不可再生和耗竭性，计算其机会成本依据的是资源价值理论。

1. 马克思主义政治经济学中的地租地价理论

马克思主义政治经济学认为，地租是土地所有权在经济上的实现，地租分为绝对地租和级差地租。绝对地租是指土地所有者凭借土地所有权垄断所取得的地租，级差地租是指租用较优土地所获得的归土地所有者所占有的超额利润；绝对地租是土地所有权垄断的结果，而级差地租是土地经营权垄断的结果，但实质上都是劳动创造的剩余价值的一部分，但绝对地租是农产品的价值超过生产价格或农产品价格高于其价值的那一部分剩余价值，级差地租则是农产品的社会价值总和大于其个别价值总和的那一部分剩余价值；绝对地租和级差地租都与土地所有权有联系，但绝对地租是由土地所有权直接形成，级差地租体现为将土地从农业资本家手中转移到土地所有者手中而形成的超额利润；绝对地租是租用任何等级土地都必须支付的地租，而级差地租则是仅有优质土地才能提供。

马克思主义政治经济学认为，土地价格是地租的购买价格，是地租的资本化。马克思曾经对土地价格描述为："土地价格不外是资本化的因而提前支付的地租。土地价格不是土地的购买价格，而是土地所提供的地租的购买价格"。这里所讲的地租是指"租地农场主为了获得经营土地的许可而以租金形式支付给土地所有者的一切"，主要体现为土地收益。地租资本化实质上是地租收益资本化，土地价格是土地权利和土地收益的购买价格。当人类社会发展到经济利益不同的阶段，土地像所有能给人们带来利益的实物一样，被不同的群体所占有，使土地具有权属关系。如果没有权属关系的存在和权属关系的不同，没有利益不同的相对独立的经济实体，就不存在物品的买卖，也就不会存在价格。土地所有权的垄断，是形成土地价格的根本原因。任何商品在交换过程中，都是以一定的价格让渡其某些权能而实现其价值的。

土地价格不是土地价值的货币表现，而是地租的购买价格，或者说是地租的资本化。这种价格实质上是由于土地的有限性以及由此引起的对土地所有权的垄断决定的。土地所有权的排他性决定了谁垄断了土地，谁就获得了土地所能提供的收益、产品及其服务。因此，谁要想取得这种权利，就得支付一定的费用，这种费用就是土地价格。既然土地价格的本质是一种购买土地权利的价格，不是土地本身的价格，而土地权利是一组权利的集合，是由土地所有权、使用权、收益权、处置权等构成的，所以土地的买卖，广义上就是对土地某项权利的界定。获得土地的某项权利，就获得了某种权利的收益，为获得这种权利付出的代价，就成为土地价格。

2．西方地租地价理论

（1）古典经济学的地租地价理论。威廉·配第（1662）是西方古典政治经济学的奠基人，在其名著《赋税论》中曾论述过地租地价，认为地租是劳动产品扣除生产投入维持劳动者生活必需后的余额，其实质是剩余劳动的产物和剩余价值的真正形态；土地的价值不过是一定年数的地租总额，或者是地租的资本化。这些观点与马克思主义政治经济学相关观点非常接近。

弗朗斯瓦·魁奈（1756）是法国古典政治经济学家，重农学派的创立者，其地租观是重农学派的"纯产品"学说。魁奈把农业中由于自然协助而生产的超过生产和生活支出的剩余产品称为"纯产品"，理应以地租形式归土地所有者占有。

亚当·斯密（1776）认为地租是为使用土地而支付的价格，是土地所有权的单纯结果，是一种垄断价格，是"产品或产品价格超过这一部分（即补偿预付资本和'普通利润'的部分）的余额，不论这个余额有多大，土地所有者都力图把它作为自己的土地的地租攫为己有"。

李嘉图（1817）提出对地租范畴的界定，应严格区分通俗意义上的地租与经济学上的地租。李嘉图认为通俗意义上的地租（即租金）是指农场主每年实际付给地主的一切；经济学上的地租仅是"为使用土地的原有和不可摧毁的生产力而付给地主的那一部分土地产品"，这里强调经济学上的地租，仅仅是为了使用土地而付给地主的金额。在地租名义下多付给的金额，则是为使用地上附着物（如建筑物）所付给的应由土地所有者所享有的利润。这就是说，地主仅仅因为占有土地而索取地租，地租是地主阶级不劳而获的收入。李嘉图认为级差地租产生的条件，一是土地数量有限；二是土地的肥沃程度与位置的差别。李嘉图关于地租量的计算，用现在的概念来表达，就是：地租=市场价格-生产成本-平均利润。

（2）西方近代经济学的地租地价理论。西方近代经济学家地租地价理论的代表人物主要是法国的萨伊（1803）和美国的马尔萨斯（1798）。

萨伊（1803）地租理论的基础是"生产要素"论。萨伊认为"所生产出来的价值，都是归因于劳动、资本和自然力这三者的作用和协力"，不能仅归于劳动，而应归于劳动、资本与土地。这三种生产要素在创造效用的过程中分别提供了"生产性服务"，应得到相应的补偿或收入。工资是对劳动服务的补偿或收入，利息是对资本服务的补偿或收入，"地租"则是"土地"的补偿，三者就构成创造效用（即萨伊所讲的价值）的"生产费用"。

马尔萨斯（1798）对于地租的解释是，地租是总产品价值中的剩余部分，或者用货币来计算，是总产品价格中扣除劳动工资和耕种投资利润后的剩余部分。这个剩余部分产生的原因有三：第一，也是主要的，是土地的性质，土地能够生产出比维持耕种者的需要还多的生活必需品；第二，是生活必需品所特有的性质，生活必需品在适当分配以后，就能够产生出它自身的需要；第三，是肥沃土地的相对稀少性，这里土地的性质是指土地的肥力，是剩余产品即地租产生的基础或主要原因，地租是自然对人类的赠予，与垄断完全无关。

3．现代经济学地价理论

现代经济学的供给需求理论和资源价值理论是工程项目经济分析中对土地经济价值进行计算的重要理论依据。

（1）土地供给需求理论。土地与一般商品不同，其位置固定不变，自然供给不变，买卖双方不能自行决定土地的位置和用途，土地价格受当时社会经济发展等因素的影响很大，使得土地表现出供求的特殊性（见图 6-1 和图 6-2）。图中 P 代表土地价格，Q 代表土地数量，S 是供给曲线，D 是需求曲线。

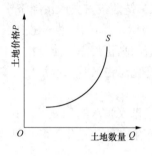

图 6-1　特殊的土地供给曲线

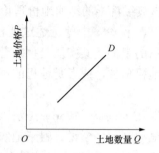

图 6-2　特殊的土地需求曲线

　　图 6-1 表明土地在一定范围内同样遵循一般商品供给规律，即价格上升，土地的供给也增加。但土地的自然供给是有限度的，超过这个限度，不管价格如何上涨，也不能再增加土地的供给。图 6-2 所示的土地需求曲线则反映土地购买者把工业、商业、住宅用地当作投机对象，购买土地的目的是以后卖出去，以图赚更多的钱。价格很低廉的土地，在短时期内难以再卖出好价钱，所以没有人买，或者买者很少；相反，价格高涨的土地，如市中心繁华地带，尽管价格上涨幅度大于其他地区，只要经济持续稳定发展，就能保持增值，所以买者很多。土地供求关系的另一种特殊形式就是有价无市，即只有土地供给及价格，没有需求者，或只有对土地需求及地价，但没有土地供给。因为这两种情况都不能实现土地交易，所以无市。这在经济萧条时期和土地供求极不平衡时期是常见的。

　　上述分析表明，土地作为一种特殊的商品，既受一般商品供求规律的制约，又体现出与一般商品不同的特殊供给形式。土地供求平衡是相对的、暂时的，而不平衡是绝对的。从实践上看，土地供不应求是绝对的、普遍的，而供过于求是暂时的、个别的，正因为如此，地价总的趋势是上升的。

　　（2）资源价值理论。土地是一种自然资源。拟建项目占用土地资源，同时也可能改变土地的使用属性及地上附着物的自然、经济和社会状态。从资源环境经济学的角度看，土地价值的构成和计算应遵循资源价值理论。资源环境经济学认为，资源的经济价值包括使用价值和非使用价值两个部分。使用价值包括直接使用价值和间接使用价值，非使用价值包括存在价值和遗赠价值。

　　其中，直接使用价值也称为可提取的使用价值、消费性使用价值或结构性使用价值，产生于可以被提取、消费或者直接享用的物品。直接使用价值可以是消费性的，例如森林中的木材、水果和草药等；也可以是非消费性的，例如在森林中徒步旅行所获得的直接使用价值。消费性使用价值通常最容易估算，因为往往涉及可以观察到的物品数量，而这些物品的价格也是可以获得的。非消费性使用价值则往往难以估算，因为数量和价格都可能无法观察得到。

　　间接使用价值也称为不可提取的使用价值或功能性价值。对资源的使用许多情况下是间接的，而不是直接用以生产或消费，不直接在市场上交换，其价值只能间接地表现出来。例如湿地对水进行过滤，从而改善了下游用户的用水质量，长满农作物的土地可以提供消遣娱乐的机会。一般认为，对间接使用价值的度量比对直接使用价值的度量更难，因为所提供的服务数量往往很难测量。此外，在这些服务中，有很多根本上就没有进入市场，因此其价格也极难确定。对于某些物品的使用价值（无论是否可以提取）而言，人们可以将利用这些价值的机会留待未来的某个时候，通过维持这一机会所获得的价值就是选择权价值（option value），类似于资本市场的期权价值。

与使用价值形成对照的是，非使用价值来自环境、资源和生物多样性可能提供的某些效益，然而其中并不涉及对这种价值的实际使用，无论是直接使用还是间接使用。在很多情况下，这类效益中最重要的就是所谓存在价值（existence value）和遗赠价值（bequest value）。存在价值是指人们单纯从知道某种物品的存在中所得到满足而为其存在所愿意付出的支付意愿，即使从来没有打算去拥有、使用或接近这些物品；遗赠价值是从人们希望将某些价值留给后代的心愿中所得到的价值。非使用价值是最难估算的一类价值，因为在大多数情况下，它们在人们的行为中得不到反映，因而完全观察不到，多数情况下只能用陈述偏好技术来加以揭示。

4. 工程项目经济分析中的土地经济价值分析思路

从工程项目经济分析的角度看，项目占用土地经济价值计算的基础是土地的收益，其理论基础是机会成本理论。项目占用土地的代价就是社会为此放弃现有土地用途的收益。土地资源的不可移动性，决定了土地市场是典型的区域市场，从而决定了土地市场的竞争为空间竞争（或区位竞争）。由于土地资源的不可移动性，土地市场的竞争只能是相邻土地之间的竞争，而不是全部土地之间的竞争。土地市场既没有全国统一的市场，更没有国际市场，土地是不可外贸货物，不存在可参照的国际市场价格。土地市场仅是相邻区域的市场，竞争性较弱，更不是完全竞争市场，这决定了土地市场价格不一定能够反映土地的真实价值。同时，不可移动性决定了土地的经济价值具有典型的区域性特征，使得不同区域土地的经济价值存在差别。

农用地转为非农业用地后往往不可再生，因此可以认为农用土地属于不可再生资源，在计算土地经济价值时，应考虑资源的折耗或补偿。土地经济价值的测算应遵循机会成本原则，土地的边际机会成本反映使用土地需要付出的全部代价。项目占用土地的机会成本主要取决于该土地原先用途和未来可供选择的用途。理论上，项目用地的经济价值应以土地的最佳替代用途的贡献来估价，须由项目评价人员做出判断。决定土地价值的一个重要因素就是土地用途，用途不同，土地价值会有很大差异。应根据项目占用土地的具体特点，分类计算农村用地及城市用地的相应经济价值。

二、土地经济价值测算方法研究现状

（一）土地经济价值测算方法评述

在市场经济高速发展的今天，对土地经济价值的测算越来越显示出其必要性。任何项目的建设都离不开土地，取得土地需要付出经济上的代价，从而在项目的经济分析中，这种代价要作为费用计入项目经济费用流量之中。

土地估价理论从 19 世纪末开始建立，由马歇尔（1890）首创 3 种对不动产的估价方法：市场比较法、重置成本法和收益资本法。目前学术界对土地经济价值主要采用市场比较法、收益折现法、成本逼近法和剩余法等专业方法进行测算。

1. 市场比较法

市场比较法是土地估价方法中最常用的基本方法，其基本含义是：在求取一宗待估土地的价格时，根据替代原则，将待估土地与在较近时期内已经发生交易的类似土地交易实例进行对照比较，并依据后者已知的价格，参照该土地的交易情况、期日、区域以及个别因素等差别，修正得出待估土地的评估时日的地价。这里的"类似土地"，是指土地所在区域的区域特征以及影响地价的因素和条件均与待估土地相同或相近的土地。其公式的表现形式为连乘修正，故又称之为"乘法"。

市场比较法可以分为直接比较分析和间接比较分析两种形式。直接比较分析以待估土地的状况为基准，把各交易实例与其逐项比较，然后将比较的结果转化为修正价格。间接比较分析以一个标准宗地或条件俱佳的土地为基准，把交易实例和待估土地进行逐项比较，然后将结果转化为修正价格。

2. 收益折现法

收益折现法简称收益法，也是土地估价的常用方法，是对土地、房屋、不动产或其他具备收益性质资产进行估价的基本方法。此方法用于土地估价时，将待估土地在未来每年的预期纯收益，以一定的折现率折现为评估时日收益现值。

3. 成本逼近法

对被征用农业用地或收益很难测算的土地，如公共设施用地或公共建筑用地等，计算其土地经济价值时可选用成本逼近法进行测算。成本逼近法就是以开发土地所耗费的各项费用之和为主要依据，再加上一定的利润、利息、应缴纳的税金和土地增值收益来推算土地的价值。

4. 剩余法

根据土地最佳使用和合法原则，在正确掌握房地产行情和土地供求关系，判断土地开发后房地产销售价格，确定土地开发费用和正常利润的前提下，估算土地开发完成后不动产正常交易价格，扣除建筑物建造费用及与建筑物建造和买卖相关的专业费用、利息、利润和税费等，以剩下的余额作为待评估土地的价格。

（二）有关国际组织土地经济价值测算方法

1. 世界银行土地影子价格确定方法

世界银行认为，土地是不可外贸货物的一个最好的例子。从原则上讲，土地的估价与任何其他不可外贸物品的估价并没有本质区别。但是，土地不同于其他不可外贸货物的地方在于，它的供给完全没有弹性，转用于项目的任何土地都必然不能再用于其他用途，即使其他用途是有利可图的。因此，对项目所占用土地的估价可能必须依靠间接方法，而不能直接使用对扭曲做出了调整后的市场价格。但是土地市场常常是不完善的，市场价格非常难以估算或根本无法估算。许多项目占用的土地是项目参与方拥有多年的土地。例如，工业项目可能计划使用的是政府机构已经拥有了几十年的土地，或者工厂扩建项目可能准备利用的是当初建厂时为今后扩建而预购的土地。在这些情况下，为了测算土地可供选择用途的价值，采用如下公式：

$$V = R/(i-g) \tag{6-1}$$

式中　V——某块土地的估算价值；

　　　R——每年的租金或从土地上获得的收益；

　　　i——资金的机会成本；

　　　g——预期的租金实际增长率。

上述思路表明，世界银行对土地影子价格的确定方法属于机会成本法，根据土地的租金或净收益来确定土地影子价格。

2. 亚洲开发银行土地影子价格的确定方法

亚洲开发银行认为土地经济价值的确定最好采用机会成本法，即根据没有该项目时该土地最佳使用用途的产出来确定。如果存在竞争比较充分的土地租赁市场，租金即土地的机会成本，较好估算。此外也应考虑重新安置搬迁的经济费用。在项目经济分析中，对土地经济价值的测算，首先要分析项目的实施是否会带来土地用途的变化。如果土地用途不发生变化，像一些重建项目或改建项目，是在原项目土地上发生的，此时将不考虑土地经济价值的测算。如果土地用途发生变化，如新建项目或改建项目需要占用新的土地资源，土地的经济价值应根据土地利用产生变化的机会成本进行估计。亚洲开发银行将土地分为农村土地、城市土地和特别开发区土地来分别说明土地机会成本的估算。

（1）项目占用农村土地，土地用途的变化将导致农业生产的损失，土地机会成本根据所损失的农地的净收益来计算。由于农业技术或农作物种植模式可能发生改变，需要对土地产出率和农作物密度等进行年度调整，以反映项目占用土地产出的变化。计算公式可表示为：

$$EPL_t = NB_0 \times CI \times (1+g)^t \tag{6-2}$$

式中　EPL_t——第 t 年每公顷土地的经济价格；

　　　NB_0——按影子价格计算的第 0 年每种作物的净产出或效益；

　　　CI——作物密度；

　　　g——农作物产出增长率（正或负）。

（2）项目占用城市土地，原有的经济活动将会被替代，应按每一类活动计算土地利用变化的范围，并分别考虑按经济价格计算的直接生产性工商业活动的生产损失、间接生产性活动转移所节省的费用，以及休闲和其他娱乐的支付意愿价值。土地的经济费用还应包括被转移的各种活动重新安置的机会成本。

（3）项目占用的土地如果位于开发区，土地的现有用途不能很好地表示出其土地机会成本。在这种情况下，项目所占用土地的经济价值可以按该土地开发得到次优利用时的产出来估算，或者采用土地购买或租赁的价格进行测算。

由此可见，亚洲开发银行关于土地经济价值的测算，是建立在土地用途发生变化的部分，并根据区域内土地的最终占用损失的净收益进行计算。

三、我国土地经济价值的测算

（一）我国土地市场体系的特点与构成

相对于西方市场经济国家的土地市场，中国土地市场体系有其自身的特点，主要表现如下：

（1）城乡二元的土地公有制结构。根据《中华人民共和国宪法》《中华人民共和国土地管理法》等规定，我国农村土地和城市土地均实行公有制，城市土地属于国家所有，农村土地为农民集体所有。国家拥有高度集中分配土地资源的权力，国家规定和管制城乡土地的用途，建设用地绝大部分只能用国有土地，集体不可购买国有土地，国家可以强制征收集体土地。

（2）城市土地使用权的限制性。我国实行国有土地有偿有限期使用制度。对于城市土地，国家是土地的恒定所有者，而土地使用权的受让人取得一种独立的财产权利，包括所有权中占有、使用、收益和一定程度的处分权，该土地使用权是一种与土地所有权相分离的独立物权，不同于所有权中单纯的使用权能。政府可以根据经济社会发展的实际需要，对土地用途进行管制，土地使用权人要严格按照规划和合同的规定利用土地，不得擅自变更土地用途。同时，土地使用的年期也要受到限制。除国家核准的划拨土地外，凡新增土地和原使用的土地改变用途或使用条件、进行市场交易等，均实行有偿有限期的使用。《城镇国有土地使用权出让和转让暂行条例》规定："土地使用权出让的最高年限按下列用途确定：①居住用地70年；②工业用地50年；③教育、科技、文化、卫生、体育用地50年；④商业、旅游、娱乐用地40年；⑤综合或者其他用地50年。"

（3）农民集体土地拥有不完全产权。在现行的法律框架下，虽然法律规定农村土地归农民集体所有，但农民集体所拥有的农村土地产权是不完全的。集体经济组织只有土地占有权、使用权、收益权，而没有完全的处分权，农村土地只能通过国家的征收才能改变所有权主体和所有权性质。我国农村土地的所有权属于集体，但是农村集体转让土地却受到严格限制。我国土地管理法规定："建设项目占用土地，涉及农用地转为建设用地的，由省、自治区、直辖市人民政府批准"。农村土地所有权的转让受到限制，所以农村土地的所有权市场实际上并不存在。此外，尽管有关法律法规对城市国有土地使用权流转做出具体规定，但没有对农村集体建设用地的使用权做出明确规定，现行的土地管理法仍不允许农村集体建设用地的使用权流转。

（4）政府垄断城市土地一级市场。我国法律规定，土地所有权不进入市场，国家只对国有土地使用权实行有期限的出让、转让和出租等。在土地出让市场，也就是一级土地市场，土地的供给者只有国家，即国家对一级土地市场的供给进行垄断。涉及农地变为建设用地，就要通过政府征地，任何单位建设所用土地都要使用国有土地。这种制度使政府成为农地变为建设用地的唯一决定者，成为城市土地一级市场的唯一供应商。每个城市每年要进入出让市场的土地数量、位置和用途等，都由各级政府根据市场需求和土地利用计划等来确定。

（5）严格的耕地保护制度。耕地保护制度包括占用耕地补偿制度、耕地总量动态平衡制度、基本农田保护制度等。批准占用基本农田的权限在中央，占用耕地及补充耕地实现动态总量平衡由地方政府实施。非农业建设经批准占用耕地的，按照"占多少，垦多少"的原则，由占用耕地的单位负责开垦与所占用耕地的数量和质量相当的耕地；没有条件开垦或者开垦的耕地不符合要求的，应当按照省、自治区、直辖市的规定缴纳耕地开垦费，专款用于开垦新的耕地。征收耕地的补偿费用包括土地补偿费、安置补助费以及地上附着物和青苗补偿费。

（6）市场机制配置土地资源的有限性。虽然我国强调要发挥市场配置资源的决定性作用，但在土地资源的开发利用方面，土地出让仍主要采用行政划拨和协议方式，只有经营性用地可采用市场方式。经营性土地一般是指经营性项目的用地，经营性项目一般指商业、旅游、娱乐、金融、服务业、商品房等项目。我国规定经营性土地一律按照市场机制运作即采用招标、拍卖、挂牌方式供地。

（二）我国土地经济价值测算的现行规定

我国在建设项目经济分析中以土地影子价格计算土地经济费用。《建设项目经济评价方法与参数（第三版）》将土地分为生产性用地和非生产性用地，建设项目所占用的农业、林业、牧业、渔业及其他生产性用地，其影子价格按照机会成本原则对生产性用地未来对社会可提供的产出物效益及因改变土地用途而发生的新增资源消耗进行计算；建设项目所占用的住宅、休闲用地等非生产性用地，根据支付意愿原则按照市场交易价格估算其影子价格。

我国对于城市土地影子价格的计算，根据土地出让方式的不同采取不同的计算方法。通过招标、拍卖和挂牌出让方式取得使用权的国有土地，其影子价格按市场交易价格进行计算；通过划拨、双方协议方式取得使用权的土地，分析价格优惠或扭曲情况，参照公平市场交易价格，对交易价格进行调整；经济开发区优惠出让使用权的国有土地，其影子价格参照当地土地市场交易价格类比确定。当难以用市场交易价格类比方法确定土地影子价格时，可采用收益现值法或以开发投资应得收益加土地开发成本确定。

我国通过对土地征用费的调整计算建设项目占用农村土地的影子价格，其中耕地补偿费及青苗补偿费视为土地机会成本，地上建筑物补偿费及安置补偿费视为新增资源消耗。这些费用如果与农民进行了充分协商并获得认可，可直接按市场交易价格计算其影子价格；若存在征地优惠，或在征地中没有进行充分协商，导致补偿和安置补助费低于市场定价，应按当地正常征地补偿标准调整计算土地影子价格。在征地过程中收取的征地管理费、耕地占用税、耕地开垦费、土地管理费、土地开发费等各种税费，应视为转移支付，不列入土地经济费用的计算。

第二节　农村土地经济价值的计算

一、耕地净收益与机会成本的测算

耕地是种植粮食作物、油料作物以及其他经济作物的农业土地。耕地包括灌溉水田、望天田、水浇地、旱地和菜地。耕地净收益就是这些作物的纯收益。通过耕地净收益可以确定耕地机会成本。

（一）耕地净收益的测算公式

耕地净收益是指单位面积耕地的总收益扣除总成本后的纯收益。耕地净收益的测算公式如下：

$$耕地净收益=单位面积耕地总收益-单位面积耕地总成本 \tag{6-3}$$

（二）耕地总收益的测算

耕地总收益是指单位面积耕地所获得的总收入。耕地总收益的计算公式如下：

$$耕地总收益=单位面积产量×单位产品价格 \tag{6-4}$$

其中，农作物单位耕地面积年产量计算公式为：

$$农作物单位耕地面积年产量=农作物年总产量/农作物占用耕地总面积 \tag{6-5}$$

需要指出的是，农作物单位耕地面积年产量是考虑了耕作制度的年产量。耕作制度是指耕作方式，中国常见的耕作方式有间种、混种、复种、套种等。其中，复种是指同一年内，在同一块耕地上，连续种植作物两次或两次以上。复种可以是同一种作物，也可以是不同作物；套种是指在同一耕地上，先后种植两种不同的作物。因此，按耕地面积计算单位面积的年产量，则需要把复种指数考虑进去。对耕地而言，复种指数的计算公式为：

$$复种指数=（某作物同一年内播种总面积-绿肥作物播种面积）/$$
$$某作物占用耕地总面积 \tag{6-6}$$

考虑到复种指数，则某作物单位耕地面积年产量的计算公式为：

$$某作物单位耕地面积年产量=单位播种面积产量×复种指数 \tag{6-7}$$

（三）耕地成本的测算

耕地成本是指农产品生产过程中各种消耗，包括各种生产要素的投入。具体而言，耕地成本包括生产费用、期间费用、用工费用三个部分。

1. 生产费用

生产费用是指在生产过程中消耗的各种农业生产资料和发生的各项支出的费用，包括直接生产费用和间接生产费用两部分。

（1）直接生产费用。直接生产费用是指在生产过程中发生的、可以直接计入各种作物成本中的费用，包括种子秧苗费、农家肥费、化肥费、农膜费、农药费、畜力费、机械作业费、排灌费、燃料动力费、棚架材料费及其他直接费用。

（2）间接生产费用。间接生产费用是指与生产过程有关，但需要分摊才能计入产品成本的费用，包括固定资产折旧、小农具购置修理费及其他间接费用。

其中，固定资产折旧是指在农产品生产过程中，所使用的各种农机具、设备、役畜和生产性房屋、仓库等受到各种磨损而提取的费用；小农具购置修理费是指价值较低及使用期限较短的小农具购置和修理费用。

2. 期间费用

期间费用是指与生产经营过程没有直接关系或关系不密切的费用，包括管理费、销售费和财务费等。

管理费是指为组织和管理生产经营活动而发生的各种管理性质的开支，包括农村管理人员的工资及福利费，其他管理活动开支等。规模农场管理费开支范围按农业财务制度有关规定核算分摊。

销售费是指生产单位或农户为销售商品而发生的运输费、装卸费、包装费、差旅费、广告费。销售用工按当地工价折算计入销售费用。

财务费是指与生产经营有关的借款利息和金融机构手续费等。

3. 用工费用

用工费用是指与生产有关的劳动力费用，包括直接用工费用和间接用工费用两部分。

（1）直接用工费用。直接用工费用是指生产过程中直接使用劳动力的费用，包括翻整土地、种子准备与播种、施肥、田间管理、收割等方面用工的费用。

（2）间接用工费用。间接用工费用是指为多种产品而共同劳动的用工费用，包括积肥、经营管理、销售及其他方面用工的费用。

（四）园地净收益与机会成本的测算

园地包括果园、桑园、茶园、橡胶园以及其他园地，其产品包括水果、蚕茧、茶叶、麻、橡胶等。通过测算园地净收益来确定园地机会成本，计算公式为：

$$园地净收益=单位面积园地总收益-单位面积园地总成本 \qquad (6\text{-}8)$$

这里，园地总收益是指同一年内从果树上收获的全部果品的收益，按鲜果的数量乘以其价格进行计算。园地成本与耕地成本构成基本一致，但在用工成本中应加入"初级加工用工"一项，初级加工用工是指园地产品在销售之前的初步加工。

二、牧草地净收益与机会成本的测算

牧草地包括天然草地、改良草地和人工草地，其产品包括牛、马、羊等。通过测算牧草地净收益来确定牧草地机会成本。

（一）牧草地净收益计算公式

牧草地净收益的计算公式与耕地净收益一样，二者的区别在于，牧草地其所能饲养的牲畜数量或重量来表示的。

牲畜数量是指每百只（头）存栏畜年内出栏畜（包括出售和自食）和净增畜数量，其计算公式为：

每百只（头）存栏畜年内出栏畜出售和自食数量=年内出售、自食数量之和

$$÷期初存栏数量×100 \qquad (6-9)$$

每百只（头）存栏畜年内出栏畜净增畜数量=（期末存栏数量–期初存栏数量）

$$÷期初存栏数量×100 \qquad (6-10)$$

每百只（头）存栏畜数量=（年内出售、自食数量+期末存栏数量–期初存栏数量）

$$÷期初存栏数量×100 \qquad (6-11)$$

牲畜重量是指一年内出售、自食和净增畜的活体重量。计算公式为：

每只（头）畜产品平均活重=（出售畜总活重+自食畜总活重+净增畜总活重）

$$÷畜产品数量 \qquad (6-12)$$

净增畜总活重按出售畜的平均活重乘以净增畜数量计算，其计算公式为：

$$净增畜总活重=每只（头）出售畜平均活重×净增畜数量 \qquad (6-13)$$

牧草地每亩平均年产量是指每亩牧草地能够饲养的牲畜数，又称为草地的载畜量。计算公式为：

$$载畜量=每亩草地的产草量/牲畜的日食草量 \qquad (6-14)$$

不同地区、不同牧草地的载畜量不同。牧草地载畜量通常采用每亩绵羊数量来表示，其他牲畜一般换算成绵羊单位。例如，1 头牛=5 只绵羊，1 匹马=6 只绵羊。

首先计算出一只绵羊一年所需牧草地面积，然后再把绵羊数换算成各牲畜数，最后得出每亩牧草地的载畜量。一般而言，一只绵羊的日食草量为 5kg，牧草地的利用率为 75%，则一只绵羊全年所需牧草地面积的计算公式为：

$$一只绵羊全年所需牧草地面积=绵羊日食草量（5kg）×365 天/该地区每亩牧草地产草量$$

$$×利用率（75\%） \qquad (6-15)$$

根据草场类型特点，中国草场分为以下五个区：

（1）东北及内蒙古东部草甸草原区。东北及内蒙古东部草甸草原区包括东北三省及内蒙古呼、哲、锡盟的东部地区。该区地势平缓，山体不高，年降水量在 350mL 以上。草地植被以草甸草原为主，牧草种类多，生长旺盛，草高 60～80cm，产草量较稳定，覆盖率可达 60%～80%。虽冬季多雪，但草场资源丰富，人工种草较易，宜发展肉、乳牛和毛、肉用细毛羊。

（2）内蒙古草原区。内蒙古草原区包括内蒙古中部及相邻的河北坝上的干草原与荒漠草原。该区地势平缓，气候属半干旱与较干旱，降水量为 200～350mL，多集中在夏、秋季。草场生产力从东到西降低，东部为干草原，草高 30～50cm，覆盖率为 50%，有一定数量的割草场；西部为荒漠草原，草丛较低疏，割草场少，草原的牧场含粗蛋白较多，宜发展细毛羊和裘、羔皮羊。

（3）西北荒漠区。西北荒漠区东起内蒙古西部，经宁夏、甘肃到新疆广大的荒漠区。该区地貌为河谷平原或盆地与山地相间，平原和盆地年降水量为 100～200mL，蒸发量大，气候极端干旱。饲用植物多为富含盐分的灌木，生产力低，宜养骆驼和羊。

（4）青藏高寒草原区。青藏高寒草原区包括青海、西藏和四川西部的高寒地区。该区海拔多在 3000m 以上，除高山峡谷地带有较好的高原型草场外，其余大部分地区寒冷而干旱，发育为低草型草场，产草量低，但含粗蛋白较高，适宜于地毯毛羊和牦牛生长。

（5）中部和南部草山草坡区。中部和南部草山草坡区包括中部暖温带的一些省份，直到南部亚热带、热带各省区的广大丘陵山地及云贵高原。该区包括多种植被地带，牧草生长条件差别较大。大部分地区水热条件较好，尤其是南方地区，产草量高，但草质较差，不耐践踏，且大部分零星分布，增加管理难度。

（二）牧草地成本测算

牧草地成本包括生产费用、期间费用、用工费用三个部分。

1. 生产费用

生产费用包括直接生产费用和间接生产费用两部分。

（1）直接生产费用。直接生产费用包括饲草费、饲料饲盐费、医疗防疫费、配种费、放牧用具费、幼畜购进费及其他直接费用。

（2）间接生产费用。间接生产费用包括固定资产折旧、草场建设费、修理费及其他间接费用。

2. 期间费用

期间费用包括管理费、销售费和财务费。

3. 用工费用

用工费用包括直接生产费用和间接生产费用两部分。

（1）直接用工费用。直接用工费用包括放牧及饲养、接羔、打草、圈畜、剪毛、抓绒、挤奶用工费用及其他直接用工费用。

（2）间接用工费用。间接用工费用包括草场建设、修缮、管理、销售用工费用及其他间接用工费用。

三、被征用农业用地土地经济价值估算

被征用农业用地土地经济价值，是指农用地转化为城市用地或铁路、机场等建设用地时的经济价值。

（一）项目占用农用土地机会成本的确定

根据农业用地的资源属性，从可持续发展的角度出发，应从资源价值论角度考虑土地机会成本的衡量，即土地机会成本按照土地的总经济价值进行核算。农用土地机会成本的计算公式为：

$$\text{农用土地机会成本}=\text{边际效益}+\text{选择权价值}+\text{非使用价值}+\text{资源折耗溢价} \qquad (6\text{-}16)$$

1. 边际效益

土地的边际效益包括生产性产出的直接效益，以及生态效益、环境保护效益和娱乐休闲效益等，边际效益可按照收益现值法进行估算，即用最佳用途年净效益的现值总额来表示。根据项目所在地区的自然、经济、技术、政策和习惯等条件，选择项目所在地区可行用途中年净效益最大的用途。设 R 为最佳土地用途的年净效益，n 为项目生命期，t 为项目生命期内

的第 t 年（$t \leqslant n$），g 为年净效益的增长率，i 为社会折现率，则农用土地机会成本折现值的计算公式为：

$$PV = R \cdot \sum_{t=1}^{n}\left(\frac{1+g}{1+i}\right)^t \tag{6-17}$$

式中　PV——土地机会成本净现值；

　　　R、g——通过预测计算而得。

这里假设不同用途年净收益增长率 g 是相同的。若不同用途年净收益增长率 g 不同，则需根据不同年净收益增长率分别计算出各可行替代用途年净收益的现值，选择净现值最大者作为农业土地的机会成本。

2. 选择权价值

土地资源的选择权价值是指该土地资源不是现在被开发为非农建设用地，而是留着将来用于某种用途以获得更多的收益的价值。农用地一旦被开发为非农建设用地后，从经济有效性看几乎不能再被有效地转为农用土地，因而可以被看作为一种不可再生资源。例如，一片林地一旦被开发为城市建设用地，就很难有其他利用方式的逆转性，将来可能不具有其他用途的选择。在这一意义上，选择权价值类似于为保证一种资源和服务的供应所支付的保险金，确保在未来不确定的情况下某一资源环境的供给。因而这种选择权价值衡量的是未来的直接或间接使用价值。处于相对原始状态的农用土地资源供给因开发而减少，意味着留给后代土地资源开发利用的选择机会在减少，因而其选择权价值是不断增加的。该种价值一般只能通过调查人们为保存这一选择机会而愿意支付货币数额的方法来估算。

3. 非使用价值

非使用价值是土地资源的内在价值，与土地的利用与否无关，又可分为存在价值和遗赠价值两个部分。土地资源被征收征用开发利用后，同样可以遗赠给后代人，但是开发利用后的土地在间接使用价值、选择权价值等方面就明显小于未开发利用的农用土地资源。实际上，作为礼物送给后人的价值就会减少，该种价值一般只能用意愿调查法进行估价。土地征收中要求支付的耕地开垦费具有这种价值补偿含义，因此如果征收的耕地开垦费能够补偿新开垦耕地的费用，则非使用价值可按耕地开垦费进行估计。

4. 资源折耗溢价

农用地是可耗竭资源，随着农用地的减少，开发新的农用地成本显著增加，应计算折耗溢价。

农用土地机会成本也可在征地费用的基础上进行调整计算，项目使用的农村土地，一般是来自政府征用的农村农民集体所有的土地。政府征用农业用地，要向农民支付征地补偿费用，包括耕地补偿费、青苗补偿费、地上建筑物补偿费、安置补助费等。这些征地补偿费用，通常全部或者部分由项目建设方向政府交付。除此之外，项目建设方还要向政府交纳征地管理费、耕地占用税、耕地开垦费、土地管理费、土地开发费等费用。

农用土地经济价格的计算见表 6-1，项目征用农村土地，土地征用费中的耕地补偿费、青苗补偿费及安置补助费应视为土地机会成本，按收益现值法、市场比较法等调整计算，耕地开垦费和新菜地开发建设基金也应视为土地机会成本；地上建筑物补偿费应视为新增资源消耗；征地管理费、耕地占用税、土地管理费、土地开发费等其他费用应视为转移支付，不列为经济费用。

表 6-1 农用土地经济价格的计算

土地经济价格构成	包括的实际支出	性质	土地经济价格计算方法
边际效益	耕地补偿费 青苗补偿费 安置补助费	机会成本	收益现值法
选择权价值		机会成本	意愿调查评估
非使用价值	耕地开垦费 新菜地开发建设基金	机会成本	意愿调查评估
资源折耗溢价		机会成本	资源折耗溢价计算方法
新增资源消耗	地上建筑物补偿费	新增资源消耗	按照市场价格调整计算
剔除项目	征地管理费 土地管理费 耕地占用税	转移支付	不计为资源耗用的经济费用

如果项目建设方支付给政府的耕地补偿费、青苗补偿费、安置补助费等没有全部覆盖政府实际支付的补偿费用，政府另外以货币或非货币形式对农民进行补偿，则相应的土地经济价格应根据政府的额外补偿额进行调整计算。

项目所支付的征地费中，耕地补偿费、青苗补偿费、安置补助费等的确定如与农民进行了充分的协商，能够充分保证农民的应得利益，则土地经济价格的计算中可不做调整；如果没有与农民进行充分的协商，不能充分保证农民的利益，按收益现值法、市场比较法等调整计算。如上述计算结果低于征地区片综合地价或同区块的征地案例地价，则按照征地区片综合地价或征地案例地价进行计算；在土地市场活跃的地区，如果按上述方法计算的土地经济价格低于城市基准地价中末级土地价格，则按城市末级土地价格来确定被征用农业用地的经济价格。

（二）新增消耗资源机会成本的测算

1. 新增消耗资源的构成

根据征地成本的构成，可以得出新增消耗资源的构成。征地成本的构成见表 6-2。

表 6-2 征地成本构成

编号	构成	编号	构成
1	耕地补偿费	7	土地管理费
2	安置补偿费	8	土地开发费
3	青苗及地上物补偿费	9	投资利息费
4	征地管理费	10	投资利润
5	耕地占用税	11	土地增值收益
6	耕地开垦费		

通过对征地成本的分解，可以将其分为三个部分：①属于机会成本性质的费用，如耕地补偿费、青苗及地上物补偿费；②属于新增资源消耗的费用，如安置补偿费、土地开发费；③属于转移支付的费用，如征地管理费、耕地占用税、耕地开垦费、土地管理费、投资利息费、投资利润、土地增值收益。其中，转移支付属于资源的转移，不是土地经济价值的组成

部分。因此，在计算征用的农用地土地经济价值时，不将转移支付计算在内，只是利用机会成本性质的费用和新增消耗资源的费用来进行计算。

2．新增消耗资源机会成本的测算方法

根据上面的分析，新增资源消耗主要包括安置补偿费和土地开发费两部分。即：

$$新增资源消耗=安置补偿费+土地开发费 \qquad (6\text{-}18)$$

其中，安置补偿费包括土地补偿费、劳动力安置补助费以及地上物补偿费和青苗补偿费。征用耕地的安置补助费，按照需要安置的农业人口数计算；需要安置的农业人口数按照被征用的农地数量除以征用前被征用单位平均每人占有耕地的数量计算。结合不同区域的统计调查资料以及国土管理部门提供的该地区征地实际情况，代表性市县所在区域征用土地前人均耕地和安置补助费补偿倍数及安置补助费按当地标准进行测算。

土地开发费主要是指"三通一平"（通路、通上水、通下水、土地平整）的土地开发费用。因此，如果不同地区农用地的开发不是"三通一平"的，应将其调整为"三通一平"。

新增消耗资源机会成本的测算步骤：

（1）收集有关农用地征用成本的资料。

（2）确定土地成本构成。

（3）测算新增消耗资源机会成本。

第三节　城市土地经济价值的计算

一、我国城市土地市场发展现状

（一）土地市场类型

我国城市土地市场大致包括土地所有权转移、土地使用权出让和土地使用权转让。

（1）土地所有权转移。土地所有权转移即政府征用农村集体所有的土地，所有权发生转变。按照我国法律规定，除因公共利益需要可依法征购农村土地，使土地所有权发生转移外，其余城乡土地所有权不准转移。土地征用需要支付多项费用，交易双方应对征地费用进行讨价还价，以体现市场配置资源的决定性作用。

（2）土地使用权出让。土地使用权出让即政府把土地使用权有偿、有期限地出让给单位或个人使用，存在协议出让、招标和拍卖等交易形式，属于城市土地资源的初次配置。

（3）土地使用权转让。土地使用权转让属于城市土地资源的再配置过程，土地交易是在土地使用者之间进行，交易方式有很多，如以地换房、出售出租房地产、转让已开发的土地、以地合营、入股、抵押等，供求双方充分竞争，最终以市场成交定价。

（二）土地使用权出让市场价格

1．基准地价

基准地价是指按照城镇不同的土地级别或均质区段分别评估的商业、工业、居住等各类用途的单位面积土地使用权平均价格。基准地价作为市场平均地价的信号，作为土地价格总体水平的反映，对于指导市场价格和投资方向起到重要作用。基准地价客观地反映了土地价值量大小及变动趋势，表明了土地利用的经济效果，为国家计征土地使用税、土地增值税等税费提供依据。基准地价还是进一步评估标定地价、出让底价等宗地地价的基础，起到估算初值和修订初始值的作用。

2. 标定地价

标定地价是市、县政府根据土地管理的需要，在正常的土地市场及经营管理和政策条件下，对具体宗地在一定使用年期内所标定的价格。标定地价是确定土地出让价格与政府优惠幅度的依据，是国家行使优先购买权的依据，是划拨土地使用权转移时补交土地使用权出让金的标准，是核定地产增值，征收土地增值税（费）的标准，是企业清产核资和股份制企业中土地资产评估的依据。

3. 出让底价

出让底价是政府根据正常市场状况下地块应达到的地价水平，是综合考虑各种政策因素的影响，确定某一块土地出让时最低的控制价格标准，是土地使用权出让时政府首先出示的待出让土地最低地价的依据和确认成交地价的基础。

4. 交易价

交易价是土地使用权转移双方按照一定的法律程序，在土地市场中实际达成的交易价格。市场交易价一般是具体宗地一定使用年期的现实交易价格，是交易双方收支地价款的标准，也是契税、土地增值税、土地收益金的计税基础。交易价一般通过协议、招标、拍卖、市场流通而实现，反映市场供求、政策因素、经济形势、地价政策、交易双方心理等各要素综合作用于某一宗地在某一时刻的价格，具体包括以下类型。

（1）协议地价。协议地价是出让方和受让方就特定的城市土地进行"一对一"谈判而形成的交易价格。协议地价的高低不是由土地市场供需状况和土地预期收益决定的，而是取决于供需双方的交易动机。作为受让方的房地产开发公司和一般生产经营企业的动机较单纯，就是赚取更多的利润，而作为出让方的地方政府的动机较复杂，因为城市土地对地方政府具有多重效用。这样，协议地价主要由地方政府的动机所决定。当招商引资、发展地方经济成为地方政府主要的供地动机时，协议地价一般较低，往往相当于征地拆迁费用和土地开发成本之和，有时甚至低于成本；当增加地方财政收入、改善城市基础设施成为地方政府主要动机时，协议地价一般略高。

（2）招标地价。招标出让土地由政府公开招标或邀请符合条件的投标人投标，经评标后确定中标者，其中标地价称之为招标地价。与协议出让相比招标出让引进了竞争机制，使招标人有择优选择的机会，使投标人各展所能，但出价最高者不一定能中标，中标者往往是出价中等、其他条件优越的投标人。招标地价虽然是一种竞争性地价，但并不完全由土地预期收益所决定，社会公共目标或者政府意图在其形成中起着非常重要的作用。

（3）拍卖地价。土地拍卖是指在特定的时间和公开的场合，竞投者按规定的方式应价，按"价高者得"的原则出让土地，以拍卖方式所形成的交易地价称为拍卖地价。拍卖出让和招标出让虽都是竞争性出让方式，但有很大差异。招标出让中的各投标人相互不知道其竞争对手的条件，而且一般只有一次投标机会；而拍卖出让是在各竞买人之间公开竞争，每个竞买人可根据对手提出的报价，提出更高的报价。因此，拍卖出让是最富有竞争性的，拍卖地价完全是市场竞争机制的产物，完全由土地最佳预期收益所决定。

（4）挂牌地价。挂牌出让国有土地使用权，是指出让人发布挂牌公告，按公告规定的期限将拟出让宗地的交易条件在指定的土地交易场所挂牌公布，接受竞买人的报价申请并更新挂牌价格，根据挂牌期限截止时的出让结果确定土地使用者的行为。以挂牌出让方式形成的土地交易价格称为挂牌地价。

二、城市土地影子价格测算依据

（一）城市土地影子价格及其影响因素

1. 背景及意义

影子价格是运筹学和经济学中的一个重要概念，是数学规划成功用于处理经济问题的重要实践，对于合理利用和节省资源，确定产品价格，优化经济结构，提高经济效益都有着十分重大的参考价值和指导意义。在正确认识和深刻理解影子价格含义的基础上探讨适合我国现行市场体系的城市土地影子价格测算方法，对促进我国城市土地的科学配置、规范土地市场、优化产业结构、提高经济效益具有重要指导意义。

城市土地影子价格，是指城市土地资源得到充分利用、土地收益最大化时的无限年期的土地价格。我国人口众多，土地资源十分紧张，我国土地市场尚处于发育和完善的过程之中，存在土地价格扭曲现象。因此，需要采用影子价格对扭曲了的市场价格进行矫正、调整，将未曾考虑的外部因素考虑进去，并在土地价格中予以体现，对于协调各方利益，提升土地资源配置效率具有重要意义。

2. 城市土地影子价格的影响因素

（1）宏观因素。"土地影子价格"与土地所在区域的位置、经济发展状况、资源禀赋及开发利用状况、科技水平、社会及经济环境、自然环境等因素密切相关。经济发达地区和经济欠发达地区的"土地影子价格"存在很大的差别。

（2）微观因素。"土地影子价格"与土地利用规划、土地属性、当地土地市场发育情况等有着密切关系。如一块用于种植农作物的土地与一块用于生产高新技术产品的土地，年净效益会有较大差别。

（3）政策因素。"土地影子价格"中的新增资源消耗费用，如拆迁费用、征地管理费等，与当地土地征收征用政策密切相关。

（4）其他因素。"土地影子价格"与其评价方法、评价年限、调查资料的准确性等因素有关。

（二）城市土地影子价格的确定

城市土地影子价格，理论上应按照利用土地用于其他用途时的边际收益（土地机会成本）和新增资源消耗进行计算。由于城市规划已经确定了土地的用途，在不改变土地用途的情况下，城市土地影子价格应为其机会成本，没有必要考虑新增资源消耗。因此，确定城市土地影子价格，应根据城市规划，选择确定最佳用途，推算最佳用途条件下不同级别的土地收益和经营成本，并测算出纯收益，通过收益折现推算其影子价格。在土地市场发达、基准地价更新及时的地区，还可以采用市场比较法、基准地价修正法、成本法等测算城市土地影子价格。

三、城市土地影子价格的测算

（一）市场价格法

在土地市场比较完善且规范的土地交易市场环境情况下，可以根据土地交易市场实际交易价格，扣除转移支付等因素进行修正，测算出待估宗地的机会成本，以此作为该宗土地的替代影子价格。

（二）基准地价修正法

在基准地价测算科学、更新及时的情况下，可直接将基准地价修正后作为待估宗地的机会成本，以此替代影子价格。我国各地基准地价目前存在更新速度慢、时效性差，且存在内涵、基准日、测算方法不统一等问题，因此难以用基准地价准确衡量待估宗地的机会成本。

（三）收益折现法

由于市场比较法与基准地价修正法存在对土地市场发育程度高度依赖的问题，因此在测算机会成本时，通过确定该土地最佳用途的市场平均收益，以平均收益作为机会成本。

1. 土地净收益的测算

土地净收益=潜在毛收入–空置等造成的收入损失–运营费用=有效毛收入–运营费用（6-19）

潜在毛收入、有效毛收入、运营费用、净收益通常以年度计。

潜在毛收入是假定土地在充分利用、无空置状况下可获得的收入。

有效毛收入是由潜在毛收入扣除空置、拖欠租金（延迟支付租金和不付租金）以及其他原因造成的收入损失后所得到的收入。

运营费用是维持地产正常生产、经营或使用必须支出的费用及归属于其他资本或经营的收益。

净收益是由有效毛收入扣除运营费用后得到的归属于土地的收益。

2. 不同收益类型土地的净收益

净收益的具体计算因所选取样点的收益类型不同而有所不同，可归纳为下列几种情况：

（1）出租型土地净收益。出租型土地是收益法估价的典型对象，包括出租的住宅（公寓）、写字楼、商场、停车场、标准工业厂房、仓库和土地等，其净收益通常为租赁收入扣除维修费、管理费、保险费（如房屋火灾保险费）、土地税（如房产税、城镇土地使用税）和租赁代理费等后的余额。租赁收入包括有效毛租金收入和租赁保证金、押金等的利息收入。在实际计算中，维修费、管理费、保险费、土地税和租赁代理费是否要扣除，应在分析租赁契约的基础上决定。如果保证合法、安全、正常使用所需的费用都由出租方负担，则应将其全部扣除；如果维修、管理等费用全部或部分由承租方负担，则出租方所得的租金就接近于净收益，此时扣除的项目要相应地减少。另外，如果租金中包含了无偿使用的水、电、燃气、空调、暖气等，则要扣除水、电、燃气、空调、暖气等费用。

（2）直接经营型土地净收益。直接经营型土地的最大特点，是土地所有者同时又是经营者，土地租金与经营者利润没有分开。

商业经营型土地，净收益为商品销售收入扣除商品销售成本、经营费用、商品销售税金及附加、管理费用、财务费用和商业利润。

工业生产型土地，应根据产品市场价格以及原材料、人工费用等进行计算。净收益为产品销售收入扣除生产成本、产品销售费用、销售税金及附加、管理费用、财务费用。

（3）自用或尚未使用土地净收益。自用或尚未使用土地净收益指自用或尚未使用的土地，可以比照同一市场上有收益的类似土地的情况，直接比较得出净收益。

第七章

时间节约经济价值的计算

时间就是金钱，在交通运输等基础设施建设项目中，时间节约的价值是拟建项目经济效益的重要体现。同时，项目占用的时间也是相关利益群体因项目建设及运营所付出的代价。对时间节约的经济价值进行客观的分析评价，是投资项目经济分析必须解决的一项重要技术问题。本章系统阐述时间节约的经济价值及其定量计算方法。

第一节 时间节约价值的研究与应用

一、时间节约价值的含义及理论基础

在交通运输基础设施投资项目经济分析中，时间节约，包括旅客出行时间和货物运输时间的节约，作为一种重要资源节约的效益，是工程项目经济效益的重要组成部分。根据欧洲运输部长会议《运输效益评价》（2001）一书披露，欧洲公路项目效益中，旅客出行时间节约效益约占 80%；我国公路项目中，运输时间节约效益也占有相当大的比重；海港杂货码头项目中，减少船舶在港停泊时间效益占到 60%～100%。另外，时间价值也是影响交通量预测结果的重要因素。由此可见，运输时间节约价值及其确定方法，在交通运输项目经济评价中占有重要地位。在市场经济环境条件下，旅客出行和货物运输时间节省的效益，在很多情况下可以通过人们对交通运输服务票价的支付意愿予以反映。但是，在很多场合，由于这类项目有较大的外部效果以及收费困难等原因，票价支付往往不足以表达其效益。因此，直接计算时间节省的效益就有其必要。

（一）时间节约价值含义的不同理解

"时间就是财富"，其含义就是指时间的价值。尽管时间不能自行创造价值，但是时间与价值的生产和实现是密切相关的。任何产品的生产都要消耗人的劳动时间。时间对人而言是一种资源，而且是一种非再生资源，时间一经消耗就不能再生。价值的创造不仅要消耗人的劳动时间，而且以消耗人的劳动时间的多少来度量价值。因此，节约时间就是节约这种非再生资源，浪费时间就是浪费这种非再生资源。资源就是财富，节约时间就是节约财富，浪费时间就是浪费了这种财富。时间的价值在于其使用价值，即被人的劳动开发利用后变成经济时间，如生产时间、流通时间、劳动时间、社会必要劳动时间等，时间的节约意味着能够把节约的时间用于生产活动而增加收入的价值。

在传统的消费者行为理论研究中，认为效用只取决于商品消费，时间并没有归于其中，因为任何多余的时间都被认为能够挣取更多的金钱。20 世纪 60 年代以来，由于经济和劳动效率的提高，用于工作的时间越来越少。在这种情况下，非工作时间的分配和效率开始受到关注，因为时间开始被认为不再只用于工作。Becker（1965）首先尝试所有非工作时间分配

方式的研究，假设家庭中包含着市场物品和时间这两个因素，用于生产最基本的商品（如睡觉，欣赏一出表演等），都应该被归于效用函数。因此时间作为一个必要的因素出现在效用函数中，认为时间可以通过更多地用于工作而更少地用于消费来转换为金钱。这也是以工资率作为计算时间价值标准的起源。Johnson（1966）在 Becker（1965）的基础上提出工作的过程也会产生不同的心理感受（比如愉快或不愉快）。通过把工作时间补充入效用函数，非工作时间的价值就是工资率加上主观的工作时间价值。Oort（1969）认为，出行时间的减少不但提高了工作和休闲时间，还减少了旅途时间，提高了旅行舒适度。因此对于节约时间价值的评价应包括两个方面：①把节约时间用于工作所创造的效益；②减少旅途不舒适的效益。至此，时间节约价值已经不再是单纯的工作时间价值，直接的感官价值被引入出行时间节约价值概念之中。

De Serpa（1971）概括总结提出三种类型的时间价值概念：一是时间作为一种资源的价值（value of time as a resource，VTR），就是可利用的时间增加所带来的价值；二是时间作为一种商品所具有的价值（value of time as a commodity，VTC），即把时间分配到某项活动的价值；三是时间节约的价值，认为时间节约价值就是 VTR 减去 VTC 的值。

Jara-Diaz（2003）认为时间节约价值还应包括消费模式的改变所产生的价值。当人们减少旅途时间，就拥有更多的休闲时间，可以将节省的时间用于重新安排自己的计划，使自己的工作或休闲安排更加让人满意。概括地说，出行时间节约的价值，就是用于出行这项活动所必需的最小时间减少所带来的价值，包括三方面内容：将节约的时间用于其他活动的价值；时间作为资源本身的价值；消费模式改变的价值。

（二）时间节约价值计算的理论基础

人类活动都是在一定时间和空间上进行的。过去一般是把时间作为从事任何一种活动的约束条件，所谓"一切都是时间的函数"，如在限定时间内完成的一定产量，是以时间为单位的产出，GDP/年、产量/（年、月、日、小时）、收入或成本/（年、月、日、小时）等。在这种情况下，人们没有把时间作为一种资源来看待，即使这样，时间实际上仍然是作为一种资源、一种生产要素隐含其中。当今，人们普遍将时间视为一种稀缺资源，同其他生产要素如劳动力、土地、资本、信息等一样被认为是开展活动需要支付的费用。既然时间是一种资源，它便有价格属性，所谓"时间就是金钱"。所以旅客出行和运输货物消耗时间，则产生费用，而时间节约——旅客出行时间节约和货物运输时间节约，就像节约其他资源一样也会产生价值。旅客出行选择不同的出行时间，出行方式、交通工具和目的地等，都受其个人偏好、收入条件、出行目的等因素影响，除了一些客观的约束条件外，其中个人偏好，支付意愿起到很大作用。支付意愿这种行为价值是一种主观的价值判断，对每个人都是不同的，但是，在投资项目经济分析中，对时间节约价值应有一个客观判断，从这个观点出发，个人出行时间节约具有正面的积极影响。如出行时间减少可以转换为从事更多的工作，这样就可以用于创造更多价值，提高社会福利。在把时间视为一种资源的条件下，如果出行时间减少能诱发一种等量新增工作，则时间节约的经济价值将等于个人边际劳动产出价值；如果工作时间不能因出行时间的变化而改变，譬如在工作计划之外的出行，即休闲出行或休闲期间出行，所节约时间的产出价值将等于零。也有观点认为，时间是影响个人边际效用的一个因素，休闲出行时间节约也应考虑其价值，因为这种所得同样意味着福利的提高，人们从事工作、消费和休闲活动都是追求满足或效用（愉快或快乐）最大化的。所以，时间节约价值计算模型是一种消费者福利最大化的模型。

出行时间节约价值的估算是建立在消费者福利最大化的理论基础上的。每个人都要使其消费和休闲活动的满足或效用达到最大化。物品和休闲活动的消费受到两个重要因素的制约：①货币支出受工作收入的限制；②工作、休闲活动和出行都要花费时间，而可用的时间是受每天的小时数严格限制的。

人们需要在各种活动间分配时间，必须权衡其所需要的工作和放弃休闲之间的得失，人们也可以通过付出更多的金钱来节约时间以增加工作时间或休闲时间，这样就产生了一个选择问题。例如，可以在快而费用高的或慢而费用低的运输方式（如飞机或火车）或路线（收费或不收费道路）之间进行选择，并通过分析时间和金钱这两个变量相对敏感性来确定时间价值。由此，人们对出行时间价值的性质便产生了以下重要观点：

（1）由于工作时间生产出人们获得直接福利的产品和服务，因此工作时间就有独立于工作人员偏好的经济价值。

（2）由于个人偏好使时间价值发生变化，在实际应用中就需要对偏好类型作某种简化。

（3）由于工作时间价值可能只等于工资率，如果个人能够自由选择工作时间的长短，则非工作时间价值只能按照经验估算。

（4）由于各种活动及其时间消费是同时发生的，时间节约价值将与其相联系的活动的价值相关。

（5）由于时间节约价值是时间和金钱的边际效用之比，所以时间节约价值依赖于预算约束（从而依赖于收入）和时间约束（从而依赖于人的类型）的密切程度。

二、时间节约价值的分析方法及研究进展

（一）时间节约价值分析方法

纵观时间节约价值理论的发展过程，对于时间节约价值的计算和政策分析主要采用两种基本方法，即机会成本法和支付意愿法。

1. 机会成本法

人类活动主要分为生产活动和休闲活动，因此相应的时间分为生产时间和休闲时间，这里就涉及工作时间和休闲时间价值的测算问题。工作时间的价值与工资率有关，时间节约所体现的价值低于工资率水平，因为节约的时间加上辛勤工作才能得到相应收入。因此，节约时间用于工作的价值应为用于工作时的收益减去丧失休闲的效益，用式（7-1）表示：

$$B_w = B_{wage} - B_l \tag{7-1}$$

$$B_{wage} = Y_{wage} / (50 \times 40)$$

式中　　B_{wage} ——小时工资率；

Y_{wage} ——年平均工资；

B_l ——节约时间用于休闲的价值（闲暇时间价值）。

这里按每年 50 个星期，每星期 40h 的工作时间进行计算。

式（7-1）中闲暇时间价值的确定比较复杂，不同层次（经济、文化等）的人们在对闲暇的需求和理解方面存在很大的差异。西方学者对休闲需求和闲暇时间价值问题进行了大量研究。

对于那些选择变动工作时间的人们（如第二职业者）而言，边际工资率可以作为一个可测量参数表示其时间的边际价值，并且这个时间价值把时间与货币约束问题合并成一个标准的单约束问题。

相对于以边际工资率改变工作时间的人而言，固定工作时间者则有不同的休闲需求函数，基于长期的劳动市场选择的短期休闲决策中的时间价值对于休闲理性选择具有重要作用。美国学者 Bocksteal、Strand 和 Hanenann（1987）提出了基于个人工作状态及动机的休闲需求函数（简称 BSH 模型）。BSH 模型讨论的是一个短期休闲决策问题，认为在不考虑工作本身的效用时，短期休闲决策的时间经济价值等于边际工资率。Douglas（1993）模型描述了相关的二阶段决策过程，并由此决定了由工作时间边际价值调整的边际工资率表示的休闲时间价值。

工作时间的效用随着经济发展及人们物质文化生活水平改善而不断发生变化，并在不同经济发展阶段表现出不同特征。就我国社会经济发展现状看，应重点考虑固定工作时间的休闲决策。对于工作时间较为固定的个人来说，如果在劳动或工作选择决策时具有多种选择机会，那么其休闲时间价值即与边际工资率相联系；但在休闲与消费的时间分配中，如果劳动选择被认为是一个外生变量，就非如此。对此，二阶段模型进行了较为深入的讨论，值得借鉴。

旅客时间价值按节约时间用于工作与用于休闲两个目的进行理解，理论上单位时间的价值可以表示为：

$$W = P_w B_w + (1 - P_w) B_l \tag{7-2}$$

式中　P_w——旅客将节约时间用于工作的概率；

　　　B_w——旅客将节约时间用于工作的收益；

　　　B_l——旅客将节约时间用于休闲的收益（闲暇时间价值）。

将式（7-1）代入式（7-2），得出：

$$W = P_w B_{wage} + B_l - 2P_w B_l \tag{7-3}$$

节约时间的概率 P_w 的确定存在一定的困难，一般取 0.5 左右。

2. 支付意愿法

用机会成本法测算时间的价值，一般都是按照收入进行计算，有计算简单、操作性强等优点，但是却没有将出行时间延长给旅客带来的精神上的痛苦（例如疲劳、烦躁等）等无形损失考虑在内，违背了旅客支付意愿的原则。通过对旅客的抽样调查或通过旅客对不同交通运输方式进行选择的市场行为揭示消费者的偏好，通过回归分析和参数估计对时间价值进行估算，这种方法被称为支付意愿法。

在所有的出行方式中，影响旅客对不同交通方式选择的最重要因素就是出行所花费的费用和时间。因此，可以假定旅客选择第 i 种出行方式的效用函数为：

$$V_i = a_i + b_i p_i + c_i t_i \tag{7-4}$$

式中　a_i，b_i，c_i——待估计参数；

　　　p_i，t_i——第 i 种方式的费用和时间。

则时间价值 W 为：

$$W = \frac{\partial V_i / \partial t_i}{\partial V_i / \partial p_i} = \frac{c_i}{b_i} \tag{7-5}$$

直接引用 Domencich 和 Mc-Fadden 于 1975 年研究提出的多维 Logit 模型，对于第 k 种运输方式 Logit 模型为：

$$P_i = \frac{\exp(V_i)}{\sum_{j=1}^{k} \exp(V_i)} \tag{7-6}$$

式中　P_i——旅客选择第 i 种交通方式的概率；

　　　V_i——旅客选择第 i 种交通方式的效用。

将式（7-4）代入式（7-6）中得：

$$P_i = \frac{\exp(a_i + b_i p_i + c_i t_i)}{\sum_{j=1}^{k} \exp(a_i + b_i p_i + c_i t_i)} \tag{7-7}$$

为简化运算，设 $b_i = b$，$c_i = c$，并假定旅客在 i 和 j 两种交通方式中进行选择，则有：

$$\ln \frac{P_i}{P_j} = (a_i - a_j) + b(p_i - p_j) + c(t_i - t_j) \tag{7-8}$$

由此可得旅客的时间价值：$W = \dfrac{c}{b}$

为了计算旅客的出行时间价值，下面举两个示范性的例子，一个是在不同的公路路线之间选择，另外一个是在不同的运输方式之间进行选择。

【例 7-1】（路线选择）：假设两地之间仅有两条路线可供选择，一条为收费公路（高速公路），另外一条为不收费公路。对于同一类车，假设选择高速公路的概率为 P_1，则由式（7-8）得：

$$\ln \frac{P_1}{1 - P_1} = (a_1 - a_2) + b(p_1 - p_2) + c(t_1 - t_2) \tag{7-9}$$

之后通过对旅客的路线选择的概率、出行的费用和时间进行抽样调查或者通过旅客的选择来揭示，在获得旅客偏好的数据后，对式（7-9）进行回归分析和参数估计就可以得出时间价值的估计值。

【例 7-2】（方式选择）：旅客出行一般有三种交通方式可供选择，即长途汽车、火车和飞机。假定火车为最基本的交通方式，记为 R；长途汽车记为 B；飞机记为 F，应用式（7-8）得：

$$\ln \frac{P_B}{P_R} = (a_B - a_R) + b(p_B - p_R) + c(t_B - t_R) \tag{7-10}$$

$$\ln \frac{P_F}{P_R} = (a_F - a_R) + b(p_F - p_R) + c(t_F - t_R) \tag{7-11}$$

同理，通过对乘客的抽样调查，应用所得数据进行回归分析和参数估计，可以得出不同运输方式之间的时间价值估计值。

以上在运用支付意愿法计算旅客出行时间价值中，在旅客的效用函数中只选取了影响出行时间价值的两个最主要的因素即出行费用和时间，而实际情况要复杂得多。除上述两个影响因素外，旅客出行的目的、收入、社会地位等因素对旅客的出行时间价值都会产生不可忽视的影响，在涉及具体问题时，要结合需要在模型中引入这些变量，进行深层次的研究。

支付意愿法综合考虑了出行时间的节省给旅客带来的各种收益，例如机会成本的降低，其他出行费用的减少，舒适程度的提高等，是一个相对综合的方法。但是涉及建立模型、回归分析和参数估计等，对于模型影响因素的选取、回归分析和参数估计的方法以及旅客支付意愿的揭示有一定的要求，影响因素的选取以及各种处理方法得当与否，直接影响到估计结果的可靠性。

近年来，人们更加重视旅客出行时间和货物运输时间可靠性的研究，发现旅客和货物托运人对出行时间和货物运输时间的可靠性可能比时间节约多少更为看重，因为客货能及时（按约定时间）到达目的地，就不会影响下一步活动计划。延误造成的后果，因人、因货、因时、因地而异，对某些人，如参与重要会议或签订商务合同，可能因交通延误造成难以挽回的损失；对某些货物，如保鲜货物或需按时（just-in-time）交运的货物（及时投入生产过程的原料或中间投入物），也可能由于延误造成很大的经济损失。对于运输可靠性价值的计算，可以采取陈述偏好法，通过对承运人和托运人的问卷调研或访问，得到相关调查数据进行估算。如英国对于公路运输的延误评价项目中得到数据显示，相对于 40P/min（1995）和 50P/min（2001）的货物运输时间价值，货物延误的价值高达 107P/min。

（二）时间节约价值的研究进展

自 20 世纪 60 年代以来，时间价值研究经历了从时间配置理论（Becker，1965）发展到其后年代的实证研究。美国、英国、法国、澳大利亚等国的专家进行了大量系统研究，估算了全国、地区、城市道路的出行时间价值，深入到对各种时间价值的影响因素：出行方式、交通条件、出行者类型和收入、出行距离等方面的研究，发表了上千篇文献，在有关时间价值理论上及计算方法上都取得了重要成果，给出了时间节约的具体数值，为项目决策提供了依据。对时间价值的研究，在方法论上主要围绕机会成本法和支付意愿法进行讨论。

在使用机会成本法对时间价值进行计算的因素中，工资率是最常被使用和易于使用的。比如 S. K. Lioukas（1997）等学者在对希腊 Rion-Antirion 铁索桥建成后节约的运输时间进行评估时，通过使用多维 logit 模型，得出这样的结论：非工作出行的时间价值约为工资率的60%，而工作出行的时间价值约为工资率的 85%。

英国学者 Willumsen 在《运输建模》（1993）一书中给出英国咨询与学术专家组 1981—1986 年间的研究成果，专家组根据英国不同地区的不同条件，用一系列模型对时间价值进行了详细研究（Bates and Roberts，1986），得出如下主要结论：①工作时间即工作期间或作为工作的一部分进行出行的时间，其价值等于出行者的小时工资（收入）率；②所有其他出行目的的出行（包括上班），其时间价值是全职成人雇工平均小时工资（收入）的 27%～43%；③对于特定的地区，一般情况下应当采用唯一的平均时间价值，但当少儿、退休人员与就业者比例明显不同于平均水平时，可视情况采用特定的值；④每年应对实际小时工资率进行调整和修正，也可以根据国内人均产值的函数来估计；⑤等待与步行时间的价值可按两倍于乘车时间价值的标准来确定，自行车用户参照此法按行人对待；⑥短时间与较长时间节约等价。

与机会成本法相比较，对于个人支付意愿的研究要复杂得多。对于单位减少时间的支付意愿，通常是通过离散出行选择模型进行计算的，通过研究出行时间系数和出行成本系数之间的比率，分析出行时间和出行成本之间的替换关系，判断"主观出行时间价值"。

美国学者 David Brownstone（2002）等人在对圣地亚哥早上高峰时段司机对于减少交通堵塞时间的支付意愿进行研究时发现，采用显示偏好法比之前的陈述偏好法得到更高的时间节约价值估算结果。

丹麦学者 De Borger 和 Fosgereaut（2007）在研究人们对于出行时间和金钱之间的交易关

系时，使用了参照物偏好模型（reference-dependent preference），通过两个选择（时间和金钱）进行偏好陈述，对支付意愿（willingness to pay，WTP）、接受补偿意愿（willingness to accept，WTA）、等价获得（equivalence gain，EG）和等价损失（equivalence loss，EL）等四个测量参数的关系进行分析（见图7-1）。

（1）支付意愿。如果个人选择比参照方案成本高（贵）但是时间花费少（快）的方案，就是支付意愿。

（2）接受补偿意愿。这是支付意愿的镜像，即个人选择比参照方案时间花费多（慢）但是成本低（便宜）的方案。

支付意愿和接受补偿意愿这两种选择都是为了揭示补偿变化。

（3）等价获得。比参照方案便宜但是时间相同的方案，这就是等价获得。

（4）等价损失。图7-1中显示的是位于横轴上一点和纵轴上一点之间的选择，与它形成镜像的是等价损失，就是比参照方案成本高或时间花费大的方案。

等价获得和等价损失这两种选择用于显示等价变化。

通过采集大量的样本进行调研，最后计算出的结论是，这四个测量参数得出的时间价值的关系是：

$$\mathrm{WTP}(t) < \min[\mathrm{EG}(t), \mathrm{EL}(t)] \leqslant \max[\mathrm{EG}(t), \mathrm{EL}(t)] < \mathrm{WTA}(t) \tag{7-12}$$

这就确认了 WTP 和 WTA 之间存在差距（gap），而损失厌恶（loss aversion）是产生这种差距的最主要原因。对于无参照物的项目的定价，该文献建议取 WTA 和 WTP 的几何平均值，但是该方法的不足在于对于参照方案的描述必须是精确的，否则测算出的值将会有偏差，可能导致四个测量值趋于一致。

我国自 20 世纪 80 年代以来，对运输时间价值也进行了一些研究，较为系统的如《公路旅客时间价值研究》（杨文银，等.1997）、《船舶在港停泊艘天费用计算》（王宏达.1987～2001 年）、《国外旅行时间价值理论及其确定

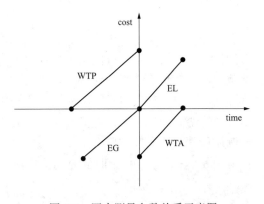

图 7-1　四个测量参数关系示意图

方法》（邢国江.1992）、《公路旅行时间价值理论研究》（毛保华，等.1997）。这些研究结果都在不同程度上反映在有关项目文件，如《建设项目经济评价方法与参数》《公路、水运建设项目经济分析办法》中，对开展交通运输项目经济分析评价工作起到重要的参考作用。但是，由于时间节约价值涉及的因素众多，在计算时间节约价值的方法及其适用的数据方面，仍然存在一些争议和分歧，有待进一步深入研究。

第二节　时间节约价值的测算

一、出行时间节约价值的测算方法

（一）出行时间节约价值测算思路

在把时间视为一种资源条件下，如果出行时间减少能诱发一种等量新增工作，则时间节

约的经济价值将等于个人边际劳动产出的经济价值。如果工作时间不能因出行时间的变化而改变，譬如在工作计划之外的出行，即休闲出行或休闲期间出行，所节约的时间的社会产出价值将等于零；另一种看法是，时间是影响个人边际效用的一个因素，把时间分配给出行是一种负效用，节约出行时间意味着福利的提高。

旅客出行选择不同的出行时间，不同的出行方式和利用不同的交通工具、目的地等，都受其个人偏好、收入条件、出行目的等因素的影响，除了一些客观的约束条件外，其中个人偏好、支付意愿起到很大作用，以支付意愿表示的行为价值是一种主观的价值判断，对每个人都是不同的。但是，在投资项目经济分析中，对时间节约价值应有一个社会判断，即社会价值。出行节约时间价值的估算方法大概可以归纳为两大类：一类是归属于机会成本估算的方法，有生产法、收入法、费用法、收入-费用法和生产费用法等；另一类是属于支付意愿估算的方法，有显示偏好分析法和陈述偏好分析法。

1. 生产法

生产法的前提条件是人，即劳动力，劳动力作为一种生产资源要素参与创造价值。因此，人的出行时间的缩短会释放出一部分这种资源，如能将其投入生产过程，将会增加经济价值；延长出行时间意味着将损失这一部分生产潜力，从而产生相应的经济损失。采用生产法需具备下列条件：①因出行时间缩短而节约出的时间，要真正能腾出工作时间；②职工腾出的时间，要能够用于生产上；③社会存在充分就业或劳动力不足的环境。

2. 收入法

收入法在一些文献中称为工资法，即按不同出行者的收入的一定百分比来计算其出行时间节约价值。经济学者一般倾向于采用这种方法，但应具备以下条件：①职工在其可支配的时间范围内，有自由选择如何分配劳动时间和闲暇时间的权利；②每个旅行者视出行和劳动强度一样，如果出行占用了闲暇时间，则视闲暇时间可以用于其他工作而获得收入；③旅客把出行节约的时间用于工作上的收入，与其用的时间数量成正比。

例如日本运输省铁道局采用收入法以 1997 年的劳动报酬和劳动时间为依据计算出的时间价值如表 7-1 所示，换乘时的时间价值约为乘车时的时间价值的 2 倍。

表 7-1 日本采用的时间价值

地区	日本全国	东京	大阪
时间价值（日元/分）	39.3	51.7	43.5

注 根据拥有 5 人以上单位、常勤劳动者人均月工资和月劳动时间求得。

在西方国家，大多数情况下职工都倾向于增加闲暇时间，因此人们认为，收入法高估了出行时间节约的价值，对闲暇时间、长途旅行时间的价值，不能按全部工资计算，只能按其一定的百分比计算。有的学者建议，根据旅行者的出行目的和工资水平不同，分别按100%、75%和50%计算出行时间节约价值，如企业主的工作出行，按其工资 100%计算，非工作事务性出行，这个比例要降低些。法国铁路公司的一份研究报告建议，事务性出行采用工资的 75%，非事务性的私人出行采用工资的 25%。然而有人建议对闲暇时间价值给予更高的评价值，这个时间价值为工资×（1+25%），波兰学者塔尔斯基建议闲暇时间价值等于工资×（1+50%）。

3. 费用法

费用法是建立在出行时间和出行费用可以互相替代原理的基础上，减少出行费用意味着旅客可以获得其他的福利（包括获得更多的出行时间）。因此，时间也就间接地被认为是消费的替代物，这是选择不同运输方式或方法的出发点。在较慢而较便宜的运输方式和较快而较贵的运输方式之间的费用差和时间差之比，便是出行时间的节约价值，其表达式为：

$$W = \frac{C_2 - C_1}{t_1 - t_2}$$（7-13）

式中 W——出行时间节约价值，元/h；

C_1、t_1——分别为利用较慢而较便宜的运输方式的出行费用和出行时间；

C_2、t_2——分别为利用较快而较贵的运输方式的出行费用和出行时间。

上述公式亦不尽完善，主要是：

第一，对于收入低的旅客来说，减少出行费用比减少出行时间更重要。在这种情况下，这类旅客宁肯选择慢而便宜的运输方式。

第二，较快的运输方式，不一定总是较贵的。例如，在大都市里，交通密度大，公共汽车有专线行驶，职工上下班的出行时间可能低于私人快而贵的、在拥挤路线上行驶的轿车的出行时间。

4. 收入-费用法

鉴于收入法关注的只是职工收入和闲暇时间，费用法关注的仅是旅客费用和出行时间，没有考虑影响出行时间的所有因素，故美国学者英泽斯和威廉逊提出了收入-费用法，其表达式为：

$$W = S + \frac{C_2 - C_1}{t_1 - t_2}$$（7-14）

式中 W——出行时间节约价值，元/h；

S——小时工资；

C_1、t_1——分别为利用较慢而较便宜的运输方式的出行费用和出行时间；

C_2、t_2——分别为利用较快而较贵的运输方式的出行费用和出行时间。

5. 生产-费用法

生产-费用法是将生产所利用的由旅客节约时间转而用于工作的时间的价值，以及所利用的不同运输方式的差异所付出的额外代价（费用）结合起来考虑，其表达式为：

$$W = \frac{P_g(t_1 - t_2)}{T_a \times N_p} + (D_1 - D_2) + E - (C_2 - C_1)$$（7-15）

式中 P_g——年国民生产总值；

T_a——平均年工作时间；

N_p——劳动力人口数；

D_1、D_2——分别为利用运输方式1、2的出差费用（不包括运输费用）；

E——选择较慢运输方式引起的损失。

6. 支付意愿法

（1）显示偏好法。显示偏好分析法主要是通过对出行者出行次数的观察统计或调查数据来推算时间节约价值。显示偏好分析估算方法能较好地解释实际观察到的出行者选择行为（例如，在快速而昂贵的运输方式和慢而便宜的运输方式之间的选择），可能是研究时间节约价值这个问题最现实的基础。但是，在实际工作中，应用显示偏好分析方法的费用太大，而且存在很大的不确定性。

（2）陈述偏好法。陈述偏好分析法是通过对出行者行为进行问卷调查或直接询问、交谈来推算出行者的时间节约价值，这种方法可以克服显示偏好法费用大、不透明的缺点和限制，可在较大范围内进行。

（二）影响出行时间节约价值估算的因素

对于出行时间节约价值（the value of travel time savings，VTTS）的估算，由于出行模式、出行时间、出行目的等的区别，估算结果可能是多个值或者是一个区间值。影响 VTTS 估算结果的不同变量，反映了出行者所处的社会经济环境。影响 VTTS 估值的主要变量阐述如下：

1. 收入影响

个人的时间价值随其拥有的自由时间和货币量而变化。一般认为，所有时间价值与个人或家庭收入成正比例关系。调查研究表明，时间价值随家庭收入的增加而提高，但不成比例。例如，在荷兰收入最低的群体的非工作时间价值为其收入的 34%，收入最高群体的非工作时间价值仅为其收入的 22%（每月工作时间假定为 160h）。这与英国的平均弹性系数相似，而稍高于瑞典，其他一些国家也存在相似情况。在没有实证数据时，可采用时间节约价值等于家庭收入的一定比值。

从个人来说，收入的高低影响对出行方式的选择（交通工具的选择），如收入高的旅客倾向于选择速度快、舒适然而昂贵的交通工具，而收入低的人一般选择速度慢而便宜的运输工具。这就影响到出行时间节约价值的估算。从宏观上来看，收入的高低与国内生产总值有关，一般来说，人均收入是随 GDP 的增长而提高的，这对于估算全国或一个区域（地方）的平均时间节约价值是有影响的。

2. 出行距离的影响

出行距离的长短对所节约的时间价值也有不同的影响。市内出行距离一般短于城市间的出行距离，前者节约的时间较短，有人认为其价值高，也有人认为其价值低，如上下班所节约的时间基本上是用于休闲或家务劳动，很难用于工作上。欧洲国家过去采用 100km 以下的出行距离，现在改为 100km 以上，但仍保留 100km 以下出行距离的时间价值估算标准，如瑞典就非常重视出行距离对时间价值的影响。

英国学者建议由于收入和出行距离对时间价值都具有显著的影响，因此推荐使用收入和距离弹性的最优估计来计算时间价值，而不是根据距离的不同来划分时间价值。

3. 交通方式的影响

旅客出行采用的交通方式（轿车、快速轨道、地铁、公共汽车、长途汽车、铁路、航空、船舶等）对于估算各种交通方式的时间节约价值尤为重要。旅客出行采用的交通方式既反映了人们的出行目的，也反映了出行者的收入和偏好。据研究，乘坐轿车的旅客比乘坐公车的旅客的时间节约价值要高，但比乘坐火车的旅客要低。导致这种差别的原因主要来自这些旅客收入情况和出行距离的不同等因素的综合影响。铁路和汽车的时间价值基本相同，但公交汽车只有其一半。

4. 出行时间的影响

出行时间对于某些出行者而言是一个约束条件，如上下班需要按规定时间到达或离开（工作场所），而有些人对出行时间则有自由选择的余地。一般来说，拥挤时间所节约的价值要高于非拥挤时间，工作日时间价值要高于非工作日，如在伦敦上下班的人们时间价值高于休闲出行的 35%，而其他地方则高 14%；德国的轿车出行时间按工作日出行和非工作日（休息日）计算，其时间节约价值估算结果也就不同。

5. 交通服务质量的影响

交通服务质量包括出行的行驶时间、等待时间、公共汽车到站的间隔时间、迟到、换车时间、轿车寻找车位、延误影响、车内舒适程度等，这些时间都有不同的价值，如等待和中转时间节约价值显著高于乘车时间价值。

但是也有学者指出，诸如出行舒适度、拥挤情况、安全性等这些非时间因素，原则上应该归于广义的费用-效益分析，尤指公共运输的费用-效益分析，而在时间节约价值的分析中不必考虑。

6. 出行者类型的影响

出行者类型包括不同身份的出行者，如公职人员和非公职人员、老人和年轻人、工作者和休闲者、男人和女人、不同职业人员、青年人、老人和儿童等，按出行者类型划分出行。这与受教育程度和家庭收入有关，另一方面也与偏好和出行目的有关。

日本学者所做的调查研究中发现，在日本 65 岁以上的老年人无论是工作还是休闲出行，都具有比年轻人更高的时间价值，他们比较介意出行的负效应，而忽视出行的成本；另外，研究还发现性别对于时间价值估算结果的影响并不显著，但是有驾照的人的时间价值比没有驾照的人的时间价值要低，因为他们更注重的是出行的成本。

7. 出行地区的影响

出行地区的差异影响出行时间节约价值，这和出行者的收入和地区社会经济发展水平有关。大城市出行节约的时间价值不同于小城市，城市间的出行时间节约价值也不同于农村地区间的出行。这从各国出行时间节约价值估算结果的悬殊差别就可以看出，如欧洲的瑞士轿车出行每小时价值为 27.3 欧元，瑞典为 5.4 欧元。目前在一个国家之内也有按城市和地区分别估算的，如美国虽然有联邦运输部公布的平均值，但各个州和城市在评估各个州和城市运输基础设施投资项目时，都测算当地的出行时间节约价值，以此来计算投资效益。

（三）不同类型时间节约价值的计算

1. 工作出行

工作出行时间节约价值估算的假设条件是：工作人员在其被雇用的工作时间价值，在边际上必须等于工资加上直接与雇佣劳动力有关的费用。在失业率高或劳动力市场严重扭曲的情况下，应采用影子工资率。为简便计算，实务中可以认为，工作出行时间节约价值等于工资率。

对于工作出行，例如商务出行，他们没有固定的工作时间，很难知道他们把节约的时间是用在工作上，亦或更多地用在休闲活动上。此外，人们也无法确认，是谁作出选择利用高价的运输方式（如飞机）的决定，是谁为此承担所增加的费用。因此，商务出行时间节约价值也建议按照其他工作出行时间节约价值进行估算。

2. 非工作出行

对于非工作出行时间节约价值的估算是困难的。这是因为非工作出行的目的有各种各样，有的是旅游，有的是探亲访友，也有的是就医以及其他各种非生产性活动的出行。另外，非工作出行没有明确的市场价格信息可供参照，从而也就观测不到其市场价格，原则上，非工作出行时间节约价值应按照其个人的支付意愿进行确定。

假设出行者是一位不受任何人雇用的商人，他可以完全自由地选择把节省下来的时间用于工作或休闲，而且其边际税率为零，那么无论是把时间用于工作还是休闲，其边际价值是相同的，在这种情况下，非工作出行节省下来的时间边际价值等于工资率。但是这种情况非常特殊，在现实生活中，以下四个原因会使非工作出行的时间节约价值低于工资：

（1）边际税率会减少净收入，人们在权衡其选择时会考虑其净收入。

（2）工作者是为其家庭工作。所以一个人的收入将会平均到每个家庭成员身上，包括不工作的人。所以时间价值应该等同于家庭的可支配收入而不是个人收入。

（3）人们的工作时间并不完全由自己支配，比如一周工作 40h，在这种情况下，人们就无法像先前提到的那样完全自由地支配时间。

（4）对于大多数人而言，旅游的边际负效应也许小于工作，因为在旅途人们可以享受一下放松的感觉，听听音乐或看小说。在这种情况下，工作的性质就起到一个很重要的作用。

非工作出行时间节约价值因出行目的或时间的不同而异，但通过对非工作出行的行为价值的研究发现，除极个别情况（如就医）外，一般没有显著的差别。因此，一些研究机构建议非工作出行时间节约价值按照工作出行时间节约价值的30%估算。

对于非工作出行的时间价值，在公共投资项目的经济分析中，英国通过大量的调查数据获得了一个民众对于节约时间的平均支付意愿，然后通过对间接税的适当调整，产生了一个单一的标准值（standard value），用于公共部门对任何情况下的时间节约价值进行评估，无论是经济发达或落后的地区，汽车或火车，任何性质的公路。标准值通常是通过显示偏好分析或陈述偏好分析获得的，而且在考虑的范围中并不包括那些特殊群体的时间价值，所以标准值是一种比较务实的方法，易于应用于工程项目经济分析实践之中。

3. 上下班（通勤）出行

对上下班出行时间价值的估算是争议较大的问题，上下班出行是为了工作而出行的，但又是在工作时间之外，初看起来它完全是个人的自由时间，是属于非工作出行时间，实现时间节约所得的效益也完全属于个人。但是由于上下班行为与工作相关，它就不完全属于非工作出行，虽然有争议，但一般还是把上下班出行时间节约视为非工作出行。

4. 步行与等待时间

在交通量预测和项目经济分析中，对于步行、等待和换车时间都赋予了较高的价值。研究表明，等待时间和换车时间节约价值等于车内正常运行时间1~2倍之间。在英国，等待时间和换车时间是标准值的2倍；也有学者提出等车时间节约价值应该为在车内时间节约价值的 2.5 倍。在日本铁路项目评价中，换车时间节约价值采用乘车时间的两倍，有的国家，如智利，其比例还要高。这也和气候条件有关，如酷热酷冷气候条件下的等待时间节约价值就特别高。有的国家研究显示，对上下班的人而言，在车内正常运行时间和步行时间节约价值并没有什么不同。一般的做法是，对超出的等车时间节约价值按照车内时间节约价值的 1.5 倍计算。

步行时间、等待时间、车内站立时间和换乘时间等的时间价值权重与旅客年龄、性别、收入水平和气候条件等因素关系密切，这些信息应通过项目的特定调查和对潜在旅客的问卷调查进行搜集。由于各种条件的限制，可以利用类似项目同类研究的默认值进行计算。建议采用时间权重系数默认值见表 7-2，上述默认值是专家通过对国际大量类似项目进行调查研究而得出的结论，可以作为计算时间价值的参考。

表 7-2　　　　　　　　　　旅客不同时间耗费的时间价值权重系数

时　间　类　型	时间权重系数
出行时间	
1．车辆出行时间（VT）（有座位）	1.0（无权重）
2．车辆出行时间（站立）	2.0
3．上下车（船）步行时间	2.5
等待时间	
1．在设计完善、功能齐全的车站或码头里	1.5
2．在功能一般的车站或码头里	2.0
3．在环境较差的车站或码头里	2.5
换乘时间（包括等待时间）	
1．在设计完善、功能齐全的车站或码头里	2.0
2．在功能一般的车站或码头里	2.5
3．在环境较差的车站或码头里	3.0

（四）货物运输时间节约价值的估算

货物运输时间节约价值包含以下几个方面：①减少货物在途运输时间的价值；②交付时间的可靠性的价值；③根据托运人要求组织交付的灵活性价值；④固定的运输服务频率的价值；⑤运输服务的连续性（对气候因素，罢工等可能影响运输因素的应对措施）价值；⑥对于运输服务的时间因素所具有的情报（比如关于抵达时间的准确信息）价值。

各国实践中仍主要计算减少货物在途运输时间的价值。货物运输时间的节约价值计算主要采用要素成本法。要素成本法是指确定运输工具（车、船、飞机）成本随时间变化的要素费用，主要包括工资、资本利息和运输工具所载的货物利息和执照费等。

我国目前公路和水运都采用要素成本法估算货物运输时间节约的价值，即降低车船营运成本的时间价值。水运则分为船舶在港停泊艘天费用和航行艘天费用，其艘天要素费用构成为：①船舶投资费用（按折现率换算为资本化费用）；②保养修理费用；③工资费用（包括各类奖金、津贴、服装、伙食费用等）；④燃料费用（航行天燃料费、停泊天燃料费）；⑤物料费；⑥保险费；⑦其他费用；⑧管理费。

利用上述要素费用采用回归分析方法，对一定时期的船舶时间节约价值进行计算，求得各类、各吨级（或载箱量）的船舶时间节约价值估算公式，并给出其估算值。例如大型集装箱船在港停泊艘天和航行艘天费用的回归公式分别为：

$$Y_b = 1870.548856 \times 0.614052$$

$$Y_s = 4838.284170 \times 0.560114$$

式中　Y_b——船舶在港艘天费用，元/（艘·天）；

Y_s——船舶航行艘天费用，元/（艘·天）。

按上述公式计算的相应费用见表 7-3。

从表 7-3 的数据可以看出，一艘大型集装箱船（如 5000TEU）减少在港停泊一天的价值约为 35 万元，减少航行一天的价值约为 57 万元，这还未包括集装箱和物资的时间节约价值在内。由此可见，时间节约价值对交通项目经济分析十分重要。

表 7-3 船舶在港及航行费用

集装箱船载箱量（标准箱 TEU）	在港艘天费用（元）	航行艘天费用（元）
1500	166822	290847
2000	199055	341700
3000	255330	428821
4000	304664	503797
5000	349305	570869
6000	390796	632247
7000	429596	689262
8000	466304	742791

资料来源：回归公式和表中数据均引自交通部规划研究院课题组；《船舶在港艘天费用和航行艘天费用报告》，2001 年。

一般认为要素成本法低估了货物时间节约的价值，其估算结果可以作为货物运输节约时间价值的下限。另外一种计算货物运输节约时间价值的方法，是陈述偏好法，是研究托运人（货主）的常规选择，以期获得有关时间价值的资料。例如，按 1995 年价格，荷兰的非大宗货物公路运输的每小时时间节约价值，采用要素成本法计算为 22～24 美元，而采用陈述偏好法则为 40 美元。但使用陈述偏好法计算出的时间节约价值并不一定比要素成本法计算出的时间节约价值高，陈述偏好法具有以下特点：

（1）托运人对于时间减少所带来的价值评估是非常少的，相对于法国使用要素成本法得出的时间节约价值 30 欧元，DeJong Velay et Houée（1999）发现使用陈述偏好法计算出的时间节约价值只有 6～8 欧元。Wigan and Al（1998）发现的值更低，只有 0.66～1.30 澳元。另外，瑞典公路货运以及英美两国铁路货运（主要是大宗货物）采用陈述偏好法估算的时间节约费用也非常低。但这只是短期，就长期而言，时间减少的价值会更多些。

（2）托运人对于时间节约价值的边际效益的评估是递减的。

（3）最重要的是，运输时间减少的价值并不等同于货物在途时间的减少的价值。除了在途时间以外，托运人越来越注重诸如运输的可靠性，灵活性，连续性等因素。所以，目前对于运输价值的研究仍有局限性，更多的是片面地把运输时间减少理解为在途时间的减少。

要素成本法和陈述偏好法均是从托运人角度研究货物运输时间价值，即主要计算由于时间节省带来的生产者剩余的增加。但法国学者 Massiani（2003）指出目前使用的费用-效益分析会低估货物运输的时间价值，其研究方法是计算生产者剩余和消费者剩余。由于时间的减少导致运输成本的减少，供给曲线会发生移动，与此同时，消费者愿意支付更多获取更快捷的服务，因此需求曲线也会发生移动，进而使剩余产生变化，但是传统的计算方法会忽略一部分剩余，也就是低估时间减少所带来的价值。

供给需求曲线如图 7-2 所示［在图 7-2 中，深灰部分是需求者（托运人）的剩余增加部分，浅灰部分是供给者（承运人）的剩余增加部分]。图中 P 代表运输价格，Q 代表运量，D 代表运输需求曲线。由于运输时间的变化，使得运输供给曲线 S 发生变化。首先，当运输时间发生改变时，更快捷的运输就意味着更快捷的服务，随之而来就是运输成本的降低，在这种情况下，供给者（承运人）的供给将发生改变，也就是向下平移，从 S_1 平移到 S_2 的位置。由图 7-2 可见，虽然只是供给曲线发生了改变，但事实上生产者剩余和消费者剩余都有增加，也就是说从时间减少中获得了收益。

为什么托运人会考虑时间的价值，McKinnon （1995）提出了三种原因：①空间的集中。更快捷的运输，可以使生产者把生产和分配集中在更少的地方，因为运输的时间减少了，这样就有经济效益；②更紧凑的时间安排，创造更多的效益；③市场扩张。

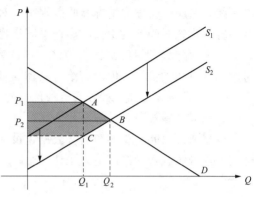

图 7-2　时间节约价值示意图

托运人会重视时间的节约的原因是时间的减少会带来成本的降低和收入的增加。首先，时间的减少将会降低运输和非运输所带来的成本，尤其是对于那些产品需求非固定不变的企业，它们在选择承运人时会特别考虑运输时间，而不只是运输成本。

另外，时间的减少可以提高企业的收入，托运人的支付意愿很大程度上取决于其客户的支付意愿，随着运输时间的减少，他们可以提供给客户更快捷的产品或服务，客户对于时间的支付意愿也会随之提高。

在货物运输时间节约价值方面，比利时学者 G. Blauwens（1988）等人用显示偏好分析法对公路汽车和内河船舶运输肯特港的货场进行了实证研究，结果发现，每小时的价值等于 0.0000848（货值），按一年计算，这等于货物价值的 74.3%。如果按照货物占用资金的机会成本按 10% 计算，按一年 365 天，一天 24h 测算，每小时价值折算成运输货物价值的比例为 0.000114 [1×10%/（365×24）]，前者高于后者 7 倍之多，可见货物滞留的资金成本可能是个低限。这还未考虑货损、存货短缺和延误罚款等费用，这些方面似乎也应予以考虑，以期能真实地反映货物运输时间节约的经济价值。

二、我国对时间节约价值的计算

（一）《方法与参数》对时间节约价值的估算方法

原国家计委和建设部发布的《建设项目经济评价方法与参数》（第二版）中给出计算旅客出行时间节约效益的计算公式为：

$$B = \frac{1}{2}bTQ \qquad (7\text{-}16)$$

式中　B——按正常客运量计算的旅客时间节约效益，万元/年；

　　　b——旅客单位时间价值，按人均国民收入计算，元/h；

　　　T——节约的时间，h/人；

　　　Q——正常客运量中的生产人员数。

这里存在的问题是：旅客单位时间价值按人均国民收入计算，这是全国人口平均数，除包括生产工作人员外，也包括非生产工作人员（老人、儿童、在校学生和失业者），但在计算时间节约时，只考虑生产人员这个出发点是采用少估的态度，此外也没有考虑闲暇效用。

《建设项目经济评价方法与参数》（第三版）中将出行时间节约价值定义为为了得到这种节约受益者所愿意支付的货币数量，并进一步指出如果所节约的时间用于工作，时间节约的价值应为将节约的时间用于工作带来的产出增加，由企业负担的所得税前工资、保险、退休金及有关的其他劳动成本综合分析计算；如果所节约的时间用于闲暇，应从受益者个人的角度，综合考虑个人家庭情况、收入水平、对闲暇的偏好等因素，采用意愿调查评估的方法进行估算。货物时间节约价值应根据不同货物对时间的敏感程度测算其时间节约价值。

可见《建设项目经济评价方法与参数》（第三版）既考虑工作出行时间节约的价值，也考虑闲暇时间的价值，但没有给出具体的确定办法和参考值，不具可操作性。

（二）我国交通部门对时间节约价值的计算

1. 《公路建设项目经济分析办法》

原交通部 1986 年颁布的《公路建设项目经济分析办法》中，对于旅客在途时间节约价值按人均国民收入（净产值）来计算，即：

$$B_k = \frac{I_s \cdot Q_k \cdot T}{(8 \times 365) \cdot L} \tag{7-17}$$

式中 B_k——旅客节约在途时间价值，万元；

       I_s——计算年度平均旅客的国民收入份额，元/人；

       Q_k——新建或改建公路的旅客周转量，万人·km；

       T——全程节约小时数；

       L——公路全长，km。

上述公式中存在的问题，一是按人均国民收入来测算时间价值，对应用国民收入和国内生产总值计算人均产值，以此来计算时间节约价值尚有不同看法，值得讨论；二是分母是全年按每天 8h 计算，这种数值应根据目前实际工作小时进行修正，且节约的时间不会完全用于工作上，应有一个时间利用系数；三是采用公路路线全程节约数也值得研究。

2. 原交通部公路规划设计院的估算

原交通部公路规划设计院 1995 年提出根据投资项目相关地区社会劳动者平均的国民生产净值来测算单位工作时间价值的方法，即：

$$V_w = \frac{NNP}{50 \times 40} \tag{7-18}$$

式中 NNP——项目计算年度投资项目影响区按社会劳动者平均的国民生产净值（扣除该年固定资产折旧费）；

   50、40 ——每年 50 周，每周按 40h 计算。

上式存在的问题与前两个公式类似，亦需要重新考虑。

此外，该院提出测算闲暇时间价值（V_L）的公式为：

$$V_L = \frac{C}{T_2 - T_1} \tag{7-19}$$

式中 C——旅客利用收费道路付出的费用，元；

   T_1、T_2——分别为利用收费道路、不收费道路的实际耗费时间，h。

在上述基础上，提出的旅客单位时间价值公式为：

$$V = P \times V_{\mathrm{w}} + (1 - P) \times V_{\mathrm{L}} \tag{7-20}$$

式中 P——时间利用系数。参考相关研究结果，取值见表7-4。

表7-4 旅 客 时 间 利 用 系 数

项目影响区经济发展水平	相应的时间利用系数
高于平均水平	0.6
等于平均水平	0.5
低于平均水平	0.4

注 表中所谓平均水平系指全国人均国民生产总值。

上式中按使用收费道路多付的费用和所节约时间来计算旅客的闲暇时间价值，这是一种利用旅客选择路线或运输方式的支付意愿的方法。选择收费道路节约的时间，可能是用于休闲，也可能用于工作，所节约的时间可能为增加休闲时间，也可能为了其他目的，如就医、赴约等。这种方法在具体操作上也有一定困难，选择什么样的收费道路与不收费道路进行比较应具有可比性。

（三）亚洲开发银行在我国四川省某快速公路项目经济分析中采用的旅客时间节约价值的估算

亚洲开发银行在我国四川省某快速公路项目经济分析中采用的旅客时间节约价值的估算方法，是将休闲出行的旅客节约时间价值按支付意愿进行计算。由于缺乏支付意愿的资料，用年收入替代，并设定其财务费用和经济费用相等。

旅客出行的时间价值随年收入而提高。按2001年数据计算结果，见表7-5，以后各年的时间价值按年率4%增长。

表7-5 个人出行时间节约的经济价值

车型	工作出行旅客年收入（元）	工作出行旅客比率（%）	平均节约时间价值（元）	每车旅客数	旅客时间节约价值［元/（车·h）］
轿车	14500	70	5.29	4	21.2
巴士	4400	25	0.57	17	9.7

注 年工作时间为1920h；2001年价值。

对于货物运输的时间价值，其组成部分分为托运人和承运人两部分的价值。可以先使用要素成本法计算运输时间减少所节省的成本，包括时间减少对于承运人的价值（如运输工具时间费用和驾驶人员工资费用的节省），以及对于托运人的价值（如所载货物时间费用的节省）。但对于这三项的计算可能低估运输的时间价值，因此可以结合对托运人的陈述偏好法研究，通过对托运人进行问卷调研等手段，了解托运人的支付意愿，对承运人可考虑其消费者剩余的增加，从而求得较为完整的运输时间价值估算结果。

目前一些国家在交通运输基础设施项目的经济分析中，往往采用各自的时间节约价值约定值，但对所采用的具体数值，无论是其数值的确定方法和高低水平都存在不同的看法，近年来人们更加重视旅客出行时间和货物运输时间可靠性的研究。对于出行时间节约价值的研究，一些国家，如美国、英国、荷兰、澳大利亚、加拿大、新西兰、新加坡等国仍然十分重视，都在进行深入研究。

我国在缺乏实际数据的情况下，从方法论角度可以参照外国和世界银行职员 K. M. Gwilliam（1997）总结分析世界各国的关于运输时间节约价值的估算方法，他提出的各类时间节约的建议默认值，大部分已被世界银行学院发展丛书《投资运营的经济分析》一书所采纳，因此可以此为基础做适当调整来进行我国交通项目时间节约价值的计算，见表 7-6。《投资运营的经济分析》一书推荐的默认值见表 7-7，K. M. Gwilliam 推荐的各类时间节约的建议默认值见表 7-8。

表 7-6　　　　　　　　　　　各类时间节约的建议默认值

出行目的	估算方法	推荐的默认值（元/h）
1. 工作出行（包括商务出行）	收入法	41.2
2. 非工作出行		12.5
3. 步行/等待	经验观察值	
（1）工作出行		61.8
（2）休闲出行		18.4
4. 货物运输	成本法	运输工具时间费用+驾驶人员工资+所载货物时间费用
5. 公共运输	成本法	运输工具时间费用+驾驶人员工资+旅客时间费用

表 7-7　　　　　　　　　《投资运营的经济分析》一书推荐的默认值

出行目的	估值依据	默认值
商务出行 上下班出行 步行/等待 工作出行 休闲出行	收入法 经验观察值	$(1+d^1)\,W$ $0.30W$ 1.5×出行目的价值： $1.5\times(1+d^1)\,W$ $1.5\times0.30W$
货物运输 公共运输	成本法 成本法	车辆时间费用+司机工资费用+车载货物时间费用 车辆时间费用+司机工资费用+旅客时间费用

资料来源：P. 贝利，等.《投资运营的经济分析》，世界银行学院发展丛书，2001（注：此表的资料来源为"K.M.Gwilliam，1997"，但与 K.M.Gwilliam 给出的数据和表述不同，见表 7-8）。

注　d^1 为工资比例，由社会保障、医疗保险和雇主支付的其他福利费用组成；W 为小时工资加津贴。

表 7-8　　　　　　　　K. M. Gwilliam 推荐的各类时间节约的建议默认值

出行目的	估算方法	价值
工作出行 商务出行 上、下班及其他 非工作出行 步行/等待 工作出行	雇主成本 雇主成本 实际观测 实际观测 实际观测	$1.33W$ $1.33W$ $0.3H$（成人） $0.15H$（未成年人） 1.5×出行目的值
货运/公共运输	要素费用法	车辆成本+司机工资+旅客（货物）时间成本

资料来源：K. M. Gwilliam, The value of Time in Economic Evaluation of Transport Projects，1997.

注　W 为每小时工资率；H 为每小时家庭收入。

第八章

外汇经济价值的估算

在开放的经济体系中，项目的建设和运营所涉及的投入物或产出物，需要通过国际贸易等方式进行获取或销售，投资项目经济费用和效益的计算涉及不同币种之间的换算问题，外汇的经济价值可能有别于市场汇率。本章阐述外汇经济价值计算的思路框架、主要测算方法，以及在投资项目经济分析中的具体应用。

第一节　外汇经济价值计算的思路框架

一、汇率及其测算的理论基础

（一）汇率及外汇的经济价值

1. 汇率的种类

影子汇率的计算基础是现实汇率。汇率是一个概念体系，包含了众多子概念，除影子汇率（shadow exchange rate）外，还有如名义汇率（nominal exchange rate or official exchange rate）、外部真实汇率（external real exchange rate）、内部真实汇率（internal real exchange rate）、均衡汇率（equilibrium exchange rate）、有效汇率（effective exchange rate）、黑市汇率等一系列子概念。汇率还可以分为法定汇率（即官方汇率）和市场汇率，也可分为实际汇率和理论汇率。其中，外部真实汇率、内部真实汇率、均衡汇率当中还有更细的分类。

（1）名义汇率。名义汇率（nominal exchange rate）又称"市场汇率"，与"实际汇率"对称。是由官方公布的或在市场上通行的、没有剔除通货膨胀因素的汇率。在没有外汇管制或管制较松的国家，外汇可以自由兑换，汇率一般随市场供求变化而变化，也就形成市场汇率。目前国际金融市场上的浮动汇率都是名义汇率。

一种货币能兑换另一种货币的数量的名义汇率，通常是先设定一个特殊的货币如美元、特别提款权作为标准，然后确定与此种货币对应的汇率，汇率依美元、特别提款权的币值变动而变动。名义汇率有时不能反映两国货币的实际价值，是随外汇市场上外汇供求变动而变动的外汇买卖价格。

（2）真实汇率。真实汇率（real exchange rate），通常还被称为实际汇率，是汇率问题研究的一个核心实证概念，它几乎是所有与汇率问题相关实证研究的基础。真实汇率通常被分为外部真实汇率和内部真实汇率，我们通常提到的真实汇率往往是指外部真实汇率，外部真实汇率反映了一揽子国内商品和国外商品的相对价格变化，与名义汇率的主要区别在于它在名义汇率的基础上剔除了国内外价格水平差异的影响。外部真实汇率可以区分为双边真实汇率（bilateral real exchange rate，BRER）和贸易加权真实汇率（trade weighted real exchange rate，TWRER），贸易加权真实汇率也称真实有效汇率（real effective exchange rate，REER）。

（3）官方汇率。官方汇率（official rate）是外汇管制较严格的国家授权其外汇管理当局制定并公布的本国货币与其他各种货币之间的外汇牌价。官方汇率由于具有法定性质，因此又称为法定汇率，通常是指由国家的货币金融机构（如中央银行、外汇管理局、财政部）公布的汇率，它规定了凡进行外汇交易都要以由官方公布的汇率为准。官方汇率又分为单一汇率和多重汇率，其中多重汇率是一个国家对本国货币规定的一种以上的汇率，属于外汇管制的一种形式，用于发挥汇率杠杆的调节作用，目的在于鼓励出口，限制进口，改善国际收支不平衡状况。

（4）基础汇率。基础汇率（basic rate）是一国货币对国际上某一关键货币所确定的比价即基准汇率，也叫直接汇率或基本汇率，基础汇率是作为确定与其他各种外币汇率的基础。所谓关键货币就是指在本国的国际收支中使用最多、国际储备中所占比重最大、可以自由兑换，并为世界各国所普遍接受的某一外国货币，如美元。

（5）均衡汇率。均衡汇率（equilibrium exchange rate）的概念最早由纳克斯在 1945 年提出，它是指一个经济体同时达到内部均衡和外部均衡时所确定的汇率水平。国际货币基金组织专家斯旺（Swan，1963）较为系统地论述了均衡汇率和宏观经济之间的关系，并明确把均衡汇率定义为与宏观经济内外部均衡相一致的汇率，提出了汇率的宏观经济均衡分析方法。其中内部均衡通常指实现了经济的潜在生产能力，或者说经济的产出水平同充分就业、可持续的低通胀率是一致的；外部均衡通常指经常项目和资本项目实现均衡，或者说实现了内部均衡的国家间可持续的、所需要的资源净流动。由于这种研究方法能够克服以往理论的许多不足，同时又适应了世界经济一体化发展的潮流，因此成为均衡汇率研究的重要理论依据。

从经济福利层面上看，均衡汇率是在经济增长和经济稳定意义上最有效率的单位外汇价格水平。均衡汇率是一个中长期概念，它由一系列经济及基本面因素（比如贸易条件、贸易品部门相对国外的劳动生产率、开放程度、国外价格、不变价格计算的贸易余额和国民生产总值比率等）所支持，中长期的名义汇率必然向均衡汇率靠拢。

（6）有效汇率。有效汇率（effective exchange rate）是一种加权平均汇率，通常以对外贸易比重为权数。有效汇率是一个非常重要的经济指标，通常被用于度量一个国家贸易商品的国际竞争力，也可以被作为研究货币危机的预警指标，还可以被用于研究一个国家相对于另一个国家居民生活水平的高低。在具体的实证过程中，人们通常将有效汇率区分为名义有效汇率和实际有效汇率。一国的名义有效汇率等于其货币与所有贸易伙伴国货币双边名义汇率的加权平均数，如果剔除通货膨胀对各国货币购买力的影响，就可以得到实际有效汇率。实际有效汇率不仅考虑了所有双边名义汇率的相对变动情况，而且还剔除了通货膨胀对货币本身价值变动的影响，能够综合地反映本国货币的对外价值和相对购买力。通常的加权平均方法包括算术加权平均和几何加权平均两类，在测算有效汇率时，研究人员往往根据自己的特殊目的来设计加权平均数的计算方法、样本货币范围和贸易权重等相关参数，得出的结果可能存在一定的差异。

（7）黑市汇率。黑市汇率（black market exchange rate）是在外汇黑市交易场所买卖外汇的汇率。在严格实行外汇管制的国家，外汇交易一律按官方汇率进行。一些持有外汇者以高于官方汇率的汇价在黑市市场出售外汇，可换回更多的本国货币，这是黑市外汇市场的外汇供给者；另有一些不能以官方汇率获得或获得不足够的外汇需求者便以高于官方汇率的价格从黑市外汇市场购买外汇，这是黑市外汇市场外汇的需求者。

黑市的买价高于合法渠道的买价其实是一种升水，它包括了风险因素、流动性因素和成本。黑市要躲避警察的抓捕，需要承担更大的风险，因此对价格有更高的要求，这是风险升水；通过正常途径结售汇需要提供许多证明文件，而黑市上只要有钱就可以交易，这是流动性升水。另外黑市为了吸引更多的外汇流入，会开出比合法渠道更高的买价，因此在出售时的卖价会高于银行的正常报价，货币的流动性越差，管制越严格，黑市价格与正常报价的偏离也就越大。

（8）商业汇率。商业汇率（commercial rate）又称为贸易汇率，指专门为了本国进出口贸易货物价格及运输、保险、劳务、仓储等一系列从属费用的计价、交易、结汇时使用的汇率。实行贸易汇率，主要是为了推动本国出口贸易的发展，改善国际收支状况。

（9）金融汇率。金融汇率（financial rate）又称非贸易汇率，是指用于国际资金流动、国际旅游业及其他国际间非贸易性收支的计算和结汇时所使用的汇率。金融汇率适用于资金的移动及旅游，根据市场供求关系自由波动，中央银行一般不予维持。

（10）自由浮动汇率。自由浮动汇率（freely floating exchange rate）又称不干预浮动汇率或清洁汇率，是指货币当局对汇率上下浮动不采取任何干预措施，完全听任外汇市场的供求变化自由涨落的一种浮动汇率制度。事实上，完全由市场来决定汇率的浮动并不存在，各国货币当局都审时度势地干预外汇市场，实行有管理的浮动。

（11）固定汇率。固定汇率（fixed exchange rate）指一国货币同另一国货币的汇率基本固定，其波动幅度被限制在极小的范围内。

（12）自由贸易汇率。自由贸易汇率假定贸易品市场是自由贸易的，不存在各种关税、非关税壁垒或者出口鼓励措施所带来的价格扭曲。

2. 影子汇率的内涵及作用

影子汇率是外汇的"次优"影子价格。"次优"意味着假定目前外汇汇率的扭曲在整个项目寿命期内都将持续。影子汇率不是自由贸易汇率，自由贸易汇率假定贸易品市场属于完全竞争市场；影子汇率不是黑市汇率，黑市汇率是由非正规市场的非正常供求关系决定的，并不能反映外汇的真实经济价值。黑市汇率一般应比影子汇率低，但比自由贸易汇率高。

影子汇率与名义汇率和均衡汇率有着密切联系。如果货币当局制定的名义汇率能够恰当地反映当地市场的基本情况，不存在对均衡汇率水平的系统性偏离（或者说名义汇率是可以持续的），即名义汇率和均衡汇率之间保持一致，则影子汇率是在名义汇率的基础上扣除因关税、非关税壁垒或者出口鼓励措施等因素所导致的价格扭曲后的汇率。

如果货币当局制定的名义汇率与当地市场状况相背离，则名义汇率水平存在扭曲且在未来难以持续，应采用均衡汇率而不是名义汇率作为计算影子汇率的基础。与利用名义汇率计算得出的影子汇率相比较，利用均衡汇率计算得出的影子汇率能够克服短期经济扭曲（名义汇率相对于均衡汇率的偏离）以及进出口环节税收等因素造成的扭曲。

因此，可以认为影子汇率是在名义汇率的基础上，剔除名义汇率对均衡汇率的扭曲以及关税带来的扭曲后的汇率。作为工程项目经济分析的重要参数，影子汇率的取值对于那些主要产出物是外贸货物的工程项目，包括产品是出口或替代进口的项目，由于产品的影子价格要以产品的口岸价为基础进行计算，外汇的影子价格高低直接影响到工程项目经济分析的计算结果，影响对项目经济价值的判断，影响对项目可行性研究的评价结论。

在采用影子价格对工程项目进行经济分析的框架体系下，外汇的影子价格越高，产品是外贸货物的项目的经济效益就越好，项目就越容易获得通过，反之项目就越不容易获得通过。当项目要引进国外技术、设备或是要使用进口原材料、零部件时，都要进行引进和不引进之间的方案比较，要与使用国内技术、设备、原材料、零部件进行对比。影子汇率的高低，直接影响进口技术、设备、原材料、零部件的影子价格的计算，影响引进方案的经济效益评价。一般说来，外汇的影子价格越高，引进方案的费用就越高，经济评价结论就会不利于引进方案。

3. 外汇的经济价值

外汇的经济价值，区分于外汇的财务价值（financial value）和外汇的市场价值（market value），和外汇的影子汇率或影子价格被视为同一个概念。外汇经济价值的概念最早由经济学家哈伯格（1965）在20世纪60年代提出，外汇经济价值最初的定义是单位外汇的社会福利价值（welfare value）。当存在关税或者其他形式扭曲的时候，外币计价投入物面临的单位美元价格和外币计价产出物面临的单位美元价格存在显著差异，仅仅依靠名义汇率显然不能准确反映单位美元在该项目中的价值。针对这种差异，哈伯格提出了项目中产生或使用的外汇价值的准确衡量："福利意义上单位美元对于代表性消费者的边际价值。"哈伯格的定义从边际经济价值，而非市场价值的角度回答了项目当中单位美元的价值。以后的文献当中，项目评估者通常把影子汇率定义为单位外汇的经济价值（economic value）。

除此之外，诺贝尔奖获得者经济学家德布鲁（1951）在一般均衡理论中提出的资源利用系数（coefficient of resource utilization）概念被引入到影子汇率的理论建模和计算当中，影子汇率被定义为在代表性消费者福利不发生改变的情况下，获取单位外汇的最大商品价值。也有国外学者认为影子汇率是一个单位的外汇创造国内消费价值的能力[1]。

在此基础上，我国技术经济学者也在从不同角度对外汇的经济价值进行研究。其中《建设项目经济评价方法与参数》（第三版）中将外汇经济价值称为影子汇率，即外汇的影子价格，等于外汇的社会边际成本或边际贡献，是国家每增加或减少一单位的外汇收入所需要付出或节约的社会成本，或者是所增加的这一单位外汇收入对社会的边际贡献。有的学者认为影子汇率体现的是从国家角度对外汇真实价值的估量[2]。部分专家认为，影子汇率是在经济分析中区别于官方汇率的外币与本币真实价格的比率，实际上是外汇的机会成本，是指项目投入或产出所导致的外汇的减少或增加给国民经济带来的损失或收益。

（二）汇率预测的理论基础

无论是研究外汇的经济价值还是测算外汇的影子汇率，都离不开对均衡汇率的测算。因此，需要掌握外汇汇率预测的理论基础。

研究汇率变化的经典理论主要有三个：英国学者G. L. Goschen（1861）的国际借贷理论、瑞典经济学家G. Cassel（1922）的购买力平价理论（PPP）、英国著名经济学家John Keynes（1923）的利率平价理论。其中以利率平价理论和购买力平价理论对市场的影响最大。

1. 国际借贷理论

英国学者G. L. Goschen（1861）提出国际借贷理论（Theory of International Indebtedness）。G. L. Goschen（1861）认为国际借贷具体可分为固定借贷与流动借贷两类。其中，固定借贷

[1] William A Ward，Barry J. Deren，Emmanuel H. D'Silva.《项目分析经济学实践指南》，北京：清华大学出版社，2001.
[2] 周惠珍. 投资项目经济分析，北京：中国审计出版社.

指尚未进入支付阶段的借贷，流动借贷指已经进入支付阶段的借贷；只有流动借贷才会对外汇的供求产生影响，从而对汇率的决定发生影响，具体影响有三种情况：①假如一国的流动债权多于流动债务，那么外汇的供给量就会大于外汇的需求量，于是汇率将趋于下降；②假如一国的流动债务多于流动债权，那么外汇的需求量就会大于外汇的供给量，于是汇率将会上升；③假如一国的流动借贷相等，那么外汇的供求也相等，因而汇率不发生变动。

国际借贷理论以一国国际借贷差额作为决定汇率变动的基础，主要用以说明短期汇率走势。国际借贷理论之所以能够成为第一次世界大战以前外汇学说的主流理论，主要有两个原因：①在一战以前，古典学派的经济理论风靡全球，因此利用价格理论的供求法则来解释汇率决定的学说比较容易为人们所接受；②在一战以前的数十年间，西方各国普遍实行金本位制，在这种货币制度下，汇率只是在黄金输出入点之间变动，这与国际借贷说的理论相一致。

国际借贷理论第一次较为系统地从国际收支的角度解释外汇供求的变化，分析了汇率波动的原因，因此该理论又称为国际收支说或外汇供求说。目前，国际收支仍然是影响汇率变化最直接最重要的基本因素之一。但从另一方面看，把国际收支理论作为确定两国汇率的依据，要受到一些条件的限制：首先，两国必须都具备比较发达的外汇市场，国际收支的顺、逆差能够比较真实地反映在外汇市场的供求上；其次，在两国的国际收支都处于均衡状态的条件下，根据该理论就无法确定汇率的实际水平。

2. 购买力平价理论

瑞典经济学家 G. Cassel（1922）首先提出购买力平价理论（theory of purchasing power parity），并在《1914 年以后的货币和外汇》（Money and Foreign exchange after 1914）中进行了系统阐述。购买力平价理论认为人们之所以需要外国货币，是因为外国货币在外国具有对一般商品的购买力。因此，一国货币对外汇率主要是由两国货币在其本国所具有的购买力决定的：即两种货币购买力之比决定两国货币的交换比率。如果一种货币对另一种货币的汇率高于其购买力之比，它将呈下降趋势；反之呈上升趋势，这种现象称为均值回复。

基于购买力平价的均衡汇率实证模型是最早使用也是最常使用的均衡汇率实证模型，其基本思路是：如果实际汇率（RER）为平稳时间序列，长期均衡汇率可以通过相对购买力平价的方法计算。利用相对购买力平价法计算均衡汇率首先需要确定基期水平，基期水平上的实际汇率被认为应保持在均衡汇率水平上。然后，通过相对价格变化对基期实际汇率的调整，可以得到以后的实际汇率，将以后各期的实际汇率和基期实际汇率相比较，可以判断实际汇率是否还维持在均衡汇率水平上。

基于购买力平价的均衡汇率实证模型的主要缺陷在于它假定均衡汇率固定不变，如果实际汇率不是平稳时间序列，或者说基本面因素会带来均衡汇率持久性的变化，相对购买力平价方法估算出的实际汇率和基期实际汇率的偏离就不足以作为判断汇率失调的依据。

尽管购买力平价理论并不完美，但是它在中央银行计算通货之间的基本比率时仍起着重要作用。因为根据购买力平价计算出的基础汇率与市场价之间比较，可以判断现行市场汇率与基础汇率的偏离程度，是预测长期汇率的重要依据。

3. 利率平价理论

英国经济学家 John Keynes（1923）在《论货币改革》中第一次系统地阐述了利率和汇率之间的关系，也就是利率平价理论（theory of interest rate parity）。利率平价理论解释了利率水平的差异直接影响短期资本在国际间的流动，从而引起汇率的变化。根据利率平价理论，投资者为获得较高的收益，会把资金从利率较低的国家转向利率较高的国家，资金的流入将使利率较高国家的货币汇率存在贬值预期，因此，两国之间的即期汇率与远期汇率与两国的利息差异有密切的关系。投资者投资于国内所得到的短期利率收益应该和按照即期汇率折成外汇在国外投资并按远期汇率买回本国货币所得到的短期投资收益相等，一旦出现由于两国利率之差引起的投资收益的差异，投资者就会进行套利活动，直至汇率固定在某一特定的均衡水平。利率平价包括抵补的利率平价（covered interest parity，CIP）、非抵补的利率平价（uncovered interest parity，UIP）和实际利率评价（real interest parity，RIP）。

利率平价理论从资金流动的角度指出了汇率与利率之间的紧密关系，有助于正确认识汇率的形成机制，具有特别重要的实践价值，该理论主要应用于短期汇率的决定。

利率平价理论的缺陷是：①忽略了外汇交易成本；②假定不存在资本流动障碍（实际上，资本在国际间流动会受到外汇管制和外汇市场机制不完善等因素的阻碍）；③假定套利资本规模是无限的，现实世界中很难成立；④人为地提前假定了投资者追求在两国的短期投资收益相等，现实世界中有大批热钱追求汇率短期波动带来的巨大超额收益。

虽然该理论的前提假设上存在一定的缺陷，但是利率平价理论突破了传统的国际收支、物价水平的范畴，从资本流动的角度研究汇率的变化，奠定了现代汇率理论的基础。

二、影子汇率的分析框架和计算方法

（一）影子汇率的分析框架

在无扭曲的经济条件下，由市场决定的外汇价格即可代表外汇的经济价值。但在大多数情况下，市场存在一定程度的扭曲，因此市场决定的外汇价格不能代表外汇的影子价格。因此，应按照特定的分析框架对扭曲的外汇汇率进行调整计算。

1. 无贸易政策扭曲下的分析框架

为了能够清楚地说明影子汇率的计算思路，先做以下两个假定，在这两个假定的基础上明确如何计算影子汇率；然后逐渐放松假定，找到更贴近现实经济的影子汇率。

【假定1】 没有贸易政策扭曲，出口环节没有补贴，进口环节没有关税或其他非关税壁垒。

【假定2】 外汇市场价格具有经济效率，是可以持续的汇率水平。

由于没有关税、非关税壁垒和出口补贴，外汇需求方和供给方面临同样的价格，因此加权的结果仍然是原来的外汇价格，即名义汇率。

如图 8-1 所示，f_d 代表外汇需求曲线，f_s 代表外汇供给曲线。外汇的价格由外汇供求曲线的交点决定，也就是说由该国进口产生的外汇需求与出口产生的外汇供给共同决定。最初的外汇价格为 p，进口商外汇需求为 q_d，出口商外汇供给为 q_s，线段 bf 代表政府在既定外汇价格 p 下吸纳的外汇市场超额供给（外汇储备）。

假定政府决定利用外资投资一个国内建设项目。政府外汇需求的增加把外汇市场价格推向更高的水平，外汇价格由 p 升到 p^*。

在新的外汇价格下，进口商受外汇价格上升影响，外汇需求由原来的 q_d 降低到 q_d^*；出口商受外汇价格上升影响，外汇供给由原来的 q_s 增加到 q_s^*。进口商减少的外汇需求 $q_d - q_d^*$ 和出口商增加的外汇供给 $q_s^* - q_s$ 被用来满足政府的外资建设项目，在图 8-1 中被表示为 $ad\text{-}bf$。政府外资建设项目对社会的价值等于进口减少带来的价值损失和出口增加带来的费用增加，在

图中表示为 $abq_dq_d^*$ 和 $fdq_s^*q_s$ 面积之和。将外资建设项目对社会的价值（进口减少带来的价值损失+出口增加带来的费用增加）除以政府建设项目所用的外汇数量，即可得到单位外汇的经济价值。

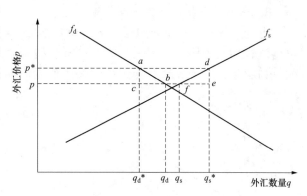

图 8-1　无贸易政策扭曲的影子汇率

进口减少带来的价值等于 $p\Delta D + 1/2\Delta p\Delta D$ ，其中 $\Delta p = p^* - p\Delta p = p^* - p$ ，$\Delta D = q_d - q_d^*$ 。

出口增加带来的费用等于 $p\Delta S + 1/2\Delta p\Delta S$ ，其中 $\Delta p = p^* - p$ ， $\Delta S = q_s - q_s^*$ 。

建设项目总的经济价值等于 $p\Delta D + 1/2\Delta p\Delta D + p\Delta S + 1/2\Delta p\Delta S$ 。

建设项目中总共使用了 $\Delta D + \Delta S$ 的外汇数量，将建设项目总经济价值除以总外汇数量，进而可以得到单位外汇的经济价值 $\dfrac{p\Delta D + 1/2\Delta p\Delta D + p\Delta S + 1/2\Delta p\Delta S}{\Delta D + \Delta S}$ 。

由于大多数建设项目对外汇总需求和总供给的变化影响很小，这里的 $1/2\Delta p\Delta D$ 和 $1/2\Delta p\Delta S$ 可以忽略不计，单位外汇的经济价值可以表示为 $\dfrac{p\Delta D + p\Delta S}{\Delta D + \Delta S}$ 。

外汇供给曲线和需求曲线围成的面积取决于供给弹性和需求弹性。ΔD 和 ΔS 还可以表示为：

$$\Delta D = q_d\left(\frac{p\Delta D}{-q_d\Delta p}\right)\frac{\Delta p}{p} = -\eta q_d\frac{\Delta p}{p} \tag{8-1}$$

式中　η ——外汇需求弹性。

$$\Delta S = q_s\left(\frac{p\Delta S}{q_s\Delta p}\right)\frac{\Delta p}{p} = \varepsilon q_s\frac{\Delta p}{p} \tag{8-2}$$

式中　ε ——外汇供给弹性。

尽管实践当中经济体的外汇需求和外汇供给不仅仅局限于商品和服务进出口，但是商品和服务进出口是在中长期内决定一个国家进出口的基本因素。因此，这里的外汇需求弹性通常被认为是进口需求弹性，外汇供给弹性则被认为是出口供给弹性。将 $\Delta D = q_d\left(\dfrac{p\Delta D}{-q_d\Delta p}\right)\dfrac{\Delta p}{p} = -\eta q_d\dfrac{\Delta p}{p}$ 和 $\Delta S = q_s\left(\dfrac{p\Delta S}{q_s\Delta p}\right)\dfrac{\Delta p}{p} = \varepsilon q_s\dfrac{\Delta p}{p}$ 带入 $\dfrac{p\Delta D + p\Delta S}{\Delta D + \Delta S}$ 当中，可以得到单位外汇的经济价值 SER ：

$$SER = p\left(\frac{\varepsilon q_s}{\varepsilon q_s - \eta q_d}\right) - p\left(\frac{\eta q_d}{\varepsilon q_s - \eta q_d}\right) \tag{8-3}$$

从上式可以看到，单位外汇的经济价值，或者说影子汇率其实是在市场确立的外汇价格的基础上根据外汇需求弹性和供给弹性进行的加权平均。

2. 贸易政策扭曲下的分析框架

上述无贸易政策扭曲的影子汇率计算方法，重点是研究如何对外汇需求方价格和供给方价格进行加权平均，接下来研究存在贸易扭曲情况下的影子汇率计算。假定政府对进口征收进口关税，施加关税会使得外汇需求曲线向下移动，如图 8-2 所示。当不存在关税的时候，出口商仍然按照 p 换取单位货币。由于施加关税，进口方不得不以 $p^* = p(1+t_m)$ 单位的国内货币换取单位外汇，其中 t_m 代表进口关税税率。

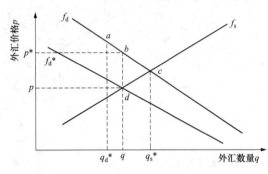

图 8-2 贸易政策扭曲的影子汇率

由于施加关税以后进口需求和出口供给面临不同的单位外汇价格，单位外汇的实际经济价值可以表示为施加关税后需求方价格和供给方价格的加权平均。利用前面得到的公式 $p\left(\dfrac{\varepsilon q_s}{\varepsilon q_s - \eta q_d}\right) - p\left(\dfrac{\eta q_d}{\varepsilon q_s - \eta q_d}\right)$ ，可以得到施加关税以后的影子汇率（ SER ）：

$$SER = p\left(\frac{\varepsilon q_s}{\varepsilon q_s - \eta q_d}\right) - p(1+t)\left(\frac{\eta q_d}{\varepsilon q_s - \eta q_d}\right) \tag{8-4}$$

另：

$$w_s = \frac{\varepsilon q_s}{\varepsilon q_s - \eta q_d} = \frac{\varepsilon}{\varepsilon - \eta\, q_d/q_s} \tag{8-5}$$

$$w_d = -\left(\frac{\eta q_d}{\varepsilon q_s - \eta q_d}\right) = -\left(\frac{\eta\, q_d/q_s}{\varepsilon - \eta\, q_d/q_s}\right) \tag{8-6}$$

可以进一步得到

$$SER = pw_s + p(1+t_m)w_d \tag{8-7}$$

这个影子汇率计算公式说明，影子汇率取决于供求双方面临的单位外汇价格以及供求双方的弹性。如果供给完全没有弹性，上式中的 w_s 趋于 0，影子汇率等于需求方价格 $p(1+t_m)$ ；如果需求完全没有弹性，上式中的 w_d 趋于 0，影子汇率等于供给方价格 p 。大多数情况下，供给和需求都不会完全没有弹性，影子汇率是 p 和 $p(1+t_m)$ 的加权平均，权数取决于供给和需求的相对弹性大小。以上采用进口关税作为贸易政策扭曲的例子，得到了影子汇率的计算公式。如果经济体系中还存在出口补贴，出口方面临的价格和外汇市场价格 p 也会存在一定差距。假定出口补贴税率为 t_x ，可以仿照上面进口关税的例子将影子汇率改写为

$$SER = p(1-t_x)w_s + p(1+t_m)w_d \tag{8-8}$$

式（8-8）综合考虑了进出口两方面贸易政策扭曲给影子汇率带来的影响。根据式（8-8），可以得出影子汇率等于出口单位外汇价格（等于外汇市场价格减去出口补贴税率）和进口单位外汇价格（等于外汇市场价格加上进口关税税率）的加权平均，权数取决于供给和需求的相对弹性。

（二）影子汇率的计算方法

对于影子汇率的计算，不同的国际组织及研究机构，依据不同的理论基础及分析框架，

设计出多种计算方法，如边际外贸货物比价法、平均关税率法、进出口弹性加权平均关税率法、逆差收入比法、进出口加权平均法、外汇溢价法、出口换汇成本法等。以下阐述几种代表性的影子汇率计算方法。

1. 边际外贸货物比价法

设 f_i 表示在边际上分配用于购买 n 种商品中的第 i 项商品的那部分外汇；设 P_i^{D} 表示使国内市场供求相等的价格，即反映对第 i 项进口品的边际支付意愿的价格；最后，设 P_i^{cif} 表示按官方汇率计算的以国内价格表示的到岸价格。则 f_i/P_i^{cif} 就表示如果得到一单位国内货币的额外外汇时可购买到的第 i 项进口品的数量。

把出口减少看作是进口增加，设 $x_{n+1},\cdots,x_i,\cdots,x_{n+h}$ 表示 h 项出口品中每项出口品随着外汇收入减少而相应减少的国内货币数额；设 P_i^{D} 表示出口品 i 的使市场供求相等的价格，P_i^{fob} 表示按官方汇率计算的离岸价格，则：

$$SER = \sum_{i=1}^{n} f_i \frac{P_i^{\mathrm{D}}}{P_i^{\mathrm{cif}}} + \sum_{i=n+1}^{n+h} x_i \frac{P_i^{\mathrm{D}}}{P_i^{\mathrm{fob}}} \tag{8-9}$$

其中 $\sum_{i=1}^{n} f_i + \sum_{i=n+1}^{n+h} x_i = 1$。

2. 平均关税率法

假定贸易货物按其在目前贸易额中所占的份额提供，则一国经济全部贸易商品按国内价格计算的总价值与按口岸价格计算的总价值两者之比就是估算的影子汇率的值：

$$SER = OER \times \frac{(M + T_{\mathrm{m}}) + (X + S_{\mathrm{x}})}{M + X} \tag{8-10}$$

式中　M——全国进口货品总额，以到岸价计价；

　　　X——全国出口货品总额，以离岸价计价；

　　　T_{m}——全国进口货物税收总额；

　　　S_{x}——全国出口货物补贴总额，出口税收应视为负补贴。

3. 进出口弹性加权平均关税率法

进出口弹性加权平均关税率法是由美国经济学家 Balassa. B（1974）提出，作者假设贸易限制将在项目生命期继续下去。进出口弹性加权平均关税率法的出发点是设想可供选择的外汇共有弹性及对进口货物的需求弹性变得很重要，各种外贸品的需求收入弹性不同，与项目有关的外汇需求或外汇供应都会使汇率发生变动。所以比较货物的国内价格与边境价格时使用的有关权数就是贸易品的进口需求和出口供给弹性。计算公式为：

$$SER = OER \times \frac{\sum_{i=1}^{n} e_{\mathrm{f}} X_i (1+S) + \sum_{i=1}^{m} n_m M_i (1+T)}{\sum_{i=1}^{n} e_{\mathrm{f}} X_i + \sum_{i=1}^{m} n_m M_i} \tag{8-11}$$

其中，$e_{\mathrm{f}} = \dfrac{e_{\mathrm{x}}(n_{\mathrm{x}}-1)}{e_{\mathrm{x}} + n_{\mathrm{x}}}$。

式中　OER———官方汇率；

　　　e_{f}———外汇供给弹性；

e_x——国内供给弹性；

n_m——对进口货物的需求弹性；

n_x——对出口货物的需求弹性；

X_i——出口货物的离岸价；

n——出口货物品种数量；

M_i——进口货物的到岸价；

m——进口货物品种数量；

S——出口补贴；

T——进口税。

4. 逆差收入比法

如果国家仅仅采用严格的行政手段控制汇率，在进出口结构和进出口额都是主要由市场自发调节的条件下，逆差收入比能在一定程度上反映外汇的稀缺程度。对应逆差收入比法的影子汇率的计算公式为：

$$SER = OER \times M/X \tag{8-12}$$

式中　　OER——官方汇率；

　　　　M——一个国家在一定时期内的外汇支出总额；

　　　　X——外汇收入总额。

逆差收入比法推定影子汇率的意义在于：当出现外汇收支逆差时，即出现外汇超量需求时，外汇的影子汇率将高于官方汇率，如果按照外汇收支逆差的大小调整官方汇率，就可使外汇收支恢复平衡。

5. 进出口加权平均法

运用进出口加权平均法计算影子汇率需分别求出进口与出口的影子汇率，然后进行加权平均，求得影子汇率SER：

$$SER = W_e \times SER_e + W_i \times SER_i \tag{8-13}$$

$$SER_i = \frac{\text{进口商品的国内价格总额（本币）}}{CIF（外币）}$$

$$SER_e = \frac{\text{出口商品的国内价格总额（本币）}}{FOB（外币）}$$

式中　　W_e——出口比重；

　　　　W_i——进口比重。

6. 外汇溢价法

外汇溢价反映了用官方汇率把贸易品转换为国内货币价格时，进口品被低估的幅度，可用下式计算得到：

$$FEP = (M/T)m - (X/T)x \tag{8-14}$$

式中　　FEP——外汇溢价；

　　　　M——进口商品总额；

　　　　T——进出口商品总额；

　　　　m——进口加权平均关税率；

X——出口商品总额；

x——出口加权平均关税率。

得到外汇溢价后，可得影子汇率 $SER = OER \times (1 + FEP)$。

7. 出口换汇成本法

出口换汇成本法把出口换汇成本作为影子汇率，某种货物的出口换汇成本是指外贸出口部门出口该货物，在货物离岸前所支付的全部经济费用，包括外贸单位从生产厂家买入的收购价和国内运输、包装、存储、银行利息等经济费用。换汇成本用于反映货物的出口成本与出口所收入的外汇（以 FOB 价计）之比。

将一定时期内（比如某一年之内，或一个五年计划时期内）全国所有出口货物的换汇成本按照出口额加权平均，可得到这一时期内全国出口换汇成本（COF）。计算公式为：

$$COF = \frac{\sum\limits_{i=1}^{n} COF_i}{\sum\limits_{i=1}^{n} FOB_i} \tag{8-15}$$

在某一时期中，一个国家已有一定的出口额，如果在此基础上增加或者减少出口，相应的经济费用也会有增加或者减少。将此一定出口总额基础上增加或减少的出口额与其相应的经济费用增加或减少额相比，就可得到出口换汇成本。如果用数学中极限的概念描述边际换汇成本，则边际换汇成本可由下式表示：

$$MC = \lim_{\Delta F \to 0} \frac{\Delta C}{\Delta F} \tag{8-16}$$

式中 MC——边际换汇成本；

ΔF——在一定的外汇收支水平上，国家外汇收入增量；

ΔC——国家因外汇收支增量而引起的成本增量。

出口换汇成本法所需资料比其他方法少，但没有考虑进口，而要使影子汇率与出口换汇成本一致，必须使进口额等于出口额。如果一个国家的外贸连续保持顺差或逆差，这样对外汇的需求量就会小于或大于所创造的外汇量，从而影子汇率将低于或高于出口换汇成本。

第二节 外汇影子价格的测算与应用

一、外汇影子价格的测算

这里以人民币影子汇率的测算为例，研究影子汇率测算的相关理论、分析方法在实务中的应用。

（一）汇率预测

工程项目现金流的测算需要对名义官方汇率（OER）、实际官方汇率和影子汇率（SER）三种汇率进行分析。汇率的预测是在一定的假设条件下进行的，最常用的假设就是购买力平价调整，即假定名义官方汇率将根据国内通货膨胀率相对于国外通货膨胀率的变化而调整，而实际汇率保持不变。只要不考虑产业政策和金融政策，或这些政策不改变，就可以证明这些假设是成立的。

考虑加权平均关税率（$WATR$）的变化时，实际 SER 保持不变，而实际 OER 将根据 $WATR$

的变化而调整。在下列情况下，*OER* 和 *WATR* 关系的预测非常重要：第一种情况是国内通货膨胀严重，造成商业和金融政策变化；第二种是经济结构调整，商业和金融政策变化是整个调整计划的一部分。

三种汇率的使用范围如下：①名义官方汇率（*OER*），在编制项目融资计划时需要使用这种汇率；②实际官方汇率，在用不变价格计算项目财务现金流量时需要使用这种汇率；③影子汇率（*SER*），在预测 *OER* 和进行工程项目经济分析时需要使用这种汇率。

（二）汇率预测的购买力平价假定

汇率预测的理论依据之一就是使用"购买力平价"假定。"购买力平价（PPP）"的含义是当本国的通货膨胀率与该国的主要贸易伙伴国的通货膨胀率不同时，对汇率进行调整，以便维持本国和外国货币购买力的"相等"。例如，假设本国未来 5 年每年的通货膨胀率预测为 10%，而该国主要贸易伙伴的通货膨胀率预测为每年仅有 5%，则两国货币购买力平价保持

不变最直接的方式是当地货币按下面的年率贬值：贬值速率$=\dfrac{1+0.10}{1+0.05}-1=4.76\%$

如果在这 5 年的第一年开始时 *OER* 是 1 美元兑换 10 元，则 *OER* 变化见表 8-1。

表 8-1   用购买力平价预测名义汇率

年度	年初 *OER*（美元换元）	年终 *OER*（美元换元）
1	10.00	10.48
2	10.48	10.98
3	10.98	11.50
4	11.50	12.05
5	12.05	12.62

（三）贸易壁垒与购买力平价

表 8-2 进行的计算暗中假定了无贸易壁垒或外汇干预存在，即名义官方汇率 *OER* 和影子汇率 *SER* 相同。关于"真实"汇率与"名义"汇率的关系，这里未做任何限制，因此表 8-2 中的计算结果实际上是名义汇率。

同样假定无贸易或国际收支扭曲存在，也就是说，*OER* 和 *SER* 仍然相同的情况下，实际汇率可以按以下思路进行计算。

表 8-2 中，一年后名义汇率贬值为 1 美元换 10.48 元。这样，在口岸上进口价值 1 美元的货物就需要支付 10.48 元。这里定义"实际"的含义就是不变价格（设第一年初为基期），则要把价值 1 美元的货物的现行本币价格换算成基期的本币价格，就应当用 10.48 元除以 1 与当地通货膨胀率之和：

$$1\text{ 美元货物的实际价格}=\frac{10.48}{1+0.10}=9.524\text{ 元}$$

由此看出，1 年内 1 美元外汇的实际价格降低了。但是，由于在这一年中外国的通货膨胀率是 5%，因此一年前用 1 美元外汇实际能够买到的外国货物今年就值 1.05 美元。实际上，名义和实际汇率的变动可以通过国内和国外通货膨胀率联系起来，在本国货物与外国货物之间的交换中，若用货币来衡量，就意味着需要增加 5%的当地货币支付过去一年中外国货物美元价格

上涨的部分。这样，把实际的本国货币数乘以上一年后为获得本国货物和外国货物之间的实际交换比率所需的实际美元数，就可以计算出实际汇率。这里，"实际"指的是基期，即第一年初。

$$实际的本国货币数\ 9.524×1.05=10\ 元$$

计算结果表明，"实际"汇率仍然是 1 美元换 10 元。各年名义 OER 和实际 OER 的计算数值见表 8-2。

表 8-2　　　　　　　　　　　**用购买力平价预测实际汇率**

年度	年终名义 OER（美元换元）	本国年终价格指数	外国年终价格指数	价格指数比	年终实际 OER（美元换元）
1	10.48	110.00	105.00	1.048	10.00
2	10.98	121.00	110.25	1.098	10.00
3	11.50	133.10	115.76	1.150	10.00
4	12.05	146.41	121.55	1.205	10.00
5	12.62	161.05	127.63	1.262	10.00

上述计算过程显示，名义汇率按照购买力平价进行调整可以维持实际汇率保持不变。名义汇率在国内外通货膨胀率不同时将进行调整，以便在其他条件不变时保持实际汇率不随时间而改变。

在实际工作中，一般使用不变价格进行投资分析，并且假定在项目投资的整个生命周期内汇率保持不变，这实际上就暗中假定了在通货膨胀存在的情况下名义汇率每年都要贬值，而名义汇率贬值的速率就是 1 加上国内外通货膨胀率的比率。

现在来讨论有贸易壁垒和国际收支障碍，SER 和 OER 不相等的情况。从前面的分析可知，25%的加权平均关税率（$WATR$）将使 OER 同工程项目经济分析中使用的 SER 的比等于 1:1.25。假定只有口岸扭曲以关税和补贴的形式影响商品和服务的价格（均已在 $WATR$ 计算中得到了考虑），并假定无资金外逃、外汇的需求和供给全都同贸易相联系，这些假设就能让我们暂时仅考虑 SER。

如果 $WATR$ 为 25%，则在工程项目经济分析中使用的 SER 同 OER 的关系如下：

$$SER=OER×（1+WATR）$$
$$OER=1\ 美元换\ 10\ 元$$

所以，　　　　　　$SER=（10\ 元/1\ 美元）×（1+0.25）=1\ 美元换\ 12.5\ 元$

在预测名义和实际 OER 时，首先预测 SER（如上述表格数据），然后通过预测 $WATR$ 来确定 OER 的变化（见表 8-3）。

表 8-3　　　　　　　　　**SER 和名义 OER 预测：计算购买力平价**

年度	国内外价格指数比	年初名义 SER（美元换元）	年初加权平均关税率	年终名义 OER（美元换元）
1	1.048	12.50	0.25	10.00
2	1.098	13.72	0.25	10.98
3	1.150	14.37	0.25	11.50
4	1.205	15.06	0.25	12.05
5	1.262	15.77	0.25	12.62

这里假定国内年通货膨胀率为 10%，国外年通货膨胀率为 5%。第 3 列除以第 4 列加 1 便得第 5 列。

（四）购买力平价和影子汇率

在现实世界中，影子汇率 SER 应根据国内外通货膨胀比率的变化而变化，然后官方汇率 OER 就同分离 SER 和 OER 的贸易和国际收支政策相联系。假定 WATR 的计算已经将所有这些后果都考虑在内，就像上表那样，将预测的 SER 除以 1 加预测 WATR，来预测 OER。本来还可以从通货膨胀率比率直接预测名义 OER，但这样做就必须假定在预测 OER 的 5 年期间 WATR 保持不变。

因为标准转换系数 SCF 是从 WATR 推算出来的，所以可以认为预测的名义 OER 是从预测 SER 和 SCF 推算出来的。SCF 同 WATR 的关系如下：

$$SCF = \frac{1}{1+WTAR} SCF$$

如果 WATR=0.25，则 SCF 等于 0.80。从上表中也可以得到 SCF 的数值。

接下来研究如果在需要预测的 5 年期间政府要改变贸易政策，OER 将会发生怎样的变化。利用不同的 WATR 假设对有关数据计算见表 8-4。

表 8-4 通过购买力平价预测 SER 和名义 OER

年度	国内外价格指数比	年初名义 SER（美元换元）	年初加权平均关税率	标准换算系数 SCF	年初名义 OER（美元换元）
1	1.048	12.50	0.25	0.80	10.00
2	1.098	13.72	0.25	0.80	10.98
3	1.150	14.37	0.33	0.75	10.81
4	1.205	15.06	0.33	0.75	11.32
5	1.262	15.77	0.33	0.75	11.86

这里假定国内年通货膨胀率为 10%，国外年通货膨胀率为 5%。第 3 列除以第 4 列加 1 或者第 6 列除以第 3 列便得到第 5 列。

贸易扭曲形态的变化在考虑了通货膨胀的影响之后将影响 OER 的取值。表 8-4 中可以看到贸易政策变化的两种影响。第一，平均关税和补贴率（WATR）在第三年从第二年的 25% 增加至 33% 使得标准换算系数 SCF 从 0.8 减少到 0.75；第二，贸易政策的改变使 OER 减少，因为关税率的改变抵消了国内相对于国外居高不下的通货膨胀的影响。

需要注意的是，如果 SCF 保持改变，是因为贸易政策的改变将影响到一种或多种商品或服务国内价格同口岸价格的比率。因此，SCF 的变化一般就意味着具体换算系数也要改变，也就是说经济体系中的相对价格在变化。假定表 8-4 中给出的名义 OER 改变，则贸易政策也就很可能改变，贸易政策的改变或者是 OER 改变的原因，或者是对引起 OER 变化的诸因素所做反应改变的原因。而改变 SCF 的结果就是改变实际 OER。

当 SCF 变化时，实际 OER 将相应改变。国内外通货膨胀率的不同本身不会引起实际 OER 随时间变化（虽然国内外通货膨胀率的不同有可能同名义 OER 的变化有关系）。相反，正是政府在应对通货膨胀，或者应对汇率贬值中采取的贸易和金融政策的改变将造成 SCF 的变化。因此，不同的国内和国外通货膨胀率本身不会造成实际官方汇率随着时间的变化。但是，正是政府的贸易和财政政策的改变才造成了实际官方汇率的变化，进而造成标准换算系数的变化。

预测这些贸易和金融政策的变化是很难的，在项目评估范围内很少进行这种预测。由于这种预测难度很大，因此一般不在项目规划范围内进行这种预测。解决问题的办法是一般进行某些假设，其中包括：①在项目生命周期内实际 OER 保持不变；②在项目生命期内实际 OER 保持不变，根据国内外通货膨胀率的差别对名义 OER 做购买力评价调整；③国内经济政策或贸易政策不做大的改变，因此口岸和国内扭曲情况不会改变，进而在项目生命期内的平均换算系数（包括 SCF）将保持不变。进行这种假定的理由有三个：①这些假设大大简化了计算；②除此之外，分析人员没有进行其他假设的根据；③政策因素和出于对可能引起金融和外汇市场波动因素的担心，可能使分析人员不便使用别的假设。

显然，当拟建项目正处于"结构调整"环境中时，上述三个假设看起来就不现实了。结构调整计划可能引起许多该项目假定不变的经济参数发生变化，实际上，正在评估的具体项目很可能就是政府为了进行结构改革和改变现有主要价格关系而设计的各种干预措施的一部分。在这种情况下，就应该从结构调整的角度对整个宏观经济背景及单个项目需要解决的问题进行识别和研究。

二、外汇影子价格的应用

（一）影子汇率在有关国际发展组织中的应用

1. 经济合作与发展组织的应用

经济合作与发展组织出版的由牛津大学福利经济学家 M. D. Little 和 J. A. Mirrlees（1968）合著的《发展中国家工业项目分析手册》和《发展中国家项目评价和规划》两本著作，对工程项目经济分析中如何分析外汇的经济价值提出了具体要求，即要求对于贸易品使用官方汇率而不是影子汇率，对非贸易品提出估算标准转换系数的方法，标准转换系数表示贸易货物和非贸易货物之间经济价值比值关系。估算标准转换系数的计算方法是首先确定非贸易货物所在的类别 j，第 j 类货物的转换系数是同类可贸易货物的所有进口品、出口品的价值（用边境价格计算）与用国内价格计算的价值之比。如果标准转换系数的测定能够符合实际，则这种处理方法就能较好地解决影子汇率估算的问题，但由于标准转换系数本身可能出现误差，可能导致估算结果失真的情形发生。

2. 联合国工业发展组织（United Nations Industrial Development Organization，UNIDO）的应用

联合国工业发展组织（United Nations Industrial Development Organization，UNIDO）的工程项目经济分析方法强调影子汇率就是外汇的影子价格，影子汇率是自由贸易条件下的静态均衡汇率，这是计算外汇影子价格的理论基础。由于 UNIDO 的工程项目经济分析方法是一种局部均衡分析方法，强调从外汇的边际效益和机会成本的概念出发，认为影子汇率应该能够反映外汇资源的优化配置。从国民经济整体的角度看，在外汇资源实现优化配置的状态下，外汇的机会成本与边际效益相等。近似地，外汇的边际效益根据外汇使用者的支付意愿进行估算，外汇的机会成本用边际换汇成本来表示。因此，外汇的支付意愿和边际换汇成本都可以作为外汇影子价格的测算依据。因此，在 UNIDO 的方法体系中，允许采用多种方法测算影子汇率。

影子汇率测算的基本思路，是以官方汇率作为参考数据，从影响官方汇率的未反映支付意愿的各种因素出发，剔除这些因素的影响，求得比官方汇率更加接近支付意愿的结果。如

1972 年 UNIDO 出版的由伦敦政治经济学院教授 P. S. Dasgupta、A. Sen 和哈佛大学教授 S. A. Marglin（1972）合著的《项目评价准则》，其中提出的边际外贸货物比价法，以及世界银行经济学家 J. R. Hansen（1978）根据《项目评价准则》（1972）的思想和原理编写的《项目评价实用指南》中提出的平均关税率法，都是这种测算思路的具体应用。

3. 联合国工发组织和阿拉伯国家工业发展中心（Industrial Development Centre of Arab States，IDCAS）的应用

UNIDO 和 IDCAS 联合编写，并于 1977 年在阿拉伯首次出版的《工业项目评价手册》中提出的方法，常被称为"阿拉伯法"或"手册法"，提出用"调整汇率"（AROFE）来代替影子汇率，以国际收支中的外贸逆差与收入之比为基础来确定调整汇率。这种做法基于下述理由：当国际收支出现或预期会出现较大逆差时，外汇需求将大量增加，而这种变化在官方汇率中不能真实地加以反映，因此有必要在官方汇率的基础上加上某种贴水，外贸逆差与收入之比就是这种贴水的度量。"阿拉伯法"同时强调，若上述方法由于缺乏数据来源等原因难以有效应用时，可以利用旅游汇率替代调整汇率，进行简化处理。

（二）影子汇率在亚洲开发银行等金融机构中的应用

亚洲开发银行（Asia Development Bank）、世界银行（World Bank）等国际金融组织的工程项目经济分析方法，均强调对外汇的价格扭曲进行调整，主要强调关税、非关税壁垒、出口供给弹性、进口需求弹性以及进出口比率对影子汇率的决定作用，基本思路没有明显的区别。

以亚洲开发银行为例，其《项目经济分析准则》提出将影子汇率定义为进口商付出的外汇价格与出口商获得的外汇价格的加权平均。计算影子汇率时，主要采用以下方法：

$$SCF = \frac{Q_i + Q_o}{(Q_i + T_1 - S_1) + (Q_o - T_o + S_o)} \tag{8-17}$$

式中　SCF——影子汇率换算系数；

　　　Q_i——进口额；

　　　Q_o——出口额；

　　　T_1——进口平均关税；

　　　S_1——进口平均补贴税率；

　　　T_o——出口平均关税；

　　　S_o——出口平均补贴税率。

（三）我国对外汇影子价格的应用

前面阐述了作为外汇经济价值计算依据的外汇影子价格的各种理论模型、分析框架及影子汇率的各种估算方法，以及有关机构对这些方法的具体应用情况。研究表明，在开放型经济体中，汇率对国际收支平衡、本国经济结构及宏观经济运行态势具有重大影响。从 20 世纪 60 年代开始，以西方国家学者为主流的广大技术经济专家针对工程项目经济分析中的外汇经济价值的估算进行了大量研究，这些研究成果被世界银行、亚洲开发银行、联合国工业发展组织、经济合作与发展组织等国际多边发展援助机构所采纳。但是这些方法主要应用于广大发展中国家，特别是这些国家的受援项目，主要理由是各发展中国家面临着工业化及经济起飞的艰巨任务，外汇需求特别旺盛、创汇能力严重不足，存在严重的外汇短缺问题，因此这些国家的外汇市场存在严重的扭曲状况，在对工程项目进行经济分析时，应对贸易货物涉及

的外汇真实经济价值进行合理估算，不应该依据本国扭曲的汇率进行工程项目经济费用和效益的计算。

在如何估算各发展中国家外汇真实经济价值方面，虽然相关国际组织和技术经济学家提出了各种各样的估算方法，但因为在工程项目经济分析的具体应用层面缺乏数据资料支撑等原因，使得"完美"的理论方法及分析模型难以有效应用，最后都不得不采用"不太完美"的简化方法进行简便处理，实际应用效果并不令人满意。

我国在研究制定《建设项目经济评价方法与参数》第一版至第三版的过程中，基本沿用来自西方国家专家学者针对发展中国家的工程项目经济分析问题所开出的药方，要求采用影子汇率对外汇的影子价格进行调整计算。我国还以中央政府投资建设主管部门的名义发布国家层面的影子汇率国家参数，但实际应用效果并不理想。

目前，我国已经建立相对完善的浮动汇率制度，外汇的市场化程度已经很高。我国不仅不存在外汇短缺的情况，而且从 2006 年开始一直保持全球第一大外汇储备国的地位；"一带一路"倡议有效推进，我国经济发展加速融入国际经济体系，人民币国际化进程加快；我国是全球第二大经济体，每年工程建设投资规模已经达到 10 万亿美元的量级，单项工程对国家整个外汇市场的影响微乎其微。基于这些原因，我国在具体工程项目的经济分析层面，对外汇的经济价值通过影子汇率进行重新测算已经变得没有必要，政府主管部门同样没有必要再发布影子汇率等经济参数。

第九章

社会折现率的测算

工程项目经济分析中的费用-效益分析沿用了投资项目盈利分析中的现金流量折现法的方法框架，对不同时间点发生的经济费用和效益流量需要进行折现，以期得出经济净现值等评价指标，以便对工程项目的经济价值及方案比选进行判断，社会折现率则成为这种评价和比选的重要参数。

第一节　社会折现率的研究状况

一、研究社会折现率的意义及基本思路

（一）研究社会折现率的意义

在国外，对社会折现率的关注和研究主要集中在公共投资、环境和可持续发展等议题上，这是由于在市场经济体制下，私人和企业投资所依据的基准折现率主要是由企业或项目的加权资本成本来确定的缘故。

在主流经济学中，对于公共投资项目的经济分析一般采用经济费用-效益分析的方法，通过比较各种方案的费用和效益，选择净收益最大的项目方案，使资源在私人部门和公共部门之间以及公共部门内部得以有效配置。具体评价通常采用经济净现值（ENPV）、经济内部收益率（EIRR），效益费用比（B/R）等指标。

在费用-效益分析过程中，社会折现率的确定是一个关键环节，因为只有合理确定社会折现率，才能对一个项目的取舍做出正确的判断。社会折现率可用于间接调控宏观投资规模：

（1）社会折现率的取值高低直接影响项目经济可行性判断的结果。社会折现率取值提高，会使一些本来可以通过的建设项目达不到判别标准而被舍弃，从而使可以获得通过的项目总数减少，使投资总规模下降，间接地起到调控国家投资规模的作用。因此，社会折现率可以作为国家固定资产投资总规模的间接调控参数，需要缩小投资规模时，就提高社会折现率，需要扩大投资规模时，可降低社会折现率的取值。

（2）社会折现率的取值高低会影响项目的选优和方案的比选。社会折现率较高，则较为不利于初始投资大而后期费用节省或收益增大的方案或项目，因为后期的效益折算为现值时的折减率较高，而社会折现率较低时，情况正好反过来。所以，只有选择恰当的社会折现率，才能做出正确的投资决策，才能使经济资源在私人部门和公共部门之间及其内部进行合理配置。

（二）社会折现率的确定思路

1. 消费思路

一般而言，消费者偏好于现在的消费胜于将来的消费。可以从两个方面来解释消费者的这种偏好：①人们普遍存在着短见和风险规避意识，譬如人总会死亡，害怕死亡使人们倾向

于现在消费胜过未来消费；②消费者消费的边际效用递减，而社会消费水平一般随时间呈递增趋势。这两个条件的同时存在决定着消费者放弃即期消费需要更多未来消费作为补偿。

消费者偏好于当前消费的倾向，可以采用社会时间偏好率予以反映。社会时间偏好率是指未来消费对现时消费的边际替代率，即社会因放弃现在消费转而进行投资而希望在未来得到的回报率。

在工程项目经济分析实践中，可以采用社会时间偏好率来解释和替代社会折现率，由表示全体社会成员对不同时期消费相对满意程度的社会时间偏好函数来确定，该函数反映了人们对社会伦理和未来经济前景的价值判断。

2. 生产思路

社会时间偏好率是从消费思路解释社会折现率的存在，另外还可以从生产思路的角度来解释社会折现率，即利用资本的机会成本率来解释，社会折现率主要用于政府关注的公共项目的经济分析问题。社会时间偏好率采用生产思路的基本逻辑是：由于社会资源总量是有限的，资本投资于公共项目必定会排挤民间投资，使得原本可以用于其他方面的民间投资减少，因此不应该进行收益率低于民间资本收益率即小于资本机会成本率的公共项目投资。

3. 综合思路

理论上，如果市场是充分竞争的，则社会时间偏好率与资本机会成本率应是相等的。如果资本机会成本率大于社会时间偏好率，则可增加投资创造高于社会时间偏好的未来消费，属于福利经济学中所阐述的一种帕累托改进，反之亦然，最终的均衡是两者相等。因此，上述两种思路确定经济折现率在理论上都是可行的。

但从现实角度看，市场存在诸多不完善之处，例如垄断、信息不对称、税收、失业等，这些因素导致现实投资、消费规模不可能达到福利经济学所称的帕累托最优状态，这种情况导致社会时间偏好率和资本机会成本率会呈现不同的结果。

以税收为例，这里将税收简化为仅有公司和个人所得税。由于存在公司税（企业所得税）和个人所得税，税前和税后的投资收益率不同。如图 9-1 所示，征收公司税后，私营部门的投资需求从 II 移动到 $I'I'$，而资本的供应（储蓄）由于个人所得税的影响从 SS 移动到 $S'S'$。投资-资本的供求均衡从没有税收的 E 点移动到 E'，实际投资和储蓄的规模从 OA 缩小到 OB；对应的投资收益率（储蓄利率）就有 i_g、i_m 和 i_n 三个，分别代表税前、公司税后和全部所得税后的投资收益率。从民营部门的决策角度，折现率是 i_m，从公共部门的投资决策角度，直接税不属于公共支出，资本的机会成本率应该是 i_g。

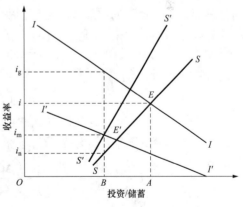

图 9-1　税收-投资-储蓄关系示意图

图 9-1 表明，代表消费者时间偏好的社会折现率应该用税后的 i_n，代表公共投资决策角度的社会折现率应该用税前的 i_g，二者之间存在差异。社会折现率主要用于公共项目的投资决策，如果现有一个公共项目的投资额为 C，假定其中 γ 来自民间消费，$(1-\gamma)$ 来自民间投资（表明公共项目投资以牺牲民间消费和投资为代价），项目运行期每年净效益为 B（假定为永久年续），若仍假定仅存在公司和个人所得税，在此分析框架下，该项目的经济净现值理论上应为：

$$ENPV = \frac{B}{i_{\mathrm{n}}} - \left[\gamma C + \frac{(1-\gamma)i_{\mathrm{g}}C}{i_{\mathrm{n}}}\right] \tag{9-1}$$

公式右边第一项代表净效益的现值，中括号内第一项表示投资来自民间消费部分，第二项表示投资来自民间投资部分，后者考虑有一个升值因素 $i_{\mathrm{g}}/i_{\mathrm{n}}$。这里所使用的折现率实质上是一种综合考虑，既不等于当前市场所反映的社会时间偏好率（i_{n}），也不等于当前市场所反映的资本机会成本率（i_{g}），而是两者的加权平均。这就是确定社会折现率的综合思路。

上述确定社会折现率的三种思路仅是理论上的考虑，现实情况要复杂得多。市场中存在如垄断、信息不对称、税收等多种因素的干扰，从而将理论上处于均衡状态的社会时间偏好率和资本机会成本率掩盖于复杂的市场利率之中而难以计量。

确定社会时间偏好率需要确定社会时间偏好函数，而社会时间偏好函数本身就是理论上的概念，还要考虑公平、伦理等复杂因素，这使得确定社会时间偏好率是一个非常复杂的问题。确定资本机会成本率则不仅要考虑现有投资规模，还要考虑边际投资，现实中很难取得相关数值。而且，公共投资所需资金来源于民间消费和民间投资的比例同样难以明确界定。

二、社会折现率的确定方法及研究现状

（一）社会折现率的确定方法

社会折现率是工程项目经济分析的重要通用参数，用作项目经济内部收益率的判别标准，同时也用作计算经济净现值的折现率。社会折现率是用以衡量资金时间价值的重要参数，代表资金占用所应获得的最低动态收益率，并且用作不同年份之间资金价值换算的折现率。社会折现率根据经济发展多种因素综合测定，一般由专门机构测算发布。社会折现率的确定主要采用以下方法。

1. 价值判断法

社会折现率作为"一种价值判断来确定"。持这种观点的人认为，人均消费将随着时间的推移而增长，消费的边际效益随着消费的增长而减少。这样就可以通过将消费增长率和消费的边际效用结合起来，研究确定社会折现率。计算公式为：

$$i = (V_t - V_{t+1})/V_{t+1} = -\Delta V_{t+1}/V_{t+1} \tag{9-2}$$

式中　i——社会折现率；

　$V_t V_{t+1}$——分别为第 t 年、第 $t+1$ 年的消费权数；

　ΔV_{t+1}——第 $t+1$ 年消费权数的增加量。

引入新的变量元素人均消费（C_{t+1}）和人均消费的绝对变化（ΔC_{t+1}）时，可得出如下公式：

$$i = -\left(\frac{\Delta V_{t+1}}{\Delta C_{t+1}} \times \frac{C_{t+1}}{V_{t+1}}\right) \cdot \left(\frac{\Delta C_{t+1}}{C_{t+1}}\right) = -\left(\frac{\Delta V_{t+1}}{V_{t+1}} \middle/ \frac{\Delta C_{t+1}}{C_{t+1}}\right) \cdot \left(\frac{\Delta C_{t+1}}{C_{t+1}}\right) \tag{9-3}$$

$\dfrac{\Delta V_{t+1}}{V_{t+1}} \middle/ \dfrac{\Delta C_{t+1}}{C_{t+1}}$ 表示消费的边际效用变化率与人均消费变化率的比率，也就是人均消费的边际效用弹性，即平均消费水平每增长 1%，消费的边际效用就随之发生的变化幅度；$\dfrac{\Delta C_{t+1}}{C_{t+1}}$ 表示人均消费增长率。由此得出下列公式：

$$i = -(\text{边际效用弹性}) \times (\text{人均消费增长率}) = -\frac{\text{边际效用变化率}}{\text{消费变化百分率}} \times \text{人均消费增长率} i \tag{9-4}$$

2. 社会时间偏好率法

边际公共投资的经济费用可以用"储蓄"来表示，项目产出包括储蓄和消费两个方面，这两个概念是不同的，因此在贴现时必须转化成一般的"消费"单位。这样，用适当的社会时间偏好率对消费进行贴现，把投资项目的初始费用及产生的"储蓄"转化成未来消费和随私人投资边际利润率自然增长储蓄的年金；然后，用社会时间偏好率对这个年金进行折现求出储蓄等额"消费"值。

$$\frac{r}{x} \times (1-m) < STP \tag{9-5}$$

式中　r——私人投资的净边际利率，即单位储蓄的年收入，并假定在投资项目寿命周期内保持不变；

　　m——投资者和工人消费的边际偏好；

　STP——社会时间偏好率；

　　x——私人部门边际投资产生的收入增加部分，并假定在整个寿命周期内保持不变；

　r/x——表示社会利率。

【例9-1】　$m=0.8$，$x=1$，$r=0.10$，$STP=0.06$，则：$(1-m) \times r/x = 2\%$。

那么储蓄的影子价格就等于2。

如果私人投资的边际利率和STP是不断变化的，那么储蓄的影子价格就不是一个常数。但是，在某一时点T，当消费和储蓄相等时，储蓄的影子价格就是1。这里的社会时间偏好率就是社会折现率。

3. 效用折减率法

效用折减率法的观点认为，未来效用由以下几部分组成：

$$STP = I + d + r \tag{9-6}$$

式中　I——表示人们的一种自然偏爱，即现在消费的满足程度要好于未来消费；

　　d——表示因人们害怕死亡而表现出的对现在消费的偏好；

　　r——表示消费的递减边际效用。

效用的增加速度随着消费的增加而减退，即边际效用（DU）和边际消费（DC）变化的关系如图9-2所示。

如假定图中的曲线的弹性是常数（$-e$），根据定义，这种递减关系可以表示为：$\dfrac{u'(C_{t+1})}{u'(C_t)} = \dfrac{1}{1+r}$，所以，

$r = a \times C_t^{-e} / a \times C_{t+1}^{-e} - 1 = \left(\dfrac{C_{t+1}}{C_t}\right)^e - 1$，令每人的消费增长

率$b = \dfrac{C_{t+1} - C_t}{C_t}$，则有$r = (1+b)^e - 1$。

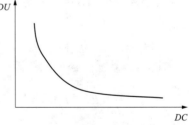

图9-2　边际效用和边际消费关系示意图

每人消费增长率也可由$b = (k+1)/(1+n)$求得，其中k为总的消费增长率，n为人口增长率，因此可求出社会折现率的计算公式为：

$$r = \left(\frac{1+k}{1+n} + 1\right)^e - 1 \tag{9-7}$$

4. 排队法

排队法指根据经济社会发展中长期规划及拟建项目库,得出各经济部门的平均投资收益率,然后依据这个平均值和可供投资的资金规模对投资项目进行排队,以确定投资收益率基准值。

把可能建设的投资项目按投资收益率从大到小排队,则投资项目被分为三类:①投资收益率大于平均水平的项目;②投资收益率等于平均水平的项目;③投资收益率小于平均水平的项目。然后计算第一类项目各自的投资收益率与投资额乘积之和,用以贴补第三类投资项目;再计算第三类投资项目各自的投资收益率与投资额乘积,按投资收益率从大到小依次贴补,直到贴补额用完为止,最后一个得到贴补的投资项目的投资收益率即可作为社会折现率的估计值。

5. 积累率法

理论上,国民收入增长率取决于积累率和投资收益率两个因素,用积累率和资金产出率的乘积作为社会折现率。令 S 表示积累率,q 表示资金产出率,则:

$$社会折现率 = S \times q \tag{9-8}$$

同时,也可以根据积累率,资本边际收益率及积累和消费价值的换算系数计算社会折现率。令 S 表示积累率,q 表示社会资本边际收益率,i 表示劳动生产率平均年增长速度,因为积累价值大于消费价值的情况发生在有限年(T 年)内,则单位投资 T 年后的投资累计 $(1+S \times q)^T$ 就等于第 T 年的消费,折现为现值得:$\left(\dfrac{1+S \times q}{1+i}\right)^T$。

另外,单位投资每年产生的消费为 $1 - S \times q$,T 年内总消费为:

$$(1 - S \times q)\left[1 - \frac{1+S \times q}{1+i} + \left(\frac{1+S \times q}{1+i}\right)^2 + \cdots + \left(\frac{1+S \times q}{1+i}\right)^T\right]$$,则积累和消费价值的转换系数

(积累/消费)为上述两式之和,即:

$$r = \left(\frac{1+S \times q}{1+i}\right)^T\left[\frac{1-S}{S \times q + i} + 1\right] - \frac{1-S \times q}{S \times q - 1}$$,所以社会折现率为:

$$S \times q + \frac{1-S}{r} \tag{9-9}$$

6. 投资净产值率法

投资净产值率法指根据投资净产值率、投资纯收入率及银行长期贷款利率等因素推算社会折现率。

令 Y 表示年净产值,D 表示年折旧,I 表示总投资,N 表示投资项目寿命周期,M 表示建设工期,i 表示动态的投资净产值率,则:

$$\frac{I}{M}(F/A, i, M) = (Y+1)(P/A, i, N) \Rightarrow \frac{I}{M} \cdot \frac{(1+i)^M}{i} = (Y+D)\frac{(1+i)^N - 1}{i(1+i)^N}$$
$$\Rightarrow \frac{(1+i)^M(1+i)^N}{M[(1+i)^N - 1]} = \frac{Y+D}{I} \tag{9-10}$$

式中 $(Y+D)/I$——社会折现率。

(二)社会折现率的研究现状

1. 相关专家对社会折现率研究的相关成果

哈佛大学教授 M. Weitzman 在 2001 年的《美国经济评论》("Gamma Discounting", The

American Economic Review，Vol.91，No.1，2001）公布了一次有 48 个国家 2160 名博士水平以上的经济学家参与的问卷调查结果，该调查让这些经济学家给出关于全球气候变化一类项目在不同时间上对效益和费用进行折现的折现率。调查回应的结果呈伽玛分布（gamma distribution），年折现率样本的均值 $\mu = 3.96\%$，标准差 $\sigma = 2.94\%$，调查回应的区间从 $-3\% \sim 27\%$，80% 左右的样本集中在 $1\% \sim 6\%$ 之间，众数 $m = 2\%$。另外，Weitzman 还邀请了 50 位全球顶级的经济学家（大部分是诺贝尔奖得主）回答同样的回卷，结论是均值 $\mu = 4.09\%$，标准差 $\sigma = 3.07\%$，两项的结果很接近，即折现率的均值是 4%，标准差为 3%。同时，他也披露，不少学者在给出数字的同时，保留了对折现率概念上的不同意见。

N. Henderson 等（1995）以实证的方法研究得出社会折现率属于"双曲折现"的结论。他们指出期限较长的基础设施等公共项目的社会折现率在本质上应该为双曲线形状，而不是指数形状，行为学及经验经济学的研究都支持双曲折现的假设；该项研究还进一步指出即使行为学、经济学、公众选择方面的证据还不能完全肯定得出双曲折现的结果，他们对收集到的大量数据的实证研究进一步表明，即便是人们习惯以指数形式表述对时间的偏好，但很多人的表达结果叠加到一起，最终还是要形成双曲线形状。研究提出，双曲线折现方法除了能比指数折现方法更准确地反映公众意愿外，而且还能更加合理地解决期限较长的基础设施项目的折现问题。因此，对寿命周期较长的项目而言，应该采用双曲线折现方法而不是指数折现方法来处理折现问题。

2. 对社会折现率取值的争论

社会折现率的取值高低会使项目评价和方案比选的结论产生逆转，因此工程项目的经济分析必须关注社会折现率取值的测算思路和方法等问题的研究。但是，目前在这个领域尚未达成一致的结论。主要争论包括如下方面：①是否要对项目生命周期不同时间段的效益和费用给予不同（递减）的折现率？②是否有必要对公共项目的效益和费用适用不同的折现率？③是否要对不同类别（行业）的项目采用不同的折现率？④考虑到发展水平的差异，是否需要对不同地区的投资项目适用不同的折现率？

3. 对社会折现率取值变化趋势的研究

关于社会折现率在工程项目经济分析实践中的取值，研究认为应呈现如下变动趋势：

（1）总体呈现降低趋势[1]，特别是西方市场经济国家。我国《建设项目经济评价方法与参数》（第二版）设定的社会折现率为 12%，显得偏高；《建设项目经济评价方法与参数》（第三版）修订颁布的折现率取值为 8%，同时说明"对于受益期长的建设项目，如果远期效益较大，效益实现的风险较小，社会折现率可适当降低"。

（2）探索采用递减折现率[2]。探索采用递减折现率即在项目的近期采用较高的折现率，

---

[1] 在以往的工程项目经济分析中，采用较高的折现率的一个可能原因是考虑了风险贴水。认为时间越远，越具不确定性，因此要给以越大的折现。K. Arrow 和 R. Lind 等从理论上证明，在一定的假设条件下，对于公共项目决策的这种风险贴水调整是没有依据的。这就是所谓的 Arrow-Lind 定理，参见其论文 "Uncertainty and Evaluation of Public Investment Decision"，*American Economic Review*，vol. 60（1970），pp. 364-378.

[2] M. L. Weitzman（1998），"Why the Far-Distant Future Should Be Discounted at Its Lowest Possible Rate." *Journal of Environmental Economics and Management*，vol. 36（3），pp. 201-208. 在此之前，Cropper 等以及 Henderson 和 Bateman 用实证测得人们对折现率的预期是递减的，其折现系数符合双曲线递减而非传统的固定折现率的指数递减，参见 M. L. Cropper *et al.*（1992），"Rate of Time Preference for Saving Lives"，*American Economic Review*，vol. 82，pp. 469-472 和 N. Henderson and I. Bateman（1995），"Empirical and Public Choice Evidence for Hyperbolic Social Discounting Rates and the Implications for Intergenerational Discounting"，*Environmental and Resource Economics*，vol. 5，pp. 413-423.

但在项目远期采用较低的折现率，随时间逐步递减。从实践角度，这样可以缓和采用一个固定折现率可能出现的代际公平和资源配置上的困境，从理论上也有相当坚实的背景。英国财政部在 2003 年已率先在政府项目的费用-效益分析中采用这种递减折现的做法。《建设项目经济评价方法与参数》（第三版）的说明中也表示"对于超长期项目，社会折现率可用按时间分段递减的取值方法"。

（3）折现率的理论研究陷入困境。折现率的理论研究陷入困境的根本原因，是由于在实践中对折现率本身所涉及的代际公平方面的问题存在许多争议，比如如何对代际利益予以不同权重的问题，关于代际公平的价值判断等。另外，目前使用常数折现率对远期效益和费用的折减很大，以 6% 的折现率对今后第 50 年的折现系数是 0.0543，也就是说 50 年后的效益或费用在经济费用效益分析中的权重只有 5%，而事实上 50 年后的资源可能更紧缺、环境价值更加显著。因此，采用常数折现的方法进行工程项目的经济分析，可能与可持续发展及生态文明建设的理念相冲突。

第二节　社会折现率的测算及应用

一、社会折现率的测算

（一）以美国为例的测算思路

美国政府一直比较重视对公共项目投资决策的折现率测算。美国陆军工程兵团（Army Corp of Engineers，USA）和美国农垦局（The United States Bureau of Reclamation）是从事公共工程规划的机构，在评价公共工程项目时，都采用美国水资源委员会（The United States Water Resource Committee，WRC）规定的折现率。美国陆军工程兵团 1959—1989 年间采用的实际折现率的历史状况见表 9-1。从表 9-1 中可以看出，在这段历史中，折现率取值波动很大，从 1957 年的 2.500% 到 1989 年的 8.875%。在早期阶段，人们经常批评采用的折现率过低。许多经济学家认为，采用过低的折现率对政府投资的大型公共项目进行投资决策是合理的；如果采用较高的更为"合理"的折现率，这种项目本身就可能是不合理的（美国国会，1968 年）。

表 9-1　　　　　　　　　　　美国陆军工程兵团历史上采用的折现率

（项目形成和评价用的联邦折现率）

财政年度	B. B. C A-47	S. D. 97	WRC1968	WRDA1974	WRC1974
1957	2.500%				
1958	2.500%				
1959	2.500%				
1960	2.500%				
1961	2.625%				
1962	2.625%	2.625%			
1963		2.875%			
1964		3.000%			
1965		3.125%			
1966		3.125%			

续表

财政年度	B. B. C A-47	S. D. 97	WRC1968	WRDA1974	WRC1974
1967		3.125%			
1968		3.250%			
1969		3.250%	4.265%		
1970			4.875%		
1971			5.125%		
1972			5.375%		
1973			5.500%		
1974			5.625%	5.625%	5.625%
1975				5.875%	5.875%
1976				6.125%	6.125%
1977					6.375%
1978					6.625%
1979					6.875%
1980					7.125%
1981					7.375%
1982					7.625%
1983					7.875%
1984				8.125%	
1985				8.375%	
1986				8.625%	
1987				8.875%	
1988				8.625%	
1989				8.875%	

注　表中的缩写英文字母含义：

B. B. C A-47：美国财政部预算局第 A-47 号公告（the Bureau of Budget of the United States Treasury Claimance No. A-47，1952.9.31-1962.5.15）

S. D. 97：美国国会参议院文件（Senate Document）第 97 号。使用期限为 1962.5.15—1968.12.24。

WRCl968：美国水资源委员会 1968 年发布数据，1968 年 12 月 24-1973 年 10 月 25 日采用（The United States Water Resource Committee 1968，1968.12.24-1973.10.25）

WRDA1974：美国 1974 年水资源开发法案（The United States Water Resource Development Act，1974.7.7）

WRCl974：美国水资源委员会 1974 年发布数据，1974 年 08 月 14-1982 年 09 月 30 日采用（The United State Water Resource Committee 1974，1974.08.14-1982.09.30）

　　表 9-1 给出的折现率是根据 15 年及以上期的美国政府债券息票利率确定的。1978 年以后，美国联邦水资源委员会改变了采用息票利率作为折现率的做法，转而采用政府债券的到期收益率确定折现率。息票利率反映的是债券发行时的利率，而债券收益则是债券到期利息。需要说明的是，尽管这种利率反映的是市场利率，但它包含了通货膨胀因素，实际上是一种名义利率，然而上述部门仍指定这种名义利率作为实际利率（real rate）。这就是说，用名义利率作为折现率对调整通货膨胀后的项目实际效益和费用进行折现计算，如果说 10%是一个

正确的名义利率，以此作为未来实际效益和费用的折现率，则就会出现高估的情形。

总体而言，美国陆军工程兵团（Army Corp of Engineers USA）和农垦局（The United States Bureau of Reclamation）采用的折现率，大致与美国联邦管理和预算办公室（office of management and budget，OMB）规定的折现率一致。1972 年管理和预算办公室在 A-99 号通知中要求联邦机构评价联邦公共项目一般应采用 10%的折现率，但是没有对选择 10%的折现率的依据给出理由。1992 年，管理和预算办公室将实际折现率修改为 7%。无论是管理和预算办公室公布的折现率，还是国库券利率，都提出了风险调整的要求。

多年以来，经济学家对如何恰当选择折现率的问题一直存在分歧。此外，经济学家对政府公共项目是否需要进行风险调整有分歧；如需要调整，在调整的性质和大小上也有分歧。以下简介美国社会折现率的测算思路和方法。

1. 一个次优的世界

（1）一个有税的经济。理想的完全充分竞争的市场并不存在，但这是分析问题的逻辑起点。在这个最优世界中，引入公司所得税和个人所得税，就使得折现率的应用分析变得更为现实和更加复杂。为了说明这一点，我们假设公司所得税率为 36%，个人边际所得税率为 27%。为了使问题简化，假设只有公司投资，所有投资都是权益资本，并且全部税后利润都作为股息（应交纳个人所得税），最后假设投资者要求的税后收益率为 8%，亦即假设的 8%是边际时间偏好率（marginal rate of time preference，MRTP）。

为了使投资者即持股人获得税后收益率 8%，就必须使他们的税前收益率达到 10.9%，而公司则必须获得约为 17%的税前收益率才能满足持股人对投资收益水平的要求。具体地说，持股人给予公司 1 美元的投资资金，如以 1 年为期计算，期望获得大约 0.11 美元的投资收益，那么公司投资 1 美元就需要产生 0.17 美元的税前收益。在 0.17 美元收益中，要交 36%，即 0.06 美元的公司所得税，0.10 美元给持股人，而持股人所得的 0.10 美元收益中，要交纳个人所得税 27%，即 0.03 美元，最后剩下的 0.08 美元为持股人所得，即达到持股人所要求的 8%收益率指标。

在均衡状态下，私人公司所要求的收益率 17%必然是高于边际时间偏好率（MRTP）8%，这种情况与资源最优配置的要求不一致。在资源最优配置条件下，只要能产生 8%的收益率，投资就应该进行，因为其超过了个人的边际时间偏好率。然而在现实中，这笔投资不会发生，除非其能产生高于 17%的收益率，否则不能满足投资者的回报要求，结果导致投资水平过低。

（2）反对长期投资的偏见。在收益率和边际时间偏好率之间存在的巨大差异也将产生不利于长期投资的偏见。现分析表 9-2 所示两个可选择投资方案 A 和方案 B。投资方案 A 是一个为期 3 年的短期项目，而投资方案 B 的计算期为 7 年，显然投资方案 A 的计算期大大短于投资方案 B。然而用 17%折现率（即市场收益率）计算的两个方案的净现值是等值的，即 $NPV_A = NPV_B$；但从边际时间偏好率观点来看，用 8%折现率（$i=8\%$）计算的两个方案的净现值，NPV_A 为 12.51 美元，NPV_B 为 28.75 美元，显然 B 方案优于 A 方案。由此可见，采用私人投资收益率（$i=17\%$）既导致低估投资收益现值，也导致人们倾向于短期投资的偏见。所以，折现率的高低对项目的投资决策影响巨大。

2. 次优世界的折现率

（1）理论概念问题。我们不是处于一个理想化的经济世界中从事经济活动，税收引起市场利率的扭曲，从而导致我们是在一个次优而非最优的经济世界中进行各种经济活动。在这种情况下，只能采用次优方法来处理折现率的选择问题。次优方法就是寻求在市场利率扭曲的情况下采用能使社会福利达到最大化的折现率。这种方法等同于确定次优世界中政府支出的最佳水平。

表 9-2 两个生命周期不同的项目方案的投资决策

年序	方案 A			方案 B		
	现金流量	NPV（$i=17\%$）	NPV（$i=8\%$）	现金流量	NPV（$i=17\%$）	NPV（$i=8\%$）
0	−100	−100	−100	−100	−100	−100
1	63.09	53.92	58.43	27.05	23.82	25.78
2	63.09	46.08	54.08	27.86	20.35	23.88
3				27.86	17.40	20.50
4				27.86	14.80	20.50
5				27.86	12.71	18.96
6				27.86	10.82	17.50
总计		0	12.51		0	28.75

在存在公司所得税和个人所得税的经济中，选择评价公共项目的折现率不再是显而易见容易解决的事情。如上所述，对于什么是正确的折现率有着长期的争论。一些人认为边际时间偏好率（$MRTP$）是正确的折现率，另一些人则主张采用私人资本的收益率，即机会成本率（opportunity cost rate，OCR）。

边际时间偏好率是愿意放弃现在消费以换取未来消费的利率。因此，若一项投资按边际时间偏好率评价是值得的，那就应该进行，因为这将使未来消费变得更有价值。然而没有一个私人企业愿意进行收益仅等于边际时间偏好率的投资，私人企业要考虑必须交纳的税费、资金成本费用和其他的机会成本。显然，政府则愿意进行这种投资，因此会主张采用边际时间偏好率进行政府投资。

主张采用机会成本率的人会认为，公共投资排挤那些私人资本是通过排挤原本可以用于其他方面投资的私人投资来实现的，假设公共投资 1 美元排除可以在其他方面产生 17%收益的私人投资。若公共投资产生，譬如说可获得 8%的收益，则就意味着公共投资使社会财富遭到净损失。因此，如果这种说法成立，就不会进行收益低于私人资本收益率即小于机会成本率的公共投资；如果政府按边际时间偏好率评价投资，同样的投资由政府进行比私人企业更值得，因为政府采用较低的边际时间偏好率对投资的现金流量进行折现计算，而私人企业则采用高于边际时间偏好率的机会成本率进行这种计算。这样一来，如果采用边际时间偏好率，政府就可排挤掉私人企业的投资，尽管后者的收益要高于政府投资。因此，人们提出，政府采用的折现率应和私人企业采用的折现率一样，这种意见也是美国联邦管理和预算办公室（office of management and budget，OMB）要求评价公共项目采用 7%折现率的一个重要原因。

实际上，这两种主张（$MRTP$ 和 OCR）都有其合理性。投资的消费值按边际时间偏好率（$MRTP$）折现。但应考虑对私人资本的排挤问题。然而，当一个项目既可以由政府投资，也可以由私人企业进行，而评价结果会影响到应由何方进行时，政府应采用和私营企业同样的折现率，亦即机会成本率（OCR）；否则，政府就会排挤掉经营更有效率的私营企业。

（2）一个正确的方法。人们日益清楚，确定公共项目折现率的方法涉及测定项目投资计算期内产生的消费以及按社会时间偏好率对消费进行折现的问题。社会时间偏好率（social time preference rate，SRTP）定义为社会愿意放弃当前的消费换取未来消费的利率。社会时间偏好率是对外部效果和伦理道德补偿修正后的边际时间偏好率。这种方法假设，投资的价值最终是建立在投资所产生的消费基础上，并且社会为了未来消费而放弃当前消费的意愿是用社会时间偏好率来测定的。消费的变化引起福利的变化（dW）采用社会时间偏好率（SRTP）进行折现，即：

$$dW = \sum_{t=0}^{T} \frac{\Delta C_t}{(1+i)^t} \tag{9-11}$$

式中　ΔC_t ——与投资有关的消费的变化；

　　　i ——社会时间偏好率（SRTP）。

由上式可以看出，并非采用边际时间偏好率就与采用社会时间偏好率相差甚远，因为社会时间偏好率与边际时间偏好率密切相关。不过，在发现私人投资产生的消费发生变化时就要考虑机会成本率（OCR）的影响。

用公共资金（1 美元）的投资排除某些私人储蓄和投资以及某些消费，被排除的私人投资本身会依次产生以后的消费。公共资金（1 美元）的投资本身将产生未来的现金收益，其中一些效益将转变为直接消费，而其余效益将是对私人投资的贡献，进而又会产生未来新增消费和私人投资。

（3）利用资本影子价格求现值。现拟投资某公共项目，投资资金一部分来自放弃消费，一部分来自放弃的私人投资。令 θ 为排除私人投资的政府支出的美元部分，因此（$1-\theta$）是公共投资资金来自消费的部分。可以认为第 t 年 1 美元的消费产生第 t 年 1 美元的现值，第 t 年 1 美元费用的现值为：

$$P(V_c) = \theta_c(V_t) + (1-\theta_c) \tag{9-12}$$

式中　$P(V_c)$ ——第 t 年 1 美元费用现值；

　　　θ_c ——项目费用中来自被排除的私人资本部分的现值。

这一部分费用的现值等于该部分费用乘以资本影子价格。（$1-\theta_c$）是项目费用中放弃消费的部分。因此，第 t 年发生的费用现值为：

$$C_t^* = C_t[\theta_c V_t + (1-\theta_c)] \tag{9-13}$$

式中　C_t ——常规测算的费用。

未经调整的费用 C_t 为利用式（9-12）调整后测算的费用。

上述类似的表达式可用于求效益。令 θ_b 为公共投资每 1 美元效益中回报私人资本部分，亦即 θ_b 是资本的增加额，它是政府部门产出中增加美元的成果。因此，在任一 t 期中效益 B_t 将有一个该年消费现值，该年调整后的效益现值为：

$$B_t^* = B_t[\theta_b V_t + (1-\theta_b)] \tag{9-14}$$

这样，每一年消费变化的表达式为：

$$\Delta Y_T = B_t^* - C_t^* \tag{9-15}$$

上述投资项目效益和费用现值表达式考虑了私人资本的增加或被排除以及获得或放弃的消费，这是通过把所有效果表示为消费结果并用社会时间偏好率予以折现来达到的。所以，把上述调整后的效益和费用代入式（9-10）即可求出福利的变化。投资项目消费值的净现值为：

$$NPV = \sum\nolimits_{t=0}^{T} \frac{(B_t^* - C_t^*)}{(1+i)^t} \tag{9-16}$$

这个方程是次优世界中效益费用分析的基本现值方程，这个方程为对公共项目效益和费用折现引入一个正确的利率。把式（9-13）和式（9-14）代入式（9-16）就可以给出一个各项完整的求公共项目消费的净现值公式：

$$NPV = \sum\nolimits_{t=0}^{T} \frac{B_t[\theta_b V_t + (1-\theta_b)] - C_t[\theta_c V_t + (1-\theta_c)]}{(1+i)^t} \tag{9-17}$$

为简化计算，把效益一方括弧内各项用 F_B 表示，即 $F_B = \theta_b V_t + (1-\theta_b)$；相应用 F_C 表示费用一方括弧内各项，即 $F_C = \theta_c V_t + (1-\theta_c)$。当 $F_B > F_C$ 时，用社会时间偏好率（SRTP）折现，则高估了 NPV；然而，当 $F_B = F_C$ 时，采用社会时间偏好率将会给出正确答案。现在进一步研究下述三种情况。

第一种情况，$\theta_b = \theta_c$。在这种情况下，被排除的私人投资部分等于对私人资本贡献的效益部分，并且 $F_B = F_C$。当 $F_B = F_C$ 时，用 F 代替两者，式（9-17）则变为：

$$NPV = \sum\nolimits_{t=0}^{T} \frac{F(B_t - C_t)}{(1+i)^t} \tag{9-18}$$

项目与现状比较时，用社会时间偏好率作为折现率对常规的效益和费用进行折现就可以得出正确的评价结果。这就是说，如果采用社会时间偏好率，项目投资是合理的，则当 $\theta_b = \theta_c$ 时，项目对社会也是合理的。

很多案例表明，采用社会时间偏好率对常规费用和效益进行折现是合适的。首先，在资本高度流动的开放经济中，公共投资既不会排挤私人投资，也不会因公共项目而影响有回报的私人投资。在世界资本利率水平上，投资的供给将是有弹性的。这时采用社会时间偏好率对常规效益和费用进行折现是合适的；甚至在投资资金供给不是完全弹性时，显著的弹性意味着 θ_b 和 θ_c 值对初始投资来说是很小的和相似的。美国经济对世界资本显著开放，显然在大多数情况下，θ_b 和 θ_c 是很小而类似的。

第二种情况，效益产生于费用的节省，在很多项目中都会出现类似的情况，尤其是对于环境保护项目特别重要，因为很多环境保护项目本身并不直接产生经济效益，但可以避免未来的治理费用，这里也应采用社会时间偏好率来折现效益和费用。

对于费用-效果分析，其目的是比较达到相同目标的可替代方案的费用。只要各种方案的融资是类似的，采用社会时间偏好率也应能给出正确的答案。

第三种情况，当效益和费用都非常离散时，无论是效益和费用，对私人资本的影响都应表现在储蓄率上面。私人部门可能进行公共投资者，仅仅是这部分可能被节约的投资已被私人部门投资。因此，在效益和费用非常离散的情况下，$\theta_b = \theta_c$，应采用社会时间偏好率来折现常规的效益和费用。

因此，在下述五种情况下，采用社会时间偏好率作为折现率而无须做进一步调整是被认为正常的：①效益和费用对私人投资的影响相同时；②在开放性经济体系中，利率对投资资金的影响很小时；③效益是未来节约的费用时；④采用费用-效果分析时；⑤效益和费用的分布广泛离散时。

（4）伦理和社会时间偏好率。和任何综合福利指标一样，社会时间偏好率是在伦理道德上被确定的，社会时间偏好率是社会按伦理道德理论选择的利率。例如，选择社会时间偏好率，罗尔斯主义者（Rawlsian）从社会福利函数的研究视角出发，想知道未来几代人是否比现在几代人处于劣势。在福利主义意义上，社会时间偏好率等于边际时间偏好率或理想化经济中的消费利率，除非外部效果可能导致社会时间偏好率转换为边际时间偏好率。

消费水平本身可能就是具体体现出一种外部效果。例如，假定社会中的某种状况（status）是一个可估价的物品，并且这种状况是用消费的相对水平来确定的，那么在集体上，我们可能希望减少当前消费，增加当前储蓄，降低利率。当所有的人都降低消费时，由于较大的储蓄，相对状况并未发生变化。但是，在人们各自行动下，可能不会提高储蓄，因为我们的现状是低下的，因而人们认为，在这种情况下，社会时间偏好率是小于消费利率或边际时间偏好率的。

3. 实践中的次优折现率

（1）社会时间偏好的经验估值。社会时间偏好的经验估值指社会时间偏好率依赖于经济增长率和宏观经济变量，没有理由预期社会时间偏好率在各个时期都是相同的。美国各个历史时期各种债券的通货膨胀调整后的利率见表9-3，利率的波动幅度很大，最低的为2%，最高的为9.4%。如果只限于研究出现利率偏差最小的时期，利率变化幅度在3.76%～5.24%之间；按税前利率标准，其变动幅度在2.7%～4.25%。

理想上，人们可能喜欢采用期望的实际利率。Zerbe（1990）研究了期望的实际利率。对于为期2年和20年之间的项目，其实际期望利率在3.8%～5.5%，这与经济稳定期的实际利率是一致的；按税后利率标准，实际利率的变化范围为2.62%～4.70%。因此，考虑到各种因素之后，实际利率在2.5%～5.0%之间的变化幅度看来可以覆盖次优世界折现效益和费用应采用的实际利率的范围。

表9-3　　　　　　　　　　　　　　　美国不同时期的实际收益率

时　期	优等商业票据（调整 CPI[1]后）	美国铁路债券（调整 CPI[1]后）	美国财政部1年期债券（调整 CPI[1]后）%	美国财政部3年期债券（调整 CPI[1]后）%	美国财政部30年期债券（调整 CPI[1]后）%	通货膨胀率CPI[1]%
1857—1860		9.38				
1865—1889		8.86				0.16 [2.1][2]
1881—1915		4.27 [2.3][2]				0 [0][2]
1885—1893		4.62 [0.13]				0.48 [2.1][2]
1890—1915	5.24 [2.3][2]	3.76 [2.3]				
1920—1929	5.38	5.16				
1953—1988—1989	1.96		1.9	2.23	2.46	
1979—1989	2.92		3.2	3.56	3.97	
1980—1989	4.24 [0.023][2]		4.19	4.69	5.17	

① CPI 为消费物价指数。
② 括弧内数字为标准差。

（2）资本影子价格（shadow price of capital，SPC）估算。资本影子价格（SPC）的最佳

估值（V_c）为 2.5%～3.5%。确定资本影子价格的参数估值见表 9-4，这些参数给出的资本影子价格约为 3%。

表 9-4　　　　　　　　　　　　资本影子价格（SPC）估值示例

资本影子价格构成项目	变量	期望值	范围（2 标准差）
社会时间偏好率	（i）	3	2.5～4.2
私人投资收益率	（r）	8	6.0～10.0
投资收入中再投资部分	（s）	7.2	5.5～10

（3）资本影子价格的影响。现在研究一下采用不同折现率对净值（NPV）的影响。试举一个简单的例子。项目效益和费用未经资本影子价格调整的现值为 41 美元，采用社会时间偏好率 3% 作为折现率，求项目正确的 NPV。

若 $\theta_b = \theta_c = 50\%$，项目的 NPV 约为 83 美元。这里，调整后的 NPV 与未调整的 NPV 相差很大，但是，在开放经济中，θ_b 和 θ_c 都不可能高于 2%～3%。若 $\theta_b = \theta_c = 5\%$，则项目 NPV 约为 45 美元；若 $\theta_b = 0\%$，$\theta_c = 3\%$，其 NPV 约为 35 美元；若 θ_b 和 θ_c 均小于 5% 并且一般在 5%～10% 之间，Lesser 和 Zerbe 采用 10% 对费用进行敏感性调整就包含了所有可能的值。但是，$\theta_b > \theta_c$ 之间的差异大于这个值时，就应采用资本影子价格进行调整。

（4）实际方法。这里建议的折现率可能被认为是从理论上推导出的实际利率。Lyons 主张，与项目周期相同的国库券的期望实际收益率可给出正确折现率的一个合理的近似值。Diverly 和 Zerbe 指出，采用折现率的大多数市政当局选用资本成本，但是大多数市政当局根本不采用任何折现率。

Ruby 在分析防止大气污染时指出，变量 θ_b、θ_c、r、i 和 s 的不确定性大大小于某些物理变量，如污染扩散模型中的发病率和大气预测浓度。他的研究结果认为，这里推荐的利率应能够给出合理折现率的估值。

（二）我国社会折现率的测算

1. 测算方法的选取

这里仍然认为社会折现率应主要根据社会时间偏好率进行测算，并适当考虑资金的社会机会成本等因素进行综合分析确定。

如前所述，在理论上，社会折现率（social discount rate，SDR）可从社会时间偏好或资金社会机会成本两个方面进行分析确定。在完全竞争的市场经济环境中，两者之间没有差别。然而，理想的均衡市场和均衡点在现实世界并不存在，SDR 满足以下不等式关系：

$$社会时间偏好率 \leqslant SDR \leqslant 边际社会投资收益率 \qquad (9\text{-}19)$$

上述不等式已被过去大量的研究结果所证明。从理论角度分析，社会折现率 SDR 是按照下限（社会时间偏好率）还是上限（边际社会投资收益率）来确定，实质上反映出政府的公共决策是更加重视消费和消费者的角度，还是更加重视生产和生产者的角度。随着我国投资体制改革的深化，政府投资正逐步退出市场机制能够有效发挥作用的领域，更加重视社会公共产品的提供，这就决定了我国社会折现率 SDR 的确定应主要依据社会时间偏好率。另外，在边际社会投资收益率测算中包括了全部的企业和私人投资，其中含有财务利润的成分，用它来作为确定社会折现率 SDR 的基准会导致社会折现率 SDR 取值偏高。因此，应主要依据社会时间偏好率来确定社会折现率 SDR。在进行具体投资项目的经济分析时，应视项目自身的特点，以社会折现率参数取值为基准，计算相应项目的基准折现率。如果项目投资中包括国家财政资金之外的其他资金时，应根据其他资金所要求的投资报酬率及公共资金在项目中的比例，采用加权平均方法计算项目的基准折现率。

根据社会时间偏好来确定社会折现率，不建议采用社会统计或实证的方法得出社会折现率的取值，主要基于以下理由：

（1）根据国外经验和小规模实验的统计数据偏差很大，依据不充分。

（2）由于社会统计只能是对社会个体成员进行抽样，而被抽样的社会个体成员的知识和信息水平不一定具有代表性。

（3）抽样的社会统计信息无法保证其真实性（比如，被抽样的社会个体对此问题一无所知或毫不关心）。

（4）由于我国资本市场和信贷服务体系发育不完善，不同地区和人群对资金的时间价值的感受差异巨大，如大城市的居民争相购买国债，而落后农村中的农民需要承受高于20%以上利率的私人高利贷借款。

（5）进行大规模社会统计成本耗费太大等。

因此，我国社会时间偏好率不能依据对全体社会成员个体时间偏好的统计计算结果得出。这里采用基于我国社会时间偏好参数的统计数据及指标与理论推断相结合的方法，即用间接法推算得出社会时间偏好率。

2. 基于社会时间偏好率 $SRTP$ 测定社会折现率

采用基于我国社会时间偏好参数的统计数据及指标与理论推断相结合的方法，测算得出社会时间偏好率。具体方法如下。

（1）取社会折现率 SDR = 社会时间偏好率 $SRTP$。关于社会时间偏好率 $SRTP$，经济学家对此进行了大量的研究，获得广泛认同的是 Ramsey（1928）等人提出的关于跨时间选择理论的研究，根据他们的研究建议，社会时间偏好率 $SRTP$ 等于社会纯时间偏好率加上随边际收入递增未来价值的贬值率，用数学公式表示，即：

$$SRTP = \rho + \mu \cdot g \tag{9-20}$$

式中　$SRTP$——社会时间偏好率；

ρ——社会纯时间偏好率；

μ——边际消费效用弹性；

g——人均财富增长率。

在此基础上，Pearce 和 Ulph（1999），Guadalupe Souto Nieves（2003）等人又给出了一个改进的估计公式，即进一步将人的生命（生存）风险率对跨时间选择的影响考虑进来。这样，如果从 Ramsey 等人提出的社会纯时间偏好率 ρ 中进一步分解出生命（生存）风险率 L，则存在如下等式关系：

$$\rho = \delta + L \tag{9-21}$$

式中　δ——纯时间偏好率；

L——生命（生存）风险率。

代入式（9-20），则有：

$$社会时间偏好率 SRTP = \delta + L + \mu \cdot g \tag{9-22}$$

（2）纯时间偏好率 δ 的取值。纯时间偏好率 δ 又称效用折现率。许多经济学家（如 Ramsey 等）和哲学家们认为纯时间偏好率 δ 应取值为零，这虽然在表面上很有吸引力，但同时会产生许多悖论（Olson 和 Bailey 1981，Heal 1998）。斯科特等人（1977，1989）依据英国的长期储蓄率建议 δ 的取值为 0.5。由于没有实用化的方法能够确定 δ 如何随时间变化，并且考虑到环境经济学家从可持续发展角度出发，呼吁降低折现率的要求，这里建议我国 δ 的取值为 0～1.0。

（3）生命风险率 L 的确定。生命风险率 L 又称为生存机会的变化率。根据我国人口死亡率的统计资料，我国人口平均自然死亡率按 7.0‰计算，以此作为 L 的取值，即 $L=0.7\%$。L 的经济含义是：由于存在意外死亡的可能性，人们更偏好当前的即期消费。

（4）边际消费效用弹性 μ 的确定。边际消费效用弹性 μ 又称边际消费效用替代率，通常是指穷人和富人的边际效用转换率。关于 μ 的取值，曾经有过许多的研究，如 Stem（1977）的研究建议 μ 的取值范围是 0～10；Pearce 和 Ulph（1999）建议 μ 取 0.8；Cowell 和 Gardiner（1999）的研究建议 μ 的取值范围是 1.2～1.4，并指出 p 的有意义的取值范围为 0.5～4。实际上，μ 的取值大小反映在人们的储蓄行为以及社会的公平程度方面，说明如下：

假定社会有两个人，一个穷人 P，一个富人 R，他们的效用函数可表示为：$U_i = \dfrac{Y_i^{1-\mu}}{1-\mu}$，$i=$ P、R，两者之间的边际效用之比为：$\left[\dfrac{Y_P}{Y_R}\right]^{\mu}$。社会目标是全社会福利最大化，即穷人 P 和富人 R 的效用之和最大化。

假定富人的收入为穷人的 10 倍，即 $Y_R = 10Y_P$，则对于不同的 μ 值，可得出一组表 9-5 所示的数据。

表 9-5　　　　　当发生福利转移时，富人损失的效用与穷人获益的效用之比

μ	0.5	0.8	1	1.2	1.5	2	4
R 减少/P 增加	0.31	0.16	0.1	0.06	0.03	0.01	0.0

表 9-5 说明，当 $\mu=4$ 时，富人增加额外收入的社会价值为零；当 $\mu=1$ 时，意味着穷人增加单位收入的社会价值为富人增加单位收入社会价值的 10 倍；当 $\mu=2$ 时，意味着穷人增加单位收入的社会价值为富人增加单位收入社会价值的 100 倍。显然，此时已经不太符合情理。根据储蓄行为所隐含的 μ 值和上述举例说明，μ 的取值范围应在 0.5～1.2 比较合理。综上分析，建议我国 μ 的取值范围是 0.8～1.1。

（5）人均财富增长率 g 的确定。许多研究认为采用人均 GDP 增长率来表示 g 较为合理。Pearce 和 Ulph（1999）的研究建议，g 的确定应取一个较长时间的数值。根据我国过去和未来人均 GDP 的增长率，选择 g 的取值为 6.2%。

（6）社会折现率的数值测算结果。根据社会时间偏好率 $SDR = \delta + L + \mu g$ 的定义及上述确定的参数取值范围，可计算得到如下结果：$SDR = 0.7\% + (0.0\% \sim 1.0\%) + (0.8 \sim 1.1) \times 6.2\% = 0.057 \sim 0.085$（6%～9%）。

再取 $\delta = 0.5$，$\mu = 1.0$，则有：$SDR = 0.7\% + 0.5\% + 1.0 \times 6.2\% = 0.074$（7%～8%）

根据以上分析计算结果，取中值和整数近似，建议我国社会折现率的取值为 7%～8%。

考虑到在以上对社会折现率的测算中，由于存在多个参数的取值，并且它们都存在着一定的变化区间，因此需要从其他角度或采用不同的方法对社会折现率进行一些测算，以验证上述计算结果的合理性与可靠性。采用的方法可以是社会资本投资收益率，以及参照银行存贷款利率、国际金融市场利率等进行综合确定。

二、社会折现率的应用

（一）有关国家对社会折现率的应用情况

不同国家对公共项目的社会折现率的取值给出不同的规定。英国财政部 2003 年绿皮书（The Green Book-Appraisal and Evaluation in Central Government，HMT，2003）规定长期社会折现率随时间而逐步递减，分别为 3.5%（计算期 0～30 年段）、3.0%（计算期 31～75 年段）、2.5%（计算期 76～125 年段）、2.0%（计算期 126～200 年段）、1.5%（计算期 201～300 年段）、1.0%（计算期 301 年以远）。英国在此之前规定的统一折现率是 6%，其中包括一定的风险溢出的考虑。经过长期的观察研究，他们认为用提高折现率的办法来考虑风险没有理论根据，也不符合实际情况。

美国联邦预算管理办公室（office of management and budget，OMB）❶在 1992 年之前建议采用的社会折现率是 10%，1992 年以后降为 7%（参见《联邦项目费用-效益分析》（Benefit-Cost Analysis of Federal Programs））。但美国联邦政府各部门在实际应用方面都各行其是，选择不同的折现率，有些只规定对费用折现，对效益不折现。例如，联邦环境保护署（EPA），对火车头引擎废气排放标准制定时采用的折现率是 7%；对含铅油漆标准制定时采用的折现率是 3%；对新汽车的空气污染控制项目仅对费用进行折现，折现率为 10%；濒危野生动植物保护的折现率是 3%（只对费用折现，不对效益折现）。美国能源部（DOE）颁布的消费产品节能项目的折现率是 7%。药品食品署（FDA）管理的项目一般仅对费用进行折现，折现率为 7%（医疗设备为 10%）；对青少年儿童禁烟或销售控制效益的折现率为 3%。

（二）我国社会折现率的应用问题

公共投资是全社会基本建设投资的重要组成部分，我国的政府投资对于调整经济结构、带动社会投资、促进投融资体制改革等方面具有不可替代的作用。对公共投资项目进行经济费用-效益分析或费用-效果分析等，都需要明确社会折现率的取值。

世界主要国家社会折现率均保持在 5%或以下的水平，并呈现出逐年下降的趋势。我国仍然属于发展中国家，GDP 从高速增长转变为中高速增长，金融市场利率水平逐步下降，我国正在进入低利率时代。同时，政府投资主要投向收益水平相对较低的基础设施及公共事业项目，高收益的商业性项目主要由企业进行投资建设。基于这种原因，我国社会折现率的平均水平应维持在 6%左右。

---

❶ OMB 是美国公布公共项目折现率的一个主要机构，该机构于 1992 年颁布 Circular A-94 "Guidelines and Discount Rates for Benefit-Cost Analysis of Federal Programs" 替代 1972 年的 "Discount Rate to be Used in Evaluating Time-distribute Costs and Benefits"，规定两类折现率：一是社会折现率，适用于政府政策与投资对公众产生影响的费用-效益分析，取值规定为 7%，替代原来的 10%；二是直接用国债利率（涉及不变价货币量化折现的用实际国债利率，涉及名义货币量化折现的用名义国债利率），适用于费用-效果分析、政府内部性投资（指仅对政府税收收入与开支产生影响，不直接对公众有外部性效果的项目，如政府办公设施改善仅对政府支出有影响，而政府投资交通项目则会对公众时间节省等产生外部效果）、政府采购租赁项目等，该机构对这类利率以 Circular A-94 附件 C 形式每年更新。该附件还特别指明：这些利率不能作为费用-效益分析的社会折现率。两类折现率的功能不同，前者是长期投资资源配置效率的基准，后者用于控制政府预算平衡。这表明，美国对公共项目的效益和费用采用不同的折现率。

　　我国地域辽阔，东中西部及沿海不同地区经济发展水平存在很大差异，全国采用统一的社会折现率取值不具有合理性，经济相对落后地区应考虑选取相对较低的社会折现率取值。

　　大量公共投资项目都属于寿命周期较长的项目，对其整个寿命周期的经济费用效益流量进行折现，可考虑采用不同取值的社会折现率，即采用按时间递增而分段递减的社会折现率。如果项目投资包括公共资金之外的其他资金时，应根据其他资金所要求的投资报酬率及公共资金在项目中的比例，采用加权平均方法计算该项目的社会折现率。

第十章

费用效益流量的分析评价

前面几章的内容为本章要讨论的方法框架奠定了基础：选择的评价准则是潜在的 Pareto 准则（补偿准则）；效益和费用量化的基础是支付意愿或接受补偿意愿；对不同时间的费用和效益用社会折现率（经济折现率）进行折现。本章介绍项目评价、方案比选和排序的经济费用-效益分析、费用-效果分析的方法、指标、判据及在工程项目经济分析中的应用问题。

第一节 经济费用-效益分析

一、经济费用-效益分析指标

经济费用-效益分析，是在工程项目的经济费用和效益进行识别和计算的基础上，将项目的预计费用和效益进行比较，从而确定效益是否大于费用，以便对项目的经济性做出判断。经济费用-效益分析通过采用一系列评价指标，包括非折现类指标和折现类指标。

（一）非折现类评价指标

非折现类指标又称为静态指标，主要采用投资回收期指标。

投资回收期（payback period）是指项目用自身创造的净效益收回自身初始建设投资的时间（年限），其表达式为：

$$\sum_{t=1}^{P_t} (B-C)_t = 0 \tag{10-1}$$

式中 P_t——投资回收期；

  B——效益；

  C——费用；

 $(B-C)_t$——第 t 期的净效益。

用投资回收期指标评价投资项目优劣的标准是：对于独立项目，必须预先确定一个基准回收期，投资回收期小于或等于基准回收期的拟建项目为合格项目；在进行投资方案比选或排队时，投资回收期较短的方案为优先方案。

投资回收期指标的最大优点是简单、易于理解和计算简便。因此，在工程项目的投资决策中运用比较广泛。但是，该指标有两个致命的缺陷：①没有考虑资金的时间价值，即现金流量发生的时间；②只关注投资回收期内的费用和效益，没有考虑项目寿命期内的全部费用和效益。

（二）折现类评价指标

折现类评价指标又称为动态指标，由于这类指标既考率了资金的时间价值，也考虑了项目寿命期内的全部费用和效益，从而有效地克服了非折现类指标在上述两方面的缺陷，是对投资项目进行经济分析的主要指标。

1. 经济净现值

经济净现值（$ENPV$）是项目各年经济净效益经折现后相加之和，其表达式为：

$$ENPV = \sum_{t=0}^{n} (B-C)_t (1+i_e)^{-t} \tag{10-2}$$

式中　$(B-C)_t$——第 t 期的净经济效益流量；

n——计算期；

i_e——社会折现率。

经济净现值指标评价投资项目优劣的标准是：对于独立项目，所有净现值大于或等于零的拟建项目为合格项目；在进行投资方案比选或排队时，净现值大的方案为优先方案，或者在满足资金约束条件下的方案组合净现值最大的方案为优。

净现值是评价工程项目经济效益最主要的指标。净现值指标具有累加性，各个项目的净现值加在一起，便可以得到所有项目创造的总效益。净现值指标的累加性特别有助于有资金限制条件下独立项目的优选。此外，净现值指标的经济含义相对来说容易理解，计算也不复杂。

2. 经济内部收益率

经济内部收益率（economic internal rate of return，$EIRR$），是指能使经济净现值等于零的折现率，其表达式为：

$$\sum_{t=0}^{n} (B-C)_t (1+EIRR)^{-t} = 0 \tag{10-3}$$

式中　$EIRR$——经济内部收益率。

用经济内部收益率指标评价工程项目优劣的标准是：对于独立项目，所有经济内部收益率大于或等于基准折现率的拟建项目为合格项目；在进行投资方案比选或排队时，不能直接采用经济内部收益率指标，而应采用增量投资内部收益率指标。

3. 效益-费用比率

效益-费用比率（benefit-cost ratio，BCR）又称净现值率，是工程项目经济分析中比较常用的指标，其表达式为：

$$BCR = \sum_{t=0}^{n} B_t (1+i_e)^{-t} \Big/ \sum_{t=0}^{n} C_t (1+i_e)^{-t} \tag{10-4}$$

用效益-费用比率评价项目优劣的标准是：对于独立项目，所有效益-费用比率大于或等于 1 的拟建项目均为合格项目；在方案比选时，以效益-费用比率较大的拟建项目为优。如存在资金限制，可采用效益-费用比率对拟建项目进行排队。

效益-费用比率指标的最大用途是在资金受到限制的条件下，按其由高到低的取值顺序对备选项目进行排队；然后，优先选择效益-费用比率较高的项目，直到最终用尽全部可获得的资金。但是，同内部收益率指标相同的是，费用-效益比率也是有利于投资额小的项目。因此，在将效益-费用比率用于项目比选时，若与净现值指标的选择结果不一致，还是应以净现值指标的评价结果作为确定项目优劣的依据。

（三）指标选择的讨论

长期以来，对经济分析的上述三个指标的优劣有不少争论，目前较为一致的看法是：对项目方案的经济分析（是否从经济分析角度接受或不接受），在通常情况下，三个指标的判据是一致的：即 $ENPV \geqslant 0$ 或 $BCR \geqslant 1$ 或 $EIRR \geqslant i_0$。当然，在计算或判定时都用的是相应的社会折现率 i_0；在互斥方案的比选中，根据 $EIRR$ 或 BCR 的大小进行选择会产生误导；在资金（初始投资）约束下的项目排序，一般可近似地采用净现值率（净现值与初始投资之比）从高到低排序。也有学者认为，从我国目前的实际出发，经济内部收益率指标优于经济净现值指标。其理由是：①折现率的选定，目前有很多争论，计算经济内部收益率可以避开事先设定折现率问题；②工程咨询人员感觉现值的经济含义不易理解，找不到一个与其相对应的实用经济指标或经济指数；③经济净现值只是一个绝对数值，并不反映投资的效率。在工程项目的经济分析中，所考虑的主要因素不是资金的回报。之所以采用类似于财务盈利性分析的现金流量折现法，是依据社会对效益和费用的时间偏好的考虑，片面追求内部收益率，会导致偏爱短期效益好的项目。此外，很多公共项目的效益不具有与资金相同的折现意义，$EIRR$ 指标不能反映其特点，因此，在工程项目经济费用-效益分析中采用 $ENPV$ 和 BCR 为主要判据指标，不能以 $EIRR$ 的高低来比选项目。

二、经济费用效益分析应用举例

（一）印度尼西亚红树林项目经济费用效益分析

本案例❶的资料源自亚洲开发银行资助印度尼西亚 Sulawesi 红树林恢复与管理项目，目的是向读者演示如何进行工程项目经济费用效益分析。

1. 项目基本情况

实施红树林项目是为解决红树林的退化和不可持续利用问题，项目分为两个阶段：

（1）第一阶段，制定对红树林进行保护和管理的国家战略与行动计划，以便对 Sulawesi 36000 公顷（hm^2）的红树林进行规划和保护，同时提出一个受保护红树林的管理计划。

（2）第二阶段，为落实上述计划而实施的各项投资活动。第二阶段将持续 9 年的时间，预计投资近 5000 万美元，用于红树林保护、森林计划和管理、制定林产品生产和市场营销措施以及开发旅游设施。9 年之后，这些活动可望自立（依靠自身能力实现持续运营）。具体来说，这一阶段将使 36000hm^2 的红树林和 5000hm^2 的非红树林处在可持续管理之下，除在 Lariang 平原的 8000hm^2 保护区之外，管理区将提供园林、薪柴、林炭和建筑原材料、家具、手工艺品、木棒以及家庭用品，该项目将鼓励全部管理区内持续收获非林材产品。本例主要讨论在工程项目的费用效益分析中如何考虑环境影响的费用和效益。

2. 工程项目的环境影响

环境预评估（IEE）表明，第一阶段主要是规划和计划，不会有重大的消极环境影响。IEE 建议，应对项目第二阶段所采取的对环境的敏感干预行动进行环境影响评价（environmental impact assessment，EIA）。

如果假定项目第二阶段的主要任务是实施可持续管理，使红树林保持其生态功能，并产生开发利用效益，那么项目将会产生正面环境影响，而不可能产生负面环境影响。对于这些正面的环境影响，需要进行识别和量化计算。

3. 环境影响效益和费用的识别

项目报告为第二阶段识别出下列环境影响。

（1）资源。

1）红树林本身受保护的生物多样性以及海洋生态系统的生物多样性。红树林为海洋生态系统提供栖息地、营养以及保护其免受沉淀物侵蚀。红树林还为候鸟提供栖息地，同时也是药用植物的一个来源。

---

❶ 改编自李开孟，张小利.《投资项目环境影响经济分析》，北京：机械工业出版社，2008.

2）红树林具有减少海岸侵蚀和提高抵抗海岸风暴和浪潮能力的自然功能。

（2）人类福利。

1）林产品的可持续生产，包括木材产品如圆木、木棒、薪柴和木炭以及非木材产品如尼巴棕榈木瓦、提取鞣酸的树皮、传统食品、染料和树脂。

2）可持续渔业，包括红树林渔业和邻近海洋渔业。红树林为鱼类（包括鲫鱼和贝类）提供营养并为其繁殖和生长提供场所。

3）为游客提供娱乐服务（包括生态旅游）。红树林也可通过过滤沉淀物，提高潜水者和戴呼吸器的潜泳者在近海草地和珊瑚区观赏海洋景观的质量。

4）作为地下水泵以及内陆水和海水之间的屏障，红树林可以避免淡水供给（内陆水源）盐碱化。

5）非使用效益，包括对印度尼西亚人和外国人来说自然环境保护的现存和遗赠价值。

（3）人体健康。项目不会产生重大健康影响，但是，由于红树林有缓冲器功能，可产生的健康影响可能是增加安全感和抵御海潮的侵袭；红树林地区拥有药用植物和食品资源（如渔业），另一个间接的效益可能是改善健康。

（4）全球影响。没有识别到全球影响，但是，红树林地区的恢复、保护和管理，可能增加碳汇或防止该地区另作他用（这些使用可能减少碳汇吸收或增加温室气体排放，从而给全球环境造成不良影响）。

最后，在这个案例中，还应当计算与项目有关的机会成本，通过保护和管理项目地区的红树林，这个项目实施的结果可能丧失某些机会，即从不加管理、毫无顾忌地收获红树林而获得短期经济效益的机会。这些基本方案（即不上项目）❶的效益应作为项目的机会成本予以考虑。

表 10-1 列举了确定的每一个影响因素的各种潜在影响和筛选分析结果，并附有其基本理由和支持材料。总结筛选的结果和采取的处理办法见表 10-2。进一步阐述实物量化和价值化的影响结果见表 10-3。

表 10-1　　　印度尼西亚红树林项目影响因素的潜在影响和筛选分析结果

影响因素	潜在影响①	筛选结果②
潜在的排放/对大气的影响因素		
温室气体（甲烷，二氧化碳）	环境资源和人类福利：全球温室影响	影响不清楚但可能无关紧要（S1 或 S2）：对红树林开发利用和管理上的变化，可能影响碳汇的水平，但是变化的水平是未知的（它依靠无项目情况下土地的使用和再增长）。此外，该项目作为一个单个项目对全球气候的影响可能无关紧要
潜在的排放/对水的影响因素		
盐碱化	人类福利：内陆水源以及生活、工农业用水的保护	影响未知（S3）：保护红树林将保护内陆水源，但其关系尚未被量化，并且在项目取得水源使用是未知的，故未能作估价
颗粒/沉淀物	人类福利：海洋潜水和戴呼吸器的潜泳	福利影响未知（S3）：保护红树林将减少珊瑚和海草的沉淀物。不过，其关系尚未被量化，而且项目区的近海海草和海礁的娱乐使用价值是未知的，故没有可利用的资料进行估计

---

❶　上项目是一个备选方案，而维持现状、不上项目也是一个备选方案。

续表

影响因素	潜在影响[①]	筛选结果[②]
颗粒/沉淀物	人类福利：海洋渔业的商业和保存价值。 环境资源：海洋渔业和海洋生物系统	海洋渔业影响重大且可量化（S4）：在印度尼西亚和其他地方的研究已将红树林面积与海洋渔业捕捞量联系起来。 海洋生态系统的影响未知（S3）：保护红树林将保护近海海洋生态系统，但其关系尚未被量化，故未能作出估价
过度采伐（红树林地区）和相关的沉淀以及水生栖息地的损失	人类福利和环境资源：海洋渔业红树林渔业和生态系统	海洋渔业影响重大且可量化（S4）：在印度尼西亚和其他地方的研究已将红树林面积（许多动物的繁殖地）与海洋鱼类和贝类捕捞量联系起来。 红树林渔业与海洋生态系统的影响未知（S3）：保护红树林将保护近海海洋生态系统、红树林渔业和红树林生态系统，但其关系尚未被量化。现有的红树林渔业的条件也是未知的，故未能利用有效资料为某一特定区域作出估价
潜在的排放/对土地的影响因素		
土地使用：红树林区的保护与管理	人类福利：红树林区的水上娱乐（如划船、钓鱼）	福利影响最大且可量化（S4）：红树林娱乐在印度尼西亚已有价值评估，关于项目地区在娱乐方面预期的增长已有预测，并且一些研究项目对热带森林和海岸湿地娱乐价值的评估可供使用
	人类福利：保护人类居住和环境活动免遭海啸侵袭	福利影响未知（S3）：保护红树林将减少海岸风暴的损害，但是，特定地区风暴强度和风暴损失是未知的，故未能作出对福利或潜在健康和安全影响的估价
	人类福利：红树林和相关地区的陆地娱乐（如自然景观）	福利影响重大且可量化（S4）：红树林娱乐在印度尼西亚已有价值评估，关于项目区在娱乐方面预期的增长已有预测，并且一些研究项目对热带森林和海岸湿地娱乐价值所做的评估可供应用
	人类福利：木材产品（圆木、木棒和薪柴）和非木材产品（提取鞣酸的树皮，尼巴棕榈木瓦、燃料、树脂和传统食品）	福利影响重大且可量化（S4）：项目将生产木材和非木材产品。已有关于木材产品和市场的信息可用来预测产出。同时，还有关于一种非木材产品及尼巴棕榈木瓦的资料，可用来预测产出
土地使用：红树林区的保护与管理	环境资源：红树林的生物多样性	环境资源影响重大且可部分量化（S4）：红树林在印度尼西亚正被迅速转作其他方面的用途。在红树林保护区，生物多样性将受到保护；在红树林管理区，生物多样性也将受到保护，不过程度较低。部分价值以药用植物收入的形式归功于生物多样性。有一项研究是关于印度尼西亚红树林药用植物价值的。其他生物多样性价值可能很多，而且根据现有的研究也可以作出评价
	人类福利：非使用效益（保存和遗赠价值）	福利影响未知（S3）：在没有广泛的初步研究情况下来评价这些影响是困难的。发达国家研究得出的价值不能应用，因为这些国家与印度尼西亚在文化和社会经济方面有很大差异
土地使用：非红树林区的管理	人类福利：木材产品（圆木、木棒和薪柴）	福利影响重大且可量化（S4）：项目将生产木材产品，已有关于木材产品和市场的信息可供使用，由此可以预测产出水平和产值

① 列举对人类健康、人类福利、环境资源和全球系统的影响。

② 表中所使用的筛选标准：

S1 为工程带来的影响已内部化或被控抑，即影响将产生的费用或效益已经记入项目经济费用效益流量。

S2 为工程带来的影响相对小。

S3 为工程带来的影响就量化而言太不确定或太敏感，指工程产生的经济费用或有限影响进行量化所使用的方法具有科学上的不确定性以及影响具有文化、政治或宗教上的敏感性。

S4 为工程带来的影响能够量化和价值化。

表 10-2   印度尼西亚红树林项目筛选分析总结

需要全部或部分作定量经济分析的影响（对 S4 的回答：是）
生物多样性效益（可部分量化—仅药用植物）
木材和非木材产品的保存和商业效益
海洋渔业效益（商业和保存）
娱乐和生态旅游效益（很大程度上可量化）
放弃（如不管理）收获（基准线）的机会成本
需要做定性分析的影响（S3）①
（+）海洋生态系统效益（减少的沉淀物）
（+）海洋娱乐效益（潜水）
（+）红树林渔业和生态系统效益
（+）内地水源保护（防止盐碱化）
（+）人类安全和财产保护效益（风暴缓冲器）
（+）生物多样性效益（货币化的效益之外的效益）
（+）非使用效益
从进一步分析中取消的影响：
安全影响是缓抑的或相对小的（对 S1 和 S2 的回答：是）
全球气候影响：碳汇的净变化在方向上不确定，且在数量上可能无关紧要

① 潜在的正面或负面影响价值在该影响前面以"+"或"−"表示。

表 10-3   全部或部分实物量化和价值化的定义

影响指标	定　义
环境资源影响	通过红树林保护区和管理区保护生物多样性
生物多样性效益	建立红树林保护区和精心管理区将帮助保护这些地区的生物多样性。生物多样性有许多方面的效益，包括直接使用价值、选择价值和濒危动植物的保存价值。限于篇幅，本例仅评价受影响的红树林在当地被用于采集药用植物的价值
人类福利影响	红树林、其他林地和渔业在商业、保存、娱乐等使用上发生变化的价值
木材和非木材产品的保存和商业使用	红树林和杂木林区的管理，将使得这些地区可持续用于收获薪柴、圆木和一系列的其他产品（如尼巴棕榈木瓦）
海洋渔业效益	良好的红树林区可以为海洋鱼类提供重要的栖息地（如繁殖场所和食物），保护海滨水质，从而提高海洋渔业生产
娱乐和旅游效益	该项目包括建设旅游设施的计划，为印度尼西亚人和外国人提供参观和享用被改善地区泛舟、旅游和自然景观等方面的服务
相关地区因未受管理使得伐木收获的机会成本	为了适当考虑基本方案（即没有拟建项目的情况），有必要从项目的效益中扣除（或加到项目费用上）有关持续"不管理"地利用本红树林地区的砍伐活动的使用价值。这些机会成本就是不实施红树林管理而无限制地伐木所获的净值（即基本方案的净收益）

4. 环境影响费用效益的量化估算

经识别后保留的需要货币量化的环境影响有：环境资源影响、涉及木材与非木材产品及海洋渔业的人类福利影响、娱乐和生态旅游影响以及机会成本。接下来，首先应当估算这些环境影响的实物量并赋予其货币价值，并说明这些影响偏离基本方案的程度；其次，确定和调整可应用的货币单位价值以反映特定的项目环境情况（如位置或影响大小）；最后，调整后的单位价值乘以单位的数量（即实物量化的各种影响），从而得出项目每年的总价值。

（1）生物多样性效益。

1）计算实物量。项目环境预评估（IEE）确认的主要生物多样性效益以 Lariang 平原 8000hm² 红树林进行实物量化，这一片红树林将作为自然保护区加以保存。另外，10000hm² 受管理的红树林以及 17900hm² 的恢复红树林也将有利于生物多样性的保护，不过程度上稍逊于自然保护区。本分析中，假设从非保护地区（即 27900hm² 受管理和被恢复的地区）所获得的生物多样性效益，将在项目头 10 年里逐渐增长，在第 11 年达到它们的全部价值；受管理地区对生物多样性的影响，从第 1 年的 0hm² 增长到 10 年后的 25000hm²。

2）赋予货币价值。分析确定生物多样性的单位价值（见表 10-4），是从红树林获得的药用植物价值。印度尼西亚从收集、制作和销售研究植物标本获得收入，也从销售专利药品专利使用费得到收入。在印度尼西亚所做的一项研究表明，从红树林药用植物中每年每公顷可获得 15 美元的净收益。生物多样性也产生其他效益，比如对动物及其栖息地的一般性保护和生态旅游以及其他形式的娱乐等保存和遗赠价值。这些使用价值并未包括在生物多样性价值中，因为没有资料可作可信的成果参照法（借鉴其他类似研究的成果，用于本项目经济费用效益估算）。因此，这里列出的生物多样性价值，仅反映生物多样性的总价值中有限的一部分，换句话说，这里所采用的药用植物的价值被用于保护区和管理/恢复区，然而由于管理/恢复区可能受到其他使用的干扰，因此这一区域药用植物的价值可能稍低些。为避免重复计算，娱乐和生态旅游效益在这个例子中并未归入生物多样性效益。

表 10-4　　　　　　　　　　　　印度尼西亚红树林单位价值[①]

影响	影响的价值部分	价值[①]	单位	备　注
生物多样性	药用植物	15.00	美元/hm²	估计印度尼西亚红树林每年每公顷获得药用植物的净价值 15 美元。这个价值并未包括红树林生物多样性的固有价值或保护红树林的非使用价值
木材产品（薪柴和圆木，包括红树林和非红树林）	Kwangdang 湾	20.00	美元/m³	所列单位价值为项目报告中的地方市场价格（亚洲开发银行，1993 年）。生产木材产品的成本包括在项目成本内，故计算净价值时没有必要从价格中减去生产成本。据现有资料，不存在市场不完善的情况（价格补贴、关税壁垒等），故不做价格调整
	East Luwu 平原	32.50	美元/m³	
	Northwest Muna 岛	24.00	美元/m³	
非木材产品	尼巴棕榈木瓦	60.00	美元/（人·年）	此为项目报告（亚洲开发银行，1993 年）中的当地价格。这一价格不包括其他小商业生产的非木材产品（包括手工艺品、染料、树脂、生产鞣酸的树皮、传统食品等）的价值
海洋渔业（红树林年龄）	1～5	0.00	美元/hm²	Costanza 等人（1989）估计海岸湿地对商品渔业生产力的影响每年经济价值为 62.66 美元/hm²。项目报告（亚洲开发银行，1993 年）引用了印度尼西亚的研究（Giesen 等人 1991），他们估计的年经济价值要高许多，即每公顷 600 美元/hm²。但是，这一研究没有指出这一价值究竟代表什么。由于没有进一步的资料，采用了 62.66 美元/hm² 这一较保守的数值，没有根据通货膨胀或美国和印度尼西亚之间的价格差异和渔业成本进行调整。这个价值并不包括对当地居民而言的红树林渔业的价值。这些居民在潟湖、海峡和潮汐湾捕鱼
	6	12.53	美元/hm²	
	7	25.05	美元/hm²	
	8	37.60	美元/hm²	
	9	50.13	美元/hm²	
	10+	62.66	美元/hm²	

续表

影响	影响的价值部分	价值[①]	单位	备　注
生态旅游年收入	一天旅游	10.4	美元/人次	项目报告（亚洲开发银行 1993）对门票、房费和每天的意外支出做了估算。
	二天旅游	15.488	美元/人次	Tobias 和 Mendelsohn（1991）运用旅行费用法估计，在 1 万/hm²
对此类旅游机会的娱乐支付意愿	国内参观者	10.00～26.25	美元/人次	加斯达黎加热带丛林自然保护区每个国内游客的娱乐价值是 35 美元。这些价值作了调整以反映加斯达黎加和印度尼西亚两国之间在收入上的差别。由于用了成果参照法，这一价值是不确定的，需作进一步的研究。Costanza 等人（1989）运用旅行费用法估计，美国海岸湿地与娱乐方面每个游客的价值是 70.67 美元。对于红树林项目，使用这个价值是假设大多数国外游客来自生活水平类似的美国和欧洲国家，而且假设他们将参观项目区作为在印度尼西亚旅行的一部分，而不是专门为参观项目区而来。运用美国消费者价格指数对这个价值做了调整。由于用了成果参照法，这一价值是不确定的，需做进一步的研究
	国外参观者	94.90	美元/人次	
机会成本	薪柴和圆木	同木产品一样		同木产品一样，这个价值并不包括额外收入。额外收入可能来源于红树林地区的其他用途，包括鱼塘和农田。尽管这些用途通常是不可持续的，它们确实产生额外的年收入
	收获成本	−90.00	美元/hm²	项目报告（亚洲开发银行，1993 年）中所列当地价格

[①] 这里表现的价值是用 1993 年美元价值以便于在其他项目分析中使用。通常，这些价值会转换成当地货币价值。

因此，15 美元乘以提供生物多样性效益的总公顷数得出年效益。例如，在第 10 年，总面积为 33200hm²（8000hm²+25200hm²），预计可以产生 49.8 万美元生物多样性效益（33200×15 美元/hm²）。

（2）存在和商业效益：木材产品。

1）计算实物量。在这个项目中，在恢复和管理的红树林以及管理的非红树林中都将生产木材产品。在管理计划的头 2 年里，将不收获任何木材产品。此后，利用 15 年轮作和 10 年林间伐，使红树林处于管理之中；从第 3 年开始，每年间伐 673hm²，收获 673hm²。利用来自印度尼西亚管理红树林的资料，环境预评估（IEE）已估计每一次间伐，每公顷可生产薪柴和圆木 35m³，每公顷收获可生产木材产品 52.5m³，每次收获之后，将再次种植红树林。

在项目头 6 年里，恢复红树林以每年 2183hm² 的速度种植。当第一批长到 10 年，以每年 1193hm² 开始间伐，每公顷的产量将与管理的红树林相等；到第 16 年，当第一批树林长到 15 年，以每年 1193hm² 开始收获，每公顷的产量与管理的红树林相等。从此以后，恢复的红树林作为管理的红树林以同样的方式加以管理。

在该项目的头 6 年，以每年 833hm² 的速度种植非红树林，这些树林按 10 年轮作无间伐管理。这些树林以每年 500hm² 从第 10 年开始收获，收获面积将再种植，每次收获的预期产量是 2000m³/hm² 圆木和薪柴。因此，比如，到第 3 年，673hm² 间伐将生产总计将近 23600m³ 的木材产品（673hm²×35m³/hm²），并且收获 673hm² 将大致生产木材产品 35300m³（673hm²×52.5m³/hm²）。因此，在表 10-5 中的第 3 年木材产品总产量接近 58900m³（23600m³+35300m³）。

2）赋予货币价值。基于当地薪木和圆木的市场价格（亚洲开发银行，1993）, 从红树林和非红树林木材产品产生的单位价值在 20~32.5 美元/m² 之间。因为单位价值是生产这些产品的市场价格，没有必要调整价格（如果已知市场不完善，存在包括补贴、关税、进口壁垒等，价格应当做相应调整。没有资料表明印度尼西亚的木材产品市场不完善）。生产木材产品的成本包括在项目成本中，故无须降低价格以表现经济价值。在本例中，到第 3 年木材产品总产量约为 58900m³，按平均价值 26.5 美元计算，得出总价值为 156.1 万美元。

（3）存在和商业效益：非木材产品。

1）计算实物量。项目将建立一些小商业设施，加工生产从红树林收获的非木材产品，第 1 年就开始实施；一些产品将在第 2 年开始生产，有 200 人参加；假设以后 4 年，由于项目人员的努力，小商业活动的参与人员每年翻一翻；从第 7~16 年，这些小商业活动自立之后，参加者可望以每年 10% 的速度增加；第 16 年之后，当产品机会得到充分开发，参与者年增加量将下降到 5%。根据环境预评估（IEE），用雇佣人员数量作为影响数量（如第二年雇佣 200 人，到第 9 年将超过 600 人）。

2）赋予货币价值。有关非木材产品的单位价值唯一可供参考的是尼巴棕榈木瓦的价值。1 位乡村妇女，一年在家里生产 100 天，每天可生产 8 只木瓦，平均批发价是每只 150 卢比，净效益（包括 5% 的维护成本）估计是 60 美元/（人·年）（亚洲开发银行，1993 年）。因为尼巴棕榈木瓦的价值是从当前的成本和价格得来的，没有必要再做调整。必须指出，所使用的单位价值是每人每年的美元数，而不是木瓦的价值，因为这与影响的实物量化相吻合（即雇佣人数）。

（4）海洋渔业效益。

1）计算实物量。没有有关近海渔业特定区域的数据，不过，亚洲湿地局野外调查（Giesen 等人，1991 年）把海洋渔业生产同健康的红树林区联系起来，因此基于每一项目年健康红树林的公顷数来进行渔业影响实物量化。假设新种植地区树龄到 10 后才开始生产，当红树林全长到 6~10 年龄之间，红树林才对海洋渔业有所贡献，并且这种贡献逐年增大，10 年之后，红树林对渔业生产的贡献变为常数。

2）赋予货币价值。现有海洋渔业的单位价值是按每公顷美元计算的，文献中有两种不同的价值。Giesen 等人（1991 年）对开放水域鱼虾捕捞量计算的净价值是 600 美元/（hm²·年），与其他研究相比较，这个价值显然偏高。例如，在美国（Costanza 等人，1989 年）所做的研究估计，海岸湿地商品鱼收获生产率年经济价值仅为 62.66 美元/hm²。我们无从考证 Giesen 的研究结果，但是，每公顷的高价值可能是每公顷的净价值而不是每公顷年价值（Costanza 等人 1989 年采用 10% 的折现率估计，每公顷产生 62.66 美元的现值），也可能研究所报道的是一个平均价值而不是边际价值。这个平均价值可能表示被树林划分的各个地区渔业收获的总价值，只有当红树林是影响捕捞量的唯一因素时，这个价值才是一个有效的价值。

关于 Giesen 等人估计的价值没有进一步的资料，这里使用了较为保守的 62.66 美元/hm² 的价值。这里假设 1~5 年龄的红树林不产生价值；在 6~10 年龄期间，价值稳定增长（线性增长），然后达到它的峰值（如第 6 年是 62.66 美元的 20%，第 7 年是 40%）。

尽管价值需要调整，以反映美国与印度尼西亚的鱼虾和蟹在价格上及渔业成本上的差别，但关于这些调整没有专门的资料可供参考。假设替代价值是大于近 10 倍且存在着它是有效价值的可能性，那么，这样的调整就是不必要的。印度尼西亚红树林项目环境影响年价值见表 10-5。

表 10-5　　　　　　　印度尼西亚红树林项目环境影响年价值（未折现，千美元）

年份	生物多样性	木材产品		非木材产品	渔业	休闲娱乐	生态旅游	总计
		红树林	非红树林					
1	120	0	0	0	1134	0	0	1254
2	162	0	0	12	1134	0	0	1308
3	204	1561	0	24	1134	61	22	3006
4	246	1561	0	48	1091	121	44	3112
5	288	1561	0	96	1050	182	66	3243
6	330	1561	0	192	1008	242	88	3421
7	372	1561	0	211	1003	242	88	3477
8	414	1561	0	232	1035	242	88	3572
9	456	1561	0	256	1114	242	88	3717
10	498	2668	2580	281	1238	242	88	7596
总计	$15690	$115155	$67080	$19739	$49830	$7632	$2768	$278799

注　1. 结果仅显示 1～10 年，至于其他年份（11～35 年），稳定的结果一般从第 11 年才开始应用（尽管这因影响而异）。

　　2. 印度尼西亚人和外国人娱乐效益之和所显示的娱乐价值，反映对印度尼西亚娱乐者来说 26.25 美元的消费者剩余价值，如果使用最低价值为 10 美元，这些结果的范围并未在这里显示（为简化起见）；但是，当最低价值插入其中，其结果并非受到很大影响。

　　3. 总计反映全部 35 年（并非以上显示的仅头 10 年）未折现（即基于 0 折现率）的数据。

（5）娱乐和生态旅游效益：与红树林相关的。

1）计算实物量。项目将在 East Luwu 平原地区建设旅游设施，包括铁路、船坞、休闲房屋和游客中心。在项目的前 9 年，项目也将投资为旅游设施配备工作人员，然后这些设施将自立。

旅游的效益取决于到 East Luwu 平原地区游客的数量，项目报告表明，到第 3 年尚无游客，从那之后，到第 6 年游客的总数可望达到 4000 人。为计算旅游的总价值，必须对过夜与不过夜、国内与国外游客做出假设：本分析假设 50% 的游客来自国外，75% 国外游客将逗留 2 天，假设 25% 的国内游客将逗留 2 天，逗留不到 2 天的旅游者，假定仅逗留 1 天。

2）赋予货币价值。生态旅游和娱乐通常是采用消费者剩余来评价，即支付意愿扣除旅游者发生的实际费用。但是，在本例中，游客的支出被认为是在当地经济中对开发生态旅游部门的一种有价值的刺激，因为这些当地开发的生态旅游效益是真正的增量收入，而不单是一个现有就业和收入机会的再分配。支出和支付意愿被解释并用以分别反映生态旅游和娱乐效益。

a. 生态旅游。项目报告表明，为娱乐活动收取的门票费为 1000 卢比（0.48 美元），双人间的房价是每晚 10 美元，游客每天的杂项支出是 10 美元。因此，一个游客一个夜晚将花费 15.48 美元，白天旅游者将每天花费 10.48 美元，这些价值是用当前美元价值计算的，故无须调整价格。

应当指出的是，在本例中，开支中没有扣除成本，这是因为大多数与生态旅游相关的成本包括在了项目成本中（如旅游设施的建设）。附加的成本可能保存在当地经济中（如由当地居民购买、加工并出售给旅游者作午餐的成本），这样成本应从游客支出中扣除。旅游支出也将通过当地经济产生乘数效应，这些效益也在本案例中省略了。

b. 娱乐。这里使用的对旅游机会的支付意愿值来自两个研究。Tobias 和 Mendel-Sohn（1991 年）采用旅行费用法估计，在 10000km² 的加斯达黎加热带丛林自然保护区，每位游客的娱乐价值是 35 美元，其研究中仅包括在加斯达黎加的游客。Costanza 等人使用两种方法计算了美国海岸湿地的娱乐价值，同样是采用旅行费用法，估计每位游客的价值为 70.67 美元。采用意愿调查评估法（contingent valuation approach，CV 法），他们估计每位游客的价值为 47.11 美元。

对国内游客，分析中是利用并调整加斯达黎加的单位价值以反映加斯达黎加和印度尼西亚在收入上的差别。在加斯达黎加的研究中，对娱乐的支付意愿与收入和教育程度呈极大的相关性。印度尼西亚的人均国民生产总值（GNP）是加斯达黎加的 35%，这意味着在印度尼西亚，每天的价值为 12.25 美元（35 美元的 35%）。但是，对于那些受过较高教育的人来说，收入差别可能并不是那样大，而这些人很可能利用红树林娱乐机会，因此加斯达黎加的价值下调 25%，而不是在人均国民生产总值差别中表明的 65%，因而导致在本例中使用的每位游客单位价值为 26.25 美元。但是，为了反映收入和教育以及加斯达黎加和印度尼西亚娱乐经验之间的差别，对单位价值做了调整，而在这些调整过程中，使用了各种假设，所以这种成果参照法的精确性是相当不确定的。因此，下列两点尤其重要：①经济分析应清晰描述和确定这种不确定性；②经济分析应包括运用替代价值进行的敏感性分析。本例中，可用每天 12.25 美元（或甚至 10 美元）这一备选价值作为较保守的估价。

（6）放弃收获的机会成本（未管理圆木的基准）。本分析中很重要的一点是建立适当的分析基准，即前面提到的基本方案，以便反映在不做管理情况下开发利用红树林的机会成本。尽管没有作为项目成本在环境预评估（IEE）中反映或者在以上效益内容和图表中描述，这里还是应当做适当的调整。对于国外游客，采用了以旅行费用法估计的美国单位价值。假设外国游客将来自类似生活水平的欧美国家，且他们将参观本项目区作为整个印度尼西亚旅游活动的一部分而不是将其作为唯一的目的地。选择旅行费用法，是为了与计算国内游客单位价值的方法保持一致，在考虑通货膨胀的情况下用美国消费价格指数来调整美国的单位价值，对于一个多日旅游者来说，计算出的单位价值是每人 94.90 美元。由于目前很难到达 Lariang 平原地区，暂未规划该地区红树林保护区的娱乐开发。无论如何，在未来的某一时刻，可能开发这个地区，将来的开发尚无法确定，本分析暂不予考虑。

1）计算实物量。将项目地区的红树林置于受保护或管理的地位，排除了获得不加管理而收获红树林的短期经济效益的机会。印度尼西亚以每年 5%的速度收获红树林，即每年在项目地区收获 2050km²（包括非红树林），假设每年砍伐相同的数量直到 20 年后砍光项目地区所有的树林。为了计算每年收获的木材量，假设受保护和管理的红树林每公顷生产木材产品 52.5m³，需要恢复的红树林每公顷将生产该产量的一半。非红树林全部需要恢复且假设生产受管理红树林一半的产量：每公顷 100m³。

2）赋予货币价值。利用与评价木材产品相同的单位价值来评价失去的未管理收获的机会成本，收获所得的年收入减去收获成本（90 美元/hm²），得出机会成本的净价值（必须指出的是，如前所述，收获成本已从项目估计的木材效益中减去）。

（7）评价结果汇总。本例中应用的实物量和单位价值汇总见表 10-6。如表所示，在项目 3 年期内，这些实物量化和货币化的效益总计近 2.79 亿美元（未折现）。

176

表 10-6　　　　　　印度尼西亚红树林项目环境影响、实物量和评价汇总

影响	年数量	使用的单位价值
生物多样性	8000hm² 自然保护区 受到持续管理的，另外 28000hm² 在 10 年期阶段也对生物多样性作贡献	15 美元/hm²。 如果收获的话，反映药用植物的价值，没有包括红树林生物多样化的其他价值
木材产品	0~263333m³ 的混合薪柴和圆木 当红树林处于管理之下，其产量逐年增加，从第 15 年开始，当所有管理树林全投入生产，最高产量达到 263333m³/年	20~32.5 美元/m³。 单位价值因收获地区而变化，产量在 East Luwu 平原最低，产量最高在 Kwangdang 湾。收获成本包括在项目成本之中，故没有必要相应减少单位价值
非木材产品	0~19069 人参加小商业活动 预期以 200 人从第二年开始参加，并且在项目寿命期内增加	60 美元/（人·年）。 仅反映尼巴棕榈木瓦生产的价值，没有包含其他潜在的非木材产品的价值，如手工艺品、染料、橡胶、制造鞣酸的树皮和传统食品的价值
海洋渔业	18100~32635hm² 红树林可以产生营养、提供繁育地和过滤沉淀物。 数量化包括 6 年龄和更长的红树林，数量在头 23 年里是变化的，最低的在第 6 年（16080hm²），最高的在第 12 年（32635hm²），在第 24 年数量稳定在 26668hm²	12.53~62.66 美元/hm²。 单位价值随红树林的变化而变化，6 年龄树林具有最低的价值，10 年龄以上具有最高的价值。价值不包括红树林对当地居民的渔业价值，这些居民在泻湖海峡和潮湾打鱼
娱乐和生态旅游	0~4000 游客。 项目一开始没有游客，到第 6 年，增加到一个 4000 人的稳定水平，这个数量仅包括去 East Luwu 平原地区的游客。在未来某一时间，Lariang 平原地区也将吸引游客，但他们没有包括在这个数量之中	10.48~36.96 美元/人次（生态旅游）。 10~26.25 美元/当地游客人次（娱乐）。 94.90 美元/国外游客人次（娱乐）。 生态旅游价值随逗留时间的长短（1 天或 2 天）而异。娱乐价值反映游客的来源（国外或国内）。由于使用了成果参照法，这些货币价值是不确定的
机会成本	96006m³ 混合薪柴和圆木（2050hm²）持续 20 年，之后产量为 0。假如项目区没有被保护，木材以每年 96006m³ 的速度在前 20 年里被砍伐。本估计不能反映未管理的红树林再生长情况，以及砍伐地区可能转换作为其他生产使用的情况	同圆木产品一样，只是减去收获成本（90 美元/hm²）（由于假设该地区变成未管理林或非林地使用，故不发生其他管理成本）

5. 经济费用效益流量分析的情况

就印度尼西亚红树林项目的经济费用效益流量分析而言，包括三部分：①审查项目费用，按照支付意愿及接受补偿意愿进行量化估算；②将项目可量化的经济效益和费用进行比较分析；③进行全面的费用-效益分析，即在对可量化部分进行分析的基础上，对可能的省略、偏差和不确定性加以说明。

（1）费用调整。项目报告提供了大多数项目费用的数据，但是木材生产因间伐和收获面积的变化而变化，因此必须使用在计算效益时使用过的关于木材生产的相同假设，对木材生产成本加以估算。用作重新估算的木材产品单位成本见表 10-7；假设每 1hm² 收获后都将重新种植，在间伐和收获后收集薪材，每年必须对管理地区进行管理和养护，因而得出项目总费用，见表 10-8。

表 10-7　　　　　　　　　　　木材产品的单位成本

森林类别	服务	成本（美元/hm²）
红树林与非红树林	间伐	22.50
	收获	90.00
	薪柴收集	5.40
	管理	1.20
	其他养护	1.80

森林类别	服务	成本（美元/hm²）
红树林	种植	450.00
非红树林	种植	920.00

表 10-8　　　　　　　　印度尼西亚红树林项目成本汇总（未折现，千美元）

年份	机会成本	木材产品	娱乐	项目损失	总成本
1	2321	0	0	2378	4708
2	2321	0	0	4776	7097
3	2321	0	0	4772	7093
4	2321	0	0	4375	6696
5	2321	0	0	8250	10571
6	2321	0	0	6765	9086
7	2321	0	0	6630	8951
8	2321	0	0	6495	8816
9	2321	0	0	5517	7838
10	2321	1026	40	0	3387
11	2321	1026	40	0	3387
12	2321	1026	40	0	3387
13	2321	1026	40	0	3387
14	2321	1026	40	0	3387
15	2321	1677	40	0	4038
年份 16～35：为减少篇幅，这里未显示					
总计	46425	40344	1040	49967	135453

（2）效益费用比较。用货币价值乘以影响实物量，然后对多种效益进行汇总得出项目的年货币化效益和项目费用，见表 10-9。

1）总体货币化效益在项目第一年最低，为 125 万美元，到第 35 年最高，超过 1050 万美元（未折现的按当年实际价值）。

2）项目第 1 年费用为 470 万美元，第 5 年增加到 1050 万美元，第 21 年之后下降到 170 万美元的稳定水平。

3）项目开始时的费用明显大于效益，在项目前几年产生负的净效益，但是，到第 10 年，年效益超过费用 420 万美元。在整个 35 年的项目计算期内，未折现的总效益超过 14300 万美元。表 10-9 描述了印度尼西亚红树林年经济费用和效益量化结果（未折现，千美元）。

表 10-9　　　　　　　　　　项目经济费用效益流量计算

年份	货币量化效益	货币量化费用	经济净效益
1	1254	4708	4708
2	1308	7907	7097
3	3006	7093	7093

续表

年份	货币量化效益	货币量化费用	经济净效益
4	3112	6696	6696
5	3243	10571	10571
6	3421	9086	9086
7	3477	8951	8951
8	3572	8861	8861
9	3717	7838	7838
10	7596	3387	3387
11	7836	3387	3387
12	8046	3387	3387
13	8229	3387	3387
14	8379	3387	3387
15	10115	4038	4038
年份 16~35：为便于介绍未显示			
总计①	278799	135453	143346

① 包括 1~35 年所有年份。

（3）效益与费用说明：折现与收益率。为了在项目经济分析中使用上述信息，年价值需要采用经济净现值（$ENPV$）或项目经济内部收益率（$EIRR$）加以折算。在敏感性分析时，用不同的折现率测算了项目的净效益现值，见表 10-10。在实际折现率为 0% 时，红树林项目产生的总效益现值接近 14300 万美元，换言之，项目将产生接近 8.9% 的经济内部收益率（当实际折现率为 8.85% 时，净效益现值等于 0。换言之，项目预计将产生 8.85% 的实际经济收益率）。这意味着如果实际的（净通货膨胀）折现率正好是 8.9% 的话，项目将盈亏平衡（效益现值和费用现值相等，故净效益等于 0）；当实际折现率为 10% 时，净效益现值为负（-450万美元）；当实际折现率为 12% 时，费用现值超过效益现值 990 万美元。

表 10-10　　　　　　　　　　印度尼西亚红树林项目敏感性分析　　　　　　　　　　（百万美元）

折现率	货币化效益	费用	货币化净效益	折现率	货币化效益	费用	货币化净效益
0%	278.8	135.5	143.3	8.9%	65.2	65.2	0.0
3%	157.8	100.0	57.8	10%	56.5	61.0	-4.5
5%	113	84.7	28.3	12%	45.0	54.9	-9.9

（4）省略、偏差和不确定性。经济分析的一个重要方面是要对分析的结论作出明确说明，包括省略、偏差和不确定性，特别是对于环境问题（因为并非所有费用和效益都能用货币价值衡量）。由于缺乏资料，一些价值被忽略，还有一些价值虽然做了估算，但有偏差或具有不确定性。

表 10-11 显示了一种重要且实用的费用-效益分析方法，表中按效益种类表示货币价值。这个表还列举了同项目经济分析相关的效益种类，但由于现有资料的不足，这些效益无法用货币价值表示。表 10-11 清楚地显示了各种相关的省略。

表 10-11　　　　印度尼西亚红树林项目效益（现值，10%折现率，千美元）

生物多样性—药用植物	3947
木材产品	22496
红树林	11026
非红树林	
非木材产品	2917
渔业	13657
娱乐	1825
生态旅游（地方刺激）	662
总货币化效益	56606
生物多样化（药用植物之外）	+
木材产品（在恢复的红树林区）	+
渔业（从恢复的红树林区）	+
近海海洋生态系统（珊瑚石礁和相关的娱乐）	+
安全和财产保护免遭海啸和风暴的侵袭	+
红树林渔业（包括贝类）	+
非使用价值（红树林和海洋地区）	+
总效益（货币化的和非货币化）	56606

注　+表示正预期效益，但用现有的资料无法量化或货币化。

表 10-12 显示了另一种有效的方法，用以说明各种省略、偏差和不确定性对项目经济内部收益率和经济净现值可能产生的影响。由于缺乏红树林当前和今后各种开发利用的充足信息或由于缺乏健康红树林和生产效益之间的科学关系的足够信息，一些效益被省略。这些效益包括红树林多样性的内在价值，减少风暴和侵蚀的损害，除尼巴棕榈木瓦之外的非木材产品，红树林渔业、海洋娱乐、内陆地下水使用和非使用保存及遗赠价值。理论上讲，这些价值能够加以评价，但需要进行初步研究以收集和分析材料，忽略这些价值减少了项目总效益和净效益（即在评价中包括这些价值就会得出更大的总效益）。

表 10-12　　　　省略、偏差和不确定性及其对印度尼西亚红树林项目的影响

影响（效益种类）	对净效益可能的影响[①]	备　　注
红树林生物多样性的内在价值	+	除当地使用药用植物外，在本分析中对其他价值或维护红树林地区生物多样性相关的非使用目的价值没有计算
减少风暴和侵蚀损害	+	保护人类安全和财产免遭海岸风暴的损害可能在某些地区的某些季节是重大的
尼巴棕榈木瓦以外的木材产品	+	本分析忽略的非木材产品可能对地方用户提供有价值的保存、文化和商业价值
除圆木收获地区之外收集的薪柴	+	当地居民在红树林地区收集死林木作为燃料而不能同时作为圆木收获，这对当地居民来说，可能具有重大的价值
海洋生态系统	+	减少沉淀物和维护海洋生物栖息地可提高生物多样化和生态健康

续表

影响（效益种类）	对净效益可能的影响①	备　注
海洋娱乐	+	减少珊瑚石礁和海草的沉淀物可以促进沿海地区当前和以后的娱乐利用
内陆地下水利用	+	保护地下水免于盐碱化以保证这些淡水供应当前生活、农业和工业用水
非使用（存在和遗赠）价值	+	沿海红树林保护和相关的海洋和红树林生态系统的保护，很可能产生保存和遗赠价值
收获后使用的机会成本	−	并未包括从收获后的红树林地区其他替代利用所得收入，如利用鱼塘和农田的收入。这些使用一般并非可持续利用的，故放弃的收入是有限的
气候变化	U	碳汇的净变化的方向（水平）是未知的
海洋渔业和红树林娱乐价值	U	货币化价值是基于在印度尼西亚之外所做的研究用成果参照法得出的，成果参照对价值的影响是未知的
生态旅游（当地成本和当地剩数）	U	忽略了当地与生态旅游有关的成本（−），也忽略了生态旅游对地方经济的乘数效应（+）

① 对净效益影响的方向和大小：+为可能增加效益；−为可能减少效益；U 为不确定的，可能增加或减少。

　　一些保护红树林的机会成本也被忽略。并非所有改造的红树林都将变成不毛之地；一些土地可能会作为其他生产之用，如水稻生产、水产养殖或改造为工业用地。尽管改造的红树林用于水稻生产和水产养殖经常是不可持续的，但当这些薪柴和圆木收获之后它们确实产生额外的收入。由于缺乏红树林转换为其他用途的信息，故没有计算这些增加的机会成本，从经济分析中忽略这些机会成本，增大了项目的总效益和净效益。

　　海洋渔业和红树林娱乐的价值是不确定的，因为它们并不是基于在印度尼西亚得出的价值，这些价值是根据在其他国家所做的研究中转换而来。尽管曾试图调整这些价值以反映印度尼西亚的情况，但在印度尼西亚这些效益的真正价值却是未知的，因此在分析中包括这些调整过的效益会产生不确定性。

（二）景洪水利工程费用效益分析

　　国家电力公司昆明勘测设计研究院完成《澜沧江中下游河段规划报告》，提出以小湾、糯扎渡两水库为核心的两库八级开发方案（自上而下）：功果桥、小湾、漫湾、大朝山、糯扎渡、景洪、橄榄坝和勐松水电站。景洪水电站是第六级。

1. 景洪水利工程设计概况

　　景洪水电站位于澜沧江下游河段，景洪市北郊约 5km 处。景洪市是西双版纳傣族自治州政治、经济、文化的中心，现是国家级名胜风景区，是国家级对外开放的重要口岸，连接东南亚的桥梁。澜沧江地区拥有丰富的自然资源和人文资源，景洪水电站位于澜沧江下游河段，该地区也属于生态资源的优势地区，水电站淹没区涉及西双版纳和纳板河两个国家级自然保护区。景洪水电站以发电为主，兼有航运，发电量 80%送往泰国。景洪水电站建设总工期为7 年，工程主要特性见表 10-13。

2. 工程可能产生的负面影响

　　下面对 13 项影响因素进行具体说明：

（1）对森林的影响：水库的修建对森林的影响很大，水库淹没森林植被 1620.88hm²。

表 10-13   景洪水电站水坝工程主要工程特性表

序号	项 目	单位	数量
1	装机容量	MW	1500
2	多年平均发电量	GW·h	6374
3	最大坝高	m	110
4	坝顶高程	m	612
5	坝顶长度	m	619
6	正常蓄水位	m	602
7	总库容	$10^6 m^3$	1139
8	调节库容	$10^6 m^3$	309

（2）移民问题：景洪水电站的建设将动迁 4114 名农村居民。为安置移民需要建房，开垦耕地 145.52hm²，开发园林 792.53hm²，并配套建设水利、公路等基础设施，需要对其影响进行损失核算。

（3）对生物多样性的影响：景洪水电站的修建对生物的影响很大，因为这里存在大量珍稀、濒危物种。受淹没影响的植物中有 25 种属国家重点保护的珍稀、濒危野生植物，其中一级保护 2 种，二级保护 23 种；受淹没影响的野生动物中有 47 种属国家重点保护野生动物，其中一级保护 10 种，二级保护 37 种；景洪水电站库区发现鱼类 67 种，主要珍稀鱼类共有 5 种。

（4）对环境地质的影响：景洪水电站的建设对环境地质产生一定的影响，尤其是地震问题，云南是地震多发区，对地震问题要给予高度重视。

（5）对施工期环境的影响：施工期环境主要指对大气、噪声、水质以及施工占地等影响。

（6）对土地资源的影响：这里主要是对耕地的影响。

（7）对湿地的影响：对自然保护区内的沙滩水域产生了淹没影响。

（8）对气候的影响：对气候的影响直接涉及对农作物生产量的影响。

（9）上淤下切问题：景洪水电站也涉及泥沙淤积的问题，工程运行 40 年后库容达到平衡，下切问题也有一定的影响。

（10）对草原资源的影响：景洪水电站对草山有一定的淹没影响。

（11）水环境的影响：由于资料有限没有纳入影响损失核算。

（12）对人群健康的影响：由于资料有限没有纳入影响损失核算。

（13）对景观的影响：由于资料有限没有纳入影响损失核算。

国家颁布了一系列法规为自然保护区的管理提供了强有力的保障。对于不法的经济行为和规划，应坚决制止、取缔和纠正。在计算影响损失时，对于在自然保护区内的环境因素，其损失的价值要远大于同因素在自然保护区之外的价值。比如说一棵树在自然保护区内和在自然保护区外它的价值肯定是不一样的。但这次核算没有考虑这一点，所以实际的影响损失还要更大些。

还有一个要说明的问题是，按传统的观点，水坝发电和火力发电相比具有一个很大的优点，就是水力作为一种清洁能源，水坝发电产生的二氧化碳要比火力发电少得多。但国外关于巴西水坝的一项研究表明，由于水坝的建设会淹没大面积植被，缺氧发酵产生的二氧化碳的数量也是惊人的,有的甚至要超过火力发电。从这个角度来说,水坝发电的温室气体效应仍不可忽略。

工程对生态环境的负面影响见表 10-14。

表 10-14　　　　　　　　　　　　景洪水电站环境影响损失一览表

项　　目		损失价值(万元)	影响程度
森林资源		157177.06	很严重
生物多样性	一般生物	3003.18	较严重
	珍稀野生动物	38442.50	
	珍稀野生植物	44622.86	
	鱼类	78.8	
	鸟类	460.58	
移民		56417.18	
环境地质		55700	
施工期环境		17479.58	
土地资源		1394.61	一般
湿地		607.50	
小气候		419.20	
上淤下切		300	
草原资源		2.1	较轻
水环境		尚需调查研究,没有纳入核算	很轻(待定)
健康		尚需调查研究,没有纳入核算	
景观		尚需调查研究,没有纳入核算	
自然保护区价值		有待研究落实	
温室气体排放		应转变观念,给予高度重视	
合计(不完全)		376105.15	

总损失价值现值:896866 万元

根据表 10-14,可以把景洪水坝工程影响环境的 13 个因素分为五类:①影响很严重的因素是:森林资源;②影响较严重的因素是:生物多样性、移民、环境地质、施工期环境;③影响一般的因素是:土地资源、湿地、小气候、上淤下切;④影响较轻的因素是:草原资源;⑤影响很轻的因素是:水环境、健康、景观。

3. 工程利弊分析

项目经济评价(不包括外部效果)表明,景洪电站水坝工程经济内部收益率为 16.97%,远高于社会折现率 12%,经济净现值达 268846 万元,即工程的使用价值 $A = 268846$ 万元,工程总效益为 1382516 万元。工程总投资为 1113670 万元,工程造成的生态环境损失价值 EC 为 896866 万元。

$$\alpha = \frac{\sqrt{|A|^2 + |B|^2}}{EC} = 0.3$$

工程对自然保护区损失所作的补偿,取 $B = 5281$ 万元。由此可以看出,$a = 0.3 < 1$,也就是说工程的净效益小于损失的生态价值,得出该项工程弊大于利的研究结论,表明该工程不可行。要使其可行,从利弊关系分析的结果来看,就必须对景洪电站工程造成的生态环境影响和破坏进行经济补偿,而且必须给予足量的经济补偿。

求解临界值 B_0,即:$B_0 = \sqrt{BC^2 - |A|^2} = 855623$ 万元。

所以,要使工程可行,补偿的最小金额为 850342 万元(其中自然保护区已补偿 5281 万元)。并且要修改原工程设计方案,补充行之有效的、切实可行的、经过充分论证的和实验验证过的对策措施。

按经济-费用效益分析方法,其效益费用比为 $\dfrac{1382516}{2010536} = 0.69 < 1$,即该工程的费用与生态损失之和大于工程效益,也表明工程不可行。

4. 结论

(1)从以上可以看出,在考虑生态价值损失后,工程由可行变为不可行。在生态环境资源匮乏、大力提倡环境保护的今天,这种将生态损失计入工程的投资费用,使外部损失内部化,是工程决策者必须考虑的问题。利弊分析方法正是基于这样一种思想,才有了它的现实可行性。

(2)"可持续发展"与"经济发展"的关系,二者是统一的相辅相成的关系。景洪水电站水资源的开发利用与生态环境资源保护的利弊关系,是辩证的对立统一关系,统一在环境影响评价法的准绳下。在自然资源价值理论指导下,做好利弊量化关系分析,采取科学的对策和措施,对于生态环境损失给予足量的经济补偿,"开发"与"保护"的对立关系就可转化为新的生产力。

第二节 经济费用-效果分析

广义的费用-效果分析(cost-effectiveness analysis,CEA)包括费用-效益分析(CBA)和狭义的费用-效果分析。如日本就将 CBA 看作是费用效果分析的一个特例——效果用货币度量;而当效果用实物指标度量时,就是狭义的费用-效果分析。对于效果难以用货币单位计量的项目,比如环境、卫生、安全、教育等项目,其效果主要体现在提高健康水平、挽救生命、改善环境以及提高知识水平等方面,由于不存在市场和市场价格,采用费用-效益分析往往很难得出其具体货币化的效益值,即便近年来费用-效益分析在度量效益方面有很大的进展(如显示性偏好和陈述偏好等方法的应用),但理论上还没有一致的看法,实践中也没有经验可供借鉴。即使能够进行货币化计量,由于假设前提和方法上的不同,其结果也会存在很大的差异,从而会影响到对项目评价结论的可接受性。而采用费用-效果分析避开不能或难以货币量化的效益,直接选用适当的实物指标代表项目的目标及其实现的程度,然后与相应的费用相比较,从而选择最优的方案。因此,这种方法在公共项目和政策分析评价中更易被接受。

一、基本原理及研究进展

(一)费用-效果分析基本原理

费用-效果分析(CEA)是指在确定的控制目标下,分析达到这一目标效果的不同方法和费用,从而提供方案选择的依据。费用-效果分析(CEA)的基本思想主要有两个方面,①实现特定的计划目标用最低的费用，在同一目标下对各种方案的费用进行分析；②在同样的费用基础上实现最佳的目标值。费用是指实施某项措施或者方案所消耗的全部社会资源（通常可以用货币表示），包括公共支付和个人支付；效果是指实现目标的效果，由各种使用价值构成，拥有满足人们各种需要的属性。通常效果由各种反映目标实现程度的实物效果指标（attributes）来反映，比如命中率、死亡率、升学率等。

费用-效果分析首先根据项目的目标选择具体的效果指标，然后根据各种可行方案计算每个方案的费用支出，包括直接费用和间接费用。如果效果已经明确无误地被确定而费用可以货币化，那么则选择费用最小的方案，称为最小费用法（the least cost analysis）；对于不同时间上支出的费用，可以用适当的折现率直接比较各独立方案的费用现值（present value of cost）从而得出费用最小的方案；反之，也有可能在给定费用的前提下，选择效果最好的方案，这种方法称为固定费用法（the fixed cost analysis）。很多情况下，我们可能碰到的是费用和效果都是不确定的情况，这时应该采用费用效果比（单位效果花费的费用）指标，比如每延续生命一年所花费多少万元。费用效果比（或其倒数效果费用比，下同）指标是费用-效果分析中一个具有比较重要参考价值的非经济指标，根据这个指标来进行项目的比较和选择的时候，需要综合考虑以下几个因素：①为获得方案的增量效果而付出的增量费用是否值得？②是否可以单纯通过增加一种方案的强度来提高其效果？③能否把几种方案结合起来提高其效果？除此之外，还需要验证其经济灵活性价值，包括当各方案费用效果均不一致的情况下，验证为多获得效果而额外付出的费用是否值得，以及该最优方案是否具有经济可行性。

（二）局限性和最新的进展

在实际运用中，费用-效果分析有一定的局限性，主要表现在以下方面：①费用-效果分析不能比较具有不同目标的项目，而且至少要有两个以上的具有共同目标的备选方案，费用-效果分析只能从中选择最佳方案而不能从项目的效果和费用的直接比较得出其经济效果，即该项目在经济性方面是否值得去实施的结论；②费用-效果分析中的最小费用分析法也基于一定的假设，而不是两种替代方案的产出相同，如果进一步检验，结论也许不是这样，因此在经济分析时，最好是费用和效益结合起来综合考虑；③在费用-效果分析中经常遇到这样一种情况，即项目 A 的费用和效果低于项目 B，那么就要考虑项目 B 为了获得额外效果付出的额外费用是否值得，而这种额外费用的资源是来自其他项目，这样必须返回更广泛的比较范围中去，而这是费用-效益分析的内容，而不是费用-效果分析的内容，因此在既定的预算范围内对于费用-效果分析非常重要。

因为在不同方案费用和效果均不一致的情况下，这种方法无法回答为了达到更高的目标所付出的增量费用是否值得的问题。所以研究如何将费用-效果分析转换为费用-效益分析变得十分重要，也就是研究如何把环境、生命等价值科学的货币化逐步提上日程，成为研究热点。

目前，已经有学者❶考虑将效果货币化，主要通过边际公共资金成本（marginal cost of

---

❶　这方面的文献有：

C. E. Phelps and A. J. Mushlin，"On the Equivalence of Cost-Effectiveness and Cost-Benefit Analyses," *International Journal of Technology Assessment in Healthy Care* vol. vol. 7, pp. 12-21, 1991.

M. C. Weinstein, "From Cost-Effectiveness Ratios to Resource Allocation," Chap. 5 in *Valuing Health Care*, edited by F. A. Sloan, Cambridge University Press, 1995.

R. J. Brent "A Simple Method for Converting Cost-Effectiveness Analysis to Cost-Benefit Analysis with An Application to State Mental Health Expenditures," *Public Finance Review*, vol. 30, pp. 144-161, 2002.

public funds, MCF）和基准的效果费用比（g）来进行衡量，具体计算推导步骤如下：

根据费用-效益分析的原理，假设社会福利函数 $W=W(E,C)$，E 代表某个方案的效果，C 代表某个方案的费用。

对于多个备选方案，如果 $dW>0$，则可以接受新的方案。

$$dW = \frac{\partial W}{\partial E}dE - \frac{\partial W}{\partial C}dC > 0 \tag{10-5}$$

这里定义每单位效果贡献的社会福利价值为 P，每单位费用贡献的社会价值即边际公共资金成本为 MCF，则上式可以变成：$PdE - MCFdC > 0$。

上式可以进一步计算得 $\frac{dE}{dC} > \frac{MCF}{P}$，在费用-效果分析中，经常将一个方案与替代方案进行比较，来得出其增量的效果和费用，于是此式还可以写成：

$$\frac{E_2 - E_1}{C_2 - C_1} > \frac{MCF}{P} \tag{10-6}$$

上式左边是增量效果费用比率，如果增量效果费用比率超过某个效果费用比率基准值 g，则新方案可以接受。

$$\frac{E_2 - E_1}{C_2 - C_1} > g \tag{10-7}$$

如果 $g = \frac{MCF}{P}$，那么可以认为对某方案的评价，费用-效益分析和费用-效果分析结果则是一致的。

可以由此得出单位效果对社会福利的贡献即效果的价格（P）。

$$P = \frac{MCF}{g} \tag{10-8}$$

二、费用效果对比及指标选择

（一）费用与效果的对比分析

采用费用-效果分析方法对项目进行经济分析需要拟定不同的备选方案以供选择和比较，其中包括"无项目"，然后对比不同方案的效果和费用，从中选择最优的方案。对不同方案的费用和效果进行比较，可能产生以下几种情况，见表10-15。

表 10-15　　　　　　　不同方案的费用和效果比较

费　用	效　果		
	增加	相同	减少
增加	1	2	3
相同	4	5	6
减少	7	8	9

费用的增加、相同和减少，和对应的效果增加、相同和减少，各种组合形成1-9等9种不同情况。第4、7、8三种情况表示设想的方案优于当前方案，因为在相同（或较少）费用的情况下，产生较多（或相同）效果。在具体的方案选择中，如果方案A费用低于方案B费用而效果好于方案B，则A方案无疑优于B方案；如果方案A和方案B的费用相同，从中

选择效果最好的方案，这种方法就是前面所说的固定费用法；如果方案 A 和方案 B 的效果一致，就要从中选择费用最低的方案，这种方法被称为上述的最小费用法。

2、3、6 三种情况从经济学角度分析，设想的方案差于当前的方案，因为在相同（或较高）费用下产生较小（或相同）的效果。

第 5 种情况表示费用和效果相同，如果方案 A 和方案 B 的费用和效果相同，则可以选择其中任意一个方案，因为两者是没有区别的。

比较麻烦的是 1 和 9 两种情况，费用和效益都同时增加或减少，这就要具体情况具体分析。一种直觉的方法是计算费用（C）效果（E）比 C/E，或效果费用比 E/C，选择 E/C 较大的方案。这样做并不一定能选择出最理想的方案，可能与费用效益分析（cost benefit analysis，CBA）中采用的效益（B）费用（C）比 B/C 指标选择方案产生类似的问题。这里举例，治疗某种疾病有 A 和 B 两个方案，效果指标 E 用治愈率表示，C 表示治疗的费用现值（万元为单位）。两个方案的效果费用比分别是：$\left(\dfrac{E}{C}\right)_{A} = \dfrac{85\%}{0.10} = 8.50$，$\left(\dfrac{E}{C}\right)_{B} = \dfrac{98\%}{0.15} = 6.53$。

从指标看，不能单从效果费用比的大小得出结论方案 A 一定比方案 B 好，还要看方案 B 比方案 A 多花 500 元，提高 13%的治愈率是否值得，也就是所谓通过增量效果和增量费用的比来判断，如果认为增量比是值得的，那么在 A、B 两方案的取舍中，可能取效果费用比低的项目。但是，这不同于费用-效益分析，费用-效益分析可以设定一个基准的效益费用比或基准的折现率来判断增量比的效果，而费用-效果分析的效果指标是各不相同的实物指标，无法设定通用的基准，只能根据具体问题制订具体的基准，这也是针对所谓灵活性价值（value of flexibility）的考虑。

表 10-16 反映了预防或治疗某种疾病的两个方案的费用和效果比较，A 为医疗方案，B 为预防教育方案。表中数据假定已按可比量纲进行调整计算。

表 10-16　　　　　　　　　　　　费用-效果分析方案比较

项目方案	效果	费用	费用效果比	增量效果	增量费用	增量费用效果比
医疗 A_0	1	100	100			
医疗 A_1	2	350	175	1	250	250
预防教育 B_0	2	250	125			
预防教育 B_1	3	360	120	1	110	110
在预防教育 B_0 基础上增加医疗 A_0	3	270	90			

从表 10-16 中反映的某种疾病防治项目费用效果比分析可以看出，不能仅仅根据医疗方案 A_0 比预防教育方案 B_0 有更低的费用效果比就放弃了预防教育方案 B_0，还需要判断为多获得 1 个单位效果而多付出的 150 的额外费用是否值得，此外如果项目的目标是达到 2 个单位的效果时，还需要看能否仅仅通过增加一种方案的强度来提高效果。表 10-16 中，效果为 1 时，医疗方案 A_0 有比预防教育方案更低的费用效果比，但增加其强度时，效果改善得并不明显；由表 10-16 可以看出，医疗方案 A_0 的效果由 1 增加到 2 时，增量费用效果比为 250，也就是说单位投入的增量效果很低，这样为了达到效果为 2 的目标，医疗方案 A_0 反而不如预防教育方案 B_0；另外还需要考虑是否可以通过把几种方案结合起来提高效果，

如果达到的目标效果为 3,单靠增强预防教育方案的强度显然不如在预防教育基础上增加医疗措施更为经济。

上面例子可以得出在进行费用-效果分析的时候,如果各方案不存在费用相等或效果相等的情况时,仅仅根据费用效果比(或效果费用比)指标是不能够判断出项目的优劣的,需要考虑为增加的效果而付出的额外费用是否值得,或者通过增加单个项目的规模是否能够达到更好的效果,或者通过某几个方案的组合是否会得到更加好的效果,对各种可能性进行分析判断和比选。

(二)效果指标的选择

在费用-效果分析中,效果指标的选取非常重要,因为它关系到评价结果反映目标实现的程度。在实践中,可以用三种不同的指标度量项目效果,即投入物指标、过程指标和产出物指标。通常不采用投入物指标,因为该指标与项目的最终成果联系不紧密;过程指标因为含有关于效果的假设而经常被作为度量项目成就的唯一实际可用指标;产出物指标的优点是更直接地偏重于项目的目标,可以用于更广泛的比较。另外,如果项目的效果主要体现在一个方面,就选取与项目效果紧密联系的单一指标作为效果指标,否则就采用加权的方法将不同指标变成一种单一的度量指标。

对于单个目标包含了多种效果的评价,在采用将各个效果方面的指标进行加权计算得出一个单一度量指标过程中,需要注意一些问题:在确定各个效果的权重的时候,需要尽量科学化,这就要求信息源比较广泛,比如专家、各利益相关者以及普通个人等,而不仅仅是来自几个方面或者是单一方面的主观判断。分析人员在从多渠道信息源得到各效果的重要性评价(大样本化)后,可以初步得出效果的重要性权重,然后再向项目各利益相关群体、个人等汇报,根据反馈得出各效果的最终权重值。

假设某项目评价目标可以分为三个效果(见表 10-17),则需要根据对三个效果设置不同的权重来得出综合效果指标值,可以得出各效果加权后的指标结果。

表 10-17　　　　　　　　　　效果加权为单一评价效果指标

	权重	方案 A	方案 B
效果 I	W_1	A_1	B_1
效果 II	W_2	A_2	B_2
效果 III	W_3	A_3	B_3
加权综合指标		$\sum_{i=1}^{3} W_i A_i$	$\sum_{i=1}^{3} W_i B_i$

对于卫生保健、环境和安全一类项目,最直接的效果指标便是增加的寿命年限(years of life gained,YLGs),该指标效果主要体现在死亡率下降、延长人的生存年限。我们说"以人为本"、环境友好、改善生活质量,最根本的目的就是让人们更长久地活着。不仅要活着,还要健康,因此更进一步地采用健康寿命年限(healthy years of life gained,HYLGs)。此外还有失能调整生命年(disability- adjusted life years,DALYs)、质量调整生命年(quality adjusted life years,QALYs)等。对于同样存活的情况,给予是否有自理能力和年龄(生活质量)以不同的权重。

在环境保护项目评价中，根据项目针对的环境改善目标所选用的效果指标有空气质量评价指标、水环境质量评价指标、土壤环境质量评价指标、噪声污染指标等；空气质量评价指标用二氧化硫、二氧化氮、可吸入颗粒物浓度等空气污染物浓度来衡量效果；水环境质量评价指标有物理指标如温度、味、浊度；化学指标如酸度、硬度、含盐量、硫化物、碳源生化需氧量（BODs）、悬浮固体（SS）、氮磷营氧物质和重金属等方面；生物指标如大肠杆菌含量等来评价效果；土壤环境主要从重金属及有毒非金属物质含量、有机毒物和致病病菌含量、酸碱度以及它们之间的综合指标来评价效果；噪声污染主要采用声音的分贝数来评价其效果。事实上，这些指标还是一类中间指标，环境保护的最终目标是保护人们拥有健康生存的环境，对于具体的环境保护项目，可以以这些指标作为效果指标进行分析，但是在更广范围内筛选项目时，还是要以上面介绍的增加寿命年限等指标作为评价和选择的标准。

三、费用-效果分析的指标和步骤

（一）费用-效果分析的指标

费用-效果分析的前提是有共同的、明确的、并可达到的目的和目标，适用于具备共同目标的多个方案而效果又无法或难以货币化计量的情况，可以用一个或者多个物理指标来进行分析和衡量。多数项目，可以用一个效果指标来比较各方案的效果，但是有的时候可以不止一个指标，比如对于提高战斗机作战能力的项目，就会有机载武器火力、命中率、续航能力、飞行速度和回转半径等指标，需要把这几个方面的指标综合起来形成一个指标来计量，同时将不同的指标根据其重要性不同赋予不同的权重。

如果在各个指标上存在量纲上的差异，则需要消除量纲对各个指标综合成一个指标的影响，有些量纲对于效果来说是越大越好，相反有些量纲对于效果来说是越小越好。在实践中，可以采用如下公式来计算效用系数（U_j）。

$$U_j = \frac{X_j - X_{j\min}}{X_{\max} - X_{\min}} \tag{10-9}$$

$$U_j = \frac{X_{j\max} - X_j}{X_{\max} - X_{\min}} \tag{10-10}$$

式中　$X_{j\max}$——预先确定的第 j 个指标的最大值；

$X_{j\min}$——预先确定的第 j 个指标的最小值；

j——评价指标的个数（$j=1，2，3，\cdots$）。

式（10-9）适用于指标要求越大越好的情况，式（10-10）适用于指标要求越小越好的情况。当各个指标都转化为无量纲的效用系数后，就可以根据各指标的权重得出一个综合的效果指标。

如果各个方案的费用或者效果不一致，则可以采用费用效果比指标进行判断，但是要注意分析最佳费用效果比的方案不一定是最有效果的方案，还需要考虑为得到更好效果而多付出的成本是否值得。

如果费用或者效益一定的情况，则可以采用最小费用法，或者在费用一定基础上选择效果最大化的方案。实践中比较多的是在达到同样效果的基础上比较费用，则可以采用的方法有比较临界折现率法、平均增量费用法（average incremental cost，AIC）和直接比较费用现值法等。

临界折现率是指两方案费用流现值相等的折现率，基准折现率在临界折现率不同的两端时会出现不同的评价结果；平均增量费用是有方案和无方案情况下各年增量费用的现值，与有方案和无方案情况下各年增量效益的现值之间的比值，如式（10-11）所示。

$$平均增量费用 = \sum_{t=0}^{n}(C_t/(1+d)^t) \Big/ \sum_{t=0}^{n}(O_t/(1+d)^t) \qquad (10\text{-}11)$$

式中　C_t——第 t 年增量投资费用和运营费用；

　　　O_t——第 t 年增量产出的效果；

　　　n——项目计算期；

　　　d——折现率。

当各方案的计算期不相同时，可采用年值费用或治疗周期费用，其中初始一次性费用可以用资金恢复费用公式分摊。

（二）费用-效果分析的步骤

在应用费用-效果分析方法对项目进行经济分析时，一般按照以下几个步骤进行：

（1）明确辨别项目所要实现的预期目标或目的。项目的目标可能是单一的，也有可能是多种目标，单一目标的项目评价相对简单，多目标的项目评价相对复杂，应对项目的预期目标进行合理的分析界定，防止目标追求得过多过滥。

（2）制定达到目标要求的任务要求。随着项目目标的确定，需要进一步确定实现目标的任务要求，确定任务要求的过程，既是明确如何实现目标的过程，又是检验能否实现目标的过程。因此，目标对制定任务要求有规定性，任务要求对目标的合理制定具有反馈调节作用。

（3）构思并提出完成预定目标和任务的备选方案，应该尽可能多地提供可以选择的方案，然后再通过分析比较进行筛选。

（4）对备选方案的费用和效果予以正确地识别和计量。不同项目具有不同的目标，项目产生的效果相差也很大，因此效果指标的选择既要便于计量，又要能够切实度量项目目标的实现程度。

（5）备选方案间的比较评价。采用费用-效果分析对方案进行比较和选择，其基本做法就是对比不同方案的费用和效果，从中选择最好的方案。

（6）进一步分析比较备选方案，进行必要的材料补充和深化研究。各备选方案在经过上一步的比较评价后，可以大致排出方案之间的优劣次序，淘汰那些明显较差的方案，保留两三个相对较好的方案，供进一步分析比较。在这一阶段，对项目的目标和必要性进一步修正和认定，对保留下来的备选方案进行必要的补充研究，加深关键问题的研究，提高数据的质量，然后再进行方案的比较评价。

（7）进行敏感性分析和其他不确定性分析。在敏感性分析中，对因素变动下的评价指标进行计算，由此确定各影响因素变动对项目目标的影响程度，对可以控制的因素制定控制措施，对无法独自控制的因素，寻找防范措施和对策。其他不确定性分析方法有情景分析法、概率分析法和风险分析法等。

（8）写出分析和研究报告。报告应该包括项目背景、问题与任务的提出、目标确定与依据、推荐方案和备选方案的技术特征和可行性、资金来源、项目的组织与管理、费用和效果的识别与计量、有关假设与依据、不确定性分析的有关结论等，比较评价分析，提出推荐方案或少数备选方案，分析有关方案的优缺点，供最终决策参考。

四、费用-效果分析应用举例

（一）费用-效果分析在卫生保健及安全工程中的应用

某种预防措施的现值是 200 万元，受益人口 100 万，可使某种疾病的发病率从 0.1‰降至 0.05‰；这种疾病治愈的概率为 80%，死亡率为 20%，死亡和治愈的治疗费用和病人的机会成本平均为 2 万元/人；该地区人口的平均寿命为 70 岁，平均患病的年龄为 15 岁。

增加的寿命年限（Y_{LGs}）=（70−15）×20%×（0.1‰−0.05‰）×100=550 人年。

预防措施的总费用：C_{ost}=2×100−20000×（0.1‰−0.05‰）×100=100 万元。

该项预防措施的费用/效果是：C_{ost}/Y_{LGs}=100/550=1818 元/（人·年）。

本例中还可以用不同的增加寿命指标（如 HYLGs 和 DALYs 等）进行相应分析。如果承认增加寿命指标是一个合适的效果指标，那么就可以对卫生保健和安全项目的 C_{ost}/Y_{LGs} 值进行比较分析，选择同样增加寿命年限而费用最小方案。

哈佛风险分析中心（harvard risk analysis center）同样用类似的方法，对安全和环境措施作了费用-效果分析得出以下数据：

（1）如果通过法案强制要求厂商给汽车安装安全带，那么等于每花 69 美元就可以救一个人一年的生命。

（2）黑人新生儿做镰状红细胞贫血检查（sickle-cell anaemia screening），等于 240 美元就可"买"一个人一年的生命。

（3）给妇女做乳房 X 光检查，等于 810 美元"买"一个人一年的生命。

（4）给 65 岁以上的人接种肺炎疫苗，等于 2000 美元"买"一个人一年的生命。

（5）劝告那些一天吸一盒以上烟的人戒烟，等于 9800 美元"买"一个人一年的生命。

（6）促使 30 岁以上的人吃低胆固醇的食物，等于 19000 美元"买"一个人一年的生命。

（7）要限定核电场的放射线的标准，等于要花 1.8 亿美元能"买"一个人一年的生命。

（8）为橡胶轮胎工场安装苯的排放控制装置，一年生命的价格就会高达 200 亿美元。

如果承认延长寿命的指标可靠，那么就可以在广泛的范围内选择项目或措施花最小的费用来挽救生命，或者在给定费用下挽救更多的生命。

（二）呼吸道感染治理项目案例

用青霉素、双黄连和鱼腥草为主要药物的三种治疗呼吸道感染的方案，其目标均为治疗呼吸道感染。

治疗费用不仅指药物的费用，而且还包括治疗费用、检查费用、给药费用和时间费用。本例在实践中数据的来源都是门诊的病人，除了药物上费用的不同外，其他费用基本一致。为了使各方案费用分析具有一定的参考意义，用药物的费用来代表方案的费用。

效果是指所关注的特定药物治疗方案的临床结果，治疗效果用临床指标来衡量，如拯救的病人数、延长生命年限、治愈率、预防并发症数量等，此例费用-效果分析的效果指标主要采用呼吸道感染治愈率指标。

费用-效果分析主要就是为了能够寻找为了达到某一治疗效果其费用最低的治疗方案，三种不同的治疗方案的费用效果比以及以青霉素方案为基础的增量费用效果比见表 10-18。

从表 10-18 可以看出，青霉素具有最小的费用效果比，但是这不一定就是最有效的方案，因为各个方案随着费用的增加，其效果也都增加，比较在青霉素基础上增加的费用及增加的效果比值，可以发现双黄连方案在青霉素方案的基础上每增加一个效果的额外费用为 3.22，

191

而鱼腥草方案在青霉素方案的基础上每增加一个效果的额外费用为 11.36，而效果的差额不是很大，所以可以分析推断出双黄连方案是优于其余两组的比较好的方案。

表 10-18 　　　　　　　　　　**三种治疗方案的费用−效果分析**

治疗方案	费用 C	效果 E（%）	C/E	$\Delta C/\Delta E$
青霉素	66.5	52.00	1.28	
双黄连	116.34	67.50	1.72	3.22
鱼腥草	270.90	70.00	3.86	11.36

当目标效果有更高的要求时，还可以通过进行这三种方案各种组合的效果和费用的比较来满足目标效果要求。

（三）再生水与长距离调水费用−效果分析

北京市水资源供需平衡的分析表明，到 2010 年全市平均年缺水量为 $12 \times 10^8 \mathrm{m}^3$，枯水年缺水量为 $20 \times 10^8 \mathrm{m}^3$。在 1993 年国务院批准的《北京市城市总体规划》中，南水北调工程是缓解北京水资源的根本措施，预期为北京供水 $10 \times 10^8 \mathrm{m}^3$，进北京的水价为 2 元/$\mathrm{m}^3$。实际上，除了远距离调水之外，北京市的水资源供需缺口还可以通过污水再生利用的方式予以解决。可采用费用−效果分析对调水和污水再生利用两种方案进行比较。

首先分析调水和污水再生利用两种方案的效果，其核心是要分析污水再生利用能否弥补北京市水资源的供需缺口。这里对各类用水部门的再生水使用比例做出了假设，据此估算出北京市对再生水的潜在需求量（见表 10-19）。

从表 10-19 可知，北京市的总供水量中，只要使用再生水的比例达到 26% 就完全能够弥补未来的水资源缺口，也就是说，调水与污水再生利用两种供水方案的效果是相同的。另外，研究中假设环境/生态用水、工业用水和农业用水中对再生水的需求部分都来自集中型污水再生利用设施，需求量为 $7.438 \times 10^8 \mathrm{m}^3$/年，而城市生活部分（冲厕及市政杂用）则采用分散型污水再生利用设施生产的再生水，需求量为 $3.24 \times 10^8 \mathrm{m}^3$/年。四类用途的再生水总需求量为 $10.678 \times 10^8 \mathrm{m}^3$/年。

表 10-19 　　　　　　　　　　**北京市对再生水的潜在需求量估计**

项目	传统用水		再生水	
	用水量（$10^8 \mathrm{m}^3$/年）	占总用水量比例	再生水使用率（%）	总量（$10^8 \mathrm{m}^3$/年）
生活用水	12.96	32.1	25	3.24
环境/生态用水	0.43	1.1	90	0.387
工业用水	10.52	26	20	2.104
农业用水	16.49	40.8	30	4.947
合计	40.40	100	26	10.678

如果按照全成本的思想分析两种方案的费用，如果按照全成本的思路进行分析，两种供水方式的成本构成如下：传统供水方式的成本=水资源的价值+引水的成本+自来水处理的成本+配水的成本+污水收集的成本+污水处理的成本+处理后污水排放的环境成本；再生水的成

本=原水收集成本+再生水处理成本+配水成本+再生水的风险成本。

分析中水资源价值、供水成本和污水处理成本根据相关研究成果，分别取 0.49、1.80、1.03 元/m³；南水北调中线工程到北京的水价采用 2.00 元/m³，那么在南水北调中线工程实施之后北京市用水的全成本为 5.32 元/m³，高于集中型和分散型污水再生利用的成本（分别为 0.95、2.61 元/m³）。

实际上，农业用水与环境用水不需要对原水进行处理，并且不存在污水处理的问题；而工业用水和生活用水则需要进行给水和污水处理。故计算得到采用调水方式解决北京市水资源短缺问题的总成本为 41.34 亿元/年，而采用污水再生利用方式的成本为 15.52 亿元/年。

最后对两种方案费用-效果进行分析比较，见表 10-20。

表 10-20　　　　　　　　　　　调水与再生水费用-效果分析比较

项目	效果（×10⁸m³/年）	费用（亿元/年）	费效比	增量费效比
调水	10	41.34	4.13	−38.08
污水再生利用	10.678	15.52	1.45	

从表 10-20 可以明显得出污水再生利用方案是合理的方案。考虑到投资的分期性，还可以进行两种方案的动态比较，在计算之前做如下假设：①研究的时间周期为 10 年；②工程投资的折现率取 6%；③调水工程在计算期之初即建成并供水；④污水再生利用工程分阶段投资。

由于污水再生利用工程投资的阶段性对研究结果有较大的影响，因此可以做出多种假设情景分别进行计算：①一阶段投资假设情景，即在计算期初便建成全部供给能力；②二阶段投资假设情景，即先投资建设集中型污水再生利用设施用于环境、工业和农业用水，再投资建设分散型污水再生利用设施用于生活用水，每阶段投资的时间间隔为 5 年；③四阶段投资假设情景，即按照环境、工业、农业和生活用水的顺序进行工程投资，每阶段投资的时间间隔为 2.5 年。

根据静态成本分析结果，可以得到调水方案的供水成本为 41.34 亿元/年，10 年供水总成本的现值为 304.27 亿元。根据污水再生利用方案投资阶段的不同，可以得到不同假设情景下投资成本的现值（见表 10-21）。

表 10-21　　　　　　　　　　调水与再生水动态费用-效果分析比较

项目		效果（×10⁸m³）	费用现值（亿元）	费用效果比
调水		100	304.27	3.04
污水再生利用	一阶段	106.78	114.23	1.07
	二阶段	90.58	78.62	0.87
	四阶段	46.77	33.25	0.71

从表 10-21 可见，污水再生利用方案表现出了更大的成本优势，并且投资期数越多费用效果比就越低。

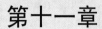
第十一章

重大项目的经济影响分析

重大项目由于投资规模大、运行周期长、涉及利益相关群体复杂，对区域、产业乃至国民经济产生多层面的影响。要正确决策和顺利实施拟建项目，必须同时考虑如何调动各方面的积极性，处理好受益者和受损者之间的关系，深入了解不同利益相关者对于项目实施的动机，以及支持或反对项目的经济原因。这就需要从不同角度对拟建项目的经济影响进行分析。

第一节　投资项目经济影响分析的主要内容

一、经济影响分析的对象和任务

（一）经济影响分析的对象

1. 经济影响分析的内涵

所谓经济影响分析，就是分析项目投资建设和运营所发生的费用和效益对区域经济发展、产业发展及宏观经济所带来的影响，为协调项目与产业发展、区域经济和宏观经济之间的关系，促进项目的顺利实施及提高项目的经济影响效果提出措施建议。

项目的经济影响主要通过个人、社会组织、产业及部门、区域和宏观经济四个层次体现出来。在项目评价实践中，一般主要具体分析以下内容：

（1）行业经济影响。对于在行业内具有重要地位、影响行业未来发展的重大投资项目，应进行行业影响分析，评价拟建项目对所在行业及关联产业发展的影响，包括产业结构调整、行业技术进步、行业竞争格局等主要内容，特别要对是否可能形成行业垄断进行分析评价。

（2）区域经济影响。对区域经济可能产生重大影响的项目，应进行区域经济影响分析，重点分析项目对区域经济发展、产业空间布局、当地财政收支、社会收入分配、市场竞争结构等方面的影响，为分析投资项目与区域经济发展的关联性及融合程度提供依据。

（3）宏观经济影响。对于投资规模巨大、可能对国民经济产生重大影响的基础设施、科技创新、战略性资源开发等项目，应从国民经济整体发展角度，进行宏观经济影响分析，如对国家产业结构调整和升级、重大产业布局、重要产业的国际竞争力以及区域之间协调发展的影响分析等。

2. 需要进行经济影响分析的项目特征

一般性项目原则上不需要进行项目的经济影响分析，只有对区域经济、产业发展或宏观经济能够产生明显影响的项目，才有必要进行这种分析。这些项目一般应具有下列部分或全部特征：

（1）投资规模巨大、建设工期较长（横跨 5 年甚至 10 年规划）。

（2）项目实施对所在区域或宏观经济结构、社会结构或相关群体利益格局等产生较大影响。

（3）项目实施会带来技术进步和产业升级，引发关联产业或新产业群体的产生和发展。

（4）项目对生态及社会环境影响范围广，持续时间长。

（5）项目对国家经济安全会产生影响。

（6）项目对区域或国家长期财政收支会产生较大影响。

（7）项目的投入或产出对进出口影响较大。

（8）项目能够对行业、区域或宏观经济产生其他重大影响。

3.　需要进行经济影响分析的项目类型

需要进行经济影响分析的项目，一般包括以下类型：

（1）重大基础设施项目，如铁路、高速公路、水利工程、港口等。

（2）重大资源开发项目，如油田开发、气田开发、其他矿藏资源开采、重要资源长距离运输通道建设等。

（3）大规模区域开发项目。

（4）重大科技攻关项目，如尖端科研国际合作项目，航空、航天、国防等高科技关键技术攻关项目等。

（5）重大生态环境保护工程等。

（二）经济影响分析的任务

重大项目经济影响分析的任务主要体现在以下方面：

1.　分析项目经济影响的范围、途径及影响程度

通过经济影响分析，尽可能地分析项目投资建设引起的效益及费用是如何分布的；分析谁从项目中受益，受益多少；分析项目的实施对当地或国家经济社会发展目标的影响程度；分析项目对经济影响的产生途径、传递方式、影响范围、影响途径。

2.　分析项目对当地和宏观经济的适应性

通过对拟建项目的经济影响分析，判断国家或当地政府承担项目投资建设的能力，项目对劳动就业、收入分配、物价变化等方面的影响，项目对国民经济总量增长和结构改善的贡献，项目可能存在的各种风险，从而分析项目投资的时机是否恰当；判断当地或国民经济发展水平对项目的支撑能力，拟建项目适合当地或宏观经济环境的能力，分析项目的建设与区域开发战略目标的协调性，项目的建设为优化区域布局、推动区域经济协调发展所做出的贡献。

3.　研究制定适合经济发展的对策措施

从区域或宏观经济发展战略的角度分析项目的目标定位，分析论证项目的投资是否符合经济发展总体布局的要求，对调整产业结构及经济发展空间布局提出政策建议；从区域经济协调发展的角度，进行相关的战略规划背景分析，提出优化布局，确保项目效益得到充分发挥的政策建议。

二、投资项目经济影响的种类和传递途径

（一）投资项目经济影响的种类

1.　项目对区域或宏观经济发展的影响

（1）项目的实施对促进和保障当地经济有序高效运行和可持续发展的贡献。

（2）项目对区域资源开发和有效利用，优化当地资源配置的贡献。

（3）通过计算增加值、净产值、纯收入等指标，定量分析项目对当地经济增长的贡献，

分析项目对区域经济增长的驱动能力。

（4）项目的投入产出可能导致当地供求关系失衡，引发物价波动，冲击当地经济发展等负面影响。

2. 项目对优化经济结构及产业布局的影响

（1）项目与区域发展战略和国家中长期发展规划的关联性及适应性。

（2）项目对当地技术进步及对三次产业结构调整的贡献。

（3）项目的产业聚集效应，项目形成的核心产业带动相关配套产业聚集和发展，引发产业关联或新产业群出现的可能性及应对策略。

（4）对产业技术结构（高科技产业—技术密集型产业—劳动密集型产业）、产业技术装备水平、产业投资结构（新建、更新改造、研究与发展投资）、产品技术结构等调整目标的贡献。

（5）项目对城市化及空间布局的影响。

（6）项目对克服经济瓶颈和均衡发展以及对增进本地区产业发展的空间区位优势的贡献。

3. 项目对财政收支平衡的影响

（1）项目需要的当地及国家直接或间接财政资金投入，包括预算拨款、资本金注入、投资补助、贷款贴息等财政资金投入，经营性补贴，项目需要政府承担的还本付息责任，政府部门给予项目的优惠政策，分析上述各方面对财政收支的影响。

（2）项目对当地及国家财政收入的贡献，包括可以缴纳的各种税费，政府公共部门投资收益等。

（3）项目的实施对政府部门财政收支状况的影响。

4. 项目对市场竞争结构的影响

（1）项目的实施对培育产业市场环境、促进竞争、优化市场经济秩序、提高资源配置效率的贡献。

（2）项目的实施对区内市场-区外市场结构、城市市场-农村市场结构调整目标的贡献。

（3）项目的实施可能出现的垄断、破坏正常竞争秩序等风险。

5. 项目对外汇收支的影响

（1）项目建设及运营过程对外汇的需求。

（2）项目的产出可能对外汇收入的贡献。

（3）通过定性及定量分析，评价项目对削减外汇赤字、扩大外汇盈余的贡献。

6. 项目对就业和收入分配的影响

（1）项目产生的就业机会，包括直接就业机会、间接就业机会；项目建设期、运营期的就业机会。通过计算单位投资创造的就业岗位等指标，进行定量分析。

（2）项目对居民收入增长、改善居民生产生活条件、提高居民生活质量的贡献。

（3）项目的投资效果对不同实体、不同社会阶层、私营企业、公共机构等分配的影响，项目的实施对所在地区经济结构、重大利益格局的影响。

（4）重点分析对贫困地区及贫困人口收益分配情况的影响，结合社会评价提出兼顾社会公平的对策措施。

（5）项目可能产生的新生相对贫困阶层及隐性失业等负面影响。

（二）经济影响效果的传递途径

项目经济影响效果的传递途径主要包括以下方面：

（1）价格传递效应。对于一些重大项目，由于其投入物和产出物数量较大，对供求关系可能产生重大影响，并对相关的产品或服务价格产生重大影响，从而产生相应的宏观及区域经济影响效果。

（2）上下游产业链影响。项目的投资建设有可能对上下游产业链及价值链的构成产生重大影响，并对区域产业结构及价值链空间布局产生影响，通过产业链的整合及资源配置调整，发挥项目对区域或宏观经济的影响效果。

（3）乘数效应。乘数效应（multiplier effect）是指经济活动中某一变量的增减所引起的经济总量变化的连锁反应程度，是一个变量的变化以乘数加速度方式引起最终量的增加。重大项目的实施会对有关生产要素的利用产生影响，从而产生一系列的连锁反应，刺激区域和宏观经济运行格局的改变。

（4）技术扩散效应。当建设方案技术含量较高时，项目的实施有利于推动高新技术产业化及产业技术进步，以高新技术改造传统产业，并推动产业结构调整及区域或宏观经济发展，提升相关产业的技术水平和竞争力。

（5）瓶颈缓解效应。一些项目的建设可能是另一些产业发展的基础条件，通过项目建设，缓解了瓶颈制约因素，并通过产业关联效应的传递，推动当地空间布局及产业结构的变化。例如交通运输属于基础设施项目，一些重大交通基础设施项目的建设，直接改变当地的时空格局，缓解了交通运输的瓶颈制约，促进当地产业布局的调整，带动关联产业的发展。

第二节　投资项目经济影响分析方法

一、分析原则及方法类型

（一）分析原则

项目的经济影响分析应遵循系统性、综合性、定性分析与定量分析相结合的原则。

1. 系统性原则

重大项目本身就是一个系统，但从国民经济的全局来看，它又是国民经济这个大系统中的一个子系统，子系统的产生与发展，对于原有的大系统内部结构和运行机制将会带来冲击；原有的大系统会由于重大项目的加入而改变原有的运行轨迹或运行规律。按照系统协同原理，系统可以按照自身的结构与机制，使得原有的大系统能够"容忍"或"接纳"重大项目的存在，这种协调的过程，或者使重大项目与区域经济融为一体；或者重大项目适当改变自己的结构与机制，以适应区域经济大系统的运行规律。而一旦重大项目被排除在区域或宏观经济大系统之外，就意味着重大项目的失败。为了保证重大项目的建设成功和国民经济系统稳定运行，应从全局的观点，用系统论的方法来分析其可能带来的各方面的影响，尤其是对区域经济和宏观经济的影响。

2. 综合性原则

重大项目建设周期长，投资巨大，影响面广，其在建设期和生产运营期的投入将给原有经济系统的结构（包括产业结构、投资结构、就业结构、供给结构、消费结构、价格体系和空间布局等）、状态和运行带来重大的影响。重大项目不仅影响到经济总量，而且影响到经济结构；不仅影响到资源开发，而且影响到资源利用，人力、物力、财力配置；不仅对局部区域有影响，而且对国民经济整体产生影响。因此，分析重大项目对区域和宏观经济影响要坚持综合性原则，进行综合分析。

3. 定量分析与定性分析相结合的原则

重大项目对区域和宏观经济的影响是广泛而深刻的，既包括实实在在的有形效果和经济效果，可以用价值型指标进行量化；也包括更大量的无形效果和非经济效果，难以用价值型指标进行量化。对于前者无疑要以定量分析为主，对于后者必须进行定性分析或进行比较性描述，或者用其他类型指标或指标体系进行描述或数量分析，以便得出可靠结论，为项目决策提供充分依据。

（二）分析方法类型

项目的经济影响分析，可以采用各种指标，通过各种定性和定量分析的方法进行分析评价，但其基本方法包括客观评价和主观评价两种方法。

1. 客观评价法

在对项目的产出与其影响后果进行客观分析的基础上，对其影响后果进行预测分析。如通过对项目关联对象的产出水平或成本费用的变动的客观量化分析，进一步对项目的区域经济影响进行量化分析计算。

2. 主观评价法

以真实的或假设的市场行为的可能后果为依据，通过项目评价人员的主观判断，对项目的区域或宏观经济影响进行分析评价。主观评价法建立在评价人员偏好的基础之上，是人们根据对某种后果的认知程度或所占有的信息量，对某种影响的价值进行的主观判断。

二、定量指标分析方法

项目的经济影响分析可以借助各种指标进行分析判断。通常采用的指标包括总量指标、结构指标、国力适应性指标以及就业和收入分配指标等。

（一）总量指标

总量指标反映项目对国民经济总量的贡献，包括增加值、净产值、社会纯收入、财政收入等经济指标。

1. 增加值

项目的增加值是指项目投产后对国民经济的净贡献，即每年形成的国内生产总值。对项目而言，按收入法计算增加值较为方便。

增加值＝项目范围内全部劳动者报酬＋固定资产折旧＋项目生产税净额＋营业盈余　　（11-1）

其中：①劳动者报酬包括成本费用中列支的工资（薪金）所得、职工福利费、社会保险费、公益金以及其他各种费用中含有和列支的个人报酬部分；②固定资产折旧按照有关折旧政策计提；③项目生产税净额指项目营业税金及附加、增值税、管理费中列支的各种上缴税费扣除政府给予的生产补贴后的净额；④营业盈余即经营净利润加生产补贴。

项目评价实践中，一般按以下方法估算项目增加值的各项内容：①劳动者报酬＝工资（薪金）＋福利费＋社会保险费；②"固定资产折旧"从"资产负债表"中固定资产科目中取得；③生产税净额＝生产税－补贴收入，其中，生产税即除去企业应交的所得税之外的所有税费，即生产税＝应交的增值税＋产品销售税金及附加＋管理费用中核算的四种税金（即房产税、车船使用税、土地使用税、印花税）；④营业盈余＝营业利润＋生产补贴－从利润中开支的工资和

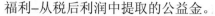

福利–从税后利润中提取的公益金。

2. 净产值

项目的净产值为增加值减去固定资产折旧后的余额，用于反映新创造的价值。

3. 社会纯收入

项目的社会纯收入是项目净产值扣除劳动者报酬后的余额。

4. 财政收入

项目的财政收入是项目对地方和国家财政的贡献，其中主要是项目向政府上缴的各种税费：项目的财政收入=生产税+所得税+国有资产收益。

其中，所得税包括个人所得税和企业所得税；国有资产收益是指使用了国有资产的项目向政府有关部门上缴的利润、租金、股息，红利、资金使用费等。若项目有代政府收取的各项费用，相关费用也属于项目产生的财政收入。

在项目经济影响分析中，可以计算项目各年带来的增加值、净产值和社会纯收入，也可以将各年的数值折现成现值总额，并根据现值总额折算成年值。

（二）结构指标

结构指标反映项目对经济结构的影响，主要包括影响力系数及项目对三次产业的贡献率等指标。

1. 影响力系数

影响力系数也称带动度系数，指重大项目所在的产业每增加一个单位最终需求时，对国民经济各部门产出增加的影响。

影响力系数大于1表示该产业部门增加产出对其他产业部门产出的影响程度超过社会平均水平，影响力系数越大，该产业部门对其他产业部门的带动作用越大，对经济增长的影响越大。

2. 三次产业贡献率

三次产业贡献率（也称三次产业结构）可以按各产业增加值计算，反映项目增加的三次产业增加值在全部增加值（国内生产总值）中所占份额的大小及其分配比率，分析项目建设对所在地区三次产业增加值变化的贡献情况，评价拟建项目对当地产业结构的影响。

（三）国力适应性指标

1. 国力适应性分析的必要性

重大项目的建设规模往往很大，需要耗费大量的人力、物力、财力、自然资源等，对国力（或地区经济）的承受能力提出了要求。如果重大项目需要的建设资金过多，就会影响到其他地区、其他部门的建设和发展；如果拟建项目需要占用的资源过多，就会影响其他领域的资源供应，并阻碍其发展。在这种情况下，对重大项目的国力适应性进行分析就显得尤为必要。

2. 国力适应性分析指标

国力适应性指标用于反映国家的人力、物力和财力承担重大项目投资建设的能力，一般用项目占用资源占全部资源的百分比或财政资金投入占财政收入或支出的百分比表示。

（1）国家人力。由于我国劳动力资源相对丰富，国力适应性的评价一般不分析人力需求，但应根据项目的具体情况，对特殊技能人才的需求和人力资源开发利用的需求进行分析。

（2）国家财力。国家财力是指一定时期内国家拥有的资金实力，用国内生产总值（或国民收入)、国家财政收入、外汇储备等指标反映，其中最主要的指标是国内生产总值(或国民收入)和国家财政收入。国内生产总值(或国民收入)水平和增长速度反映了国家当前的经济实力及其增长趋势，对重大项目的投资规模具有直接影响；财力承担能力一般通过国内生产总值(或国民收入)增长率、重大项目年度投资规模分别占国内生产总值(或国民收入)、财政收入、全社会固定资产投资和国家预算内投资等数值的比重等指标来衡量。对于运用财政资金的项目，项目需要财政资金投入占财政收入的比例可以用于反映财政对项目资金需求的承受能力。

(3)国家物力。国家物力是指国家所拥有的物质资源，包括重要产品物资及其储备量、矿产资源储备量、森林、草场以及水资源等。物力取决于国家可供追加的生产资料和消费资料的数量和构成。应分析能源、钢材、水泥和木材等重要物资能否支持项目建设，一般通过项目建设对相关物资的年度需要量占同期可供数量的比重来衡量。

(四)就业和收入分配指标

1. 就业效果指标

(1)总就业效果指标。实现社会充分就业是政府追求的宏观调控目标之一，评价重大项目的就业效果对存在劳动力过剩的我国尤其具有重要意义。劳动力就业效果一般采用项目单位投资带来的新增就业人数表示，即:

$$单位投资就业效果 = \frac{项目新增就业人数}{项目总投资} \quad (人/万元) \tag{11-2}$$

其中，项目新增就业人数包括项目直接就业人数和项目所引起的间接就业人数。

总就业效果包括项目投资所产生的直接就业效果和由该项目所引起的间接就业效果。

(2)单位直接就业效果指标。单位直接就业效果指标用于评价项目投资所带来的直接就业机会，计算公式为:

$$单位投资直接就业效果 = \frac{项目新增直接就业人数}{项目总投资} \quad (人/万元) \tag{11-3}$$

(3)间接就业效果指标。间接就业效果指标用于评价项目投资所带来的间接就业机会。计算公式为:

$$单位投资间接就业效果 = \frac{项目新增间接就业人数}{项目总投资} \quad (人/万元) \tag{11-4}$$

2. 收入分配效果指标

收入分配效果指标是指项目在生产经营过程中所产生的净产值在职工、企业、地方和国家等不同方面的分配比例情况，即:

$$职工收入分配效果 = \frac{劳动者报酬}{项目净产值} \times 100\% \tag{11-5}$$

$$企业收入分配效果 = \frac{企业营业盈余}{项目净产值} \times 100\% \tag{11-6}$$

其中，企业营业盈余=企业经营净利润+生产补贴。

$$地方收入分配效果 = \frac{地方税收净额}{项目净产值} \times 100\% \tag{11-7}$$

$$国家收入分配效果 = \frac{国家税收净额}{项目净产值} \times 100\% \qquad (11\text{-}8)$$

3. 地区分配效果指标

如果拟建项目属于跨地区投资建设的项目，要进行不同地区之间分配效果的分析，用于评价项目投资建设对协调区域经济发展等方面的贡献，主要是各项总量指标、税收收入在各地区的分配，尤其要重点分析贫困地区所获得的项目净产值情况。

三、常用经济数学模型

（一）宏观经济计量模型

宏观经济计量模型是在一定的经济假设下，依据一定的经济理论，建立众多经济变量之间的关系式，利用变量的历史序列数据对关系方程式组成的联立方程组进行回归分析运算，确定方程式中的经济参数和其他参数数值，从而得到方程的确定形式，并在此基础上预测未来经济发展趋势，或者判定经济变量或经济参数对经济发展的影响。模型一般包括收入、投资、消费、劳动力、财政、金融、价格、贸易、能源等模块，能较全面地反映现实经济结构及其数量关系；模型还包括受重大项目影响的区域经济模型块，并进行联立计算求解。利用宏观经济计量模型分析重大项目对区域和宏观经济的影响，主要是考察有无该项目的两种情况下宏观经济计量模型的运算结果，从而判定项目对区域和宏观经济影响的大小和好坏。

（二）投入产出模型

投入产出模型是反映国民经济系统内各部门之间的投入与产出依存关系的数学模型，通常在分析时会构造反映国民经济各部门之间生产联系的投入产出表。投入产出表是部门联系平衡表和产业关联表，是根据国民经济各部门的生产中的投入来源和使用去向纵横交叉组成的一张棋盘式的平衡表，用来揭示各部门之间经济技术的相互依存、相互制约的关系，包括总量和结构关系，可充分再现经济系统的整体性和结构性特征。

利用投入产出表中的数据资料，可以计算出重大项目建设中国民经济各部门需要达到的生产量。根据投入产出表可计算出各部门的直接消耗系数和完全消耗系数，并进一步可计算各部门影响力系数和感应度系数，分析判断各部门对国民经济其他部门的影响或其他部门发展对某一部门的影响。

动态投入产出模型中，由于投资的生效具有延迟性，需要经过一个多年的过程，而且不同部门的投资具有对其他部门不同的实物需求，从而使动态投入产出模型能够从时间上反映国民经济在某一个时期的发展轨迹，表述国民经济各部门之间实物上的平衡和结构上的协调。应用动态投入产出模型可以分析特大型项目对国民经济各部门的增长和结构的影响，在时间上可以考虑从准备期、建设期到建成后这一较长时间跨度。

（三）可计算的一般均衡模型（CGE 模型）

可计算的一般均衡模型是用于描述国民经济各个部门关系的经济模型，由投入产出模型发展而来，相对于投入产出模型对各个经济部门之间关系的机械的描述方法，CGE 模型增加了对家庭、企业和政府等经济主体的经济行为的合理假设。

模型以某一年为基年，以该年的经济状态作为基准状态，计算出该年各个经济变量的值，重大项目作为外生变量，对各个经济变量产生影响，引起各个经济部门产量和价格的变化。当经济达到一个新的均衡状态后，各个经济变量（模型中的内生变量，例如经济总产值）的值也都发生了变化，对比项目实施前后各个经济变量的值就可以计算出该项目所产生的影响。这种计算方法的重要特点就是它可以计算出该项目产生所有的直接和间接效益。

CGE 模型还可以被用来分析重大项目对国家或地区（国内或跨国的）福利、产业结构、劳动市场、环境状况、收入分配的影响。

四、利用投入产出模型分析重大项目对区域经济影响举例

（一）项目概况

考虑在某沿海地区新建一个特大型的钢铁联合企业。在前期工作中，除了对项目进行财务可持续性和经济分析外，有必要分析项目对区域相关产业和就业等的影响。经分析，在生产运营阶段，与该项目产业关联较密切的部门是：钢铁业、石油化工、建材、（其他）制造业、煤炭业、货运和电力等，拟通过考察这 7 个部门的投入产出关联性，分析该项目对其他 6 个部门（非项目所属部门）的产出和区域经济的影响。

（二）投入产出表

投入产出表可以从统计部门或通过典型企业的调查获得，注意要对数据做必要的调整，以满足预测的要求。表 11-1 是一张经调查处理后的价值型投入产出表。从表 11-1 的纵列看，列出了每一部门生产中要消耗其他部门（包括本身）产品的数量及新创造的价值，是各部门产品价值形成过程的反映；从表的横行看，反映了每一部门产品分配使用情况，一部分作为中间产品供其他各部门（包括自身）生产中使用，另一部分作为最终产品用于本地区消费和净出口。

表 11-1 　　　　　　　　　　　　　　　某区域的投入产出表　　　　　　　　　　　　　　　（亿元）

去向\投入		中间使用							最终产品	总产品
		钢铁	石化	建材	制造	煤炭	货运	电力		
中间投入	钢铁	85	23	110	450	85	32	35	430	1250
	石化	150	530	25	58	12	56	55	4	890
	建材	56	12	15	25	116	21	35	240	520
	制造	150	25	25	125	57	23	87	958	1450
	煤炭	320	89	80	15	11	35	150	20	720
	货运	56	12	30	45	65	11	87	4	310
	电力	120	50	35	155	132	78	25	25	620
增　值		313	149	200	577	242	54	146		
总产值		1250	890	520	1450	720	310	620		

注　作为演示性的例子，各部门对相关行业做了合并和覆盖，最终产品包括区内最终消费+出口（境）−进口（境），
　　增值中包括劳动报酬和社会纯收入。

（三）直接消耗系数矩阵

以投入产出表 11-1 为基础，用每列的中间投入量除以该列的总产值，得到 7×7 的直接消耗系数矩阵 A。该矩阵 A 各列的元素表示该列代表的部门增加单位产出值需要本部门和其他部门的直接投入。例如，钢铁业（第 1 列）增加 1 亿元的产出，需要增加的直接投入：钢铁业自身 0.068 亿元，石油化工业 0.12 亿元，建材业 0.0448 亿元，制造业 0.12 亿元，煤炭业 0.256 亿元，货运业 0.0448 亿元和电力业 0.096 亿元。

$$A = \begin{bmatrix} 0.0680 & 0.0258 & 0.2115 & 0.3103 & 0.1181 & 0.1032 & 0.0565 \\ 0.1200 & 0.5955 & 0.0481 & 0.0400 & 0.0167 & 0.1806 & 0.0887 \\ 0.0448 & 0.0135 & 0.0288 & 0.0172 & 0.1611 & 0.0677 & 0.0565 \\ 0.1200 & 0.0281 & 0.0481 & 0.0862 & 0.0792 & 0.0742 & 0.1403 \\ 0.2560 & 0.1000 & 0.1538 & 0.0103 & 0.0153 & 0.1129 & 0.2419 \\ 0.0448 & 0.0135 & 0.0577 & 0.0310 & 0.0903 & 0.0355 & 0.1403 \\ 0.0960 & 0.0562 & 0.0673 & 0.1069 & 0.1833 & 0.2516 & 0.0403 \end{bmatrix}$$

（四）完全消耗系数矩阵

由于部门产业间的相互关联性，直接投入的增加还会引起其他部门投入的需要。例如，上列中增加煤炭业直接投入 0.256 亿元，又会引起钢铁等 7 个部门间接投入的需要，这样周而复始，完全消耗系数矩阵 B 可以表示为：

$$B = (I - A)^{-1} - I$$

式中　I——单位对角矩阵。

$(I - A)^{-1}$ 为列昂惕夫逆矩阵。本例中

$$(I - A)^{-1} = \begin{bmatrix} 1.3745 & 0.3068 & 0.4566 & 0.5522 & 0.3987 & 0.4248 & 0.3794 \\ 0.6711 & 2.7899 & 0.4737 & 0.4680 & 0.4415 & 0.8806 & 0.6337 \\ 0.2132 & 0.1752 & 1.1688 & 0.1404 & 0.2958 & 0.2426 & 0.2281 \\ 0.3407 & 0.2510 & 0.2401 & 1.2826 & 0.2854 & 0.3276 & 0.3648 \\ 0.5837 & 0.5055 & 0.4527 & 0.3288 & 1.3488 & 0.5214 & 0.5720 \\ 0.2092 & 0.1739 & 0.1943 & 0.1622 & 0.2417 & 1.2254 & 0.3036 \\ 0.3960 & 0.3764 & 0.3196 & 0.3407 & 0.4393 & 0.5684 & 1.3626 \end{bmatrix}$$

从上述矩阵中的对角元素各减去 1，就可以得到完全消耗系数矩阵 B。与矩阵 A 比较可以看出，为增加最终产出，对各部门的完全投入（直接投入加间接投入）的需求比直接投入大很多。

（五）项目影响预测

该钢铁联合企业项目生产能力约 800 万 t 钢，可提供最终产品（主要提供出口和供应本地区），扣除主要原料铁矿石等进口费用后的价值每年约 250 亿元。由此，可对其投产后下列方面的影响做出预测。

1. 对相关部门投入的需求的价值

钢铁业自身 343.6 亿元（250×1.3745），石化业为 167.8 亿元（250×0.6711），建材业 53.3 亿元（250×0.2132），制造业 85.2 亿元（250×0.3407），煤炭业 145.9 亿元（250×0.5837），货运业 52.3 亿元（250×0.2092）和电力业 99 亿元（250×0.3960）。当然，这里假定这些投入完全由本地区的产出增加来供应。

2. 项目对产业的影响

根据投入产出矩阵计算感应度系数和影响力系数，钢铁业的影响力系数为 1.003，几乎等于 1，表明钢铁业对国民经济所产生的影响程度等于社会的平均影响力水平；钢铁部门感应度系数为 0.729，小于 1，表明钢铁业对国民经济的依赖较低。钢铁业的感应度系数远低于影响力系数，说明钢铁业对国民经济发展的推动作用要远远大于国民经济对钢铁业的拉动作用，所以应优先发展。该钢铁项目对上游产业的影响较大，而对下游产业的影响较小。

3. 对本地区各部门 GDP 和就业的影响

各部门的增值见表 11-2，根据表中数值可以求出增值系数，即 GDP/总产值，按"1.对相关部门投入的需求的价值"求得该钢铁联合企业对各部门投入的需求，假定由本地区生产来满足，则可增加 GDP 250 亿元，其中劳动报酬增加 95 亿元（按 GDP 的 38%计算）。年平均工资性报酬按 2.5 万元计算，可新增就业 38 万人。具体分部门计算结果见表 11-2。

4. 对本地区环境的影响

由于产业间的关联性，对环境的影响分析不仅要计算钢铁联合企业的排放量，还要估算相关产业的排放增加量。以 SO_2 为例，钢厂自身年排放 3436t，但为了供应钢厂的需求，石化、煤炭和电力等扩能也会增加排放。根据各部门亿元产出排放的统计数据系数，计算出总的 SO_2 排放量达 7930t（详见表 11-2 之序号 7、9）。同样可类似地计算其他废气、废水和废物的排放量。

表 11-2　　　　　　　　　　重大钢铁项目对 GDP、就业和 SO_2 排放影响

序号	项　目	单位	钢铁	石化	建材	制造	煤炭	货运	电力	合计	备注
1	总产值	亿元	343.6	167.8	53.3	85.2	145.9	52.3	99.0	947.1	①
2	增值系数		0.250	0.167	0.385	0.398	0.336	0.174	0.236		②
3	GDP 增量	亿元	86.04	28.09	20.50	33.89	49.05	9.11	23.31	250.0	③=①×②
4	劳动报酬	亿元	32.70	10.67	7.79	12.88	18.64	3.46	8.86	95.0	④=③×0.38
5	新增就业	万人	13.08	4.27	3.12	5.15	7.46	1.38	3.54	38.0	⑤=④/2.5
6	SO_2 系数	百 t/亿元	0.10	0.05	0.08	0.02	0.12	0.08	0.09		⑥
7	SO_2 排放	百 t	34.36	8.39	4.26	1.70	17.51	4.18	8.91	79.3	⑦=①×⑥
8	CO_2 系数	百 t/亿元	15.60	8.50	12.50	7.00	12.00	1.20	25.00		⑧
9	CO_2 排放	万 t	5360	1426	666	596	1751	63	2475	12338	⑨

五、重大项目的经济安全影响分析

（一）国家经济安全的内涵及评价目的

1. 国家经济安全的内涵

国家经济安全是指国家的经济在不受侵害条件下正常运行、确保本国最根本的经济利益不受伤害的态势。主要内容包括：一国经济在整体上主权独立、基础稳固、运行健康、增长稳定、发展持续；在国际经济生活中具有一定的自主性、防卫力和竞争力；不会因为某些问题的演化而使整个经济受到过大的打击和遭受过多的损失；能够避免或化解可能发生的局部或全局性的危机。

国家经济安全由国家产业安全、金融市场安全、国际收支安全、市场体系安全、国家外债安全、财政资金安全等众多子系统组成。其中与投资项目最密切相关的是国家产业安全。项目的投资建设活动，可能影响到相关产业的安全，进而影响到整个国家的经济安全甚至是国家安全，这种影响可能是正面的，也可能是负面的。

2. 国家经济安全影响评价的目的

对于可能对国家经济安全产生影响的重大项目，要从维护国家经济安全的高度，对拟建项目的宏观经济影响进行分析评价，确保项目的投资建设有利于维护国家利益，提高我国相关产业的国际竞争力，保证国家经济运行免受侵害。

（二）国家经济安全影响评价的内容与方法

国家经济安全影响评价的内容包括对经济发展水平和国际竞争力的分析评价，对资源潜力及其发展能力的分析评价，对资源、人力资本利用效率的分析评价，对经济发展空间完整性的分析评价，以及对社会稳定和防止、解决社会冲突能力的分析评价等。

重大项目对国家经济安全的影响应从产业技术安全、资源供应安全、资本控制安全、产业成长安全、市场环境安全、产业竞争力安全等方面进行分析评价。

1. 产业技术安全评价

对项目的产业技术安全，重点从以下方面进行分析评价：

（1）项目采用的关键技术是否受制于人，是否拥有自主知识产权。对于主要依靠国外进口的核心技术及关键部件，是否可能威胁到国家产业安全。

（2）分析运用技术壁垒对项目法人进行保护的能力。技术壁垒指一国以维护国家安全或保护人类健康和安全、保护动植物、保护生态环境或防止欺诈行为、保证产品质量为由，采取一些强制或非强制性的技术措施，使其成为其他国家商品自由进入该国的障碍，如技术标准与法规、知识产权、检验检疫措施、环境保护和劳工标准、合格评定程序、通关程序、包装和标签等。

（3）分析技术创新能力。分析技术创新能力包括不断完善和提高产品的各项技术、环保、卫生、安全等标准，拓宽技术标准覆盖领域，通过研究、追踪、借鉴和采用国际标准，缩小本国与国外的差距，促进企业提高产品质量和科技含量，增加低消耗、无污染、高附加值产品生产，保证国家经济、社会、环境全面协调发展的能力。

（4）分析项目涉及的行业组织和企业在推动和参与产品技术标准制订工作方面的参与能力。

2. 资源供应安全评价

对于大量消耗重要战略资源的项目，分析项目建设及运营的资源保证程度；对于需要采取外交、经济、军事措施以保证供应安全的项目，重点分析资源供应及其对国家经济安全可能产生的影响，重点从以下角度进行分析评价：

（1）分析项目所涉及的资源对国家经济增长的制约程度，评价所在行业的经济增长对这种资源的依赖程度及资源支撑力。

（2）对于依赖国内资源供应的项目，分析经济发展对相关资源的需求增长情况，在矿产资源开发、利用方面存在的问题，对国民经济具有重要影响的矿产资源如原油、铁矿石等的自给能力，枯竭型矿产资源的替代能力等。

（3）对于重要资源特别是能源和重要原材料等战略资源过于依赖进口的，重点分析受全球供求格局和价格变化的影响，包括打破现有垄断格局、运输线路安全保障等有关国际政治、外交、军事等方面可能存在的问题。

（4）分析项目所涉及资源的国际市场变动情况及对我国资源供应的影响，以及可能产生的资源供应风险。

3. 资本控制安全评价

对项目的资本控制安全，重点从以下方面进行分析评价：

（1）评价项目涉及的产业链各环节中，对关键产业资本的控制能力；在关键环节分析对外资等其他资本的依赖程度。

（2）对于外资以并购等方式控制我国战略性产业的项目，分析外资进入的产业安全风险。

（3）分析由于资本的聚积和扩张可能导致的垄断、产生不正当竞争等风险。

（4）项目的投资方案通过利用国外的资本、市场、技术和人才提升我国相关企业竞争力等方面的效果。

4. 产业成长安全评价

对项目的产业成长安全，重点从以下方面进行分析评价：

（1）按照新发展理念的要求，分析项目所依托的产业发展在优化结构、提高质量和效益方面的作用，确保速度、结构、质量、效益相统一。

（2）对于幼稚产业，由于在企业规模、研发能力、产品质量、服务水平等方面无法与发达国家抗衡，离不开国外的先进技术等各种资源，更要在对外开放与产业安全中寻求平衡，提升研发创新能力，通过重大项目的实施促进相关产业发展。

（3）通过实施重大项目促进产业战略协作关系的建立。战略协作是产业间适应激烈竞争的一种自救方式，对于重新搭建和稳定产业链、保证上下游产业间合理利益，维护产业安全具有重要作用。通过与上下游产业建立互利协作关系，在生产、技术、供应链、价格、合资合作、知识产权以及人才方面加强合作，确保产业成长安全，提高抵御风险能力。

（4）项目实施对产业集中度的影响，包括对现有企业实施兼并、重组，形成大型企业集团，加强资本集中，实现产业规模经济效益，提高产业国际竞争力等方面的影响效果。

5. 市场环境安全评价

对项目的市场环境安全，重点从以下方面进行分析评价：

（1）调查研究国外为了保护本地市场，采用反倾销等贸易保护措施和知识产权保护、技术贸易壁垒等手段，对拟建项目相关产业发展设置障碍的情况。

（2）调查研究项目所在产业受到进口倾销等方式损害，市场份额被进口产品不正当竞争所挤占，产业受到实质损害，可能导致企业停产、倒闭，职工下岗、待业，产业发展受到阻碍，影响到社会再生产良性循环和产业安全的情况。

（3）调查研究对市场准入进行有效控制，避免无序竞争和资源浪费的情况。分析项目投资是否按照国家产业政策、技术政策、环保政策、能源政策和科学发展要求，引导调整和优化产业结构，规范竞争秩序，限制、淘汰落后技术，鼓励优势产业和高新技术产业，科学合理地保护和支持国内产业，优化市场环境和竞争秩序的状况。

6. 产业竞争力安全评价

对项目的产业竞争力安全，重点分析项目涉及的企业、行业组织和政府部门在树立产业安全理念，提升产业国际竞争力等方面的情况，主要包括：①拟建项目法人机构在管理创新、成本控制、研发能力等核心竞争力方面的素质，在自主知识产权和自主品牌建设方面的竞争实力、创新基础和发展能力；②政府主管部门和行业组织对提升行业竞争力，特别是在贯彻可持续发展战略、完善市场经济法律体系、建设管理基础设施、为企业创造外部环境等方面的情况；③行业组织在树立产业安全理念、维护国家产业经济安全、提升综合竞争能力等方面的情况。

第三节　项目受益受损及分配效果分析

一、投资项目的收入分配影响

（一）收入分配的含义、理论基础和分析框架

收入分配问题直接影响个人所得收入的平等程度，因而会引起社会公平的问题，而社会

是否公平，又与社会的稳定密切相关。如果一国经济中的收入分配结构长期得不到改善，必然会招致社会各阶层的种种不满和怨恨，从而导致治安的恶化，甚至政治秩序的混乱，因此收入分配问题也是一个极为重要的社会目标。政府对收入分配的干预可以分为对分配过程的起点（机会的均等化）、分配过程（价格形成机制和项目手段）和分配过程的结果（收入再分配）进行干预等三个环节，相应地影响收入分配的政策，可以从对决定收入分配的诸因素的介入，从对市场形成收入分配机制的介入等角度进行干预，如建立最低工资制度，价格支持政策和对生活必需品的价格补贴，以及直接扶贫和安排建设项目等政策措施。

收入分配包括两层主要意思：一是收入在不同时间上的分配，可以称为纵向分配；二是指收入在同一时间、不同空间的分配，可以称为横向分配。前者包括收入发生的时间顺序，收入在当代人和后代人之间的分配比例；后者包括收入积累和消费之间的分配比例和不同利益群体之间的分配比例。根据我国的国情，可将利益群体划分为政府、民间投资者、项目就业职工以及消费者和受益群体，经济发达地区和经济落后地区，城镇和农村，低收入和高收入群体等。

长期以来，对"公平"的理解在经济学界和社会学界一直存在诸多争议。一个重要的原因是"公平"属于"规范性"的范畴。"规范"的东西是基于个人主观判断的产物，不能由理论和逻辑推演出特定的形式或统一准绳，即便人们就某一事件达成"公平"的共识，也往往是出于人们主观判断的一致，而非逻辑推演的结果。所以传统费用-效益分析方法将效率和公平分开，按照潜在帕累托准则来决策，实际上是一种效率准则。

潜在帕累托准则是 1939 年由卡尔多和希克斯从帕累托准则发展过来的，因而被称为卡尔多-希克斯标准。设经济从状态 B 转变到状态 A，使得一部分人得益，另一部分人受损，如果得益的人能够补偿受损的人，从而在补偿之后，没有一个人会比在状态 B 中变得更坏，则认为从社会福利的角度看，状态 A 优于状态 B。潜在的帕累托准则构成了传统的费用-效益分析的理论基础：如果某项目的实施使社会所得（效益）补偿了社会所失（费用），那么该项目的实施是对社会的改进。根据这种观点，合理的效率能够从公平和分配的问题中分离出来，由于补偿是潜在的而非实际的，潜在帕累托标准实际上没有考虑收入分配问题，即不管谁损失，谁得益，如果补偿不被实现，按这样的准则，项目方案的选择和决策将更有利于收入高的社会群体，不利于收入低的群体。因为前者的收入边际效用低，后者的收入边际效用高，前者为增加效用的支付意愿会大大高于后者牺牲效用而要求的补偿。因此，效率准则会倾向于高收入的群体，一旦补偿不被实现，会加剧社会分配的不公。实际上，效率和公平不可能像标准方法中说的那样可以直接分离开，而且项目的分配效果对公共项目的可接受性有重要的影响。

在费用-效益分析框架中考虑分配问题，普遍的做法是引入对净社会效益（NB）的加权计算。假设 N 个群体受项目的影响，给每个群体的净效益指定一个权重，设某一群体为 i，其分配权重设为 α_i，这样得出社会净效益 NB 为：

$$NB = \sum_{i=1}^{N} \alpha_i \cdot NB_i \tag{11-9}$$

传统费用-效益分析假设 $\alpha_1 = \alpha_2 = \cdots = \alpha_N = 1$，也就是说，不管每个人是获得一单位的收益还是遭受一单位的损失，赋予每个人的净效益的权重都是一样的，这种假设只有当收入或福利分配最理想的情况下才成立；如果社会不是处在最理想的分配状态下，比如政策或管理的问题引起社会分配不公平，就要给不同的人分配不同的权重，这样的做法使我们在项目层次考虑了社会分配目标。具体在费用-效益分析框架内进行分配分析，可按以下内容进行：①分配效果分析，识别和列出与项目相关的费用和效益是如何分配的；②考虑公平分配的分析，在计算不同社会群体所获得的收益和付出的成本的分配权重的基础上，重新计算项目的净收益。

考虑公平分配的分析是考虑项目对社会分配目标的影响。比如，若某项目产生了总的净损失，但是项目的效益却是被社会所担心的特殊群体（如下岗工人）所得，则需要考虑如何给净收益指派权重从而使项目具有正的社会价值。在进行分配分析后，费用效益分析决策准则也需以调整的或有分配权重的净收益为基础加以调整，如果：$NB = \sum_{i=1}^{N} \alpha_i \cdot NB_i \geq 0$，加权后总的净效益大于或等于零，则项目可以实施。

项目建设和营运过程中，谁受益，受益多少，以及谁付出，付出多少，有可能强烈地影响着项目的实施和持续性，因此必须对项目进行分配分析。通过比对经济分析和财务分析的差异，计算政府、投资者、消费者（受益者）、失地农民和就业群体等的现金流，以观察各利益群体的受益和受损情况，充分估计项目实施和持续过程中可能招致的困难。尤其要关注弱势群体得益和受损的情况，如开发区和高速公路等项目的建设，失地农民如得不到应有补偿，就会造成不公，引起社会的不稳定。因此，有必要在经济分析中，揭示这种可能的分配不公的情况。

一个项目对减轻贫困的作用是考察项目对公平目标影响的一个重要方面，一般通过计算贫困影响系数来体现，首先估算出各参与群体所取得的经济净效益，然后按贫困人口在每个群体中所占的比例计算分配给贫困人口的净效益。贫困影响系数表达了经济净效益中贫困人口所分配到的比例，贫困影响系数可与项目地区的贫困人口联系在一起进行评价。例如若在项目区域内10%的人口为贫困人口，而贫困影响系数为0.27，则项目具有减轻该地区贫困的作用。

对于大多数公共部门投资的项目而言，效率并不是唯一的目标，通过分配权重对不同群体的效益加以调整，以期在项目层次上把分配问题糅合进公共部门投资费用-效益分析的框架体系之中，从而能够克服传统的费用-效益分析只考虑效率不考虑分配的单一性，这是费用-效益分析的发展方向之一。但是，应该承认，考虑公平分配的权重带有很强的规范性，随意的糅合，会使原有的费用-效益分析框架失去了实证性。因此，这种带有权重的费用-效益分析准则不能代替原有的、以资源配置效率出发的评价准则，公平分配效果的分析，可以作为附加的另一个层次的分析。在我国，当前存在的地区之间和城乡之间的收入差异值得关注，可以考虑在原有效率准则计算的基础上，按人均国民收入和边际效用收入弹性来设计权重，进行分配效果的敏感性分析。

（二）传统项目评价对收入分配的考虑

传统项目评价对收入分配的考虑首先体现在折现率上。投资只有随收入的推移才能产生效益，从累计总消费这个角度看，项目投资后，在一定时期内就产生一系列的消费，这就是项目效益的纵向分配，为了使这些不同时期的消费能相互比较，一般要给它们赋予相应的权重。根据消费的边际效用递减规律，只要总消费水平是随时间提高的，单位边际消费的效用就随时间的推移而递减，在这种情况下，就不难接受这样的假设：消费的效益权数应随时间的推移而逐渐下降。如果以现在的消费作为基准，并将其权数固定为 1，i 为消费利息率，那么项目第 T 年的消费的权重为 $\dfrac{1}{(1+i)^T}$。

传统意义上的项目评价理论主要考虑的就是这种纵向分配效果，将不同时间的效益和费用按社会折现率进行统一折现，得到的净现值就表示项目对国民收入的贡献。

根据消费的边际效用递减规律，显然，不同收入群体其消费的边际效用也不相同；并且，同样数量的积累和消费产生的效果也不相同。项目产生的效益，可能用于消费，提高生活水平，也可能用于积累通过再投资扩大将来的消费水平，显然，在一定资金条件约束下，增加消费就会减少积累。由于积累可以带来更多的今后消费，而现实消费却不能，因此，虽然消费和积累都属于社会效果，但在资金有限的经济条件下，同量的现实积累的价值大于现实消费的价值。理论上有必要考察单一项目的费用和效益对积累和消费关系的影响，具体做法就是估算出一单位积累的价值相当于多少单位当前消费的价值，这个尺度被称为投资的影子价格或积累升值，并将它运用到经济分析中。

对于积累与消费分配效果的研究存在着几种不同的处理方法，比较典型且具有代表性的理论主要有三个：UNIDO 方法、L-M 方法和 S-VT 方法。

UNIDO 方法针对积累和消费的不同权重，定义了投资的影子价格 p_{inv}，即一个单位当前积累价值与一个单位当前消费价值相比的衡量尺度，并推导出

$$p_{\text{inv}} = \frac{(1-s)q}{i-sq} \tag{11-10}$$

式中　s——积累率；

　　　q——边际投资收益率。

体现在影子工资中就是

$$SWR = Z + (p_{\text{inv}} - 1)w \tag{11-11}$$

式中　Z——劳动力的机会成本；

　　　w——劳动力工资收入。

对于公平分配目标，UNIDO 方法通过划分受益群体或地区，测定分配权重来实现。

L-M 方法在考虑积累和消费关系时，与 UNIDO 方法类似，它用 S 来表示积累的升值，也就是相当于前述的 p_{inv}

$$S = \frac{(c-m)n}{i-r} \tag{11-12}$$

式中　r——单位投资每年的平均再投资增值；

　　　c——单位投资每年每人的平均消费水平；

　　　n——单位投资平均每年增加的就业人数；

　　　m——单位投资每个就业人员的平均机会成本。

体现在影子工资中就是

$$SWR = c' - \frac{1}{S}(c-m) \tag{11-13}$$

式中　c'——用于一个就业人员产生的资源消耗，也即用于就业人员消费而使投资减少额，包括平均消费和为实现它而增加的部门、城镇管理与服务部门的费用及投资；

c ——就业人员的平均消费；

m ——就业人员在原来部门的边际产出。

$c-m$ 就是一就业人员所增加的消费，转化为相应的投资额为 $\dfrac{1}{S}(c-m)$。

S-VT 方法可以看作 L-M 方法的改进。对分配效果做出了更加明确的分析。这种分配效果既包括了效益在投资和消费之间的分配，还包括了在贫富阶层之间的分配。

S-VT 方法首先给出了分配问题的核心—— 一个简单的社会福利函数，它的形式是：

$$S = (E - C\beta)v + C \tag{11-14}$$

式中　E ——项目给国家带来的净效率效益；

C ——某一特定阶层的收入增加值，假定都用于消费；

β ——消费品转换系数；

v ——公共收入或投资的影子价格；

S ——考虑分配效果的效益。

如果令 q 为资本在公共部门的边际产出，即一个单位的公共投资所得到的净效益，s 是由 q 产生出来的公共部门的再投资（积累）倾向。假定 $i > sq$，S-VT 方法提出：

$$v = \frac{(q - sq)}{(i - sq)} / \beta \tag{11-15}$$

这就是 S-VT 方法的投资影子价格表达式。

当不考虑劳动力额外劳动负效用时，S-VT 方法给出的考虑积累和消费关系的影子工资表达式为

$$SWR = m_a + (w - m)(\beta - d/v) \tag{11-16}$$

式中　m_a ——用计算价格计算的放弃的劳动边际产出；

$w - m$ ——用市场价格计算的消费增加；

用 $\beta - d/v$ 修正后就得到以计算价格计算的消费的费用 $(w-m)(\beta - d/v)$。

S-VT 方法的影子工资公式中，不仅通过 v 来反映积累和消费之间的分配，还通过 d 来反映项目所带来的效益对贫富阶层分配影响。通过这种方法，若项目的收入更多地分配于投资，更多地分配于贫困阶层，则项目就越容易通过。

显然，S-VT 方法在考虑分配效果时过于复杂，权数过多从而冲淡了项目评价的客观性，因此这套方法从来没有得到广泛接受和应用。

（三）国际项目评价对收入分配的考虑

英美等发达国家项目评价实践对项目的收入分配影响比较重视。英国绿皮书规定项目费用-效益分析要做分配影响调整，即分析项目所产生的费用和效益如何在不同的社会经济群体之间分配。绿皮书中的做法是：首先，界定各个家庭的相对富裕程度，这主要是根据收入情况来界定的，但是还要根据各个家庭的规模和构成做出调整；其次，根据相对富裕程度将各个家庭分成若干等级（例如五等级或十等级）；最后，分析比较每个备选方案对不同等级的收入分配影响。一般来说，比起让高收入等级获益的方案，那些可以使低收入等级获得更大净效益的方案更容易通过。当费用-效益分析更深入后，可以使用分配权重来评估方案的分配影响。

对于分配影响，美国的做法是，先将个体或家庭进行分类，分类的依据可以是收入等级，地理分区或者人口统计学（例如年龄），也可以是行业或者职业；然后识别出政策影响的受益

者和受损者，以及项目对于现有的分配和财产权的影响。当某项政策的目的在于使某个特定的人群受益，例如穷人，这时分析中还应该考虑政策最终实施的效果和效率。此外，因为个人或者家庭才是收入的最终接受者，而企业只是一个中间媒介，所以，分配分析中应该识别经济影响（economic incidence），或者说费用和效益最终是如何在个人或者家庭之间分配的。

亚洲开发银行认为项目中谁获得收益，收益多少，以及相对的由谁付出等因素会影响着项目的持续性。分配分析能够表现公共定价政策影响私人和公共部门对服务项目净效益的分配的程度，还可以用来测试项目设计对特殊收入群体产生效益的程度。亚洲开发银行的收入分配分析有三种形式：第一种是分析项目效益和费用在各利益群体的分配情况。这种分配分析始于项目财务现金流量分析，受项目财务影响的主要利益群体主要有 6 种：项目的所有者、劳动人员、政府、消费者、供应商、贷款人。第二种要说明经济效益费用的分配。通过分析财务和经济效益费用的差额的分配情况确定政府政策、外部性的影响，以考察项目效益和费用对不同收入群体的分配效果，特别是贫困人群，并设计了贫困影响系数（poverty impact ratio）计算项目效益中贫困人群分配的比例。第三种分配分析是考虑在生产和融资中国外资源的使用效果，对外资项目的经济分析从项目和本国的角度着手，并计算出本国经济的净外资额。

二、项目受益受损分析方法及应用

对项目的分配效果需要解决以下一些问题：哪些群体会因为项目而获益，其程度如何？哪些群体会为项目付出代价，其程度如何？这些是分配效果分析应回答的基本问题。项目影响范围内哪些群体会获益或发生损失对项目的可持续性具有重要影响，如果一个具有影响力的群体是预期中的损失承担者，那么项目的成功实施就可能受到阻碍。项目的实施者必须做好准备，以应付由受损失群体发动的群体性事件所带来的社会稳定风险。

定量的分配效果分析可从两个角度着手进行，一是从项目的外部经济效果开始，这种分配分析法把项目所产生的外部经济效果（也就是经济价值与财务价值之间的差别）分摊到所涉及的不同群体；二是从项目的整个经济效果开始，将项目产生的全部效果包括财务效果、外部经济效果分配到各利益群体。

（一）各财务主体的现金流分析

项目的财务分析是在国家现行财税制度和价格体系的条件下，计算项目发生的实际财务支出和产生的实际财务收入，综合考察项目实际的或更接近于实际的财务盈利能力状况，据以判别项目在财务意义上的成功与失败；经济分析是从资源优化配置的角度考察项目的经济费用和效益，计算分析项目的净效益，检测社会资源配置的实际效果。一个正的经济净现值（$ENPV$）意味着社会财富的增加，而从那些与项目之间存在利害关系的群体的角度出发，一个正的净现值则表示这些特定群体预期财富的增加。投入或产出的价值在财务上和经济上的差异说明除了项目干预对象外，项目还会给其他一些群体带来效益或是费用。因此，人们便通过这一方法来分析上述的差异。例如，一个项目导致某种商品的价格下降，那么它所带来的经济效益就会大于其财务上的收入。这一存在于财务价值与经济价值之间的差异使商品的消费者得到了好处，同时给商品或服务的生产者带来了与前者收益相比较小的损失。

投入与产出的财务价格与经济价格之间的差异，会因各种市场扭曲现象而上升，因为项目会对价格产生影响，或是因为物品会以与边际成本不同的价格出售给消费者。

关税、出口税和补贴、增值税和消费税、生产补贴和产量控制都是一些常见的市场扭曲

211

现象。公共物品通常以不同于边际经济成本的价格提供给消费者。诸如水、电等普通公共服务的经济价值是人们为这些服务所愿意支付的最高价格，而这些价格往往要比人们为这些服务所需支付的财务价格要高得多。任何一种这类因素都会造成项目所耗费或所提供的物品和服务在财务价格和经济价格之间的差异。

将经济效益和费用分解为财务的费用效益和外部经济效益，净效益可表示为：

$$NEB = \sum_{t=1}^{n} (FB_t - FC_t + EXT_t)(1+r)^{-t}$$

或
$$NEB = NFB + NEXB \qquad (11\text{-}17)$$

式中 NEB——经济净效益；

NFB——财务净效益；

$NEXB$——外部净效益；

FB——项目的财务效益；

FC——项目的财务费用；

EXT——项目的外部经济效益。

如果每一个变量均使用相同的折现率（社会折现率），上述等式就一定成立。一个项目的效益可以表示为每项投入与产出的财务价值加上外部经济效益的价值变化，这些外部经济效益包括税收、消费者剩余等。

分配分析可按照以下步骤进行：

（1）识别外部经济效益。

（2）度量每个市场外部经济效益的净影响，也就是把资源流量的真实经济价值减去资源流量的真实财务价值。

（3）度量项目整个计算期中的不同外部经济效果的价值，并计算出它们的现值（使用社会折现率）。

（4）把外部经济效果分配给予项目之间存在利害关系的各个群体。

（5）根据社会中的主要利益群体，总结项目外部经济效果和净效益的分配。

从本质上来说，进行收入分配分析的目的就是分析由项目所产生的净效益（损失）最终由谁承担。这种分析对于决策者而言十分重要，因为通过这一方法能使他们估计出特定项目对社会各部门的影响，并且可以预测哪个群体会是净受益者，而哪个群体会是净损失者。

1. 政府的现金流量分析

政府的现金流量分析是把政府作为权益投资者，完全从政府的角度考察政府资金的回收能力，这部分资金既包括政府预算内资金也包括预算外资金。另外，由于着眼点不同，有的公共部门投资项目资金是从中央政府划拨到地方政府的，对中央政府而言是支出，而对地方政府而言则是收入，因此在必要的时候可以从中央政府和相关的若干个地方政府的角度分别进行分析。

政府除了作为权益投资者的身份参与投资和回收外，还可以作为管理者通过税收和补贴，有时也作为债权的中介，对项目收益和费用进行调节。因此，政府的现金流量表既适用于由政府直接投资的公共项目，也适用于采取 BOT 等特许经营方式的公共项目，二者的区别在于政府是否存在直接投资。工程投资利用相关主体的受益受损情况主要表现见

表 11-3。

表 11-3 　　　　　　　　　　　　**相关利益主体受益受损分析**

权益主体	受益（或受损）现值计算基础	备　注
政府①	政府现金流量表 （见表 11-4）	必要时可细分中央和相关的若干个地方政府
民间投资者	各权益投资主体现金流量表 （见表 11-5）	指政府以外的所有权益投资者；作为外部效果，必要时可包括项目主要投入物的供应商和产出物的竞争对手
项目就业的职工	实际工资和福利所得减影子工资	必要时，包括作为外部效果的对上下游产业产生就业的影响
消费者和受益群体	支付意愿减实际支付	受益群体也包括受损群体，其计算基础为负的支付意愿加补偿
合计	经济效益费用净流量	如果包括境外投资者和境外个人，严格地应称国内经济，与 GDP 相一致

① 政府有多重身份，既是行政部门，也是国家和社会利益的代表者。这里是指作为出资人和政府财政的功能主体。其现金流包括了作为出资人的现金流，也包括各种税费收入和补贴支出。由于多数政府投资项目由国有银行贷款、担保或由政府统借统还，因此项目的债权投资的得益〔或受损、包括财政贴息〕都归在政府名下。

一般项目的政府现金流量表见表 11-4。从政府现金流量表可以看出政府对项目的财政支持力度，也可以从累计盈余看出政府回收支出的速度。表 11-4 的数值应该用时价，以便与债务偿还等指标的口径达到一致，但是，一旦这样做，就不得不估计今后相当长时间内的通货膨胀率。因此一个比较可行的做法是项目建设期价格按估计的通货膨胀率上浮，待建设期结束项目开始运行的时候，则按此时点的价格实价估算，不再上浮，这样做既稳妥，又比较可行。

表 11-4 　　　　　　　　　　**政 府 现 金 流 量 表** 　　　　　　　　　　（万元）

序号	项　　目	合计	计算期				
			1	2	3	…	n
1	现金流入						
1.1	境外金融机构对项目的贷款收入						
1.2	项目对境外和国有银行的还本付息和其他费用收入						
1.3	政府作为出资人的股利上缴收入						
1.4	各种税、费收入						
1.5	其他现金流入						
2	现金流出						
2.1	对境外金融机构的还本付息和其他费用						
2.2	政府对项目（法人）的贷款支出						
2.3	政府作为出资人的权益投资支出						
2.4	其他支出（包括补贴、培训和项目外的各种配套设施等）						
3	当期盈余〔或赤字〕						
4	累计盈余〔或赤字〕（Σ3）						

说明：

（1）表中现金流入和流出的前两项（1.1、1.2；2.1、2.2）表示政府参与项目融资有可能产生的收入和支出。境外融资机构一般先贷给政府或通过政府再转贷给项目（或统借统还）。这中间贷款的费用、金额、币种和期限都会有差异，政府为此有可能承担费用（给项目以补贴），也有可能获得盈余。国有银行的贷款也可以看作政府的支出，项目的还本付息可以看作政府的收入，其中政府的贴息（对项目的补贴）可以从中得到反映。

（2）流入和流出的第三项（1.3和2.3）表示政府作为项目出资人的支出和回报。在我国，政府通常以有政府背景的投资公司名义投资，其回报一部分用于公司的开支，大部分应视作政府的收入。

（3）由项目引起的税收增量，显然是政府的收入，除了前述的、与项目有关的销售税金、增值税和企业所得税和经营成本中的各种税收收入外，还应包括由项目产生的个人所得税（职工工资所得和投资者的股利所得等）和项目主要投入物的进口税。根据项目特点，有些项目收费（销售或服务收入扣除经常性的项目支出后的净收入）的全部或部分直接作为政府的预算外收入，相应的，流出的补贴中包括政府对项目投入产出物的价格补贴以及与项目有关但又不属项目范围的各种培训、宣传和配套费用等。

2. 各权益投资主体的盈利能力分析

权益投资主体是指形成项目所有者权益的投资者。各权益投资主体的投资既包括权益投资也可以包括项目以外的与项目有关的资源投入（例如，农户在政府投资的水利项目之外，投资灌渠）；投资回报除股利分配之外，还可以包括由项目引起的外部所得（如投资者拥有的土地和房产因项目而升值），见表11-5。

表 11-5 　　　　　　　　　　各权益投资主体现金流量表 　　　　　　　　（万元）

序号	项　　　　目	合计	计算期				
			1	2	3	…	n
1	现金流入						
1.1	股利分配						
1.2	资产处置收益分配						
1.3	租赁费收入						
1.4	技术转让收入						
1.5	其他现金流入						
2	现金流出						
2.1	权益投资						
2.2	租赁资产支出						
2.3	其他现金流出						
3	净现金流量（1-2）						

3. 项目就业职工及消费者和其他受益群体的受益受损分析

项目就业职工的受益程度等于职工的实际工资和福利所得扣除影子工资后的余额，必要时，应该包括作为外部效果的对上下游产业产生就业的影响。消费者和受益群体的福利变化等于支付意愿减去实际支付，其中支付意愿包括受益群体净得益。以教育项目为例，学生的支付意愿包括学生日后的收入增加和个人的满足效益减去个人因学习付出的机会成本；实际支付包括付给项目和直接付给政府的。在很多情况下，该项的净值就是消费者剩余。

（二）项目利益主体的经济效益费用流分析

由多种因素导致工程项目的财务现金流量和经济费用效益流量存在差异，除进行项目各相关财务主体的现金流量分析之外，必要时还应进行拟建项目利益相关主体的经济费用效益流量分析，即项目影响范围内哪些群体会获益或发生损失对项目的可持续性具有重要的影响。项目影响范围内群体的受益受损分析首先从识别不同的群体出发，可能有以下几种分类：第一，项目效果可以在不同项目参与者之间分配，如政府、民间投资者、项目就业职工以及消费者和外部受益或受损群体；第二，项目涉及国外投资者、劳动力、贷款者，则要考虑国内和国外的分配；第三，项目效益可以在公共部门和私人部门之间分配，对于社会基础设施的发展，在公共部门出资支持私人部门经营时，这可能特别重要；第四，净项目效益不但可以在不同项目参与者之间分配，而且可以在不同收入水平的参与者之间分配；第五，净项目效益可以按照项目净效益是否将被消费或储蓄来分配；第六，费用效益可在那些参与全球或地区项目的不同国家或地区之间进行分配。

项目的经济费用和效益是由不同的群体分享的，具体分析步骤如下：

（1）识别项目的主要利益群体，例如政府[1]（财政）、民间投资者、项目就业职工以及消费者和外部受益或受损群体。

（2）仔细分析各利益群体的效益和费用流量情况，各种投入产出的价格通过税收和补贴调整为经济价格，同时考虑受益者的消费者剩余变化。

（3）将各利益主体在项目中的效益和费用进行加总，用统一的社会折现率分别折现为现值，就可以得到各利益主体得益受损的比率。

$$\beta_i = NB_i \Big/ \sum NB_i \qquad (11\text{-}18)$$

式中　β_i——表示各利益主体的利益分享比例；

NB_i——表示各利益主体得益净现值（可以是负的），在全覆盖的情况下，$\sum NB_i$ 应等于经济净现值（$ENPV$）。

这里结合某高速公路项目案例，演示工程项目利益相关主体受益受损分析的过程。本案例从政府、项目的建设运营商、高速公路使用者、新就业职工和失地农民五个方面分别考量各利益主体的效益流量和费用流量（具体的效益费用流量表略）。

（1）政府的效益流量包括国有银行对项目贷款的还本付息、各种税收收入、土地出让收入以及项目在经营期结束后的残值；政府的费用流量包括政府对项目的贷款支出、对失地农民的征地补偿和土地复垦和环境生态等保护支出。

（2）对高速公路的建设运营商来说，其效益流量项包括项目的贷款收入和过路费收入；费用流量项包括职工的工资和福利、高速公路的养护费、贷款的本金偿还和利息支出、营业税金及附加、所得税以及建设投资等。道路使用者的净效益就是其使用这条高速公路所获得

---

[1]　广义的"政府"可作为全民利益的代表，狭义的政府可看作是"财政"。例如国有土地出让，出让金收入是财政收入，而土地被占用的经济费用是政府代表国家的付出。因此，必要时可对此做出区分。

的经济效益（支付意愿）减去其支付的过路费即其广义费用的节省。

（3）项目就业职工净效益应该等于职工工资及福利扣除影子工资。

（4）对因建设高速公路而被征地的农民来说，他们所获得的净效益等于征地补偿减去土地的农业产出的机会成本。

工程项目受益受损分析的计算结果见表 11-6。在该项目的经济效益流向中，政府获利 44.55%，高速公路的建设运营商获利 24.05%，高速公路的使用者获利 27.49%，项目就业职工获利 16.32%，而失地农民在该项目中的损失比例为 12.40%。政府在项目中获利最高，其主要原因在于土地征用成本过低，土地的农业产出价值与其他用途价值有巨大反差。因此建议提高土地的征用成本，一方面提高了高速公路的建设成本，有利于效率的改进；另一方面同时增加对农民的补偿，有利于提高公平的程度，从而实现最后的"双赢"。

从本例可以看出，建设项目实施中各利益主体间有很多转移支付，如国内贷款的本金和利息、税收、土地补偿和过路费等，加总以后相互抵消，留下的是整个社会的效益和费用。因此，从社会资源配置效率出发的费用-效益分析可以看作是全部利益主体效益和费用的加总，而总的费用效益流又可分解为各利益主体的现金或净效益流。通过财务分析和经济分析的比较，揭示相关利益主体的受益受损分配，可以进一步帮助形成合理的方案，做出正确的决策，也有利于项目的实施。

表 11-6　　　　　　　　相关利益主体的受益受损分析计算表　　　　　　　　（万元）

序号	政府	建设运营商	道路使用者	职工	失地农民	合计
1	−6080.23	−9918.50	0	2054.26	−13018.18	−26962.64
2	−19098.41	−9918.50	0	2054.26		−26962.64
3	−16370.06	−8795.04	0	2054.26		−23110.84
4	6760.62	0	1548.44	927.50		9236.56
5	7204.57	0	1647.04	973.88		9825.48
6	7677.59	0	1751.95	1022.57		10452.11
7	8181.57	0	1863.57	1073.70		11118.85
8	8718.41	0	1982.30	1127.38		11828.10
9	12203.07	0	2691.16	1183.75		16077.98
10	12859.64	0	2835.00	1242.94		16937.57
11	13551.52	0	2986.53	1305.09		17843.12
12	12375.93	1904.66	3146.16	1370.34		18797.09
13	4884.22	10164.66	3314.32	1438.86		19802.05
14	4408.18	8560.67	4456.09	1510.80		18935.75
15	7303.23	14323.98	4661.20	1586.34		27874.75
16	7669.06	14946.94	4875.75	1665.66		29157.40
17	8051.62	15598.34	5100.17	1748.94		30499.07
18	8451.66	16279.51	5334.92	1836.39		31902.47
19	11698.02	21872.67	7122.25	1928.21		42621.15
20	12191.76	22714.55	7409.78	2024.62		44340.71
21	12705.10	23589.78	7708.92	2125.85		46129.65

续表

序号	政府	建设运营商	道路使用者	职工	失地农民	合计
22	13238.83	24499.64	8020.14	2232.14		47990.75
23	52311.81	25445.51	8343.92	2343.75		88444.99
净现值	43307.47	23375.44	26720.80	15865.53	−12053.87	97215.37
分配比例	44.55%	24.05%	27.49%	16.32%	−12.40%	100%

三、贫困及公平分配影响分析方法及其应用

（一）贫困人口影响分析

净效益在受益人群中的分配效果是根据他们的收入水平而确定的。许多农业、社会福利部门、城市发展与公共事业项目尤其关注净收益是否分配给穷人。例如，在农业项目中，生产者的利益可以在不同收入水平的农民等群体之间进行分配。很多国际组织例如世行和亚行进行收入分配分析时，重点关注对贫困的影响。

贫困分配影响分析是确定经济效益在贫困群体与非贫困群体间的分配，贫困人口定义为生活在贫困线以下的人口。进行贫困分配影响分析可首先估算出各参与群体所取得的经济净效益，然后按贫困人口在每个群体中所占的比例计算分配给贫困人口的净效益，通过设置贫困影响系数来表示。贫困影响系数表示经济净效益中贫困人口所分配到的比例，计算公式如下：

$$贫困影响系数＝分配给贫困人口的净效益/整个经济获得的净效益 \qquad (11-19)$$

这里通过亚行（ADB，2001）关于印度服务于一个小乡镇的公共用水项目来说明贫困分配影响分析的过程，见表11-7。为了对贫困影响进行分析，将项目受益人分成贫困人口、非贫困人口和政府三部分，经济净效益只在贫困人口和非贫困人口之间分配；当政府也参与经济净效益的分配时，假设50%的受益是分配给贫困人口的。

项目资本投资成本为2500万美元（以边境口岸价格计算），进口关税税率为30%，官方汇率为20卢比/美元，影子汇率换算系数为1.2；电力市场价格为300百万卢比（当地货币单位），包括20%的生产税，另需加10%销售税；工资总额为80百万卢比，劳动力的供应价格为平均工资率的70%；水的销售收入为1000百万卢比，非法用水的数量占到总收入的20%，消耗的水的经济成本为1500百万卢比。

计算财务净效益（NFB）表明该项目亏损了60百万卢比。以国内价格水平表示的经济净效益（NEB）是894百万卢比，经济净效益跟财务净效益之间的差异在不同群体之间进行分配，总差异为954百万卢比，各群体的效益如下：消费者受益800百万卢比；政府从进口设备中收取150百万卢比税收，从电力生产中收取80百万卢比税收（生产税50百万卢比加上销售税30百万卢比），由于高估汇率而遭受的100百万卢比的经济损失；劳动力受益24百万卢比（80百万卢比的工资减去56百万卢比的机会成本）。

表11-7　　　　　　　　　供水项目的贫困影响系数　　　　　　　　　（百万卢比）

项目效果分配	财务效益	经济效益	差额	消费者	政府/经济	劳动力
产出	1000	1800	800	800		
投资成本	650	600	50		150～100	
用电成本	330	250	80		80	

项目效果分配		财务效益	经济效益	差额	消费者	政府/经济	劳动力
劳动力成本		80	56	24			24
总计		−60	894	954	800	130	24
贫困影响系数		消费者	政府/经济		劳动力		总计
受益	NEB−NFB	800	130		24		954
	财务效益		−60				−60
净经济效益		800	70		24		894
贫困人口比例		0.25	0.50		0.333		
贫困人口受益		200	35		8		243

贫困影响系数：243/894=0.271

最后一步就是将经济净效益在贫困人口和非贫困人口之间进行分配。消费者受益的 1/4 和劳动力受益的 1/3 分配给贫困人口。这里假定政府受益的 50% 是用来造福于贫困人口，从而贫困人口分配到的经济净效益为 243 百万卢比。贫困影响系数为 243/894=0.271。

贫困影响系数应当与项目地区的贫困人口联系在一起进行评价。例如若在项目区域内 10% 的人口为贫困人口，而贫困影响系数为 0.271，则项目具有正的减少贫困影响的效果。

（二）公平分配效果分析

受益受损分析的重要目的是分清项目的利益主体，明确谁将受益谁将受损。界定了效益的分配以后，就要进一步考虑是否有必要建立考虑这种公平分配的评价准则。许多政府参与的项目，其目标并非完全出于资源配置效率的最大化，还有考虑公平分配的目标。不排除为考虑公平分配而选择效率次优甚至选择达不到效率准则的项目方案，这种情况在政府投资的公共项目中经常发生。

在费用-效益分析框架中考虑公平分配问题，普遍的做法是引入对净社会效益（NB）的加权计算。假设 N 个群体受项目的影响，给每个群体的净效益指定一个权重（α_i），加权计算后得到考虑公平分配后的经济净现值。

传统费用-效益分析假设 $\alpha_1 = \alpha_2 = \cdots = \alpha_N = 1$。也就是说，不管每个人是获得一单位的收益还是遭受一单位的损失，赋予每个人的净效益权重都是一样的，这就是效率准则。只有当收入或福利分配最理想的情况下才符合公平分配评价的目标。如果社会不是处在最理想的分配状态下，比如政策或管理的问题引起社会分配不公平，就要给不同的人分配不同的权重，这样的做法使我们在项目层次考虑了社会分配目标。在费用-效益分析框架内，应进一步对收入分配进行分析，可按以下内容进行：一是受益受损分析，识别和列出与项目相关的费用和效益是如何在各利益群体间分配的；二是考虑公平分配的分析，计算分配权重，根据不同的社会群体所获得收益和付出成本的分配权重，重新计算项目的净现值。如果加权后总的净现值大于或等于零，则项目可以考虑接受。

1. 分配权重的计算

（1）隐性分配权重。关于选择什么样的合适权重，有着相当广泛的争论。一个简单的做法是，不直接计算各类利益群体的权重是多少，而是计算能使项目实施（总净现值为正）还是中止（总净现值为负）结论改变的临界权重值，这样的做法称为隐性分配权重计算。假设社会里只有两个群体受项目的影响，以 R 和 P 来表示。群体 R 的净效益 NB_R 是 200 元，群体 P 的净效益 NB_P 是−100 元，整个项目的净效益 NB 是 100 元，因此按照传统费用−效益分析方法分析，该项目是值得实施的，因为提高了经济效率。但是，如果受损者群体 P 相对于受益者群体 R 本来就穷，收入和财富分配本来就不公平，该项目的实施加剧了这种不公平。现在计算隐性分配权重。令群体 R 的分配权重 α_R^* 等于 1，这种不公平是考虑公平分配的 $ENPV'$ 等于零，群体 P 的分配权重设为 α_P^*，那么 $ENPV' = NB_R + \alpha_P^* NB_P = 0$。

$$\alpha_P^* = -\frac{NB_R}{NB_P} \tag{11-20}$$

式中　α_P^*——隐性分配权重。

在上面的例子中，$\alpha_P^* = -\dfrac{NB_R}{NB_P} = -\dfrac{200}{-100} = 2$，得到该值为多少时就会影响项目的决策。如果决策者认为穷人群体 P 对 1 元收入的效用是富人群体 R 的 2 倍以上，则上述例子中的项目不应考虑接受。

（2）显性分配权重。显性分配权重是指直接计算各个群体的分配权重，其计算十分困难。一种规范的方法是以各个群体收入重要性的判断为基础来推导显性分配权重，首先必须定义一个"社会效用"函数，也就是各群体有相同的收入的效用函数，这种函数满足以下基本假设：①收入的边际效用随着收入水平的提高而递减，即收入水平越高，则增加收入产生的效用就越小；②其边际效用具有一个不变的弹性。

上述假设表明，穷人的收入变化−单位的效用值比富人收入变化−单位的效用值要大，其他条件相同情况下，将两者对社会福利的相对贡献的差异表示出来，就是后者收入一元的权重要比前者小。根据这个基本原理，设定的效用函数仅与收入 Y 有关，也就是 $U = U(Y)$，并且收入的边际效用函数有不变的弹性。群体 i 的收入边际效用函数可以写成：$U_i' = \dfrac{dU}{dY} = aY_i^{-e}$，$e$ 为代表群体收入边际效用的弹性或边际收入的社会价值。对于所有人的平均收入 $\overline{Y}$，有：$U_{\overline{Y}}' = a\overline{Y}^{-e}$，则第 i 个群体的相对权重为：$\dfrac{U_{\overline{Y}}'}{U_i'} = \dfrac{a\overline{Y}^{-e}}{aY^{-e}} = \left(\dfrac{\overline{Y}}{Y_i}\right)^{-e}$，即

$$a_i = (\overline{Y}/Y_i)^e \tag{11-21}$$

在上述显性分配权重的计算中，收入数据容易获得，关键是 e 的估计。直觉上，该弹性反映了社会对不公平的厌恶程度。为了确定 e 的大小，首先可以询问人们可以容忍多大程度的不公平。

原则上，e 能从零到正无穷之间变化。传统费用−效益分析中假设 $e=0$（其结果导致 $a_i=1$）；在另一极端情况下，如果对不公平的怨恨程度相当大（$e \to \infty$），该决策准则总是拒绝使穷人境况变得更糟糕的项目（总是接受使穷人境况变好的项目）。很多研究选取 e 的变化范围比较小，一般认为 e 的变化在 0.5~1.2 之间是合适的。

根据上述原理，采用某地区居民人均可支配收入统计数据举例说明不同收入的分配权重计算，数据见表 11-8。

表 11-8 某地区居民人均可支配收入（按收入等级划分） （元）

收入群体	最低收入户	低收入户	中等偏下户	中等收入户	中等偏上户	高收入户	最高收入户
10493.03	3134.88	4885.32	6710.58	9190.05	12603.37	17202.93	28773.11

e 分别取 0.5 和 1，该地区居民人均可支配收入为 10493.03 元，计算结果见表 11-9。

表 11-9 不同收入群体的分配权重

收入群体	最低收入户	低收入户	中等偏下户	中等收入户	中等偏上户	高收入户	最高收入户
$e = 0.5$	1.83	1.47	1.25	1.07	0.91	0.78	0.60
$e = 1$	3.35	2.15	1.56	1.14	0.83	0.61	0.36

从上面的分析结果可以看出，如果采用 $e = 1$，最低收入户的分配权重为 3.35，最高收入户的分配权重为 0.36，二者相差 10 倍；而如果采用 $e = 0.5$，最低收入户的分配权重为 1.83，最高收入户的分配权重为 0.60，二者只相差 3 倍。弹性 e 的大小决定了对净效益的调节程度，这说明，e 取值越大，政府目标中公平分配的倾向性越大。

项目效益情况见表 11-10 第 2 行所示：$e = 0$，最低收入户效益为 200 元，低收入户效益为 100 元，高收入户净效益为 −400 元，最高收入户效益为 −400 元，总净效益为 −500 元，小于零，项目不可行。如进行分配的调整，每一类型的效益分别乘以其权重，e 的取值是大于零的，其作用是减少富人的净损失，增大穷人的净效益。当 $e = 0.5$ 时，该项目仍然有很小的净损失；当 $e = 1$ 时，带分配权重的总效益是正的。

表 11-10 不同分配权重的总效益

收入群体	最低收入户	低收入户	中等偏下户	中等收入户	中等偏上户	高收入户	最高收入户	总效益
$e = 0$	200	100	0	0	0	−400	−400	−500
$e = 0.5$	366	147	0	0	0	−312	−240	−39
$e = 1$	670	215	0	0	0	−244	−144	497

从表 11-10 可以看出，项目从经济上不可行到可行完全取决于决策者的主观判断（决定 e 的大小）。按 $e = 1$，项目判为可行，实际上是以牺牲效率（500 元）为代价的，也就是说，高收入者以 800 元来补偿低收入者的 300 元的做法是否值得，显然是一个价值判断的问题。

2. 财务价格与经济价格的差异及其对收入分配的影响

由于市场扭曲和政府干预的存在，财务价格与经济价格之间存在着一定的差异，说明项目会给其他一些群体带来效益和费用。确认这些差异是分析项目效益分配过程的一部分，也是分析项目投资和政策变动关系的第一步。

由于财务和经济价格之间确实存在着差异，因此在项目生命周期内，要考虑与项目相关政策的变动，特别是对于有私人部门参与的项目或鼓励私人部门参与的项目，财务价格和经济价格差值在一定程度上反映了未来政策改变会给项目带来的风险。如果预期政府会降低财政补贴，那么就要考虑到这个举措对项目参与者获得财务收益的影响。

财务收益基于财务价格进行计算，经济效益基于经济价格进行计算。如果项目财务与经济的计算边界相同（如在公共设施项目中），那么财务收益与经济效益的差异是由财务与经济价格的差异引起的,并由此引起项目效益在不同利益相关主体之间产生不同的收入分配效果。

(1) 间接税与补贴。财务与经济价格都与市场价格有关。如果政府为了提高收益而征收间接税,对于项目产出来说,经济价格至少要高出财务价格间接税的部分;而对于项目投入来说,财务价格高出经济价格至少也是间接税的部分。

(2) 垄断价格。垄断行业的厂商通常会将其产品价格定价高于产品的边际成本,增加了项目成本,使得财务价格高于经济价格。经济价格与财务价格的差别为垄断租金。

(3) 外汇的经济价格。外汇经济价格与财务价格的差异一是由于进出口关税和补贴;二是由于政府管制产生的外汇溢价部分。外汇溢价等于影子汇率和官方汇率的差额。

表 11-11 列出了导致某项目进口汽车经济价格和财务价格之间差异的原因。假设该进口汽车到岸价为 3 万美元,官方汇率为 8 元。

表 11-11　　　　　　　　　　经济价格与财务价格之间差异的原因　　　　　　　　　(万元)

项目	财务价格	政府	经销商	经济价格
到岸价格	24.96	0.00	0.00	24.96
关税	6.24	6.24	0.00	0.00
外汇溢价	0.00	−0.96	0.00	0.96
经销利润	3.74	0.00	3.74	3.74
垄断租金	2.50	0.00	2.50	0.00
总额	37.44	5.28	6.24	29.66

该项目一辆进口汽车的财务价格为 37.44 万元,经济价格大约为 29.66 万元。两者之间的差额 7.78 万元是对政府的净财政影响,其中包括 6.24 万元的进口关税和 0.96 万元的外汇溢价损失,以及汽车经销商利用他们的垄断地位所获得的租金 2.5 万元。汽车的财务价格比经济价格高出 26%,并且在整个高出的部分中,估计有 18% 是政策诱发的扭曲,8% 是市场不完善造成的。

(4) 非边际项目。生产者剩余与消费者剩余同样会使经济与财务价格产生差异,这些剩余都来自项目对市场产生的影响。例如,如果一个项目的产出足够大,能够使产品国内市场价格下降,那么项目产出的财务收益按下降后的市场价格计算,而由于降价,原有消费者和新消费者的消费者剩余将会增加,经济价格要包括这部分消费者剩余,其值要高于财务价格。

例如某年产 500 万 t 的水泥项目,产品用以满足当地和周边地区的需求,并替代部分价高质次的中小水泥厂的产出。由于水泥的运输费占比较高,市场容量有限,在实现供求均衡状态下的平均出厂价格(含 17% 增值税)与无项目比较会从每吨 360 元下降至 330 元,估计项目产出的 60% 增加需求的满足,40% 是替代原本由中小水泥厂的供应。项目财务盈利性分析计算产出收益的财务价格为 330×(1−17%)=274 元/t;经济分析中计算产出效益的平均经济价格为:

$$60\%\times\left[\frac{1}{2}(360+330)\right]+40\%\times\left[\frac{1}{2}(360+330)\times(1-17\%)\right]=207+115=322\,\text{元/t}。$$

上式中第一项为包括消费者剩余在内的支付意愿的增加,含税价格;第二项是排除原有水泥供应而节省的费用,不含税价格。

如果项目产出是增加出口,导致出口价格下降,项目产出的收益按下降后的出口价格计算，由于出口，国外的消费者剩余增加不在经济分析考虑的范围内，但由此产生的出口价格下降对国内原有出口商造成的生产者剩余的损失应在项目的出口效益中扣除，这时项目产出的经济价格要低于财务价格。例如，我国每年出口某种有色金属原料 72 万 t，预测的离岸价平均为 3800 美元/t。考虑某新建这种原料项目的产出中每年有 12 万 t 的增加出口。由于这种原料国际市场的需求价格弹性有限，由此使价格下降至 3650 美元/t。在进行财务分析时，应以降价后的 3650 美元/t 为基础计算项目这部分产出的收益。但是，在进行经济分析时，项目产出的效益还要扣除国内原出口的 72 万 t 原料因价格下降而导致的收益损失，即经济价格按 3650–（3800–3650）×72/12=2750 美元/t 为基础计算。

同样道理，非边际项目的主要投入足以推高原来的均衡价格时，也应按类似思路考虑由此产生的经济价格与财务价格的差异。尽管生产者与消费者剩余很难定量计算，但仍可以进行大致的估算，特别是对于项目的主要受益人。又如，劳动力财务价格与经济价格的差值就是生产者剩余转移给贫困人口的主要结果。

（5）外部效果。外部效果是指项目对项目外部群体产生的影响。外部效果同样会导致经济与财务价格之间的差异，积极的外部效果被认为是外部效益，消极的外部效果被认为是外部成本。有时政府为矫正消极的外部效果会征收一定的税费，这些税费应计入财务和经济价格。

（6）公共服务定价。水、电等普通公共服务的经济价值是人们为这些服务所愿意支付的最高价格，而这些价格往往要比人们为这些服务所需支付的财务价格要高得多。公共服务的定价是调节消费者和供应者利益分配的重要手段。

3. 财务和经济分析指标的比较

一个经济效益好的项目应该为项目各参与方带来期望的投资收益。然而在实际评价中会出现项目能达到投资者要求的收益，但是在经济分析中不能达到优化资源配置目的的情况；同样，有的项目能够达到优化资源配置的目的，但是没有财务生存能力。通过比较一个部门或一个项目的财务收益水平与经济收益水平可以看出政策改革的效果：如果一个项目在财务价格下有生存能力而在经济价格下没有生存能力，那么该项目就是将效益不恰当地从经济体中转移至项目投资者；如果一个项目在经济价格下能够生存，而在财务价格下不能生存，那么说明项目的效益过多地从投资者转移至其他利益群体，包括债权人、消费者和政府。由于这样的项目在财务分析下不能持续，因此需要政府的财政补贴。

项目全部投资财务净现值与经济净现值的比率称为项目补贴率。项目补贴率高于整个经济体的平均有效补贴率，那么这个部门或项目相对而言是受到保护的；如果低于平均值，那么这个部门或项目相对而言是不受保护的。

补贴的成本通常是转嫁给部门或项目产品的使用者。例如，为了弥补项目投入所缴纳的税费而提高产品价格，税收成本就由消费者支付比经济价格更高的财务价格来承担。项目补贴率的值越高表明使用者和供应商的效益越多地转移至项目投资者，通常，较高的补贴率表明消费者的损失，包括对贫困人口造成的损失。

在工程项目的经济分析中，理论上应开展上述各项收入分配影响的分析，但是，在项目评价的具体实践中，这些分析往往是十分困难的。由于资料收集的困难，即便是要求进行这类分析，在实际应用层面往往变得流于形式。因此，在国家的政策制定及经济社会发展规划的研究制定层面，应重视这种分析。在具体的工程项目经济分析层面，一般不考虑进行这类分析。

第十二章

不同行业项目经济分析方法的应用

项目经济分析的实践表明，各行业工程项目经济效益和费用的构成以及评价分析的关注重点存在很大差异，不应采用统一的分析指标及框架格式予以套用，在实际应用中应该按照不同行业的特点，有针对性地提出本行业投资项目经济分析的思路框架、指标选择、分析重点及参数选择，以体现行业特点。

第一节 交通运输基础设施建设项目

一、交通运输基础设施项目经济分析概述

（一）交通运输项目的主要特点

交通运输基础设施投资项目（简称交通运输项目）包括铁路、公路、航道、港口、民用机场和管道等投资建设项目。这些项目为社会生产和消费提供流通服务，是社会经济活动的一种重要基础设施，由于其外部性和公益性，投资的盈利性分析不足以覆盖经济分析的全面内容。尽管科技的发展，使交通服务收费和民营化的可能性增加，但多数这类项目远未达到完全市场化项目的标准：收费公路、客运铁路专线和城市轨道交通等，尽管多数采用收费服务的运营模式，但票价受严格的规制；由于网络效应和竞争性服务的替代性，很多这类项目投资主体的收益与项目的直接和间接效益有很大的错位；另外，这类项目对土地的占用和环境的影响要给予特殊的关注。这些因素都表明开展经济分析和评价的必要性。

按各种运输方式（如铁路、公路、水路、民航、管道等）的内部结构划分，交通运输项目可分为基础设施（如铁道的轨道，道路、水道、港口水上建筑物、机场、地下管道等）和经营性设施（车辆、船舶、飞机等运输工具及其服务维修设施等）。其中运输部门提供的服务，就其整体而言，属于准公共产品，因为它是基础设施和营运设施的结合，是共同提供的。而基础设施属于公共设施，它提供的服务属于公共产品；而营运设施则属于商业性，以营利为目的的经营性设施，它提供的服务属于私人产品。所以这里所指的交通运输投资项目是指运输基础设施，不包括运输工具，但在评价中又离不开后者，如运输工具的营运费用。

作为一个重要的产业部门，交通运输业具有与其他生产部门完全不同的特点：

（1）交通运输项目具有系统性和整体性的特点。现代交通运输手段（铁路、公路和水运、航空、管道等）的运输能力、时间、空间各不相同，而且不同地区对运量和运输条件的要求也各有差异，因此有必要形成一个综合系统的交通运输网络，这包括运输手段（方式和组织）系统和运输要求（运营和管理）系统。很多交通运输项目是整个运输网络的组成部分，因此在项目经济分析中有必要从系统的角度综合考察项目的效益和费用。

（2）交通运输项目投资规模大，建设周期长。比如线路建设、区站（站场）港口等项目

建设，其投资额动辄上亿，工期少则数年，多则十多年，而且交通运输项目的资产专业性比较强，技术规范严格，建成后很难改作他用。

（3）交通运输项目的投资效益和费用具有很强的外部性。交通运输项目的投资效益和费用具有很强的外部性是因为交通运输是社会再生产过程在流通领域内的继续（中间纽带），它连接着生产与生产、生产与交换、生产与消费、交换与消费等环节。很多交通运输服务不具充分的排他性，收费不足以反映消费者的支付意愿，更多地体现在消费者剩余的增加上。这些效益加上外部效果促进了工业、农业、商业、科教、旅游等其他部门的发展，所以在确定项目经济效益的同时要充分考虑财务收益之外的效果，尽量做到既不能漏算（遗漏），也不能重复计算。

（二）交通运输项目费用的识别和估算

运输投资项目的费用构成和度量范围依项目的类型（铁路、公路、机场、港口、管道等）、特点（新建、改造）、规模、目标以及评价层次（微观—企业、运输系统本身；宏观—区域或国民经济）的不同而有显著差异。就运输项目而言，其效益一般表现为资源费用的节约，即来自各种费用（成本）的节约，如建设费用、运营费用、出行（时间）费用、交通事故费用、环境费用等的节省。所以，正确估算各类费用不单是估算项目投入费用的需要，也是估算项目效益的基础，因此费用估算正确与否，直接影响效益的估算和正确决策。但是，在实践中，经常存在低估项目投入费用，包括建设和营运费用的情况。美国 Dicurell 考察了美国最近建成的 16 个城市轻轨交通项目，投资普遍低估，其中 9 个项目低估建设费用，8 个项目低估营运费用，低估达到三分之一的程度，结果导致每个乘客的单位成本超过预测的 188%，有的项目甚至超过了 700%。

美国维多利亚运输政策研究所将道路运输费用划分为 20 类（见表 12-1）。

表 12-1　　　　　　　　　　　道 路 运 输 费 用 划 分

序号	费用类型	说　　明
1	车辆固定费用	车主的固定费用
2	车辆营运费用	车辆可变费用，包括燃油、轮胎、收费和短期停车费
3	运营补贴	公共服务的财政补贴
4	出行时间	出行利用时间价值
5	内部事故	出行者承担的事故费用
6	外部事故	出行者对他人造成的事故费用
7	内部停车	居民额外停车费用和用户长期租赁停车场费用
8	外部停车	用户不直接承担的额外停车费用
9	拥挤	对其他道路使用者造成的拥挤费用
10	道路设施	道路设施建设和运营费用
11	土地价值	公共道路用地的价值
12	交通服务	提供交通服务，如交警、路灯、交通事故紧急救助服务等
13	运输多样性	对非司机和低收入者选择不同运输系统，特别是出行方案选择的服务费用
14	大气污染	车辆废气排放的大气污染费用

序号	费用类型	说　　明
15	噪声	车辆噪声污染费用
16	资源外部性	资源（特别是汽油消耗）的外部费用
17	阻碍影响	道路和交通引起非机动车出行的延误
18	土地利用影响	低密度、轿车导向发展模式引起的经济、社会和环境影响
19	水污染	交通设施和车辆引起的水污染和水文影响
20	废物垃圾	处理报废车辆有关的外部费用

在费用估算中目前存在的问题是，既有漏算的，也有重复计算的，特别是在经济分析中应该按照影子价格修正的未予修正，应该将转移支付费用扣除的未予减去，还有属于沉没成本的也列入总投资估算中。各个运输部门（铁路、公路、水运、民航、管道等）的项目投资估算标准缺乏可比性，从而造成各种运输方式方案之间选择的不可比性。在实践中，往往是公路项目由铁路或水运项目，或者是铁路项目由公路或水运项目作为替代方案，这种比较选择也就失去了意义，亦即难以得出最优方案。然而，这对于提高综合运输系统效率又是极其重要的。为了使各种运输方式的项目间具有可比性，必须对一些共性费用制定统一的标准化指标。这里将德国运输基础设施的投资费用结构及各年的价格指数的统一规定列于表 12-2 和表 12-3 以供借鉴。

表 12-2　　　　　　　　　　与运输方式有关的价格指数　　　　　　　　　　（%）

投资要素	1985 年	1988 年	1989 年
土地	100	115.1	131.8
桥梁	100	105.4	108.9
建筑物	100	106.5	131.8
输送设备	100	107.6	108.9
信号设施	100	104.5	110.2
电器设备	100	105.6	110.7
隧道、路面	100	104.3	106.6
道路和运河	100	106.0	109.3
飞机库和船闸	100	106.0	109.3
通信设施	100	100.5	99.4
轨道	100	102.5	102.2
泵装置	100	109.9	113.7
计划工作	100	106.6	114.1

表 12-3　　　　　　　　　　铁路项目各种投资费用所占比重　　　　　　　　　　（%）

投资构成	新线路	扩建	枢纽站
土地	2.7	2.2	1.4
道床	18.6	14.9	8.1

投资构成	新线路	扩建	枢纽站
隧道	36.2	0	0
桥梁	13.1	26.9	5.6
轨道	4.4	14.1	16.8
建筑物	1.2	0.1	33.0
信号、通信	7.2	20.5	20.8
电器设备	6.8	14.4	8.1
环境保护	3.2	0.1	0
计划工作	6.6	6.8	6.2
合计	100.0	100.0	100.0

注 资料来源：Macroeconomic Evaluation of Transport Infrastructure Investment Evaluation，Guideline for the Federal Transport Investment Plan 1985.

（三）交通运输项目经济效益的识别和估算

按照交通运输项目是否营利以及收费能否收回投资，把交通运输项目分为经营性项目、准经营性项目和非经营性项目三类。对于不同类型的交通运输项目，其经济分析的方法也有所不同。

1. 经营性项目

经营性项目是能够用收费来代替消费者支付意愿的项目，具体有两种类型：①项目的效益主要体现在快捷、舒适、正点和方便上，比如航空运输和一些客运专用线、观光专用线等，比较典型的有磁悬浮高速铁路和高速公路（国内）；②股份制铁路，如合资铁路、地方铁路，他们自定票价，并且需要项目主体自己偿还所借贷款。对于这类经营性项目，可以把线路看成是提供中间"产品"，把运行看作是提供最终服务，那么运输的收费扣除成本就可以作为专线道路和设施的效益。这样，最终受益者（旅客）的支付意愿已在服务收费中得到体现，也就不能再重复计算时间（费用）的节省等效益。近年来，在对旅客出行时间和货物运输时间可靠性的研究中，也发现旅客和货物托运人对出行时间和货物运输时间的可靠性可能比时间节约多少更为看重，因为旅客、货物能及时（按约定时间）到（送）达目的地，就不会影响下一步活动计划。这就从另一个方面证明了用收费来衡量消费者支付意愿的可行性。

经营性项目的经济分析一般是先进行财务分析，然后在此基础上，按经济分析的要求对现金流量做必要的调整，得出经济分析的效益和费用流。

2. 非经营性项目

非经营性项目是指不收费（不能收费或收费的成本太高）的交通运输项目，包括一般的国道、不收费的道路和桥梁以及一些城市道路的改扩建项目。非经营性项目的经济分析一般是先进行经济分析，再做财务清偿能力分析，而盈利能力分析可以不做或简化。非经营性项目的效益主要体现在消费者剩余的增加，或者说使用者费用的节省上。因此可以按有无对比原则计算由于路程缩短、道路标准或质量的提高而产生的各种费用节省，包括：

（1）车辆运行费用的节省。车辆运行费用的节省包括路程缩短、车速加快和路况改善而得到的单位行驶里程的费用节省。节省的是车辆的可变成本。

（2）车辆时间和旅客时间的节省。车辆时间的节省是车辆利用节省出时间的机会效益，等于车辆的毛收益减去可变成本。

（3）货物在途时间的节省。货物在途时间的节省至少是货物占用时间减少资金机会成本。

在不收费的情况下，效益主要由消费者剩余的增加来体现。项目的效益为面积 C_0C_1ed，如图 12-1 所示，这些效益包括有无对比的转移交通量 Q_0 和诱发交通量 Q_1-Q_0。

除了上述的费用节省外，还应包括直接的无形效益：

（1）减少拥挤的效益；

（2）交通事故的减少；

（3）旅客出行的舒适和正点。

3．准经营性项目

准经营性项目是指向交通设施的使用者收费但收费不足以收回投资的项目，比如一般的高速公路、桥梁和铁路项目。准经营性项目的经济分析比较复杂，既要考虑收费的经营收入，又要考虑费用和时同的节省。

在收费的情况下准经营性项目的效益为面积 C_0kedfC_1，如图 12-2 所示。只有费用的节省代表了社会资源的节省，道路收费可以看作是转移支付，不作为效益，但收费影响了交通量。图 12-2 中 C_1 和 C_0 分别表示有项目与无项目的单位交通费用，P_1 和 P_0 表示有无项目的收费。

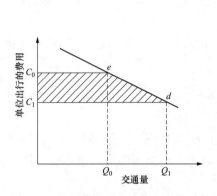

图 12-1　非经营性项目消费者剩余示意

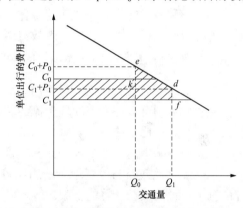

图 12-2　准经营性项目消费者剩余示意图

确定准经营性项目效益的时候，特别要注意区别外部效益和财务性效益，以避免出现重复计算的问题。比如，每条道路都是整个交通网络的组成部分，当这种网络系统整体性较强时（如城市道路），单个项目的交通量和效益就难以界定和覆盖全面，这时就有必要从网络的整体考虑交通量的重新分布和效益，那么由项目引起的交通量转移使原有道路的交通阻塞缓解的效益就应作为项目的外部效益；再比如，当交通运输项目计算了运输费用节省和时间节省等直接效益后，沿线的土地升值、产业发展和就业的增加就都属于派生的财务性效益，即使要作为一种间接效益，也要认真鉴别其与直接效益重复的部分。考虑到这些原因，一般不把沿线土地和房地产升值、地区经济发展、就业和居民收入等效果直接作为效益在经济分析中计算。必要时，可并行地做社会经济影响分析。

（四）现行交通项目经济分析的主要问题

现行的一些手册和指南按转移运量和诱发运量划分，分别计算运输费用（不包括运费）和运输时间节省价值作为效益，不区分使用者和供应者，把使用者支付的票价（运费）看作为转移支付，既是使用者的支出，又是供应者的收入，两者效益叠加时，运费会抵消，因此效益就是双方的各种费用的节省。这种做法对不收费的交通基础设施项目是正确的，可以避开消费者剩余的概念。但是对存在收费一类的交通运输项目，其诱发运量的效益就无法避开消费者剩余的变化。另外，要分别计算各种运输方式转移的效益，也相当烦琐。因此，这里建议不按转移和诱发交通量，而是按使用者和供应者划分效益，分别计算两方面的效益，包括使用者广义费用节省的效益和供应者收入增加的效益，使用者广义费用中包括使用者支付的运费，供应者效益中包括运费收入。这样做的好处是：通过两种剩余的比较，可以看出净效益在两个利益主体间的分配；可以清晰地看出票价的确定对运量的影响，保持与运量预测所用的参数一致；诱发运量的效益可以通过消费者剩余的变化得到准确的计算。另外，我们推荐按 OD（origin- destination）对间的各种替代的运输方式加权平均的通道的运输时间和运输费用的节省来计算使用者的效益，这样做相对简单，又不失各种交通运输方式间的替代后的间接效果的考虑。

二、轨道交通和收费公路项目经济效益的计算

（一）轨道交通项目经济效益的计算

轨道交通项目在营运期间的效益可以通过消费者剩余和生产者剩余的增量来度量。这里消费者（轨道交通设施的使用者）指的是旅客和货主，生产者（供应者）指的是铁路（包括线路和车辆）和相关的交通投资运营主体。因项目建设而受影响的网络内任一起讫点 OD 区间通道内的效益包括使用者和供应者效益两部分：

$$\text{使用者效益} = \sum_{\text{各种运输方式}} 1/2 \times (\text{无项目的运量} + \text{有项目的运量}) \times (\text{无项目通道的广义费用}$$
$$- \text{有项目通道广义费用}) \tag{12-1}$$

供应者效益则可以在投资净现金流的基础上调整值，再加该 OD 通道上竞争性运输方式的供给者的有无对比下的生产者剩余的增加值（减少为负值）。

由以上两个基本的计量公式，计算项目影响到的各 OD 区间，叠加后就是项目的经常性效益。这些经常性效益与投资增量费用比较，就可以得出评价或比选的指标❶。以下用一演示性的例子，说明效益计算的框架。

【例 12-1】 新建铁路客运专线项目效益计算案例。假设 AB 两地之间的距离为 302km，通道铁路既有线客货混运，另有与此基本平行的高速公路。拟新建高速铁路客运专线，既有线改为货运专线。有无对比下，既有线和部分公路的乘客因时间节省会转移过来，并同时产生诱发运量，货物运输也从公路向既有线转移。按广义费用的比较，用模型测得通道运量及专线、既有线和公路之间的分配。以下对某特定年度 AB 间有无铁路客运专线项目比较下的效益进行计算。

1. 使用者效益

（1）旅客效益。旅客效益即旅客的消费者剩余的增加，包括时间节省价值和费用的节省（或增加）。设平均的时间价值为 25 元/（人·时），客运专线平均票价由既有线的 40 元提高至 75 元，公路客运票价 80 元保持不变，其他费用的变化忽略不计，进出站、购票、等待和

---

❶ 参见日本运输省铁道局的《铁道项目费用-效果分析手册（1999 版）》和铁三院完成的《京沪高速铁路的可行性研究报告》。目前有些铁路项目经济分析把运营费收入作为直接效益，同时又把乘客和货主的时间和费用节省作为间接效益，叠加计算，这种做法概念不清，存在重复计算的问题。

舒适性效益已折算为时间的节省。有项目下的公路客运因路面分流，车速加快，旅行时间也略有节省。有无比较，专线客运量从既有线转移 2200 万人次/年，从公路转移 600 万人次/年，诱发 1000 万人次/年。有关数据和按有无对比下通道旅客效益的具体计算见表 12-4。

表 12-4　　　　　某新建铁路客运专线 AB 间旅客效益计算表（单程）

通道运输方式	A 到 B 每人次花费时间（分）/费用（元）				运量（万人/年）		效益（万元）	
	有项目		无项目		有项目	无项目	时间节约	费用节省
	时间（min）	费用	时间（min）	费用				
客运专线	60	75	—	—	3800	—		
既有线			180	40		2200		
公路	180	80	200	80	1200	1800		
通道加权平均	88.8[①]	76.2[②]	189[③]	58[④]	5000	4000	187875[⑤]	-81900[⑥]

① =（60×3800+180×1200）/（3800+1200）= 88.8min；

② =（75×3800+80×1200）/（3800+1200）= 76.2 元；

③ =（180×2200+200×1800）/（2200+1800）= 189min；

④ =（40×2200+80×1800）/（2200+1800）= 58 元；

⑤ =（25×（189-88.8）/60）×（1/2）×（5000+4000）= 187875 万元；

⑥ =（58-76.2）×（1/2）×（5000+4000）= -81900 万元。

上例示意性的计算，使用者（旅客）在 AB 间的效益（消费者剩余）为 187875-81900=109575 万元。在这个例子中，旅客的运费节省是负的，这是因为客运专线产生时间节省等效益较高，铁路业主通过提高票价获得部分效益。

（2）货运的货主效益。这主要是在有项目下，既有线专事货运，运输能力大大提高，由公路运输的货物向既有线转移，使货主从 A 至 B 的运价从 150 元/t 降至 60 元/t，另外运输时间也有节省。设定单位货物运输周转量（每吨/小时）时间节省平均价值为 15 元。进行有无比较，既有线年货运量从 2000 万 t 增至 5000 万 t，其中从公路转移 2200 万 t，诱发 800 万 t。类似于旅客效益的计算，有关数据和按有无对比下通道货物运输货主的效益计算见表 12-5。

表 12-5　　　　　某新建铁路客运专线 AB 间货主效益计算表（单程）

通道运输方式	A 到 B 每吨货花费时间（h）/费用（元）				运量（万 t/年）		效益（万元）	
	有项目		无项目		有项目	无项目	时间节约	费用节省
	时间（h）（1）	运费（2）	时间（h）（3）	运费（4）	（5）	（6）	（7）	（8）
客运专线	—	—						
既有线	4.0	60	8.0	60	5000	2000		
公　路	5.0	150	6.0	150	1300	3500		
通道加权平均	4.2[①]	78.6[②]	6.7[③]	117[④]	6300	5500	14750[⑤]	226560[⑥]

① =（4×5000+5×1300）/（5000+1300）=4.2h；

② =（60×5000+150×1300）/（5000+1300）=78.6 元；

③ =（8×2000+6×3500）/（2000+3500）=6.7h；

④ =（60×2000+150×3500）/（2000+3500）=117 元；

⑤ =（15×（6.7-4.2）×（1/2）×（6300+5500）=14750 万元；

⑥ =（117-78.6）×（1/2）×（6300+5500）=226560 万元。

由于客运专线的建设，货运使用者（货主）在 AB 间的效益（消费者剩余）为 14750+226560 =241310 万元。

2. 供应者效益

（1）铁路业主客货运生产者剩余的增加，按下列公式计算：货运生产者剩余增加值=客运专线运营收入–客运专线运营费用–既有线客运运营收入的减少+既有线客运运营费用的减少+既有线货运营运收入的增加–既有线货运营运费用的增加

（2）公路运输业主生产者剩余。公路运输业主生产者剩余=公路客货运运营费用减少数–公路客货运营运收入减少数

以上使用者效益与供应者效益之和就是该专线项目的经常性净效益，与初始投资（客运专线的投资和增加既有线货运能力的投资）比较，就可以计算出经济分析的相关指标。其中，投资和运营费用可以在财务分析报表的基础上调整为经济费用。

经常性效益还应包括有无对比下（主要是替代道路交通）的交通事故减少、环境改善（噪声、氮氧和二氧化碳排放等）和节约能源等效益，应尽可能进行货币量化分析。

（二）收费公路项目经济效益的计算

收费公路项目的消费者（使用者）是在公路上行驶的车辆为单位的车主（代表了车辆、人员、乘客和所运货物的货主）；生产者（供应者）指的是公路投资建设和运营主体。车辆可按轿车、中小客车、中小型货车、普通货车和大型货车等划分。

（1）公路使用者的效益主要是有无项目对比下，按 OD 区间各类车的交通量计算，包括：

1）出行时间节省效益（包括车辆、司机和车上的乘客或货物），按每辆车-小时的时间价值计算。

2）行驶费用节省效益，按行驶距离和每辆车每公里行驶费用计算，后者取决于道路级别和平均的行驶速度。

3）交通事故减少效益，按车道数、有无隔离带、路线长度和路口数等事故损失统计资料估计。

以上效益减去道路通行费，就是使用者的净效益。

（2）公路供应者的净效益可以在公路投资盈利性分析的现金流量基础上调整为经济效益费用流。

（3）项目造成的土地占用、环境（噪声、氮氧和二氧化碳排放等）和能源耗用等费用，尽可能进行货币量化计算。

第二节　农业水利建设项目

水利属于大农业的组成部分。水利设施是现代农业的重要基础设施。大型水利工程项目的效益体现在多个方面，有防洪、灌溉、发电和航运等，其财务收益往往不能覆盖经济效益；在费用方面，投资大，建设时间长，有些还涉及大量移民和个体农户，效益和利益的分配极为复杂，工程建设对环境生态的影响复杂，其损害也难以量化。经济分析要在众多专业的研究设计基础上进行才能得出有意义的结论。

一、水利项目的防洪效益

通过水利工程的建设实施，使洪水淹没的面积和概率减少，从而使居民生命财产和经济

活动的损失减少是防洪项目的主要效益。洪水的发生具有随机性，但长期积累的水文观测数据提供了客观概率描述，可以提供较可靠的经济效益计算基础。下面以某河段河堤加高整治，提高排防洪能力项目为例，演示计算防洪效益的过程。

（一）确定洪水位发生的概率

一般河流年度最高水位高程（h）呈指数分布，其概率密度函数为：

$$f(h) = \lambda e^{-\lambda h} \tag{12-2}$$

式中　λ——水位 H 的期望值。

水位 H 不高于 h 的概率可表示为：

$$P(H \leqslant h) = 1 - e^{-\lambda h} \tag{12-3}$$

或者，水位 H 落在区间（a，b）的概率为

$$P(a < H \leqslant b) = e^{-\lambda a} - e^{-\lambda b} \tag{12-4}$$

由该河流段水文观察站的长期数据统计可知，历年来最高水位的平均值为 1.60m，则参数 λ 的估计值为 0.625，则可确定水位 H 的概率密度函数为 $f(h) = 0.625 e^{0.625h}$，这样就不难求得出现各种洪水水位的概率。

（二）有无项目的界定

无项目，即现状，本河段堤岸高 5.0m，可以保证洪水漫堤的概率是 20 年一遇。现考虑两岸人口和经济发展，推荐的"有项目"方案是增加堤高至 7.0m，使洪水漫堤的概率降至 40 年一遇，并增加蓄洪区面积，使同样漫堤高度的损失降至现有水平的一半。估计实施这个方案的投资现值为 29 亿元，其中移民安置补偿费为 11 亿元。当然，还有不同的替代方案，如在上游建坝蓄水，使处于下游的该河段的水位下降，提高 λ 值，降低洪水漫堤的概率。为便于演示水利项目经济费用和效益的分析过程，这里只对推荐的加高整治河堤的方案计算效益。

（三）洪水漫堤损失

洪水损失与淹没面积、受淹地区农业工业等经济活动水平和居民财产的拥有量有关，直接对其进行预测和估计是困难的，一般可以根据往年的受灾损失统计值得出损失与洪水水位等有关的概率分布。本例得出洪水损失与漫堤高度有关：无项目（堤高 5.0m）的淹没损失为 $d = 45 \times (h-5.0)^{0.5}$ 亿元；有项目（堤高 7.0m 同时增加了蓄洪区面积）淹没损失为 $d' = 25 \times (h-7.0)^{0.5}$ 亿元。

（四）减少年度洪水期望效益的估计

各种洪水水位状态下，无项目淹没损失减去有项目情况下的淹没损失，再乘以发生的概率加总就得到年期望减损效益。表 12-6 计算得项目防洪的年期望效益为 2.31 亿元。考虑受淹地区的经济发展，这个期望损失可以按国民收入的增长率递增。

表 12-6　　　　　　　　　　**某防洪项目的年效益计算**

洪水水位 h（m）	水位不超过 h 的概率 $1-e^{-0.625h}$	水位区间概率	无项目（现状）		有项目		防洪效益
			漫堤（m）①−5.0	损失（亿元）45×④^0.5	漫堤（m）①−7.0	损失（亿元）25×⑥^0.5	（亿元/年）（⑤−⑦）×③
①	②	③	④	⑤	⑥	⑦	⑧
<5	0.9561	0.9561	0	0	0	0	

续表

洪水水位 h (m)	水位不超过 h 的概率 $1-e^{-0.625h}$	水位区间概率	无项目（现状）		有项目		防洪效益
			漫堤（m）①-5.0	损失（亿元）45×④$^{0.5}$	漫堤（m）①-7.0	损失（亿元）25×⑥$^{0.5}$	（亿元/年）（⑤-⑦）×③
①	②	③	④	⑤	⑥	⑦	⑧
6	0.9765	0.0204	1	45.00	0	0	0.92
7	0.9874	0.0109	2	63.63	0	0	0.70
8	0.9933	0.0059	3	77.94	1	25.00	0.31
9	0.9964	0.0031	4	90.00	2	35.35	0.17
10	0.9981	0.0017	5	100.60	3	43.30	0.10
11	0.9990	0.0009	6	110.22	4	50.00	0.05
12	0.9994	0.0005	7	119.05	5	55.90	0.03
13	0.9997	0.0003	8	127.27	6	61.23	0.02
14	0.9998	0.0001	9	135.00	7	66.14	0.01
>15	0.9999	0.0002	>10	142.30	>8	70.71	0.01
合计							2.31

二、农业及水利灌溉项目经济分析框架

国家对农业投资的项目主要是水利灌溉、土地改良、农业技术开发与推广、农产品收购仓储和加工等，也包括直接投资农业生产基地项目。但就总体而言，我国农业生产以家庭联产承包为基础，投资的受益主体往往是成千上万的小规模生产的农户，投资项目的建设、运行和效益的发挥要考虑和调动这些农户的积极性才能成功。因此项目评价不仅要考虑项目整体的经济效益和费用，还要对典型的受益农户进行细致的调查分析，了解他们的生产计划，研究他们是否愿意对项目做出配合（如相应的配套投入、接受新的耕作技术、是否有足够的资金投入和周转等），因为这些农户都是独立分散的决策主体，应尊重他们的意愿。因此，这类项目的评价很可能是先开展政府与农户捆在一起的经济分析，再分别进行政府和农户的现金流分析，经济分析不仅要对项目整体效果作出评价，而且要结合各投资主体的财务盈利性分析安排好利益的分配。

（一）农业项目产出的效益

在多数情况下，无法孤立地确定农业投资项目产出的效益。例如，水利项目产出的灌溉用水，其定价受政策制约，可能远低于农业用户的边际支付意愿，只能从项目增加农户的产出或为他们带来的其他各种效益来进行反推，或者把受益农户的生产活动也作为项目组成部分一并分析计算。项目为农户带来的效益主要有以下方面：

（1）增加农业产出。增加农业产出可能是由于项目扩大了耕地面积、改良土地或推广使用新的生产技术使产出增加。和工业项目不同，产出增加不一定完全体现在销量的增加上。很多农户，特别在我国，当前的农业生产还有相当部分是满足家庭自身的消费，除销售外，可能一部分作为口粮，还有一部分作为农户副业生产的投入（如饲料）等。不论增加产出是否形成销售收入，只要增加消费之满足或增加有用资源都应作为产出的效益。

（2）提高农产品质量和销售价格。在耕地有限和边际投入递减的情况下，农业投资项目主要是通过提高产出物质量、增加品种、改变销售时令和销售地点以及通过分级和加工以提

高农产品附加值来实现投资效益。

（3）减少投入的消耗和降低生产成本。修建农村道路、研究推广合适的农业有机肥料和农药，这些项目都旨在降低生产和流通成本，减少农副产品在各个环节上的损失，并构成某些项目的主要效益。

农业投资项目的价值取决于产出的效益和投入的费用：产出与投入相对应，并按有无对比的原则进行计算；增量投入相对容易确定，而增量产出的估计相对困难。以水利灌溉项目为例，增量投入包括：政府投资的水利灌溉设施的建设和运行费用，农户投入的配套设施、种子、肥料、农药和劳动力❶等；农业产出取决于多种因素：土地、气候、技术和各种投入，要估计有灌溉水和没有灌溉水比较的产出增量。一种估计的办法是参照系法：在受益土地上找一块有代表性的地块，以目前的平均产出作为无项目的产出；再在项目外找一块其他条件都与此相同，但已有类似于项目灌溉水受益的地块，用两者平均产出之差来推算整个受益地区的产出增量。

（二）农产品价格

粮食等一类农产品的重要性、供求对价格反应的滞后以及其他社会政治上的考虑，各国政府对农产品生产多数给予补贴。在项目经济分析中的价格采用，除了遵循一般的原则外，还应考虑对于劳动密集的园艺和家畜产品，以市场均衡价格作为经济价格的计算基础；但对蔬菜水果一类产品，要考虑价格季节性波动。为稳妥计，可采用略高于旺季的价格作为年平均价；对于可出口的农副产品可以用"出口平价"（export parity value）倒推出农户的出门价（farm gate price），作为项目产出的影子价格❷；对于土地密集的玉米、小麦、大豆和奶制品等，我国的国内成本有可能高于进口价格，尽管运输成本和 TRQ 的限制，国内实际价格受进口的影响可能是有限的。但是，作为项目的经济分析，从其边际性和效率角度考虑，项目这些产出的价格不应高于"进口平价"（import parity value）。

（三）水电项目效益的计算

我国长期以来以煤为主的能源消费结构是造成空气污染的重要原因，煤烟型污染成为我国大气污染的特征，烟尘和 CO_2 排放量的 70%、SO_2 的 90%、氮氧化物的 67% 来自燃煤，我国已是全球 SO_2 的第一排放国和 CO_2 的第二排放国，两者的排放量已占全球的 14%；而水能资源是清洁可再生资源，我国中西部地区水能资源丰富。因此，在生态保护的基础上有序开发水电促进"西电东送"，是缓解我国东部电力供应紧张，实现西部大开发，减少环境污染的重要举措。但是，水电站初始投资规模大，建设周期长，离受电地区远，长距离输电损耗和费用大，特别是水电站建设对生态和环境的影响具有很大的不确定性，还涉及大量的移民安置和少数民族等社会问题。因此，认真地做好水电项目效益和费用的论证是极具挑战性的前期工作。

就经济分析而言，多数水电项目的做法是：虚拟一个容量和发电量相当的燃煤火电厂作为"替代方案"，通过费用的比较，或者说把同样效能的替代方案的费用节省作为水电项目的

---

❶ 农村劳动力富裕，除非由此要增加雇用外来务工人员，农户自身劳动力增量投入的费用在经济分析时，一般可忽略不计。其他投入中的各种补贴应作为转移支付，应把没有补贴的资源耗费作为投入。

❷ 关于出口平价和进口平价的推算原理和一般的贸易物品没有什么不同，只是农业产品的价格中运输费和仓储费占的比重较大，环节较多。这些费用对出门价的推算较为敏感，因此对项目的主要产出要个别地进行细致的分析，剔除各环节中的税收和补贴。可参看见 J. P. 吉廷格，《农业项目的经济分析》，第 199-200 页。中国财政经济出版社，1985.

效益，按效益费用流量计算经济净现值和经济内部收益率，一般计算下来 *EIRR* 都大于 8%，结论就是"经济分析可行"或"经济上具有合理性"。但是这种做法存在逻辑问题，实际上是互斥的"水""火"两者的比较，得出的结论只能是从经济上说两者中何者为优，而不能得出从经济分析的角度就一定是"可行"和"合理"。这很容易举例证明，如果都按供电效益减费用流计算，替代方案的 *EIRR*=2%，水电方案的 *EIRR*=5%，通过增量费用的比较，就可以得出 *EIRR*＞8%的计算结果。

由于电价的管制，很难通过支付意愿来估计发电的效益，用目前这种替代方案比较法是可以理解的。通过与火电的费用比较，至少可以得出多花投资建设水电项目是否比火电项目值得建设的结论。但是，为保持逻辑上的严谨性，建议水电项目的经济分析采用反推价值法 [对于产出单一、经济价格（边际支付意愿）难以事先确定的公用事业项目，可以用反推价格法进行评价和比选]：直接按所拟议的水电项目的投资和费用计算到网的反推电价，把这个电价与该用电地区的边际上网电价（一定程度上代表了边际支付意愿）进行比较，从而得出评价的结论。

这种方法不仅使水电项目可以与火电项目进行比选，还可以与其他发电方式（如核电和燃气发电等）进行比选，同时可直接与消费者可接受的价格水平相比较。随着电力体制的市场化改革，电力供应的"厂网分离"，以上这种经济效率评价将逐步与财务上的投资盈利性分析相一致：投资者实际上也通过类似的计算，得出财务上的反推价格，由投资者决定是否投资。在这种情况下，项目审批和核准的主要任务是环境、生态和社会等方面的分析和方案比选。

第三节　城市公用设施项目

一、城市公用设施项目及其评价特点

（一）城市公用设施项目范围和评价特点

城市公用设施的范围很广，具体包括城市自来水、煤气、集中供热、公共交通、地铁、道路、桥梁、邮电通信、防洪、排水以及城市绿化、环境卫生等。依据我国长期形成的管理体制，城市基础设施大致可以分为六大类系统，即供水排水设施、能源供应设施、道路交通系统、邮电设施、环境系统、防灾系统。

城市公用事业一般具有如下特性：①通常具有自然垄断性；②城市公用事业的产品和服务的收费受政府管制；③公用事业企业在提供新服务或改变、取消某种特定的服务时必须有政府主管部门的正式批准；④城市公用事业的职能是为现代生活提供必需的基本服务，公用事业企业必须为所有愿意支付管制价格的消费者提供服务，不能排斥有需求意愿的消费者。

不论发达国家还是发展中国家，城市公用事业作为提供基本公共服务的产业部门，都具有一定的福利性和公益性，以保证公民平等地享有使用这些公用事业服务的权利。另外，随着需求的持续增长，政府财政无力承担这些设施的投资支出，也越来越难以弥补这些设施由于公共部门运行的低效而造成的亏损。因此，有必要在这些领域引进民间资本，实行不同程度的特许经营，采取公开向社会招标的形式选择供水、供气、供热、公共交通、污水处理、垃圾处理等市政公用企业的经营单位，推进市场化改革。

（二）反推价格计算

供电、电信和城市供水排水等城市基础设施项目通常具有自然垄断性，其产出和提供的

服务是现代生活所必需的基本服务，其收费受价格管制，产品（或服务）相对单一，属于非完全市场化项目。这类产品的经济价格很难确定，实际定价可能远低于消费者的边际支付意愿，又可能高于生产的边际成本，必须考虑用户的承受能力，又不能完全依靠补贴来维持生产供应。正如发展中国家经济分析创导者 Little 和 Mirrlees 在为世界银行 20 年来项目评价工作所做的回顾中指出的[1]，"如果对每一个给（世界银行）贷款的电厂计算 *EIRR* 将是荒谬的。理想的做法是在一个合理电价体系方面与所在国家取得一致。正常情况下，这种价格是基于用核算价格计算的长期边际成本（long-range marginal cost，LRMC）之上的"。所谓长期边际成本，是指供应者在较长时期内通过扩大规模（增加投资和经常性投入）以满足需求所要求的增量费用，在效率最大化的原则下，长期边际成本与边际支付意愿一致。因此，我们建议对这类项目采用反推价格法测算其产品计算价格，作为判断其经济合理性的依据。

$$p = \frac{\sum_{t=0}^{n} C_t (1+i_0)^{-t}}{\sum_{t=0}^{n} Q_t (1+i_0)^{-t}} \tag{12-5}$$

式中　C_t——项目包括投资在内的各期费用，一般在财务分析的投资和经营成本估算的基础上调整（如剔除税收、国内保险和应付费用等，重要的投入物经济价格进行计算）；

　　　Q_t——第 t 期的产出供应消费的量。

理想的情况是实际价格与国家（如供电和电信服务）或地区（如供水）的平均长期边际成本一致时，项目计算出的反推价格 p 小于实际价格，那么这个评价结论与 *ENPV*>0 的结论一致。但我国和多数发展中国家的实际情况是实际价格都低于长期边际成本，那么所计算出的反推价格只能作为费用-效果分析的指标来对项目方案进行比选。

二、各类城市公用基础设施项目的经济分析

城市公用基础设施范围很广，涉及城市生活的方方面面，由于各大类项目的特点存在较大差异，因此不同项目评价中涉及的效益或效果指标也各不相同。我们按照城市公用基础设施的六大系统分类，分别对各类项目的评价特点、主要评价方法及评价指标逐一进行阐述。

（一）道路交通系统

随着我国城市化进程的加快，交通需求也在快速增长，"保证市民出行、缓解交通拥堵"日益成为城市道路交通建设的主要目标。作为公共物品的一种，在道路处于非拥挤状态时，不收费的城市道路交通系统是严格意义上的公共物品，具有非排他性（non-excludability）和消费上的非竞争性（non-rivalry）。一旦出现拥挤，非竞争性的条件便不再满足，因为每增加一个额外的消费者，就将造成原有的其他消费者边际成本的增加（例如等待时间加长、汽油消耗量增多等），消费效用减少。一定程度上的消费竞争性决定了城市道路交通系统更准确地说属于俱乐部物品（club goods），因此在进行项目评价时，必须考虑道路建设带来的减少拥挤的效益。另外，城市道路交通的网络系统整体性较强，很多道路项目都只是整个网络的组成部分，单个项目的交通量和效益很难界定和覆盖全面，我们应该从网络整体来考虑交通量的重新分布和效益。从这个角度来看，道路交通项目的效益只能从城市或区域网络的整体得以体现。

---

[1]　L. M. D. Little and J. A. Mirrlees，"The Costs and Benefits of Analysis：Project Appraisal and Planning Twenty Years on"，由 R. Layard 和 S. Glaister 编著的 *Cost-Benefit Analysis*，2nd，Cambridge University Press，1994．第 199-234 页。

城市道路交通项目评价的方法是经济费用-效果分析，所涉及的效果指标如下。

（1）高峰时间客运总数。城市道路交通项目的主要运输对象是人，考察项目缓解高峰时间客流压力的能力，即同一高峰时间内城市交通客运量，是此类项目必须考虑的一个效果指标。

（2）路面平均车速。在相同交通量的前提下，路面平均车速的提高反映了消费者效用的提高。

（3）城市职工平均上下班交通时间。特别要关注收入最低职工群体的这个指标。

（4）城市交通的舒适性、方便性、准时性。城市交通的舒适性、方便性、准时性属于无形效果范畴，很难量化，在项目评估时，可适当考虑其影响。

大中城市的轨道交通是发展的方向，容量大、速度快、准时、环境污染少以及占地面积小等优势是其他交通方式无法替代的。但这类项目的投资额特别巨大，特别是地铁，其票价收入往往只能抵补运行费用。大中城市的轨道交通是一种为大众服务的公共设施，票价不能太高，大部分效益体现在乘客的消费者剩余和外部效果上（缓减地面交通拥堵和减少空气污染）。由于大中城市的轨道交通的投资额大，因此要有足够的客流，人均收入要达到一定的水平，通过费用-效益分析来选择适当的建设时机和最佳的规划方案。在财务上要认真体现受益原则和公平原则，土地和不动产的升值以及路面车辆的税费要做一定的转移支付。公共交通一类项目带有一定社会公平分配的功能：低收费、学生老人减免费用。政府有必要从一般财政支出中给予支持。

（二）供水排水设施

城市供水和排水系统属于自然垄断性很强的行业，其通过永久性的物理连接网络将工厂和消费者连接起来。这种自然垄断性的特点使得此类行业的项目初期固定资产投资高，正常运行后的常规营运费用低，巨大的沉没成本成为潜在竞争者的进入壁垒，再加上回收期长、经济回报率低等特点，因此传统上城市供水排水行业一般由政府出资建设、由财政补贴经营。相对其他消费品行业而言，给排水行业缺乏竞争，产品提供效率较低。为了促进给排水事业的良性发展，必须改变长期以来投资主体主要是政府部门的融资现状，施行网厂分离，引入竞争机制。通过政府采购和招标的方式，由民营部门生产，采用特许经营方式，引入竞争机制，推动市场化改革，以节约成本、提高效率。

城市供水排水设施项目的主要收益来源是收费。给排水项目的产品单一，所以常用的定价方法是合理报酬率定价法（fair rate of return pricing），也称价格倒推法。合理报酬率（ROR）是政府部门允许项目经营者获得的基准收益率，项目经营者的净收益等于基准收益率与投资该项目运营的总资产的乘积。在 ROR 控制下，为确保较大的利润额，项目经营者将出现资本密集化的倾向。

设投资项目产品或服务的收费价格为 P，项目每年的产出量为 Q，投资者每年的收入为：

销售（服务）收入（PQ）＝基准利润（R）＋折旧与摊销（D）＋利息（I）

$$+经营成本（C）+销售税金（PQt_1）+所得税（T） \qquad (12\text{-}6)$$

式中　t_1——销售税率，包括增值税、消费税、营业税、附加费等。

基准利润、折旧与摊销以及利息之和就是项目建成后全部初始投资（包括固定资产投资和流动资金投资）F 的资本回收费用 $A = F \times \dfrac{i(1+i)^n}{(1+i)^n - 1}$。其中 i 为报酬率，n 为项目运行期年限。

所得税 T 可以近似写成 $T=(PQ-PQt_1-C-A) \times t_2$，其中 t_2 为所得税税率。

那么项目的收费水平为：

$$P = \frac{(C+A)(1-t_2)}{Q(1-t_1-t_2+t_1t_2)} \tag{12-7}$$

如果考虑生产能力的利用具有时间滞后性，假设销售（服务）量及经营成本均随时间 t 而变化，则式（12-7）可表示为：

$$P = \frac{\Sigma[(C+A)(1-t_2)]_t(1+i)^{-t}}{\Sigma[Q(1-t_1-t_2+t_1t_2)]_t(1+i)^{-t}} \tag{12-8}$$

实际操作中，由于供水属于带有一定福利性质的公用物品，其价格制定和调整过程受政府指导，必须遵循"企业提出申请→专业部门核准→公众听证→市政府审批"程序，因此实际价格往往大大低于根据合理报酬率测算的价格，并不足以体现项目效益。基本生活用水是居民必需品，要让收入最低的家庭也能支付生活必需的用水量，必要时可以实施差别定价、交叉补贴，实行阶梯式计费水价。供水排水项目评价还必须考虑城市单位人口综合用水量、水质标准、城市供水保证率、污水收集率和处理率等效果指标。因此在很多情况下，通过费用-效果分析选择项目方案。

（三）能源供应设施

与城市供水排水项目相同，收费是城市能源供应设施项目的主要收益来源，因此如何对能源产品定价仍然是项目评价的主要内容。能源产品定价可以采用合理报酬率法，也可以采用边际成本定价法（marginal cost pricing）或价格上限规制法（price cap regulation，或称 PRI-X 定价）。合理报酬率法前面已经介绍，这里介绍边际成本定价法和价格上限规制法。

1．边际成本定价法

按照福利经济学的解释，当项目的产品或服务的收费与其提供服务的边际成本相等时，社会福利达到最大化。对于多数公共项目，在相当大的范围内，边际成本具有递减特征，而这类项目一般初始固定投资较大，产出的边际成本低于平均成本，若按边际成本定价，项目将产生亏损（如图 12-3 所示，亏损面积为 P_2P_1AB）。

企业在亏损状态下生产，就必将引发经营财务的不稳定，影响产出的正常供应。如果一定要采用边际成本定价，以实现提高资源配置效率的目标，有两种解决的途径：一种是通过两部分收费，征收固定费用（如初装费）以弥补固定成本；征收使用费，令其等于边际成本。这种办法往往会把部分受益者排除在外，也会造成不同时间的消费者受到不公平的对待。另一种途径就是由政府补贴固定成本的回收。

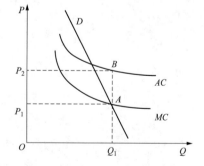

图 12-3　边际成本定价及亏损示意

值得注意的是，由补贴维持的低收费将扭曲需求，引导过度消费，不符合受益者偿付原则，如果一直用财政补贴来维持项目的运营会引发许多问题：①项目固定资产的更新、改造，需要的财政补贴越来越大，政府财政将感到不堪重负；②项目经营者缺乏能动性、积极性。特别是当项目经营产品或服务具有自然垄断性时，需求量有一定的保障，政府补贴保证了企业一定微量的盈利水平，于是企业对降低成本水平、增加产量、提高质量等指标没有兴趣，不利于行业的可持续发展；③这种定价本身存在着问题，生产越多亏损越大，促使政府为了尽量减轻包袱，通过控制消耗量来解决问题，不利于规模效益的形成。

2. 价格上限规制法

价格上限规制是政府制定项目的收费上限，以确保项目的产品或服务的价格只能在此上限的下方变动。价格上限的制定是以基期价格为基础，政府确定一个允许的收费增加百分率，此增长率等于生产要素的价格上涨率（或通货膨胀率、零售物价上涨指数）减去项目所属行业要求的生产率提高率。

价格上限规制的优点在于：①规定了项目收费的调整机制，避免在收费修订时繁复的成本核查程序，因此可以降低项目经营者和政府主管部门两方面的成本，避免了漫长的调价论证过程，也减轻了管制滞后（regulation lag）的经济损失；②如果经营者将生产率提高到合同规定的水平以上，则可以获得更多的超额收益，激励项目经营者改进生产、降低成本、提高效率；③在规制上限下的定价自由使经营者有可能通过降低收费标准来增强竞争能力，增加供给。因此从长期来看，价格上限规制能够产生更高的社会福利，尤其是更多的消费者剩余。

我国城市能源供应方案面临多种选择，如煤、天然气、原油、水电、核能和直接太阳能等。就天然气而言，又包括进口的液化天然气、西气东输气和东海石油气等。由于定价机制方面，无法通过费用-效益分析来直接评价和选择方案，可行的办法是以相同的热当量进行费用-效果分析，选择费用最小的方案。问题是如何计算国内能源的社会成本。以三峡供电和西气东输为例，一旦供应，边际成本很低，多数为沉没成本，如果定价太低，造成浪费或供不应求；如果定价太高，则用户宁可用煤。按前面讨论的原则，用进口液化天然气（LNG）的进口平价来定价，特别对我国东部地区是一种可行的选择。将电、煤气、天然气、东海石油气和进口的液化天然气等能源分为两大类，后面四种气相互间替代性很强，可归为一类，统称为燃气；电为另一类，与燃气有局部的替代性。这两类能源第 t 年后的需求量可表示为：

$$Q_{t\text{电}} = Q_{0\text{电}}\left(1 + \varepsilon_{p\text{电}}\frac{\Delta P_{t\text{电}}}{P_{0\text{电}}} + \varepsilon_{\text{电、燃}}\frac{\Delta P_{t\text{燃}}}{P_{0\text{燃}}} + \theta_{\text{电}}\frac{\Delta GDP_t}{GDP_0}\right) \quad (12\text{-}9)$$

$$Q_{t\text{燃}} = Q_{0\text{燃}}\left(1 + \varepsilon_{p\text{燃}}\frac{\Delta P_{t\text{燃}}}{P_{0\text{燃}}} + \varepsilon_{\text{燃、电}}\frac{\Delta P_{t\text{电}}}{P_{0\text{电}}} + \theta_{\text{燃}}\frac{\Delta GDP_t}{GDP_0}\right) \quad (12\text{-}10)$$

式中，$Q_{0\text{电}}$、$Q_{0\text{燃}}$ ——电和燃气的目前需求量；

$\quad\quad Q_{t\text{电}}$、$Q_{t\text{燃}}$ ——电和燃气的将来需求量；

$\quad\quad P_{0\text{电}}$、$P_{0\text{燃}}$ ——电和燃气的当前价格；

$\quad\Delta P_{t\text{电}}$、$\Delta P_{t\text{燃}}$ ——电和燃气的价格变化量；

GDP_0、ΔGDP_t ——国内生产总值的当前值及增量；

$\quad\quad \varepsilon_{p\text{电}}$、$\varepsilon_{p\text{燃}}$ ——电和燃气需求价格弹性系数；

$\quad \varepsilon_{\text{电、燃}}$、$\varepsilon_{\text{燃、电}}$ ——电和燃气相互替代弹性系数；

$\quad\quad\quad \theta_{\text{电}}$、$\theta_{\text{燃}}$ ——电和燃气需求收入弹性系数。

公式中的需求量、价格、各种弹性和 GDP 均为已知或给定的数据。今后的需求量和价格共有四个未知变量，但只有两个方程，这就要再给一些约束和假设。实际上也给出了政策的空间。

一种思路是从先定一个燃气的预测价格 $\Delta P_{t燃}$ 着手的思路。这是因为如果有液化天然气进口，作为港口城市的上海最有使用的可能。那么从效率角度，以进口的口岸价格为基础的到上海用户的进口平价（import parity price）应该作为燃气价格的上限。然后就可着手用式（12-3）预测电的供求和价格，根据给定的 $\Delta P_{t燃}$，可以大致勾画出电的供求均衡量和价格。

如图12-4所示用虚线表示的需求曲线分别表示当 $\Delta P_{t燃}$ ＜0 和 $\Delta P_{t燃}$ ＞0的情况。如属前者，电的需求被燃气部分替代，因此需求曲线左移；反之，如果燃气涨价，对电的需求加剧，曲线向右移。根据电网规划，大致应该知道第 t 年电的供应能力（图 12-4 所示的 Q_t），那么大致可以确定供求均衡的价格为 $P_0 + \Delta P_{t电}$，再考虑社会的接受能力，供应和涨价之间会有一个选择的空间；$\Delta P_{t燃}$ 和 $\Delta P_{0燃}$ 确定之后，由式（12-7）就可以算出对燃气的需求以及如何供应的问题。现在尚不知道各种燃气的边际成本，姑且从低到高记为 MC_1，MC_2，MC_3 和 MC_{LNG}。前面已假定 MC_{LNG} 为最高。从最低的 MC_1 气种开始，逐个依次充分供应，直至最后由进口的 MC_{LNG} 来满足，如图 12-5 所示。这实际上是一种 $P=MC$ 的效率价格，即根据边际成本定价法所确定的价格。

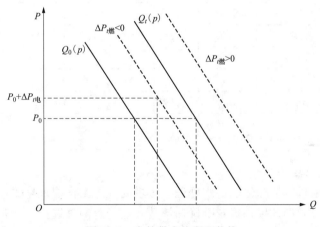

图 12-4 电的供求均衡和价格

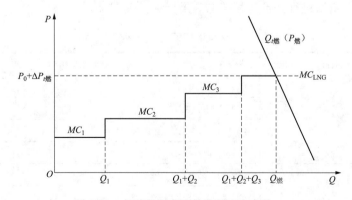

图 12-5 各种能源产品的边际成本定价

具体测算时还要考虑以下问题：①通过季节性价格，平抑高峰需求的可能性；②环境保护费用的考虑，这点可在 MC 中加进去；③当进口价过低或某种燃气因边际成本低廉而占比例太高时，要防止由此产生的风险；④各种燃气的边际成本和价格都用燃料热值做调整；⑤动力原煤除作为发电和制气外没有考虑在上海作为动力能源直接使用；⑥有必要区别民用和工业用途的价格，因两者的需求弹性有较大区别，民用价格应高于工业价格。

举一个演示性的反推价格例子。某城市供水项目设计供水 1 亿 m^3，初始投资 50450 万元，其他费用及时间进度见表 12-7。按社会折现率 8%，算得的反推价格为 0.69 元/m^3。

表 12-7　　　　　　　　　　　　　　某供水项目反推价格计算

序号	项　　目	单位	计算期						
			0	1	2	3	4~19	20	合计
1	供水量 Q	万 m^3		2600	8000	9500	10500	10500	198600
	现值 $PV(Q)$（i_{0B}=8%）	万 m^3	92838						
2	费用流量	万元	1500	50110	1720	2900	1800	300	85330
2.1	其中：建设投资	万元	1500	48950					50450
2.2	维持运营投资	万元				1200			1200
2.3	流动资金	万元		210	120				330
2.4	经营费用	万元		950	1600	1700	1800	1800	34850
2.5	间接费用	万元							
	资产余值回收	万元						−1500	−1500
2.6	现值 $PV(C)$（i=8%）	万元	64387						

计算指标：
反推价格 $p=PV(C)/PV(Q)=64387/92838=0.69$（元/$m^3$）

（四）城市环境治理项目

城市环境治理项目包括绿化、污水处理、垃圾处理等工程建设项目，由于不直接生产产品，项目产出一般为无形效果，很难准确估计其效益，有两种选择：一是通过市场模拟法了解市场的价格差异来间接地反映消费者的支付意愿，并进行项目的费用-效益分析；二是直接运用费用-效果分析法进行评价。相关的效果指标见表 12-8。

表 12-8　　　　　　　　　　　　　　环境治理项目效果指标

环境治理项目	效果治理指标
绿化	（1）绿化面积
	（2）人均绿化面积
	（3）城市平均空气指数
	（4）城市平均噪声指数
污水处理	（1）污水收集率
	（2）污水集中处理率
	（3）城市日污水处理量
	（4）处理后污水水质

续表

环境治理项目	效果治理指标
污水处理	1）碳源生化需氧量（BOD_5）每升含有量
	2）悬浮固体（SS）每升含有量
	3）氮、磷营养物质每升含有量
	（5）再生水量
垃圾处理	（1）垃圾收集率
	（2）垃圾无害化处理率
	（3）城市垃圾日均处理量
	（4）垃圾再利用率
	（5）主要污染物消减量

费用-效果分析方法在城市环境治理项目中的应用，与在其他领域的应用没有本质区别，这里不再赘述。

（五）防灾系统

城市灾害分为自然灾害和人为灾害两大类。自然灾害包括飓风、地震、洪水、干旱、龙卷风等；人为灾害包括重大火灾爆炸案件、厂矿区意外事故、重大交通事故、化学等危险品灾害、危险性较大的传染病、建筑工程灾害、能源中断和罢工等。建设和完善防灾系统的目的就是能够及早地预见灾害的发生，尽量减少灾害发生的可能性，并在灾害发生时尽量减轻灾害和紧急情况所带来的危险，将损失降到最低，这是一个密不可分的系统工程。以地震灾害为例，建立地震监测站，加强对易发生地震地区数据的监控和地震发生规律的研究，属于灾害预警系统项目，而增强易受地震影响的桥梁的抗震性以防止地震造成的危害属于防灾项目，地震发生后的及时救援则属于减灾项目。

由于灾害发生的不确定性以及各类灾害损失的千差万别，我们很难对城市防灾减灾系统项目效益进行货币化分析，只能通过一些物理指标对项目的有用效果进行衡量，采用费用-效果分析的方法进行工程项目的经济分析。例如在火灾事故发生时，消防人员是否能够及时赶到灾害现场就成了是否能够最大限度减少灾害损失的主要因素，在这种情况下时间往往就是生命、财富，因此灾害应急项目的回应时间就成为最主要的效果指标。为了更好地说明如何具体使用费用-效果方法对城市公用基础设施项目进行评价，这里阐述减灾项目中消防车配置方案经济分析案例。

1. 项目概述

某城市近年来火灾事故呈增长趋势，火灾造成的财产损失和人员伤亡增加。为有效控制火灾发生，减少火灾损失，当地政府除了加强火灾防范教育外，决定增加日益不足的消防能力，增加消防车及相应设施，为此提出了增加消防能力的几种供选方案。

A 方案：原有 6 个消防站，每站增加 2 辆消防车，增配相应设施、器材和人员。

B 方案：在消防力量薄弱的两个市区增建两座新消防站，每站配备 3 辆消防车及相应设施、器材及人员；原有 6 个消防站每站增加 2 辆消防车，增添相应的设施、器材及人员。

C 方案：增建 6 个新的消防站，以改善消防站地理分布，每个新站配备 2 辆消防车及相应设施、器材和人员；原有各消防站维持不变。

2. 各方案的费用估算

各方案的费用，包括购置消防车、器材工具、车库及办公设施的扩建或新建、物料消耗及人员费用等。A、B、C方案费用估算见表12-9～表12-11（计算期11年）。

表12-9　　　　　　　　A方案费用估算　　　　　　　　（万元）

序号	年　份	1	2～10	11
1	购置消防车和其他设备器材	360	—	—
2	车库改扩建和其他设施费	120	—	—
3	物料损耗	—	48	48
4	人员开支和其他支出	160	240	240
5	资产净残值	—	—	96
6	费用合计（1+2+3+4-5）	640	288	192
7	费用现值（折现率 $i=10\%$）		2157	
8	费用年值（折现率 $i=10\%$）		332	

表12-10　　　　　　　　B方案费用估算　　　　　　　　（万元）

序号	年　份	1	2～10	11
1	购置消防车和其他设备器材	560	—	—
2	车库改扩建和其他设施费	420	—	—
3	物料损耗	—	72	72
4	人员开支和其他支出	400	560	560
5	资产净残值	—	—	262
6	费用合计（1+2+3+4-5）	1380	632	370
7	费用现值（折现率 $i=10\%$）		4693	
8	费用年值（折现率 $i=10\%$）		723	

表12-11　　　　　　　　C方案费用估算　　　　　　　　（万元）

序号	年　份	1	2～10	11
1	购置消防车和其他设备器材	420	—	—
2	车库改扩建和其他设施费	900	—	—
3	物料损耗	—	48	48
4	人员开支和其他支出	300	500	500
5	资产净残值	—	—	490
6	费用合计（1+2+3+4-5）	1620	548	58
7	费用现值（折现率 $i=10\%$）		4349	
8	费用年值（折现率 $i=10\%$）		670	

3. 效果指标的确定

从最终目的而言，增加消防能力就是为了减少火灾造成的生命与财产损失，这种损失的减少就是消防的效果。但是，把生命财产损失的减少直接作为本项目的效果，则存在计量上的困难。原因有：一方面，人的生命价值难以衡量；另一方面，不同的火灾损失各异，影响因素很多，难以给出事先的估计。因此，本项目选取了减少损失的间接目标，即缩短消防车的回应时间作为效果指标，回应时间缩短越多，方案的效果越好。

依据目标追求的具体差异，还可以把方案的效果指标区分为两类，一类是同维持现有消防布局能力不便的现状相比，三种备选方案平均缩短的每次火灾的回应时间；另一类是回应时间不超过 20min 的次数比率，此比率越高，救火的有效性也就越强。

4. 预测回应时间缩短的方法与预测结果

由于影响回应时间的因素很多，如火灾的随机发生，报警与下达指令的通信系统状况、消防站与火灾现场的区位分布、消防车及人员多寡、道路与交通状况等，许多因素都是随机变动的，难以用普通方法进行预测。为此，本案例采用蒙特卡洛模拟技术，预测结果见表 12-12。

表 12-12　　　　　　　　　　　各方案回应时间预测结果

方案	每次火灾平均回应时间缩短（min）	回应时间不超过 20min 的次数比率（%）
A	3.2	11
B	7.8	19
C	12.6	26

5. 评价指标与评价结论

本案例的评价指标有三个，分别是：

（1）单位费用的回应时间缩短，即每次火灾的回应时间缩短/费用年值。

（2）回应时间不超过 20min 的次数比率。

（3）单位费用的回应时间不超过 20min 次数比率，即回应时间不超过 20min 的次数比率/费用年值。

有关计算结果见表 12-13：

表 12-13　　　　　　　　　　　各方案指标计算结果

方案	指标 1单位费用的回应时间缩短（min/万元）	指标 2回应时间不超过 20min 的次数比率（%）	指标 3回应时间不超过 20min 的次数比率（%）/费用年值
A	0.0096	11	0.033
B	0.0108	19	0.026
C	0.0188	26	0.039

根据表 12-13 的计算结果，方案选择可从三个方面考虑：

（1）如果特别重视平均回应时间缩短和资金利用效率，则可按指标 1，即回应时间缩短与费用年值比值最大准则选择，因此应该选择 C 方案。

（2）如果资金方面没有太大限制，而且特别强调 20min 以内的回应率，则应按指标 2 最大准则进行选择，因此应该选择 C 方案。

（3）如果重视 20min 以内的回应率，且重视资金效率，则应按指标 3 最大准则选择，因此应该选择 C 方案。

综合以上分析，本案例最终推荐 C 方案。

（六）安全项目

1. 安全项目的特点

安全项目的目的是提高城市系统安全性，预防各种事故的发生，消除事故隐患，改善作业环境。安全项目作为一项投资，具有一般投资项目的共同特点，同时又具有其自身的特殊性，主要体现在以下几个方面：

（1）安全项目的效益表现形式主要是"隐性"的。安全项目的效益主要体现在通过安全投资消除事故隐患所减少的财产损失和人员伤亡，具体表现为挽救直接经济损失和间接经济损失两个方面。这种效益不同于利润的增加，它不是显而易见的，而是一种隐性的效益。

（2）安全项目的效益很多是难以用货币单位来计量的。安全项目的效益如劳动条件的改善、劳动强度的降低、生产系统安全性和操作者安全意识的提高等，从某种意义上说，这些不能量化的效益更能反映安全经济效益的本质属性。

（3）安全项目的效益存在形式通常是"混合"的。投资额度较大的安全项目通常既有改善安全状况的目的，同时也包含有其他技术改造的目的，既能提高安全水平，又能提高劳动生产率、降低成本或增加销售收入，最终表现为净收益的增加。因此在投资效益中既包括"隐性"效益—事故经济损失减少，也包括"显性"效益—净收益的增加。

（4）安全项目效益的测定应遵循"有无对比"的原则。安全项目效益测定的"有无对比"原则指分别预测"有安全投资"与"无安全投资"这两种条件下事故经济损失的数额及其差额。人们习惯上采用的安全项目实施前后事故造成的经济损失差额来反映安全投资效益的思路是不合理的。

2. 安全项目的费用构成

安全项目费用的界定与量化与一般工业项目没有太大区别。安全项目的费用是指为了提高城市的系统安全性、预防各种事故的发生、防止因工伤亡、消除事故隐患、治理烟尘毒气等的全部费用，即为保护职工在生产过程中的安全和健康所支出的全部费用，包括安全技术措施费、工业卫生措施费、安全教育费用、劳动保护用品费、日常安全管理费等。

3. 安全项目的效益界定与量化

安全项目的效益体现在多个方面，其中既有可以用货币量化的效益，也有难以用货币量化的效益，可以用货币量化的效益又包括"隐性"效益和"显性"效益，见表 12-14。

表 12-14　　　　　　　　　　　安全项目的效益表现形态

可以用货币量化的效益	难以用货币量化的效益
"隐性"效益	生产环境改善
事故经济损失减少	劳动强度降低
"显性"效益	环境保护和生态平衡
劳动生产率提高	职工安全意识增强
销售收入提高	职工安全技能提高
经营成本下降	

（1）"隐性"效益的量化。"隐性"效益是指事故经济损失的减少额，对实施安全项目与

未实施安全项目两种安全状况下的各年事故损失分别预测，然后加以比较，其事故经济损失减少额，就是安全项目的"隐性"效益。在安全项目计算期内，由于实施该项目，某年减少的事故经济损失估计值为：

$$M_j = CO_j - CI_j \qquad (12\text{-}11)$$

式中　M_j——实施安全项目后在第 j 年中事故经济损失减少额；

$\quad CO_j$——在未实施该项目条件下第 j 年的事故经济损失值；

$\quad CI_j$——实施该项目条件下第 j 年的事故经济损失值。

事故经济损失预测是关键，可以采用概率预测法和灰色预测法。后者利用模糊数学理论对安全状况进行综合评判，进而推测未来每年事故的经济损失期望值；前者利用已有的同类事故经济损失的统计资料预测未来同类事故的经济损失。

（2）"显性"效益的量化。"显性"效益是显而易见的效益，表现为净收益的增加额，主要构成为销售收入增加额和经营成本降低额。对包含其他技改内容的安全项目而言，在项目计算期内的任何一年中，由于实施该项目的净收益增加额为：

$$B_j = BI_j - BO_j \qquad (12\text{-}12)$$

式中　B_j——实施安全项目（含其他技改内容）在第 j 年中净收益的增加额；

$\quad BI_j$——实施该项目条件下第 j 年的净收益；

$\quad BO_j$——未实施该项目条件下第 j 年的净收益。

4. 安全项目的经济分析

安全项目的经济分析方法主要有费用-效果分析和费用-效益分析两种方法。

（1）费用-效果分析。安全项目的经济分析可以用一些指标来进行对比评价，例如万元安全措施费保护职工人数、万元安全投资保护职工人数、安全专职人员人均保护职工人数、安全专职人员人均安全生产、人均年安全总代价等，费用-效果分析方法可用于在达到确定目标的多个方案之间进行选优，也能在很大程度上反映安全项目经济效益的状况。

（2）费用-效益分析。费用-效益分析方法的费用应该包括实施该安全项目所投入的所有费用；效益用货币单位量化，主要由"隐性"效益和"显性"效益两部分构成。费用-效益分析方法具体的评价指标与一般工业项目的评价指标没有本质区别，主要有净现值、内部收益率和投资回收期等。

第四节　教　育　项　目

教育项目包括基础教育、中等教育、高等教育、职业技术教育等项目。教育项目普遍被认为是有较高收益的基础性服务投资，教育项目可以为个人、家庭、组织，甚至整个社会带来效益，与一般工业项目不同，项目的效益不以产品或劳务的形式表现出来，往往不能在教育过程中直接反映，而要在社会生产过程中以国民收入的增加或社会财富的积累间接地体现。除了作为人力资源的投资为将来的就业获取更多收入外，其外部效果主要体现在为社会培养了有较高觉悟和道德水准的公民。随着受教育者的专业化程度提高，这种外部效果呈递减趋势。

一、教育项目经济费用效益的识别计算

（一）教育项目效益的特点

作为一种投资行为，教育项目有与一般工业项目的相似之处，即必须在权衡费用与效益之后才能做出是否投资的决定，但是教育项目与一般工业项目相比又有自己的特殊性，主要

体现在以下四个方面：

1. 教育项目效益的高效性

教育项目是构成人力资本投资的重要内容，而人力资本投资的收益率要远远高于物质资本的收益率，体现为文化上和经济上的双重效益。1900—1959年，美国对投资效果所做的比较结果是：物质资本所获得的利润提高了3.5倍，而教育项目所获得的利润为17.5倍。

2. 教育项目效益的间接性

教育投资的目的在于提高劳动者素质和能力。项目的效益不以产品或劳务的形式表现出来，不能在教育过程中直接反映，而是在整个社会再生产过程中间接地体现出来。

3. 教育项目收益时间的滞后性

教育的特点是周期性很长，在这个过程中，只有投入，没有产出，项目效益只有在完成这个周期之后逐渐显现出来。教育项目本身的特点决定了教育项目投入和产出在时间上的不一致，即教育项目收益时间的滞后性。

4. 教育项目受益对象的广泛性

教育项目可以为个人、家庭、组织甚至整个社会带来效益。教育项目既可以提高个人素质和能力，还可以改善收入状况，提高生活质量；不仅可以促进文化教育事业的发展，还有利于科学技术水平的提高，提高劳动生产率，扩大就业和增加社会收益。

（二）教育项目的效益和费用界定

教育项目的费用可以分为社会费用和个人费用，效益也相应地分为社会效益和个人效益。由政府投资的教育项目应该综合考虑界定教育项目的费用和效益。

1. 教育项目的费用构成

教育项目的费用是指用于教育过程的一切直接和间接的劳动投入总和，包括直接费用和间接费用。直接费用包括由国家支出的教育费用和由受教育者个人或其家庭支出的教育费用，具体构成为投入到教育项目中的建筑物、设备、材料物资和人员费用，当事人上学的交通费、教材费用、公用服务费、保险费、设施和设备的维护费用等。间接费用又称机会成本，是指由于受教育者要接受教育，从而使他们丧失了在受教育期间从事生产活动的机会而给社会和个人所带来的生产和收入上的损失。

2. 教育项目效益的界定

教育项目的效益按受益主体的不同可以分为个人效益和社会效益，个人效益为受教育者收入能力的提高，社会效益是社会劳动生产率的提高，以及犯罪率的降低、社会凝聚力的增强、技术进步、儿童死亡人数的减少等。

（三）教育项目效益的估算方法

1. 舒尔茨教育社会经济效益计算法

该方法是首先计算某一时期内国民收入的增量并估算其中人力资本的贡献，再确定"无教育项目"的第0期劳动力的贡献，然后将实施教育项目后每期的劳动力贡献与第0期的劳动力贡献相比较，其差额可以分解为教育项目的效益和卫生保健项目的效益。该方法的难点在于确定人力资本贡献在增量国民收入中的比重，以及增量劳动力贡献在教育项目和卫生保健项目之间分摊的比例。

2. 丹尼森计算教育对经济增长的作用

丹尼森把经济增长的因素分为生产要素投入量和生产要素生产率两方面。生产要素投入量包括劳动力数量和质量的提高以及资本数量上的增加，其中劳动力质量的提高中包括劳动力受教育年限的提高；生产要素生产率中也包括知识水平提高的作用。该方法的分析步骤为：①以不同教育年限劳动者的收入确定劳动简化系数；②计算项目计算期和基期的平均教育简化系数和年平均增长率；③确定教育程度提高对国民收入的贡献。

3. 劳动简化系数法计算教育对国民收入增长的贡献

劳动简化系数法根据人们受教育程度，把各种复杂程度的劳动力用一定的系数简化为简单劳动力，以确定在社会劳动力总量中，有多少是因教育程度提高而增加的劳动力数量，进而确定劳动力增量对国民收入增加额的贡献。具体的计算方法为：①确定基期和计算期，并统计各期的国民收入和劳动者人数；②以劳动者工资或者受教育年限为尺度确定劳动简化系数；③计算基期和计算期的平均劳动简化系数；④计算因教育引起的劳动增量，为劳动者总数与平均劳动简化系数之积减去实际劳动者总数；⑤计算教育对经济增长的贡献，为因教育引起的劳动增量创造的国民收入与国民收入总额的商。

上述三种方法计算都比较复杂，世界银行的通常做法有两种：一种是利用劳动力调查，提供获得绘制不同教育程度者的年龄-收入分布图的横截面数据，并假定各年龄组因教育程度不同而造成的收入差距长期保持不变，也就是说，对于每个年龄组，这种方法考察现在的收入差距并预计这一差距在未来不发生变化，但是随着时间的推移，教育程度不同的人的收入差距不断扩大，因此这种假定就会低估教育的收益；另外一种方法是指在无法获得横截面数据时，通过抽样调查雇主给不同受教育程度的雇员支付工资的差别，估算教育的收益。

需要注意的是，在估算不同受教育程度者的收入差距时，私人部门的工资比公共部门的工资收入更能反映劳动力的经济价值。计算工资时，应该采用税前收入，并且要包括诸如退休金之类的福利待遇；从受益人角度看，关心的是税后收入和福利待遇，由税收导致的差异是政府得到的财政收益。另外，在估计实施项目学校的预计入学人数时需要对数字进行调整，应该考虑无项目时私人部门将参与提供教育服务来填补政府留下的空缺，否则就将高估政府所资助项目的费用和效益。

二、不同类型教育项目的评价方法

教育项目投资主要由政府承担，由于个人预期可获得的效益比较高，愿意出钱购买教育服务，因此民营投资的意愿很强烈。教育项目按照投资主体的不同分为公办教育项目和民办教育项目，民办教育项目为完全市场项目，可不单独进行经济分析。

（一）分析方法

教育项目经济分析主要采用费用-效果分析和费用-效益分析两种方法。按照教育程度和项目各组成部分目标划分的不同，这两种方法有不同的适用范围。各级教育中频繁使用的最佳经济分析方法见表 12-15。

表 12-15　　　　按教育程度和项目各组成部分目标划分可采用的评价方法

教育程度和种类	项目目标	评价方法
初级和中等教育	扩大教育规模	费用-效果分析
	提高学生考试成绩	费用-效果分析
	减少教育的经常性费用	费用-效果分析

续表

教育程度和种类	项目目标	评价方法
中等教育（普通或职业教育） 师范教育 职业教育	增加毕业生人数	费用-效果分析
	提高学生考试成绩	费用-效果分析
	改善毕业生的就业前景	费用-效益分析
高等教育	改善毕业生的就业前景	费用-效益分析

（二）费用-效果分析和费用-效益分析方法的具体应用

1. 费用-效果分析方法

由于分析角度的不同，教育项目的效果指标可以分为教育宏观效果指标和微观效果指标。宏观效果指标主要有成人识字率和劳动力受教育年限、各级各类教育毛入学率和升学率、青少年文盲率等；微观效果指标是指对一个具体的办学单位的评价指标，主要有基建投资效果指标（例如万元投资获得土地面积、万元投资获得建筑面积和在校人均基建投资数等）、在校学生人均用地与用房面积指标（例如生均用地面积、生均建筑面积和生均各类用房面积等）以及生均成本等。费用-效果分析主要根据单位效果所花费的费用从备选方案中选择最优方案。

2. 费用-效益分析方法

费用-效益分析方法通常以受某一段教育的增量费用与日后就业的增量效益进行费用-效益对比，具体的指标有净现值、费用效益比和内部收益率等，其中教育内部收益率指标避免了前两种方法受主观折现率大小影响的弊端，又反映了教育的收益率，因而被广泛应用，对决策者而言是一个可靠的参考指标。除了从社会角度对项目进行费用-效益分析，考察项目的经济性外，还应该关注费用和效益在项目各参与者之间的分担情况，以此来考察项目对不同群体的吸引力。在考察项目对不同群体的吸引力时，必须考虑转移支付，尽管其并不影响项目本身的经济费用，但是它影响到计算各利益相关者所承担的费用。不同发展程度地区的各类教育费用-效益分析结果见表12-16，说明越是不发达地区，初等教育的效益越大。

表12-16　　　　　　不同发展程度地区的各类教育费用-效益分析结果　　　　　　（%）

国　　家	社会角度			私人角度		
	初等	中等	高等	初等	中等	高等
撒哈拉以南非洲	24.3	18.2	11.2	41.3	26.6	27.8
亚洲	19.9	13.3	11.7	39.0	18.9	19.9
欧洲/中东/北非	15.5	11.2	10.6	17.4	15.9	21.7
拉丁美洲/加勒比	17.9	12.8	12.3	26.2	16.8	19.7
OECD国家	14.4	10.2	8.7	21.7	12.4	12.3
世界	18.4	13.1	10.9	29.1	18.1	20.3

注　表中OECD国家已单列，因此其他地区国家中不包括OECD成员国。该表来源于世界银行委托桑贾伊·普拉丹写的《公共开支分析的基本方法》，第118页。

此外，这些国家在高等和中等教育的私人与社会角度的收益率出现了背离，这提示了公共开支在这两方面的配置不当（高等太多，中等太少）。如果再考虑占很大比例的正外部效果，初等教育的效果应更高。

政府要特别关注对初等教育的投资和管理。以美国为例，教育开支中公共开支占80%以上，而这笔公共开支的70%用于初等教育；初等教育中私立的成分占10%，高等专业教育中的私营成分占35%。多数国家对初等教育实行义务教育，因为该阶段的教育外部正效果最大，也有规范化的必要（如爱国主义和思想道德教育）。即使私立学校可能有较高的运行效率，但担心商业化的运作会偏离社会的目标，一般不放弃公立的性质。公共开支并不排斥私立学校，有人建议把公共开支补贴给学生家庭（如发放教育券），再由学生交学费（用教育券支付）给私立学校，从而引起竞争，提高效率。但多数人担心私立学校会在政治、民族、宗教、信仰和文化等方面产生倾向性，达不到社会的要求。因此，最基本的义务教育多数还是公办的。

表12-17给出美国高等职业学校的实际数据和费用-效益分析结果。该表的有关数据说明如下：第1行和第2行是高等职业学校和高中这两类学历的毕业生从24~64岁（18~64岁）的终生收入；费用（第4行到第7行）指的是读完college全部4年的费用。第4行的学校费用中包括了学费，因此在第8行的计算中没有第5行；第7行指的是男生在这4年中如果工作而获得的收入；第14行和第15行的增量内部收益率的计算是将收入流平均分摊到46年中（18~64岁），费用也分摊到在读的4年中去后得到的。没有考虑收入随年份的增长，也没有考虑留级。

表 12-17 　　　　　　美国高等职业学校费用-效益分析结果（男生） 　　　　　（×1000 美元）

序号	费用效益	折现率=0	折现率=3%
一	毕业生终生收入		
1	高等职业学校毕业生全部收入	1605	1380
2	高中毕业生的全部收入（参照组）	1104	975
3	增量收入（1−2）	501	405
二	高等职业教育费用		
4	学校费用	25	23
三	学生承担的费用		
5	学费	9	8
6	食宿	7	6
7	学习期间工作的机会成本	45	42
8	全部费用（4+6+7）	77	71
9	私人费用（5+6+7）	61	56
四	净现值		
10	全部	424	334
11	私人	440	349
五	效益/费用比		
12	全部的（3/8）	6.2	5.7

序号	费用效益	折现率=0	折现率=3%
13	私人的（3/9）	8.2	7.2
六	增量内部收益率		
14	全部的	14.4%	
15	私人的	18.7%	

注　摘自 R. A. Musgrave and P. B. Musgrave："Public Finance in Theory and Practice"，5thed.，第 184 页。

（三）教育项目主要效果指标

1. 衡量全民受教育水平的指标

全民受教育水平代表了一个国家或地区经过长期努力所取得的教育成就，它还标志着一个国家劳动力的整体素质。提高全民受教育水平是各个国家和地区发展教育的重要目标之一，在进行社会发展统计分析时，它们还作为一个国家的人文发展指标，代表了国家的整体社会发展程度。国际组织往往用成人识字率、劳动力受教育年限来表示一个国家或地区的全民受教育水平。

2. 衡量教育机会均等程度的指标

各级各类教育毛入学率和毕业率是反映一个国家或地区教育机会均等程度的重要指标。

3. 衡量基础教育水平的指标

小学学龄儿童入学率、初中毕业生和小学毕业生升学率和青少年文盲率反映了一个国家或地区的基础教育水平。

（四）不同类型项目经济分析关注重点

1. 公办基础教育项目

一般认为基础教育项目给社会带来的效益远大于个人效益，费用应由国家和地方财政承担。我国基础教育属于义务教育，因此公办基础教育项目的性质为非市场项目，效益很难货币量化，因此主要采用费用-效果分析。该类项目费用主要是政府支出费用，个人费用比较少，主要是交通费、校服费等，学生负担的机会成本为零。这类项目的目标主要有扩大教育规模、改善学校设施、加强学校与教学管理、提高教学质量、减少教育的经常性费用，根据目标的不同需求选用不同的效果指标。

2. 中等教育项目（不包括职业教育）

中等教育在我国不属于义务教育，学生要缴纳一定的学费，但学费不足以弥补学校支出，因此中等教育项目的性质是不完全市场项目。该类项目的目标与基础教育项目基本相同，因此经济分析主要采用费用-效果分析方法。除此之外，还要进行财务可持续性分析和受益受损分析。个人费用包括学费、交通费、校服费和机会成本（上学期间放弃的收入）等。

3. 职业教育和高等教育项目

高等教育和职业教育虽然也是不完全市场项目，但目标与基础和中等教育不同，是改善毕业生的就业前景，其效益可以依据受教育水平不同的人员工资差异来衡量。因此其经济分析主要采用费用-效益分析方法，计算项目投资收益水平；还应该关注费用和效益在项目各参与者之间的分担情况，计算教育部门和学生个人教育投资收益水平，除此以外还要进行居民教育经济负担分析及可持续性分析。

（五）某职业教育园区费用-效益分析案例

根据我国某职业教育园区的数据得出的费用-效益分析结果见表12-18。这个分析是以高中毕业不进高等职业学校和初中毕业不进技校直接工作作为参照组，即"无项目"，该表的有关数据说明如下：序号3是高职和技校毕业生相对于高中和初中毕业生40年终生收入现值的差额；序号2.5指的是学生在这3年中如果选择工作可能获得的机会收入。该表给出了社会折现率分别是8%的净现值和效益-费用比。

表12-18　　　　　　　　　　某职业教育园区费用-效益分析　　　　　　　　　　（元）

序号	项目	0	1	2	3	4	5	6~19	20
1	效益流量	—	—	—	95693	108800	130560	130560	151440
1.1	项目直接效益				95693	108800	130560	130560	130560
1.2	资产余值回收								20880
1.3	间接效益								
1.4	效益现值	1009842							
2	费用流量	81600	65100	64100	53310	60738	71056	71056	71056
2.1	建设投资	81600	65100	62100					
2.2	维持运营投资								
2.3	流动资金			2000					
2.4	经营费用				23132	26139	29537	29537	29537
2.5	放弃的收入				30179	34599	41519	41519	41519
2.6	间接费用								
2.7	费用现值	746086							
3	净效益流量	−81600	−65100	−64100	42382	48062	59505	59505	80385

注　计算指标：

经济净现值：$ENPV=PV（B）−PV（C）=263756$（元）；

效益费用比：$BCR=PV（B）/PV（C）=1.35$；

经济内部收益率：$EIRR=17.2\%$。

第五节　卫生保健项目

卫生保健项目包括医院、公共卫生、疾病防治、保健等项目，其直接目的在于提高人们的身体健康状况，从而提高个人和社会的福利。与一般工业项目相比较，卫生保健项目的特殊性在于费用和效益的界定和量化更为复杂。

一、卫生保健项目经济分析框架

（一）卫生保健项目的费用、效益和效果

当项目建设既有健康状况的目标，又有经济效率的目标，或者是将卫生保健项目与跨部门的项目相比较时，需要采用费用-效益分析的方法。费用-效益分析的特点是将费用和效益全部用货币量化，然后进行比较，因此费用-效益分析的关键在于正确识别项目的费用和效益并进行货币量化分析。由于费用-效益分析需要用货币单位量化卫生保健项目提高人们健康状况的效益，因此在很大程度上增加了分析的复杂性。在具体操作中，评价健康状况改善的效益应该采用支付意愿法而不是人力资本法。

卫生保健项目的费用包括初始投资和运行所投入的全部物质资源和人力资源。费用由直接费用和间接费用构成，其中直接费用分为资本费用和经常性费用，资本费用包括房屋建筑、设备和职工培训费支出；经常性费用包括管理人员、医生、护士、实验室技术人员、非技术后勤和其他人员支出；间接费用则包括病人的时间和差旅支出。

卫生保健项目的效益包括降低医疗费用、提高服务效率、改善服务质量、延长病人的生命年限、降低患病率和死亡率、增加病人的工作时间和节省家人照料的时间等。由于对生命价值货币化的困难，目前广泛采用费用-效果分析（CEA）代替费用-效益分析（CBA），用以比较卫生保健和疾病防控项目投资和政策的选择。特别是像我国这样的发展中国家，人口众多，人均医疗卫生资源极其有限，费用-效果分析更有助于研究提高资源的利用效率。世界卫生组织（WHO）专门为此制定分析评价准则❶，提供了包括不同地区进行 CEA 的各种信息，开发了名为"CHOICE"的模型，用以对卫生保健和疾病防控干预政策及项目进行评价和选择。

（二）不同类型卫生保健项目经济分析要点

1. 医院

医院提供门诊治疗服务，一般认为该领域民营资本可以参与。因此根据投资主体的不同，分为公立医院项目和民营医院项目。民营医院项目是市场项目，可不进行经济分析。公立医院项目为不完全市场项目，应从社会资源优化配置的角度进行经济分析，主要采用费用-效益分析方法。

2. 其他卫生保健项目

其他卫生保健项目，如公共卫生计划、重大疫病控制、母婴保健、接种免疫、计划生育、贫困人口的临床服务、医学研究与开发、基本卫生设施和卫生保健知识的教育等，一般认为这类项目投资应是政府的责任，为非市场项目，主要采用费用-效果分析方法。效果指标用自然单位表示，例如治愈率、挽救生命人数、寿命年、并发症、生理参数、中间结果（血压、血糖和胆固醇等）和功能状态等。当界定的效果比较广泛时，采用费用-效用分析（cost-utility analysis），例如儿童免疫接种项目、基础卫生和公共卫生规划项目等，这些项目的效果不仅是挽救生命人数，也包括与生命有关的存活质量。费用-效用分析方法比一般的费用-效果分析更为普遍，用以测量生命质量的效用指标主要有失能调整生命年和质量调整生命年。

二、健康干预项目主要效果指标阐释

（一）挽救生命人数

选取挽救生命人数作为效果指标，避开了为生命定价所带来的伦理等方面的争议，却无法解决个体生命价值的差异性和公平性的矛盾。但该指标至少反映了不同项目的费用和效果在量纲上的差异，对于决策的科学化产生了积极影响。如果承认延长寿命的指标可靠，那么就可以在广泛的范围内选择花费较小的项目或措施来挽救生命，或者在给定费用下挽救更多的生命。

（二）增加寿命年限（years of life gained，*YLGs*）

对于很多安全保障项目诸如儿童常见疾病防治等干预措施，患病率下降的效果相对较

---

❶ World Health Organization, "WHO Guide to Cost-Effective Analysis,": WHO, 2003. Retrieved Mar. 26, 2007, from http://www.who.int/choice/en/.

小，而主要体现在死亡率的下降。在这种情况下，*YLGs* 是一种非常有用的分析方法。但该指标忽略了患病率下降带来的效益，所以在评价防治慢性病的项目和其他明显降低患病率的项目时，使用该指标会带来很大的偏差。

以增加寿命年限 *YLGs* 为效果指标的费用-效果比分析举例如下。

【例 12-2】　某种预防措施的现值是 200 万元，受益人口 100 万，可使某种疾病的发病率从 0.1‰降至 0.05‰。这种病治愈的概率为 80%，死亡概率为 20%，死亡和治愈的治疗费用和病人的机会成本平均为 2 万元/人。该地区人口的平均寿命为 70 岁，平均患病的年龄为 15 岁。

$$YLGs=（70-15）\times 20\%\times（0.1‰-0.05‰）\times 10^6=550（人·年）$$

预防措施的总费用

$$Cost=2\times 104-20000\times（0.1‰-0.05‰）\times 10^6=100（万元）$$

该项预防措施的费用-效果比是：

$$Cost/YLGs=100/550=1818 元/（人·年）。$$

（三）增加健康寿命年限（healthy years of life gained，*HYLGs*）

由于大多数安全和卫生项目的效益同时体现在患病率和死亡率的下降两个方面，这时就需要对这两种效果进行加权，最简单的加权效果指标就是增加的健康寿命年限（*HYLGs*），为因患病率和死亡率下降而增加的寿命年限之和，对患病而存活的时间赋予的权重比相对健康存活时间的权重小。

（四）失能调整生命年（disability adjusted life years，*DALYs*）

DALYs 是采用客观、定量的方法综合地计算各种疾病和事故造成的早逝和残疾所导致的健康生命年的损失，综合考虑死亡、疾病、伤残的严重程度、年龄相对重要性和折现率等因素，包括疾病死亡损失生命年（years of life lost，*YLLs*）和疾病伤残损失健康生命年（years lived with disability，*YLDs*）两部分：

$$DALYs=YLLs+YLDs$$

等式右边的前者（*YLLs*）表示的是死亡损失的生命年，后者（*YLDs*）表示的是因疾病或事故，即便没有死亡，但因此造成失能（disability）的相当于完全健康生活年的损失，可用 0～1 间的"失能"程度系数来对生存年进行折减。举例，某人因某种疾病 30 岁时死亡，不然其期望寿命 70 岁，那么损失生命年 $YLLs=70-30=40$；另外在死亡前，因疾病不能像健康人一样的生活，尽管生活了 30 年，平均只享受完全健康的 90%，那么"失能"系数就是 0.1（1-90%），就相当于损失了 3 个健康生命年（0.1×30），所以 *YLDs*=3；两者相加就是失能调整生命年损失 *DALYs*=40+3=43 年。

以上计算还要用年龄权重和折现率作加权调整。疾病死亡损失生命年（*YLLs*）由死亡年龄和期望寿命的差值乘以年龄权重得出，其中期望寿命可以由世界卫生组织推荐使用的各年龄组的标准期望寿命表给出，年龄权重则可用 Delphi 法调查确定；疾病伤残损失健康生命年（*YLDs*）由失能的持续时间乘以残疾权重得出，残疾权重的测量工具是世界银行和世界卫生组织共同研究发布的损伤、失能和残疾的国际分类（ICIDH）。

（五）质量调整生命年（quality adjusted life year，*QALYs*）

QALYs 是考虑了人与健康有关的生命质量的生命年指标。对于疾病状况下的生命质量，通过效用测量或生命质量权重的调整，可化为相当于完全健康人的生命质量年数。*QALYs* 与

失能调整生命年（*DALYs*）相比，共同点在于都用小于 1 的权重对生存年进行调整，但 *DALYs* 是从生命损失角度度量，因此"失能"系数表示的是健康损失程度，越接近 1 表示损失越大，而 *QALYs* 是从增加生命年角度来度量，所涉及的权重表示获得生活质量的程度，越接近于 1 表示越接近于健康的生活质量。两种权重的互换可用"1"相减来获得。另外，*QALYs* 更明显地与健康有关的效用和生活质量状况相联系，而 *DALYs* 仅限于对病残情况进行调整。采用 *QALYs* 指标，可将难以用货币来衡量的隐性指标如疼痛、悲伤、抑郁等生命质量的内容量化，因此采用 *QALYs* 对于衡量健康干预的效果更为全面。*QALYs* 中对质量生存年的调整用的权重叫"与健康相关的生命质量指数"（health related quaility of life score，*HRQL* score），通过长期的研究和大规模的样本调查，建立了 *HRQL* 的分值要素和权重。如英美等国用的 EuroQol 标准包括：行走能力、自理能力（包括漱洗和穿衣）、常规活动能力（包括工作、学习、家务和休闲活动）、疼痛和不适以及精神紧张或压抑五个方面，规定了调查打分规则和权重。当然，*HRQL* 指数与年龄、疾病的进展阶段、采取干预的效果（包括副作用）甚至与性别种族和社会地位有关。健康干预增加 *QALYs* 效果指标可通过有无干预或不同干预方案的质量调整寿命（quality adjusted life expenctancy，*QALEs*）之差来获得。如某人在 60 岁患糖尿病，如不加健康干预只能存活 5 年，每年质量转换系数 *HRQL* 分别是 0.5、0.2、0.1、0.1 和 0.1。那么，不干预的质量调整寿命年 *QALEs*=0.7+0.6+0.4+0.2+0.1=2。如果采取综合的干预（如饮食控制、用药和适当运动），可以存活 10 年，各年的质量转换系数 *HRQL* 分别是 0.7、0.7、0.6、0.6、0.6、0.5、0.5、0.4、0.2、0.2，那么综合干预的质量调整寿命年。

$$QALEs'=0.7+0.7+0.6+0.6+0.6+0.5+0.5+0.4+0.2+0.2=5$$

综合干预的效果是增加了质量调整生命年 *QALYs=QALEs'−QALEs*=5−2=3 年。

另外，不同年龄段发病，质量转换系数 *HRQL* 的起始值不同，计算结果也不相同。

疾病或各种健康干预对于不同年龄人口的死亡率（存活率）和质量转换系数有不同的影响。因此，完整的 *QALYs* 和 *QALEs* 计算要依赖于人口的生命统计表。表 12-19 是一张依据人口生命统计表计算 *QALEs* 的示例。

在表 12-19 中，第（0）列是年龄分组，可以逐年分段（从 1～100 岁），本例基本上用 5 年一段，年龄从 *X* 到 *X+N*，除第 1 段 *N*=1、第 2 段 *N*=4 外，一般 *N*=5。最后一段为 100 岁以上。第（1）列为各年龄段的死亡概率，数据可从人口生命统计资料获得。随着年龄增高，死亡的概率越高，超过 100 岁的死亡概率接近 100%。但是，不同的健康干预作用于不同年龄段，对后续的死亡概率都有影响。第（2）列是各段初始年龄 *X* 的人数，本例 *X*=0 时用的是 10000，这对以后计算的平均寿命是没有影响的。下一段的初始人数是上一段初始人数减去该段死去的人数，而每段死去人数是第（1）列乘第（2）列的积，为第（3）列。第（4）列为各段存活的生命年，这里假定死亡发生在该段的时间中间，所以是 [（2）−（3）/2)]×*N*。第（4）列的数字经第（5）列的质量转换系数（*HRQL*）调整后得到第（6）列，即质量调整后的段内生命年。*HRQL* 取值与疾病和健康干预方案有关。第（7）列是从第（6）列底部开始相加的累计的调整后的生命年总和，其意义是从各段的起始年龄 *X* 开始，这些人可能存活的有质量的生命年数。以第（7）列第 3 行的数字 5895135 为例，表示 99189 个 5 岁的人，总共可以活 5895135 个有质量的生命年（包括有少量人活过 100 岁），这两个数字相除就是平均的质量调整寿命（*QALE*ₛ）为 59.4 岁，列于表中的第（8）列。作为比较，第（9）列是相应的不作调整的寿命。

该表可用于计算各种健康干预项目的效果。例如，某针对年龄为 X 的人实施健康干预的项目1，通过样本，确定其对以后各年龄段死亡率和存活的健康质量系数的影响，用新的数字代替表 12-19 中 X（及以上）年龄段列（3）和列（5）的数据，就可以利用 Excel 算出新的质量调整寿命（$QALE_X$）[1]，如果受干预 X 岁的人口为 N_X，那么该项目的效果（$QALY_s$）指标就是：

$$QALY_s = [(QALE_X)^1 - (QALE_X)^0] \times N_X \qquad (12-13)$$

显然，可以看出效果与年龄有关，预防重于治疗，儿童优于老人。近百岁的老人医疗干预的 $QALY_s$ 很低。但这只是从资源配置效率角度的考虑，没有从伦理角度看问题。

表 12-19　　　　　　　　　基于人口生命统计的质量调整寿命（$QALE_s$）计算

年龄段 $X\sim X+N$	年龄段内死亡率	年龄段内存活数	年龄段内死亡数 (1)×(2)	段内生命年 ((2)−(3)/2)×N	健康质量系数 HRQL	段内质量生命年 (4)×(5)	X 岁的质量生命年总和 [从(6)底部累加]	X 岁质量调整寿命 (7)/(2)	X 岁不调整寿命 [从(4)底部累加/(2)]
列（0）	列（1）	列（2）	列（3）	列（4）	列（5）	列（6）	列（7）	列（8）	列（9）
0～1	0.0069	100000	687	99314	0.94	93355	6361675	63.6	77.5
1～5	0.0013	99314	124	397005	0.94	373185	6268320	63.1	77.0
5～10	0.0007	99189	73	495764	0.93	461060	5895135	59.4	73.1
10～15	0.0010	99116	95	495345	0.93	460671	5434075	54.8	68.2
15～20	0.0033	99022	328	494287	0.92	454744	4973404	50.2	63.2
20～25	0.0048	98693	474	492280	0.89	438129	4518660	45.8	58.4
25～30	0.0048	98219	467	489928	0.84	411539	4080531	41.5	53.7
30～35	0.0055	97752	542	487407	0.84	409422	3668992	37.5	48.9
35～40	0.0079	97211	767	484136	0.84	406674	3259570	33.5	44.2
40～45	0.0120	96444	1157	479328	0.84	402636	2852896	29.6	39.5
45～50	0.0179	95287	1702	472182	0.84	396633	2450260	25.7	35.0
50～55	0.0257	93585	2401	461925	0.79	364921	2053627	21.9	30.6
55～60	0.0376	91185	3425	447361	0.73	326574	1688707	18.5	26.3
60～65	0.0580	87760	5092	426070	0.73	311031	1362133	15.5	22.2
65～70	0.0863	82668	7133	395507	0.73	288720	1051102	12.7	18.4
70～75	0.1301	75535	9825	353112	0.73	257772	762382	10.1	15.0
75～80	0.1974	65710	12969	296128	0.65	192483	504610	7.7	11.8
80～85	0.2987	52741	15753	224324	0.65	145810	312127	5.9	9.1
85～90	0.4230	36988	15648	145822	0.65	94784	166317	4.5	6.9
90～95	0.5793	21340	12363	75794	0.65	49266	71533	3.4	5.2
95～100	0.7368	8977	6614	28350	0.65	18427	22267	2.5	3.8
>100	1.0000	2363	2363	5907	0.65	3840	3840	1.6	2.5

除了效果，实际上健康干预的费用和年龄有关，因为除了初始的一次性干预费用外，还

有后续的治疗和康复费用，这些都随年龄的增加而变化。因此，很多学者建议采用马尔柯夫人口-年龄模型来计算❶，其基本思路是：把人口存活的年龄和死亡作为状态（state），以年为转移步长，给出状态转移的概率（transit probabilities），每转移一次记录所增加的 $QALYs$ 和费用并加以折现和存储，这样不断地循环计算，就可以算出不同年龄起始人口的 $QALYs$。

三、健康干预项目费用-效果及效用分析方法的应用

（一）分析步骤

健康干预包括疾病防控、定期体检和专项检查、母婴保健、接种免疫、计划生育、临床医疗、基本卫生设施建设和卫生保健知识教育与宣传等措施的总称。费用-效果分析就是通过费用与效果的计算比较，选择资源利用最有效的干预措施和干预措施的组合。基本步骤如下：

（1）确定健康干预项目或措施方案。根据规划目标和标的人口，形成尽可能多的切实可行的干预方案，世界卫生组织（WHO）建议把不采取任何干预也作为一个方案，称为"零"方案。这样做的好处是，可以对资源配置的现状做出评价和调整的建议，可供选择的干预措施有些是相互独立的，即可以选择其中的一个，也可以同时选择或不选择；有些是互斥的，可能是同一类措施，只是干预的强度不同。措施 A 与 B 之间是独立的，A 和 B 带下标的方案之间是互斥的，见表 12-20。表中各干预方案的费用和效益单位假定已经处理按可比量纲计算。

表 12-20　　　　　　　　　　　　健康干预方案比选分析

干预方案	费用ΔC	效果ΔE	费用-效果比$\Delta C/\Delta E$	在总预算 170 下的选择
A_1	100	12.0	8.33	
A_2	120	20.0	6.00	√
A_3	140	23.0	6.09	
B_1	50	22.0	2.27	√
B_2	70	24.5	2.86	
B_3	120	29.0	4.14	
B_4	170	32.0	5.31	

注　以上都是与"零"方案相比的增量。

（2）对应干预方案收集数据，并计算费用和效果。可以按不同年龄组的人数，用马尔柯夫模型循环计算。WHO 建议，费用和效果都按 3%的折现率计算现值，并推荐效果用失能调整生命年（$DALYs$），但发达国家的多数学者主张用增加的质量调整生命年（$QALYs$）。

（3）计算费用-效果比指标，基本公式是：

$$\Delta C / \Delta E = \frac{C_2 - C_1}{QALY_2 - QLAY_1} \tag{12-14}$$

式中　ΔC、ΔE——分别代表费用 C 和效果 E 的增量；

C_1、C_2——分别代表不干预（"零"方案）和采用干预方案的费用现值；

$QLAY_1$、$QALY_2$——分别代表不干预（"零"方案）和采用干预方案的质量调整生命年数。

---

❶　详细实用的介绍可参见：P. Muenning，*Cost-Effectiveness Anaylysis in Health—A Practical Approach*，2nd Edition，Published by Jossey-Bass，2008.

该指标的意义是：每增加一质量调整生命年，干预方案要增加费用的现值。

（4）列出各干预方案的增量费用、增量效果和增量费用-增量效果比。互斥方案按增量费用从小到大排列，见表 12-21。表中费用和效益的单位假定已经按照可比量纲进行了处理。

表 12-21　　　　　　　　　　　　　增加预算 20 单位下的方案选择

干预方案	费用ΔC	效果ΔE	费用-效果比 ΔC/ΔE	（B_1+A_2）增加预算 20 的选择
$A_3–A_2$	20	3.0	6.67	√
$B_2–B_1$	20	2.5	8.00	

注　以上都是与（B_1+A_2）方案相比的增量。

在干预总费用预算约束下，按互斥方案的费用效果比从低到高选择组合，直至预算用尽。假定表 12-21 的总预算是 170，那么选 B_1+A_2 可以达到最大的效果：$\Delta E=42$。如果现行的干预措施不是这样安排，采用的是 B_4，则可建议作出调整，在相同的预算下可以多得 10 个生命年（42-32）；进一步，如果考虑增加预算 20 个单位，考虑在现行的（B_1+A_2）方案的基础上如何调整，直觉上似乎应该用 B_2 代替 B_1，增加费用 20，B_2 又是除 B_1 以外指标最好的方案，但是这个结论是不正确的。正确的做法是计算和比较增量。在现行的（B_1+A_2）基础上，增加预算 20 的方案还有用 A_3 代替 A_2。尽管从费用效果比指标看 B_2 优于 A_3，但增量的费用效果比（$A_3–A_2$）优于（$B_2–B_1$）。因此，正确的结论是用 A_3 代替 A_2，保留 B_1，新的组合调整为（B_1+A_3）。

（二）某儿童免疫项目的费用-效果分析案例[❶]

1. 概述

为了提高某地区儿童的健康水平，计划在 5 年的时间里，提供预防结核病的卡介苗（BCG）疫苗和为儿童提供 DPT（白喉、百日咳和破伤风）疫苗，为孕妇提供破伤风类霉素（T）。备选方案有：①DPTT 项目——在婴儿一岁期间为其接种两次 DPT 疫苗，并且给孕妇接种 T 疫苗；②BCG 项目——给入学和离校的儿童接种两次 BCG 疫苗；③全面免疫项目——BCG 与 DPTT 两个项目结合在一起。在考察三个项目费用和效果的同时，考察是否值得在已有的 DPTT 项目基础上增加一个 BCG 项目，或者是否值得在已有的 BCG 项目的基础上再增加一个 DPTT 项目。

2. 各方案的费用估算

儿童免疫项目的费用主要由资本费用和经常性费用构成，其中资本费用包括建筑设施、仪器设备、交通工具、培训和技术援助等，经常性费用包括人员费用、物资、维修费以及当事人投入的时间、交通费用和物资费用等。具体费用估算见表 12-22。

3. 效果指标的确定与计量

对于本案例，采用两个效果指标。一个是减少的儿童早亡人数，根据免疫接种数、疫苗功效和相关疾病的发病率与死亡率，利用传染病模型计算得出；二是增加的健康寿命年限（HYLGs），既度量患病率下降的效益，又度量死亡率下降的效益，给予患病率和死亡率相同的权重，增加的健康寿命年限为患病率和死亡率下降而增加的寿命年限之和，并对出现的病

---

❶　该案例参考 P. 贝利，J. 安德森等著，建设部标准定额研究所译，中国计划出版社 2002 年 8 月出版的《投资运营的经济分析》第 7 章内容。

残情况进行调整。具体计算结果见表12-23。

表 12-22 各 方 案 费 用 估 算

从项目开始实施算起的年份	全面免疫项目的费用	DPTT项目的费用	BCG项目的费用	在 DPTT 项目基础上增加 BCG 项目的费用	在 BCG 项目的基础上增加 DPTT 项目的费用
1	25	23	14	3	12
2	27	24	15	3	12
3	29	26	15	3	14
4	34	31	18	3	16
5	36	33	18	4	18
总折现值（$i=10\%$）	123	112	66	13	59
资产净残值现值	13	12	13	0	1
费用现值	110	100	53	13	58

注 1. 分别实施 DPTT 和 BCG 两个项目的费用之和并不等于总项目费用，因为总费用中的许多细项是两者的共同支出；

2. 第 4 列显示在现有 DPTT 项目的基础上增加一个 BCG 项目的费用（第 5 列则正好相反）。

表 12-23 因免疫项目而避免的早亡和增加的健康寿命年限

年份	全面免疫项目		DPTT 项目		BCG 项目	
	避免早亡数	*HYLGs*	避免早亡数	*HYLGs*	避免早亡数	*HYLGs*
1	0	0	0	0	0	0
2	17200	1122.3	16800	1095.0	400	27.3
3	27600	1799.7	26800	1746.0	800	53.7
4	45500	2963.0	44200	2881.0	1300	82.0
5	59300	3868.3	57600	3755.0	1700	113.3
6	73300	4779.8	71000	4635.0	2200	144.8
7	24800	1625.9	22100	1448.0	2700	177.9
8	18800	1228.7	15400	1008.0	3400	220.7
9	15300	999.9	11200	733.0	4100	266.9
10	10700	696.8	5800	379.0	4900	317.8
11	5600	365.5	0	0	5600	365.5
12	4700	305.4	0	0	4700	305.4
13	3600	235.3	0	0	3600	235.3
14	2500	160.2	0	0	2500	160.2
15	1200	78.1	0	0	1200	78.1
总折现值	199962	13043.9	182180	11883.0	17181	1161.0
总调整值	189964	12391.7	173071	11288.8	16322	1103.0
百分比	100.0	100.0	91.4	91.1	8.6	8.9

注 1. 由于免疫项目产生的挽救生命或延长健康寿命年限的效果时间跨度很大，因此应该将不同时点上产生的效果予以折现。本案例中采用的折现率是 10%。

2. 免疫接种项目会取代私人卫生保健的服务，因此应该将总折现值予以调整。本案例中，假定在没有政府免疫接种项目的情况下，8% 的人口从私人卫生保健服务提供者那里购买免疫接种；在政府开展免费的免疫接种项目后，将有 4% 的人从私人部门转到政府免疫接种项目。

4．评价指标与评价结论

本案例的评价指标有两个，分别是：

（1）*Cost/Person*——该指标将免疫项目与挽救的生命人数联系起来，计算为挽救一条生命所花费的费用。

（2）*Cost/HYLGs*——该指标表示增加单位健康寿命年限所花费的代价。

根据上述所估算的各备选方案的费用与效果，计算结果见表 12-24。

表 12-24　　　　　　　　　　　　　备选方案的费用-效果

备　选　方　案	*Cost/Person*	*Cost/HYLGs*	采用治疗方式的 *Cost/Person*
1．全面免疫项目	579	8.9	7200
2．DPTT 项目	578	8.9	9800
3．BCG 项目	3247	48.1	1950
4．在 DPTT 项目基础上增加 BCG 项目	335	5.2	9800
5．在 BCG 项目基础上增加 DPTT 项目	797	11.8	1950

表中将每个备选方案产生的单位效果都与治疗方式进行比较，分析结果显示：各免疫接种项目的费用效果比都比较高，全面免疫项目每减少一个人死亡，费用是治疗方式项目的1/12；在 BCG 项目基础上增加 DPTT 项目的费用是治疗方式项目的 1/29，说明免疫接种项目优于治疗方式项目。结果还显示，单独实施 BCG 项目并不节省费用，然而在 BCG 项目的基础上增加 DPTT 项目却远远低于治疗方式项目的费用效果比，这也说明费用-效果分析的缺陷：一是没有考虑到边际费用效果的变化；二是没有考虑到两个项目结合在一起所产生的耦合效应，其产生的效果远非单个项目所能比拟。

附　　录

附录 A　中咨公司投资项目经济分析准则❶

1　导　　论

1.1　经济分析的内涵及范围界定

1.1.1　投资项目经济分析是从社会资源优化配置的角度考察项目实施的经济合理性。项目占用的各类社会资源都具有不同程度的稀缺性，经济分析要求从资源配置的效率和公平角度分析和评估所拟建项目方案是否值得进行以及所拟议的项目方案是否优于其他可替代的项目方案。经济分析工作应贯穿于项目方案形成和比选的全过程，为项目各类论证文件的编写、评估和审查提供依据。

1.1.2　从资源配置机制的角度，投资项目可划分为完全市场项目、不完全市场项目和非市场项目。完全市场项目是指项目的产出和投入主要是通过竞争充分的市场交易、具有边际性（项目规模不大，其产出不足以影响市场的均衡价格）、没有显著外部效果的经营性项目；不完全市场项目是指其产出或投入虽然通过市场交换，但市场竞争不充分，或是具有非边际性（规模较大，能够引起市场均衡价格变化），或是外部效果显著，或是受政府政策法规的影响而具有垄断性质的项目；非市场项目是指不通过市场交易的公共性和公益性项目。随着投资体制改革的深化，完全市场项目应由企业自主投资决策，不完全或非市场项目一般由政府投资或以其他方式参与建设。应根据不同类型项目的具体特点，以经济分析方法作为分析工具，选择为实现目标而利用资源最有效的项目建设方案。

1.1.3　投资项目的财务评价是从投资者及项目所依托的企业角度，分析项目的财务盈利能力和项目在财务上的可持续性。投资盈利能力指标用以判定项目对投资者（包括债权人）是否具有吸引能力。对于完全市场项目，其投资盈利性分析和社会资源配置的效率性分析具有一致性，因此没有必要再进行独立的经济分析。对于不完全和非市场项目，由于市场机制的缺失或市场配置资源的作用不充分，投资项目的财务盈利性不能反映社会资源的配置效率，因此有必要进行单独的经济分析，如经济费用-效益分析或费用-效果分析，评价项目占用资源的经济效率。

1.1.4　财务可持续性分析是研究项目在整个寿命期内其收入是否可持续地抵补项目的支出；经济可持续性分析除了保证项目的净效益（或效果）在整个寿命期得以有效发挥外，还要分析项目各利益主体的得益和损失，特别要关注弱势群体的得失。经济分析与环境影响评价和社会评价相互补充，从不同角度评价项目的可持续性。环境对人类的损害可以通过货币化的定量分析加以确定，从而提高环境保护和资源的利用效率。

---

❶　本准则供中咨公司内部使用，并根据情况变化适时进行修改完善。相关内容仅供参考。

1.2　经济分析的目的、地位和作用

1.2.1　由于不完全或非市场项目市场竞争不充分、具有外部性或非边际性以及公共性和公益性等特征，以实际市场价格为基础的收入和支出不足以或不能反映项目的社会经济效益和费用，市场导向的投资决策会偏离社会的需求（供应不足或供应过度），造成资源配置的浪费。经济分析的目的是通过对项目经济效益和费用的分析与计算，形成并推荐资源配置最为合理的项目方案。

1.2.2　在给定的社会经济环境下，为实现社会目标，有各种可能的项目建设方案，如针对不同的服务对象、不同的满足需求的程度和标准，采用不同的技术路线和投入组合以及不同的项目选址等。经济分析从发展战略规划、投资机会研究和项目初步可行性研究阶段就应开始发挥作用，引导形成经济上合理的投资方案，而不只是对最终方案进行指标的计算和评估。经济分析和评估工作要在项目方案形成、比选和审查的整个过程中贯穿始终。

1.2.3　经济分析是提高投资决策科学化的重要环节，也是项目前期工作的重要内容。对于完全市场化的经营性项目，不要求进行完整的经济分析，这并不表示资源配置效率不重要，只是因为这类项目的投资财务盈利性分析可以代替体现资源配置效率的经济性分析；有些非市场项目也不一定以经济费用-效益分析的评价判据作为项目唯一的决策依据，如保证社会政治安全和稳定的生命线工程、捍卫国家领土完整和社会事业等类型的工程项目，并不以经济净效益最大化为目标，但只要是耗用有限的资源，为实现同样的社会目标有不同的方案，就有通过经济分析进行选择的必要。

1.3　经济分析对专业人员的要求

1.3.1　经济分析人员要了解国家、行业和地区的社会经济发展规划，熟悉相关的法律法规政策和项目所处的经济社会、自然环境条件，能够在考察各种可能的技术方案的基础上，具备正确识别、界定和计算经济效益（效果）和费用的能力，要有从资源稀缺性、资源配置可替代性等角度考虑问题的素养。

1.3.2　从事经济分析工作的人员应是代表公共利益的项目参与者，不应限于所在部门、地区或投资者利益的代表者。应时刻注意以贯彻落实新发展理念为其社会责任和最高行为准则，坚持"以人为本"，强调推进全面协调可持续发展，统筹兼顾各种发展手段，以有限的资源最大限度地满足需求及发展目标，公正、客观和科学地评价、分析和比选项目方案，为投资决策提供依据。

2　经济分析的理念创新及分析框架

2.1　经济分析的理论基础

2.1.1　经济分析的提出基于社会选择的需要。从社会资源配置角度来评价和选择项目方案，可以通过利益相关者（或其代表）投票公决的办法来实现。但对于多数投资项目而言，作为评价的基础判断，应借助专业化的分析工具，根据项目经济效益和费用的比较来得出资源配置效率的结论。

2.1.2　如果项目的实施使得益者的所得足以补偿受损者的损失而且还有结余，那么这种改变可以看作是社会状态的改进，这样的判别准则就是所谓潜在的 Pareto 改进准则或补偿准则。在市场导向的经济中，可以证明，在一定的条件下（如市场竞争充分、没有显著的外部性和项目具有边际性等），满足市场投资者财务盈利性准则的项目同样符合补偿准则。对于完

全市场项目，可以认为企业投资主体基于财务评价所进行的决策和社会经济状态改进准则具有一致性。对于市场竞争不充分的、非边际性的项目和公共项目，也可以采用类同于财务现金流量分析的框架，在考虑外部影响等因素的情况下，用货币量作为统一的尺度计算项目的各种经济效益和费用，通过两者的比较来判断项目能否满足补偿准则。补偿准则所遵循的是效率准则，并没有考虑公平分配问题。经济分析在设定效率准则的同时，还需要关注效益和费用在不同社会群体中的分配效果。

2.2 经济分析的理念创新

2.2.1 "追求投资效益，规避投资风险"是项目评价所追求的永恒主题。经济分析要体现新的咨询理念，不仅要考虑项目在工程及财务方面的效益和风险，而且要"更加注重经济社会的可持续发展"，通过优化建设方案，在继续注重提高工程及财务效益的同时，更加关注环境、资源、生态、人文等方面的效益和风险，促进社会的可持续发展。经济分析要与环境影响评价和社会评价相衔接。

2.2.2 经济分析要体现新的咨询理念，进一步促进决策的科学化民主化。在评价的目标和方法上要进一步体现"以人为本"和"全面协调可持续"的要求，尊重人们的支付意愿，重视意愿调查等吸取民意的经济分析方法与技术，统筹兼顾各种措施和手段，促进经济发展方式的转变。

2.3 开展经济分析工作的指导原则

2.3.1 经济分析要坚持系统分析的原则。在整个项目前期工作中，经济分析要与行业和区域规划、需求预测、财务分析等相衔接。经济分析的对象可以是形成推荐项目方案的子项目，也可以是相互关联的项目群。具有网络功能和分期建设的项目要按系统整体进行综合的经济分析。

2.3.2 经济分析要坚持"有无对比"的增量分析原则。通过对拟议的项目方案与"不上项目方案"之间的比选，进行增量分析。要保证增量效益（效果）与增量费用计算口径的一致性。所设定的"无"项目状态，应是现实可行的、相对于拟议方案之外的次优方案。

2.3.3 经济分析要坚持定量分析与定性分析相结合的原则。定量分析包括货币量分析（如费用-效益分析、最小费用分析）和实物量分析（如各种实物指标的计算），以及两者的结合（如费用-效果分析）。定性分析可以是文字描述，但是对有可能造成重叠的分析要加以说明。

2.3.4 经济分析要坚持客观、稳妥评价的原则。要根据项目的特点，重点研究那些对项目评价结论和方案取舍起决定影响的效益（效果）和费用，要给出界定和量化的有说服力的依据。对于难以把握的分析内容，应以稳妥原则予以取舍。在论证推荐项目方案情况的同时，要说明被淘汰方案不被推荐的理由。

2.4 经济分析的基本框架

2.4.1 经济分析一般应包括以下内容：在对备选方案和推荐方案基本情况进行描述的基础上，进行资源配置效率分析、受益受损及分配效果分析，以及不确定性和经济风险分析；对重大项目要进行产业、区域和宏观经济影响分析；对自然资源及环境有重要影响的项目，应结合资源节约及综合利用分析评价、环境影响评价的结果，对拟建项目的资源环境影响效果进行经济分析，综合评价拟建项目的可持续性。

2.4.2 根据评价的目标内容和项目的特点，资源配置效率分析可采用经济费用-效益分析、经济费用-效果分析、最小费用分析等方法，并应结合需要进行相关的敏感性分析和概率分析。对于难以定量化和货币化的内容，应进行定性描述。

2.4.3　经济效率分析一般应按以下步骤进行：有无项目的界定、增量效益（效果）和费用的识别界定和量值的计算、指标计算结果的评价或比选分析，得出相应的分析结论，提出这些结论的假设前提、不确定性和风险分析结果。

2.4.4　经济分析所采用的资源投入费用一般可以在财务评价的投资和经营成本估算值基础上进行调整计算；对于产出效益的估算应区别情况采用下列办法：市场价格扭曲的货物用经济价格（影子价格），如进出口平价等；非边际项目要估计边际支付意愿的变化；体现用户费用节省的效益，要估计消费者剩余的变化；非市场项目产出的效益可直接估算其支付意愿或接受补偿意愿。

2.4.5　受益受损及分配效果分析可以在费用-效益分析的基础上，结合财务盈利性分析，得出各利益主体的受益或受损的情况。在可能的条件下，纳入公平分配的权重，进行相关指标的计算和分析评价。对于重大项目的产业、区域和宏观经济影响分析，可借助投入-产出或其他经济计量模型进行。

3　经济效益和费用的识别、界定与计量方法

3.1　效益和费用的定义

3.1.1　按照项目经济分析的补偿准则，项目产出的效益就是得益者支付意愿；项目投入的费用，就是受损者牺牲的支付意愿（或接受补偿意愿）。如果这些意愿都是人们在保持原有福利（效用）状态下表达的，则据此定义的效益如果大于费用，就表明补偿准则得以实现，项目的实施提高了资源配置的效率。

3.1.2　完全竞争的供求均衡价格既是边际支付意愿，也被称之为社会边际成本，因此经济费用也可定义为社会增量成本或社会机会成本。完全竞争市场的边际性项目的收益（消费者的实际支付）和支出，可以视为用以计算效益和费用的经济价格。对不收费的项目产出的支付意愿也应视其为效益。

3.1.3　经济分析所考虑的经济效益应包括使用价值和非使用价值。使用价值包括人们对实际的和可能的消费或服务的支付意愿。这里的"可能的"是表示将来有可能被发现的使用价值，因此被称为选择权价值。除使用价值之外，人们对自然资源、环境、文物、生态和珍稀物种等所具有的非使用价值的支付意愿，被称为存在价值或遗赠价值。

3.1.4　不完全竞争项目产出的支付意愿可能高于实际支付，其高出部分为消费者剩余，也应视为效益的组成部分。项目产出的净效益（*NB*）可定义为：

$NB = 效益 - 费用；$

或

$NB = 支付意愿 - （消费者费用 + 生产者费用）；$

或

$NB = 消费者剩余 + 实际支付 - 生产者费用；$

或

$NB = 消费者剩余 + 生产者剩余。$

上式"生产者剩余"定义为"生产者收入-生产者费用"。在没有流转税的情况下，消费

者的"实际支付"也就是"生产者收入"。生产者剩余的计算口径相当于项目运营期的投资净现金流量，其现金流出部分应调整为经济费用。以上各项均为有无对比下的增量数据。如果项目提供的服务能够引起消费者的费用降低，也就是增加了消费者剩余。因此，上述公式中的"费用""消费者费用"已归在消费者剩余的增量中。

3.1.5 增加出口的项目效益，就是增加国家的外汇收入，视同从国家角度进行财务分析的收益，不存在支付意愿和消费者剩余等问题。

3.2 效益和费用的识别与界定

3.2.1 通过有无对比，追溯出项目方案在建设和运营过程中对社会经济的最终影响。下列情况应计为项目的经济效益：①增加消费者消费、享用或各种愿意支付之满足；②降低人们费用或支出；③替代其他项目产出而节省的社会费用；④减少资源耗费而节约的成本。下列情况应计为项目的经济费用：①增加社会资源的耗用或占用；②挤占消费者消费或享用；③减少各种愿意支付之满足等。

3.2.2 项目除了产生直接的、主要的效益和费用外，还会产生一些间接的、在项目投资主体收支范围之外的各类效果。作为从社会角度考察资源配置效率的经济分析，效益和费用的计算应将这类效果包括在内，统称为外部效果或间接效果。如城市地铁项目对路面交通拥挤的缓解，高架道路对沿线居民产生的噪声和视觉损害，工业三废排放和项目建设对环境、动植物、湿地、森林、景观和文物等的保护或破坏等，都是经济分析要包括在内的间接效益和费用。

3.2.3 对于由项目的产出和投入引起的相对价格变化或供求关系变化而产生的派生效果，在计算了项目产出和投入的各种经济效益与费用后，不应重复计算。

3.2.4 构成商品价格的流转税，如消费税和增值税等，构成了消费者支付的价格（含税）。因此，在计算项目的效益和费用时，凡按消费者支付意愿（或消费者剩余）的增加或减少来计算效益和费用的，应将这些税的计算结果纳入其中；凡按资源耗费或占用节省来计算效益和费用的，应剔除这些税。在按要求计算项目效益和费用时，旨在用于调节财富分配的直接税和财政补贴、国内贷款还款和利息支付、国内保险费和赔付以及应收应付款项等不反映实际资源耗费的税费和收入都属于转移支付，不计为效益或费用。那些为控制过度使用或消费的政策性税收，应看作是社会资源耗用的代价，如资源税、土地税费和排污税和燃油税等，应作为计算经济费用的组成部分。

3.3 效益和费用的计量方法

3.3.1 项目可外贸的产出或投入货物，因国内市场价格扭曲，其财务收入或支出不能反映项目效益和费用时，可以用同类货物的进出口平价作为经济价格来计算项目的经济效益和费用。此时，

（1）产出货物的出厂经济价格为：

出口平价=离岸价格×汇率－项目至口岸的物流费用

同时，其国内价格不应高于同类货物的进口平价。

进口平价=进口货物的到岸价×汇率+口岸至市场的物流费用

－项目所在地至市场的物流费用

（2）作为项目投入物的货物到项目所在地的经济价格为：

进口平价=到岸价格×汇率+口岸至项目的物流费用

同时，其国内供应的价格不应低于同类货物的出口平价。

$$出口平价=离岸价格×汇率-出售厂家至口岸的物流费用$$
$$+国内供应商至项目的物流费用$$

3.3.2 经济分析采用的汇率为经济汇率（即影子汇率），可按下式计算：

$$经济汇率=外汇牌价×经济汇率换算系数$$

经济汇率，是指单位外汇的经济价值，不同于外汇的官方汇率，通常被称为影子汇率。由于存在贸易限制、税收和垄断等因素影响，经济汇率一般高于外汇牌价。经济汇率换算系数是影子汇率与官方汇率的比值，实践中大多采用以外汇牌价乘以影子汇率换算系数得到影子汇率的方法。其取值应当由国家有关部门统一发布。

3.3.3 对于非边际项目，若其产出增加国家出口，且数量较大，有可能使口岸价格下降。从国家角度，项目产出的经济效益不仅要考虑本项目的出口收益，还要考虑国家整个出口的收益减少。对于产出顶替进口的非边际项目可以进行类似的反方向分析。

对于耗用大量进口投入物的项目，有可能推高投入物进口价格，项目经济费用的计算还应包括国内其他企业由此而增加的进口费用。

3.3.4 对于非外贸货物，产出物和投入物的经济价格用国内市场供求均衡价格进行计算。当产出（投入）量较大（非边际性）时，会导致价格下降（上升），此时可用价格变化前后的平均值作为度量效益和费用的经济价格。

3.3.5 对于交通、水利等公益性基础设施项目，可以通过费用节省和收费的变化来计算消费者剩余和生产者剩余，以反映项目的效益。

3.3.6 效益与费用计算时用的价格均为预测价格，其中不考虑价格总水平的变化所带来的通货膨胀影响。

3.3.7 对不具市场价格、不能或难以直接货币化的项目效果，其效益和费用可通过下列方法估计利益相关者的支付意愿或接受补偿意愿。

（1）显示偏好方法：有些效果，尽管不存在直接的市场价格，但这些无形效果价值根植或被包涵（embedded）于某些在市场交换的、可以观察到的价格之中，通过识别和测算显示偏好，把这些无形效果的价值"剥离"出来，作为计算项目经济费用或效益的依据，通常采用隐含价格法、旅行费用法、规避行为和保卫性开支（治理或恢复成本）法等方法。

（2）陈述偏好方法：通过直接询问利益相关者支付意愿或接受补偿意愿的统计调查的方法，如意愿调查评估法等，为测算项目效果的经济价值提供依据。

3.3.8 项目的经济费用可以在建设投资和经营成本的财务估计值的基础上进行调整，剔除建设投资中的涨价预备金、流动资金中的现金及应收应付等不属于资源实际耗用的转移支付。根据项目实际，可只对经常性投入费用中占较大比例的主要原材料和能源价格按前述方法进行调整；对大型项目、劳动投入密集的土建（如交通水利基础设施的土石方工程）和土地占用较多的开发区、矿区和高速公路项目，以及对资源、环境和生态有较大影响的项目，按特殊投入物的经济价格进行调整或直接重新计算；对评价结论影响不大或有关价格、补偿和税费已基本能反映其经济价格的一般项目，可不作调整，直接用财务数据作为项目经济费用的计算依据。

4　特殊投入物和效果的经济价格

4.1　劳动力的经济价格

4.1.1 劳动力是项目使用的资源之一，需要分析社会经济系统为项目实施所付出的代价，则需要计算劳动力投入的经济价格。如果项目费用中劳动力占比不大，对采用的劳动力价格不敏感的，可直接用财务价格进行计算。但对劳动力价格敏感的项目，如劳动密集项目、大型土建工程、以工代赈支出等，应认真计算劳动力的经济价格。

4.1.2 劳动力经济价格计算公式为

$$劳动力经济价格=劳动力机会成本+新增资源耗费$$

劳动力机会成本指项目所用的劳动力如果不用于所评价的项目而在其他生产经营活动中所能创造的最大效益或放弃闲暇时间的价值；新增资源耗费指劳动力由原来的岗位转移到项目中要发生的迁移费用、增加的城市交通基础设施等有关投资和费用，这些资源的消耗并不能提高劳动力的生活水平。

4.1.3 根据劳动力的技术熟练程度和供求状况，项目对劳动力的需求分为熟练劳动力和非熟练劳动力两种。熟练劳动力是指拥有一定的技能，并能短期内在正式的劳动力市场上找到相应职位的劳动者。通常熟练劳动力包括管理型人员、技术人才和各专业领域的人员。非熟练劳动力是指没有特别劳动技能，短期内无法找到长期稳定工作的劳动者。

4.1.4 对于从事某一职业岗位的熟练劳动力，可收集项目区域该职业岗位的平均市场工资（税后工资及福利费），并求其平均值以估算熟练劳动力投入的经济价格。

4.1.5 项目所需的非熟练劳动力，其主要来源有城市待业人员和农村劳动力。对于城市待业人员，可根据城市最低生活保障收入和税后市场工资平均值来计算劳动力经济价格。对于农村务农转移出的劳动力，可按下式近似计算

$$农村转移劳动力经济价格=税后市场工资×（人均农民收入/城市最低生活保障平均收入）$$

人均农民收入与城市最低生活保障平均收入的比值，可按项目所在地和劳动力来源地的具体情况进行计算。

4.2 土地占用的经济价格

4.2.1 土地经济价格是建设项目使用土地资源而使社会付出的单位代价。项目占用土地的经济价格应考虑土地用途发生变化的部分。土地经济价格由土地机会成本和新增资源耗费两部分组成。项目占用土地的机会成本按有无对比，由项目引起的最终被占用土地的最佳可替代用途为基准进行估算，新增资源耗费应按照在"有项目"情况下土地的征用造成原有地上附属物财产的损失及其他资源耗费来计算。

4.2.2 项目占用生产性用地，主要指城市工商业活动和农业活动用地，土地机会成本按照区域内最终占用这些生产用地未来可以提供的产出物的效益进行计算。项目占用非生产性用地，如住宅、休闲用地等，土地机会成本应根据支付意愿原则，按照市场交易价格估算。

4.2.3 生产性用地土地机会成本分为城市用地和农业用地机会成本两类，对城镇土地机会成本可根据市场交易价格估算。农用土地机会成本可采用收益现值法估算，并考虑资源的选择权价值和非使用价值，以及折耗溢价。

4.2.4 农用土地机会成本可在征地费用的基础上调整计算。土地征用费中的耕地补偿费及青苗补偿费、安置补助费是对土地使用价值的补偿，应视为土地机会成本，按收益现值法、市场比较法等调整计算；耕地开垦费是对土地非使用价值的补偿，也应视为土地机会成本；地上建筑物补偿费应视为新增资源耗费；征地管理费、耕地占用税、土地管理费、土地开发费等其他费用应视为转移支付，不列为项目经济分析中的经济费用。

4.2.5 大量占用农业用地的项目如高速公路、开发区和采矿项目应对土地利用现状及趋

势进行专题研究。现有的用途不能体现其机会成本的,应考虑土地次佳使用用途的效益,并合理估计安置补偿费用。

4.3 自然资源的经济价格

4.3.1 自然资源是指自然形成的,在一定的经济、技术条件下可以被开发利用以提高人们生活福利水平和生存能力,并同时具有某种"稀缺性"的资源的总称,包括土地资源、森林资源、矿产资源和水资源等。自然资源按照是否耗竭分为可耗竭资源和非耗竭资源。可耗竭资源指在人类可观测的时间范围内,资源质量保持不变,资源蕴藏量不再增加的资源,如石油、天然气、煤炭、金属矿等。项目投入的自然资源,无论在财务上是否付费,在经济分析中都必须测算其经济价格。可耗竭资源当资源耗尽时需要由进口或者国内的替代品来代替。因此,当这种资源耗尽时,该资源的机会成本应该包括替代品的成本。

4.3.2 非耗竭资源经济价格的计算区分为可外贸和不可外贸两种情况。可外贸情况下的非耗竭资源经济价格根据进出口平价计算;不可外贸情况下的非耗竭资源经济价格等于其边际开采成本。

4.3.3 可耗竭资源的经济价格除了一般市场价格或边际开采成本外,还应包括资源耗竭的机会成本部分,称为折耗溢价(depletion premium),它等于将来某个时候所开采资源的机会成本的现值减去现时的经济价格。可外贸情况下,可耗竭资源的经济价格等于进出口平价加上折耗溢价;不可外贸情况下,可耗竭资源经济价格等于长期边际开采成本加上折耗溢价。

4.4 环境和生态损害的经济价值

4.4.1 因项目的建设和运营造成的环境和生态的损害往往没有在投资者的支出中得到足够的补偿,这是项目外部费用的重要内容,如废气、废水、固体废物排放和噪声等造成的污染,对森林、湿地、湖泊和河流、动植物的损害,对自然和文化遗产的损坏等。除了要按国家规定进行环境影响评价外,对这些损害要尽可能地货币化,计入项目的费用。

4.4.2 对环境和生态的损害要对空间、时间和功能上的影响进行界定。在空间上,有些是全球性的(如温室气体的排放),有些是局部性的(如噪声和氮氧的排放);在时间上,有些损害能在短期内恢复(如一般的动植物),有些是永久性的(如珍稀物种);在功能上有可能是多重的,如湿地就有调节气候、吸纳废气、鸟类栖息和过滤地下水源等功能。应结合项目具体情况进行分析。

4.4.3 按国家环境和生态保护的标准设计的各种处理设施投资和运营费用以及市场化交易的污染或排放税费,都可看作为项目环境损害外部费用的组成部分。除此之外,对有重大环境和生态影响的项目要按环境和生态的总经济价值理论测算各种损害的经济价值,作为项目经济费用的组成部分。

4.4.4 使用价值损失可基于市场价格直接估值,如三废排放和水土流失引起的农牧渔业的减产、风景旅游景点破坏而招致的旅游业收入减少和不动产减值等。使用价值若无市场交易信息,可间接地通过市场商品或服务的替代、剥离或模拟市场来估值,如环境损害对人们休闲活动、生活和工作的影响可用显示性偏好的分析方法来估值。陈述偏好法可以用于非市场的使用价值和非使用价值损失的估计。

4.5 时间节约的经济价格

4.5.1 在交通运输基础设施投资项目经济分析中,运输时间-旅客出行时间和货物运输时间的节约,应作为项目所带来的资源节约效益予以计算。

4.5.2 时间节约价值包括时间作为一种资源的价值（*VTR*）和时间作为一种商品所具有的价值（*VTC*），其数值应为 *VTR* 减去 *VTC*。

4.5.3 出行时间节约价值由两方面构成：一是出行时间节约导致可利用的时间增加所带来的效益；二是减少出行产生的负效用的效益。

4.5.4 估算出行时间节约价值的方法框架为机会成本法（包括生产法和收入法）和支付意愿法。一般应采用收入法，同时允许使用有依据的支付意愿时间价值，用显示偏好法测算。

4.5.5 对于货物运输的时间节约价值，其组成部分分为托运人和承运人两部分的价值。可以先使用要素成本法，计算运输时间减少所节省的成本，包括时间减少对承运人的价值，如运输工具时间费用和驾驶人员工资费用的节省；时间减少对于托运人的价值，如所载货物时间费用的节省。但对于这三项价值的计算可能低估运输的时间节约价值，可以结合对托运人的陈述偏好法研究，通过对托运人进行问卷调研等手段，了解托运人的支付意愿，对承运人可考虑其消费者剩余的增加，从而求得尽可能完整的运输时间节约价值。

4.6 生命和健康的经济价格

4.6.1 卫生、安全、环境项目以及交通运输等项目，人身安全和健康程度的提高是其中一项很重要的效益。对这些项目进行经济分析，应尽可能进行生命价值的定量计算。在理解生命价值这一概念时，把人作为"经济人"对待，而非"自然人"，是从生命过程中的社会经济关系进行考察，反映人一生的经济活动规模，而非人体的经济价值。计算生命价值的主要方法是支付意愿法。人力资本法可作为其下限值选用。

4.6.2 人力资本法将人看作是一种"资本"，根据其对社会的贡献（创造的价值）和社会资源的耗费，通过折现来衡量一个人生命的价值。实践中可简化为采用人均收入折现的方法估算人的生命价值，人均收入可选取人均国民生产总值、人均国内生产总值、人均国民收入、人均城镇居民收入、人均农民收入等。

4.6.3 支付意愿法计算的生命价值称为统计生命价值，即不是计算某个具体人的生命价值，而是估计人们愿意为降低一定的死亡概率而付出的价值，可采用显示偏好法和陈述偏好法。运用显示偏好法评估生命价值，是通过考察人们的某种选择行为来揭示其中隐含的为了降低一定的死亡风险而愿意付出的最大代价，根据显示偏好方法的不同，主要有工资隐含价格法、防护费用法等。陈述偏好法的典型方法是意愿调查评估法。

4.6.4 统计生命价值与突然死亡和潜在死亡相关，适合交通运输和安全项目的效益或费用的估算；而环境、卫生项目的效益主要是影响人们日后的生命存活，可计算存活年生命价值。

5 费用-效益分析的指标与判据

5.1 费用-效益分析框架和计算指标

5.1.1 费用-效益分析是将项目对应主要目标的、可以用货币表示的效益与费用进行对比，以资源配置的效率性为准则（即补偿准则），对项目方案做出判断和比选的方法框架。其中，效益与费用的识别、界定和计量按以上各节要求进行。

5.1.2 费用-效益分析主要采用经济净现值、效益-费用比、经济内部收益率等计算指标。

（1）经济净现值（$ENPV$），是将项目计算期 n 内各期（t）的效益 B_t 和费用 C_t 折现到当前（0 年）的差，即

$$ENPV = PV(B) - PV(C)$$

式中　$PV(B)$ 和 $PV(C)$ ——分别表示效益和费用的现值。

当效益和费用都采用统一的常数的折现率 i_0 [1] 时，净现值可表示为：

$$ENPV = \sum_{t=0}^{n} B_t (1+i_0)^{-t} - \sum_{t=0}^{n} C_t (1+i_0)^{-t}$$
$$= \sum_{t=0}^{n} (B_t - C_t)(1+i_0)^{-t}$$

项目经济净现值等于或大于零，表示资源配置的效率达到或超过所要求的水平。经济净现值越大，表示项目所带来的经济净效益越大。

（2）效益-费用比。目前常用的效益-费用比有两种计算方法：

效益–费用比 [2] $(B/C) = \dfrac{PV(B)}{PV(C)}$ 或

净效益–费用比 $(NB/C) = \dfrac{ENPV}{PV(C)}$

显然，二者在数值上差一个 1。作为经济效率的评判指标，则要求项目的效益–费用比 $B/C \geqslant 1$ 或净效益–费用比 $NB/C \geqslant 0$。

（3）经济内部收益率（$EIRR$），项目在计算期内各期经济净效益流量的现值累计等于零时的折现率。其表达式为：

$$\sum_{t=0}^{n} (B_t - C_t)(1 + EIRR)^{-t} = 0$$

经济内部收益率等于或大于社会折现率，表示项目方案资源配置的效率达到或者超过要求的水平。

5.2　项目方案的评价与比选

5.2.1　作为项目方案的评价（从资源配置效率角度接受或不接受），在通常情况下，若采用相同的社会折现率 i_0，三个指标的判据是一致的：即要求 $ENPV \geqslant 0$ 或 $\dfrac{B}{C} \geqslant 1$ 或 $EIRR \geqslant i_0$。

5.2.2　在互斥方案的比选中，在投资资金允许情况下，选择 $ENPV$ 大的方案。直接按 $EIRR$ 或（B/C）的大小比选方案可能产生误导，应按两互斥方案的效益和费用流的差（初始投资费用大的方案减小的方案），计算差额内部收益率或增量效益费用比，以判断增加费用带来的增量效益是否具有经济价值。

5.2.3　投资建设时机的选择是方案比选的重要内容，如果以 $ENPV$ 作为比选的指标，那

---

[1]　当采用递减折现率时，i_0 不再是常数，应改为 i_t；当效益与费用采用不同折现率时，折现率可分别采用 i_B 和 i_C。

[2]　效益-费用比（B/C）在公共项目的经济分析中经常使用。但是，由于费用的节省既可视为效益增加作为分子，也可视为费用减少作为分母，这使得该指标在数值计算上具有随意性。按照通行做法，只有那些实际支出性费用作为分母，其他均在分子的数值上进行扣减。

么第 T 年作为最佳的投资时机由式（5-6）确定。式中 $PV(B^T)$ 和 $PV(C^T)$ 分别表示第 T 年起始投资项目的效益流和费用流的现值。不同起始点投资方案计算现值的时点必须相同。

$$Max(ENPV^T) = Max[PV(B^T) - PV(C^T)]$$

5.2.4 对于产出单一、经济价格（边际支付意愿）难以事先确定的供电、通信和公用事业项目，可以用反推价格法进行评价和比选，反推价格 p 的计算式为

$$p = \frac{\sum_{t=0}^{n} C_t(1+i_0)^{-t}}{\sum_{t=0}^{n} Q_t(1+i_0)^{-t}} \tag{5-7}$$

式中　Q_t ——第 t 期的产出供应消费的量。

反推价格等于或小于经济价格（边际支付意愿）的项目方案，其评价结论与 $ENPV \geq 0$ 一致。

5.3　社会折现率

社会折现率是用于经济分析的不同时间价值之间的折算率，也是费用-效益分析评价和比选的基准。我国投资建设主管部门于 2006 年发布推荐的年社会折现率为 8%。对于诸如环境、自然资源、生态保护和大型水利设施等有远期效益的项目，宜采用低于 8% 的折现率。对于超长期的这类项目可按时间分段递减的取值方法，也可以考虑对效益和费用采用不同的折现率。

5.4　费用-效益分析结果及其运用

5.4.1　费用-效益分析是项目经济效率分析的重要方法之一，其分析的结果表明从资源配置的效率角度是否达到要求，如满足各种消费或服务的需求、增加外汇的净收入、减少资源的耗用或占用、使社会资产增值、减少消费者的各种耗费等。因此，费用-效益分析的指标判据是项目决策的重要依据。但不应视为决策唯一的依据。这是因为：①有些项目的目标不完全是追求效率的最大化，可能还有社会的其他目标或多重目标，单一的指标难以反映多维目标的实现程度；②费用-效益分析没有考虑公平分配，完全按此决策，有可能加剧分配的不公；③这种方法应用的前提是要有货币化效益和费用的度量，对于多数需要进行经济分析的公益性项目而言，是难以做到精确可靠的。

5.4.2　在项目前期工作中，运用费用-效益分析方法的意义还在于，通过这种效益和费用比选的方法框架，形成满足项目目标的、经济上最有效率的项目建设方案，而不仅仅是对最终推荐方案做出是否"可行"的判断。

5.4.3　费用-效益分析的结论取决于效益和费用的界定和量化。分析的重点是针对项目的目标，找出对评价和比选结论产生决定性影响的效益和费用的要素，对这些要素界定和货币量化的本身比指标的计算更为重要。

5.4.4　费用-效益分析的报告至少要覆盖如下内容：项目的目标、有无项目及有比较意义的备选方案的描述、效益和费用的界定和量化、主要的量化采用数据取值的依据、指标的计算结果、敏感性分析或概率分析、结论及得出这些结论的前提和假设条件等。除推荐方案外，报告还要说明否定不被推荐备选方案的理由以及决策要考虑的其他因素。

5.4.5　完全市场项目可以用财务投资盈利性分析代替本节的经济费用-效益分析。非市场项目或目标效果难以货币化的项目可以采用费用-效果分析的方法进行项目方案的比选。

6　最小费用法和费用-效果分析

6.1　分析框架及适用性

6.1.1　用费用-效果分析避开不能或难以货币量化的效益，直接通过费用的比选或用适当的实物效果指标反映项目目标的实现程度，通过效果和费用的比较来比选不同项目方案的方法框架，是一类实物量与货币量相结合的经济分析方法。

6.1.2　费用-效果分析适用于难以用货币单位计量目标的非市场项目，诸如国防、环境、卫生、安全、教育等，其效果主要体现在增强国防实力、提高健康水平、挽救生命、改善环境以及提高文化知识水平等方面。可以用费用-效果分析代替费用-效益分析，按资源配置的效率准则，选择最佳的项目方案。这种方法也可以用于市场项目前期或项目局部的方案比较。

6.1.3　使用费用-效果分析有可能在各种可行的方案中选择资源配置最有效率的方案。但是，由于效果和费用采用不同的量纲，无法通过对方案本身的效果与费用的比较来得出被选出的方案是否值得进行投资建设的结论。因此，运用这种方法的前提是要有尽可能多的、能实现项目目标的、在其他方面可行的备选方案，同时要辅以其他评价准则，以判定项目是否一定要进行。

6.2　费用和最小费用法

6.2.1　在经济分析中，用于费用-效果分析的费用是经济费用，其识别、界定和计量应按照计算经济价格的要求进行。备选方案之间相同的费用构成部分，在比选时会相互抵消，因此可只对方案不同的费用部分进行计量和比较。

6.2.2　如果项目目标效果已经明确无误地被确定，备选方案的效果相同，而费用可以货币量化，那么在其他条件相同的情况下，选择费用最小的方案，这种方法称为最小费用法。这可以看作是费用-效果分析的一种特例——目标效果相同，只比较费用。在费用比较时，对于不同时间上支出的费用，要用社会折现率折现成费用现值，选择现值最小的方案；计算期不同的方案，选择年值或可比的单位时间费用最小的方案。

6.3　效果和效果费用比分析

6.3.1　多数备选方案的效果是不同的，从而有必要选择恰当的实物效果指标进行分析。效果指标的选择既要便于计量，能切实度量项目目标的实现程度，并能容纳目标类同的众多备选方案。例如，对于卫生保健、环境和安全一类项目，可供选择的最终效果指标有：增加的寿命年限、健康寿命年限和质量调整生命年；教育项目的效果指标有劳动力受教育年限；治安项目有减少犯罪率等。对于已确定有具体中间目标的项目，可以选择更具体的物理、化学和生物效果指标，如度量空气质量的二氧化硫、二氧化氮、可吸入颗粒物浓度指标；度量水环境质量的酸度、硬度、含盐量、硫化物、碳源生化需氧量（BODs）、悬浮固体（SS）、氮磷营氧物质、重金属和大肠杆菌含量；医疗卫生方面有病床床位数、某种疾病的发病率或治愈率；教育方面有毛入学率、在读学生数等。此外，如果项目的效果主要体现在一个方面，就选取与项目效果紧密联系的单一指标作为效果指标，否则就采用加权的方法将不同指标变成一种单一的度量指标。

6.3.2　效果费用比（或其倒数——费用效果比）是费用-效果分析的主要指标。以 E 表示效果（实物指标），C 表示与效果相对应的费用（货币指标），则（E/C）为效果费用比。在互斥方案比选时，有下列几种情况：

（1）固定效果比较，即互斥方案的效果（E）相同，则选择费用（C）小（E/C 大）的方案。这和最小费用法一致。

（2）固定费用比较，即互斥方案的费用（C）相同，则选择效果（E）大（E/C 大）的方案。

（3）效果费用增量分析。当互斥方案的效果和费用都不相同时，选择 E/C 较大（或 C/E 较小）的方案不一定能选择出最理想的方案。由于费用-效果分析的效果指标是各不相同的实物量，因此无法设定类似于效益费用比采用增量效益现值大于增量费用现值那样的通用判别基准，只能根据行业和项目类型制订具体的基准。

6.3.3 反推价格法也可以看作是一种费用效果比（C/E），表示不同方案单位产出的费用，如每增加寿命年的费用现值、每千瓦时供电或供水的费用现值等。当不存在合适的边际支付意愿基准时，这些指标不能得出项目是否值得进行的判断，但可用于方案比选时的参考。

6.3.4 用费用-效果分析来比较和选择的时候，需要综合考虑以下因素：①是否可以单纯通过增加一种方案的强度来提高其效果；②能否把几种方案结合起来提高其效果。按上述因素，把各种可行的方案和各种可能的组合形成互斥的方案，再通过效果费用比进行两两比选，找出相对最好的方案组合。

7 项目受益受损及分配效果分析

7.1 项目利益主体的效益费用流分析

7.1.1 项目建设和营运过程中谁受益，受益多少，以及谁付出，付出多少，有可能强烈地影响着项目的实施和持续性。因此，必须对项目进行相关利益群体的效益费用流分析。

7.1.2 项目利益主体的效益费用流分析是通过比对经济分析和财务分析的差异，识别和估计各利益主体的效益费用流，以观察各利益群体的受益和受损情况，计算各利益主体得益〔受损〕的比率，从而估计出特定项目对有关各方的影响，并且可以预测哪个群体会是净受益者，而哪个群体会是净损失者。

7.1.3 贫困分配影响分析用于确定项目经济效益在贫困群体与非贫困群体间的分配。贫困人口定义为生活在贫困线以下的人口。进行贫困分配影响分析可在估算出各参与群体所取得的经济净效益基础上，按贫困人口在各个群体中所占的比例计算分配给贫困人口的净效益。一般设置贫困影响系数来表示，用于表达经济净效益中贫困人口所分配到的比例，计算公式如下：

贫困影响系数=分配给贫困人口的净效益/整个经济获得的净效益

贫困影响系数应当与项目地区的贫困人口联系在一起进行评价。例如若在项目区域内贫困影响系数大于贫困人口占总人口比例，则项目具有正的减少贫困影响效果。

7.2 公益性基础设施项目收费分析

7.2.1 按受益原则和效率原则，使用者应该对项目所提供产品或服务提供支付，并使边际支付意愿等于边际社会成本。但考虑到公益性和公共项目提供正的外部效果以及低收入群体的支付能力，收费水平往往要低于上述的均衡价格。这类项目一般不能通过收费来达到项目投资的商业性回报标准，需要政府的财政补贴。但不收费（除非收费在技术上不可行或成本太高）或收费太低，也不符合公平负担原则，并可能造成过度消费。收费水平实质上体现着投资者、政府财政和受益者之间的利益分配关系。

7.2.2 为分析收费水平的合理性，可以测算一些指标来衡量利益的分配关系。

（1）成本回收指数（cost recovery index）。成本回收指数主要测算项目的全部支出中，有多大的比例将直接从受益人那里回收。成本回收指数是按照不变的市场价格计算的，需要用社会折现率对支出和收费收入进行折算。

$$成本回收指数 = \frac{项目收费现值}{项目支出现值}$$

（2）净效益回收指数（net benefit recovery index）。净效益回收指数测算项目的净效益有多少能够从受益人那里直接回收。净效益是指受益人扣除了他们为受益而付出的各种费用和要素的正常回报后的净得益。以政府投资的灌溉项目为例，项目受益人——农户的净效益等于因灌溉而增加的产出效益减去下列各项费用：

1）农户为此而多花的种子、肥料和农药等增量现金支出。

2）由农户出资的、与灌溉有关的各种配套设施投资的资金正常回报。

3）农户由此增加的劳动力机会成本和其他支出。

净效益回收指数用于判断农户从该灌溉项目中获得额外的效益中有多少通过收费（一般按灌溉水的使用量）回收。

净效益回收指数的计算公式为：

$$净效益回收指数 = \frac{项目收费}{受益者从该项目获得的净效益}$$

净效益回收指数不是贴现指标，而是利用项目某个成熟年份的预测值进行计算。通常用以在确定公共项目收费标准时参考。当该指数等于 0 时，说明不收费；0～1 之间的数值代表收费占受益者能够获得的净效益的比例；等于 1 时表明受益者所获得的全部净效益均通过收费得以收回；大于 1 则表明存在过度收费而造成使用者受损，表明使用者可能不会参与项目。

7.3 公平分配效果分析

7.3.1 公平分配效果分析用于考虑项目对社会分配目标的影响，通过计算分配权重，根据不同的社会群体所获得的效益和付出的费用给以不同的权重，重新计算项目的净现值。假设 N 个群体受项目的影响，给每个群体的净效益指定一个权重，设某一群体为 i，其净效益现值为 NB_i，分配权重设为 α_i，这样得出考虑公平分配后的经济净现值 $ENPV'$ 为：

$$ENPV' = \sum_{i=1}^{N} \alpha_i \cdot NB_i$$

按经过调整的净现值是否大于或等于 0 来判断项目方案是否达到目标。这种方法要事先给出不同群体的权重，称之为显性权重评价。

7.3.2 为了克服确定显性权重需要主观价值判断的困难，可以采用计算权重临界值的方法：在不考虑权重分配时 $ENPV < 0$ 的情况下，为使评价结果逆转，即让 $ENPV' = 0$ 计算应给某利益群体多大的权重，然后由决策者判断是否可行，称之为隐性权重评价。

7.3.3 上述带有权重的费用-效益分析准则不能代替原有的、以资源配置效率为目的的评价准则。公平分配效果的分析，可以作为附加的另一个层次的分析。在我国，当前存在的地区之间和城乡之间的收入差异值得关注。可以考虑在原有效率准则计算的基础上，按人均国民收入和边际效用收入弹性来设计权重，进行收入分配效果的敏感性分析。

7.4 财务和经济价格的比较

7.4.1 政府税收和补贴、垄断价格、外汇管制、工资限制、生产者和消费者剩余以及正面和负面的外部效应都会使经济价格和财务价格产生差异。经济分析中应比较财务价格和经济价格的差异情况及原因。

7.4.2 应分析政策变动对经济价格与财务价格的差异造成的影响，如政府税收和补贴政策、政府对垄断市场价格的干预程度或该垄断市场的竞争开放程度以及服务的收费水平、政府规定外部成本内部化（计入财务成本）的程度等。

7.4.3 通过比较一个项目的财务收益水平与经济收益水平可以看出国家对该项目的保护程度。可通过计算项目财务净现值与经济净现值的比率，即项目补贴率予以分析评价。

8 不确定性与经济风险分析

8.1 不确定性与经济风险分析的内容

8.1.1 经济分析中的不确定性和风险指由于对项目将来面临的建设投资与运营条件、技术发展和各种环境缺乏准确的认识而产生的使决策没有把握性的状况。习惯上，当这些不确定性的结果可以用发生的概率来加以表述和分析时，称之为风险分析；反之，不能用概率表述的，称之为不确定性分析。这些分析的任务是选择适当的方法来使不确定性和风险显性化，从而为选择更好的方案或采取措施化解和规避风险提供依据。

8.1.2 不确定性分析和风险分析是项目经济分析的组成部分，是评价或比选判据的进一步补充分析。在进行经济费用-效益分析的同时，一般要附有敏感性分析和临界值分析，有条件的还要进行概率分析；在费用-效果分析时要附有临界值分析。对难以定量的不确定性和风险应作定性的描述。

8.1.3 除了经济分析中进行不确定性和风险分析之外，项目的实施还有融资、政策和建设施工等风险，在项目决策时还要进行全面的风险评价。

8.2 敏感性分析和临界值分析

8.2.1 敏感性分析是通过测算不确定因素的不同取值，来观察这些变动对评价指标的影响，从而找出最敏感的不确定因素，以便对此进一步收集信息，提高经济分析的确定性。这种敏感程度可以通过计算敏感度系数 S_{AF} 得到：

$$S_{AF} = \frac{\Delta A / A}{\Delta F / F}$$

上式分母表示不确定因素的变化比率，分子表示由此引起的评价指标的变化比率。

8.2.2 项目方案的经济分析或比选的结论判据，很大程度上取决于一个最敏感的不确定性因素的取值。这种使项目方案评价或选择结论逆转的取值点称为临界点，这样的分析统称为临界值分析。临界点有助于决策者在考虑不确定性因素的情况下做出正确的判断。事实上，内部收益率、反推价格和隐性分配权重都可以看作经济分析中的折现率、价格和分配权重的临界值。

8.3 风险概率分析

8.3.1 工程项目经济分析中涉及的某一时期的洪水水位、降雨量、交通流量、交通事故发生的数量等，都可以以历史记录为基础得出未来量值的概率分布。应尽量利用这些客观概率进行概率分析，得出评价指标（如经济净现值）的概率分布或特征值（如期望值和方差）。

8.3.2　当评价判据指标（如经济净现值）取决于多个随机变量时，很难用一般项目风险概率分析的方法求得净现值的分布和特征值。一种解决的办法是采用蒙特卡罗（Monte Carlo）模拟方法，按照每种变量的分布和特征值，用随机数计算净现值的模拟样本值，当模拟次数足够多时，这些净现值样本分布就可以看作是净现值总体的分布。

8.4　考虑不确定性和风险因素情况下的决策

8.4.1　对于多数项目，经济分析或方案比选指标的期望值可以作为项目决策的判据指标。但是对于一些重大或复杂的项目，还要根据风险（方差或标准差）的大小进行权衡决策。期望值和风险是投资决策的两个方面，两者的权衡依赖于决策者的主观判断。

8.4.2　可以参照等待期权价值的分析方法进行规避风险的决策。通过推迟决策，以提高投资的期望效益，这种提高部分被称之为期权价值。这类同于为规避风险而保留锁定价格的购买或卖出的金融市场期权，因此称为准期权价值（quasi option value，QOV）。

8.5　风险及防范

8.5.1　拟建项目对产业发展、区域经济及相关政策所产生的影响，以及对收入分配、贫困因素等方面的影响分析，是拟建项目经济分析的重要内容。在对项目进行经济风险分析时，应关注产业及区域经济影响方面的风险分析。

8.5.2　应针对经济风险分析的有关结论，遵循针对性、可行性和经济性的原则，提出规避风险的具体对策和防范措施。必要时还应制定风险管理行动计划和重大风险应急预案。

9　重大项目的经济影响分析

9.1　重大项目的产业影响分析

9.1.1　重大项目的建设可能改变所在区域的产业结构。重大项目建设前后产业结构的变化反映了项目对产业结构的影响。产业结构可以各产业增加值计算，反映各产业在国内生产总值中所占份额大小。在时间上可分别考虑建设期和运营期的影响。

9.1.2　重大项目由于耗资巨大，会给项目在投资、建设、使用、资源利用过程中相关的企业带来一定的影响。应分析项目对所在产业、替代产业、互补产业、前向产业、后向产业的影响。规模越大的项目对关联产业的影响也会越大，其中包括对关联产业的产品需求量、关联产业的人员就业问题，甚至对关联产业的进出口也有一定影响。反映产业关联度的指标，可以利用投入产出表相关数据计算产业影响力系数和产业感应度系数。产业影响力系数反映产业的后向联系程度，是指某产业的生产发生变化时使其他产业的生产发生相应变化的系数。如果某产业的影响力系数大于1，说明该产业的影响力较强，对其他产业的发展起较大推动作用。产业感应度系数反映产业的前向联系程度，是指其他产业的生产发生变化使某产业的生产也发生相应变化的系数。如果某产业的感应度系数大于 1，说明该产业感应程度高，受各产业部门影响的程度较大。在经济快速增长时，感应度系数较高的产业其发展速度一般都比较快。

9.1.3　由重大项目运营实施使原来闲置的资源利用起来，带动了衍生的其他资源开发所带来的一系列增值活动，可以产生连锁效果。为了对这类效果进行分析评价，可进行地区乘数效果分析和宏观经济乘数效果分析。

9.2　重大项目的区域经济影响分析

9.2.1　重大项目的区域经济影响分析是指从区域经济的角度出发，综合分析重大项目的建设对项目所在区域乃至较大区域的经济活动的各方面影响，包括对区域现存发展条件、经济结构、城镇建设、劳动就业、土地利用、生态环境等方面现实和长远影响的分析。

9.2.2 评价重大项目对区域经济影响可计算区域经济总量指标、就业效果指标、对资源环境的影响效果指标等。

9.3 重大项目的宏观经济影响分析

9.3.1 重大项目的宏观经济影响分析是指从国民经济整体角度出发，综合分析重大项目的建设对国家宏观经济各方面的影响，包括对国民经济总量增长、进出口和外汇收支、物价变化、国家经济安全等方面影响分析，以及国家承担项目建设的能力即国力适应性的分析、项目时机选择对国民经济影响的分析等。

9.3.2 重大项目由于建设规模巨大，需要耗费大量的人力、物力、财力、自然资源等，需分析国力能否承受的问题。由于我国劳动力资源相对丰富，因而对国力承担能力即国力适应性的评价主要分析财力和物力。但项目对特殊技能人才的需求、项目对人才资源的开发和利用等也需作专门分析。

9.3.3 "国家经济安全"强调的是一国经济整体上的安全性，即在主动地参与国际化发展的前提下，一国在经济发展过程中具备抗拒内外风险和冲击的能力，经济能够保持持续、快速、健康发展的一种态势。

衡量重大项目对国家经济安全的影响可以从国家经济竞争力、国家经济系统抵御国内外各种干扰、冲击、侵袭、破坏的能力、中央政府有效的调控能力、国民经济可持续发展的潜在与实际能力等方面进行分析。

9.3.4 经济影响分析常用的经济数学模型有宏观经济计量模型、投入产出模型和可计算的一般均衡模型等。

10 投资项目经济分析的评估重点

10.1 评估要求

10.1.1 在工程咨询评估中，应对政府投资项目可行性研究报告和企业核准项目申请文件的经济分析有关内容和结论进行分析评估，从资源优化配置的角度提出相应的咨询评估结论和建议，为政府投资决策及对企业投资项目的核准提供依据。

10.1.2 根据项目的特点及目标功能定位，评估拟建项目是否需要进行经济分析。对于不需要单独进行经济分析的项目，应通过财务分析判断项目投资的经济可行性；对于需要单独进行经济分析的项目，应对经济分析的内容进行评估论证；若待评文件中不包括经济分析的内容，应要求待评文件编制单位补充相关内容。

10.1.3 评估采用的经济分析方法及过程是否恰当，重点评估以下内容：

（1）采用的分析方法是经济费用-效益分析、费用-效果分析还是定性分析，是否恰当。

（2）项目的投资及运营费用是否进行了全面识别；是否符合经济分析的费用识别原则。

（3）是否尽可能地对项目的实施效果进行了货币量化；无法货币量化的，是否采用其他计量单位进行了量化；对于无法量化的效果，是否进行了全面的定性描述。

（4）费用的估算是否遵循了机会成本原则；是否剔除了沉没成本，并考虑了现有资产的机会成本。

（5）转移支付的处理是否恰当。

（6）是否所有的费用和效益都用实际价格表示；所选择的社会折现率是否合适。

（7）如果费用效益的估算使用了预测的结果，这些资料的来源是否可靠；准确程度如何。

（8）ENPV 的计算期能否足以包含全部重要的费用和效益；是否适当地考虑了后续的费用和效益；所有费用和效益的时序分布是否符合实际情况。

10.1.4　对经济分析的结论及建议进行评估，重点评估以下内容：

（1）是否对项目投资的受益对象进行了恰当描述；是否恰当地分析了谁将负担这些费用；费用分担是否合理。

（2）财务分析与经济分析的差异及其原因的论述是否恰当；对项目财务计划及其他政策调整的建议是否恰当。

10.2　需要进行经济分析的项目范围

10.2.1　对于政府投资建设需要政府审批的项目，以及企业投资但具有明显的外部性，导致项目的财务现金流量和经济费用效益流量出现偏差，需要政府核准的项目，需要进行经济分析。

10.2.2　下列项目需要进行经济分析，并需要在咨询评估中对经济分析的结果进行评估：

（1）具有自然垄断性特征，不能由市场力量自发配置经济资源，由政府投资或企业投资需要政府核准的项目。

（2）项目的产出具有公共产品特征，不具有市场价格，或者虽有市场价格，但不能确切反映其边际社会效益或成本。

（3）项目的产出涉及环境资源、公共利益、整体布局等外部性，财务价格不能反映其真实经济效益或费用的项目。

（4）市场发育不完善，或市场化程度较低，存在信息不对称，市场价格难以真实反映其经济价值的项目。

（5）国家控制的战略性资源开发项目，如原油、煤炭开采、采矿、电力等项目。

（6）地方保护、市场准入限制，各种税收、补贴及其他行政性干预手段导致项目财务效益或费用产生扭曲，使得财务效益不能反映真实经济价值的项目。

10.2.3　对于企业投资需要政府核准的项目，原则上均应采用费用-效益分析的方法进行经济分析。对于政府投资的项目，应尽可能地对产出效果进行货币量化，采用费用-效益分析的方法进行经济分析；对于难以进行货币量化的项目，应尽可能地采用非货币的量纲进行量化，采用费用-效果分析的方法对项目建设方案进行经济合理性评价。

10.3　对经济效益费用识别的评估

10.3.1　经济分析应对项目涉及的所有社会成员的有关费用和效益进行识别和计算，全面分析项目投资及运营活动实际耗用的资源价值，以及项目为社会成员福利的实际增加所做出的贡献。既要分析项目的近期影响，又要分析项目可能带来的中期、远期影响；既要分析与项目主要目标直接联系的直接费用和效益，又要分析各种间接费用和效益；既要分析具有物质载体的有形费用和效益，又要分析各种无形费用和效益；既要分析项目的投入和产出中作为最终消费品所产生的最终费用和效益，又要分析各种中间费用和效益；既要分析体现在项目实体本身的直接费用和效益，又要分析项目引起的其他组织、机构或个人发生的各种外部费用和效益。

10.3.2 效益和费用的识别应坚持以下原则：

（1）增量分析的原则。项目经济分析应建立在增量效益和增量费用识别和计算的基础之上，不应考虑沉没成本和已实现的效益。应按照有无对比增量分析的原则，通过项目的实施效果与无项目情况下可能发生的情况进行对比分析，作为计算机会成本或增量效益的依据。

（2）关联效果原则。应考虑项目投资可能产生的其他关联效应。

（3）以本国居民作为分析对象的原则。对于跨越国界，对本国之外的其他社会成员产生影响的项目，应重点分析对本国公民新增的效益和费用；对出口的补贴应视为项目的费用，任何来自海外的赠款在评估中都应视为效益。项目对本国以外的社会群体所产生的效果，应进行单独陈述。

（4）剔除转移支付的原则。转移支付代表购买力的转移行为，接受转移支付的一方所获得的效益与付出方所产生的费用相等，转移支付行为本身没有导致新增资源的发生。在进行经济分析时，如果发生转移支付的一方已经将这部分费用或效益进行了计算，不得在另一方进行重复计算。

10.4 经济费用效益计算的评估

10.4.1 费用效益的计算应遵循以下总体原则：

（1）项目投入的经济费用的计算应遵循机会成本原则，分析项目所占用的所有资源的机会成本。机会成本应按资源的其他最有效利用所产生的效益进行计算。

（2）项目产出物的正面效果的计算应遵循支付意愿（WTP）原则，分析社会成员为项目所产出的效益愿意支付的价值。

（3）项目产出物的负面效果的计算应遵循接受补偿意愿（WTA）原则，分析社会成员为接受这种不利影响所愿意得到补偿的数额。

10.4.2 对于具有市场价格的货物或服务，其费用或效益的计算应该遵循下列原则：

（1）若该货物或服务处于竞争性市场环境中，市场价格能够反映支付意愿或机会成本，应采用市场价格作为计算项目投入物或产出物经济价值的依据。

（2）如果项目的投入物或产出物的规模很大，项目的实施将足以影响其市场价格，导致"有项目"和"无项目"两种情况下市场价格不一致，在项目评估实践中，取二者的平均值作为测算经济价格的依据。

（3）如果对投入物或产出物征收增值税等流转税，导致需求价格与供给价格之间出现差异，应按含税价格计算其经济价值，二者的差额视为对政府部门的转移支付。

（4）对于可外贸货物，其投入物或产出物价格应基于国际市场价格进行计算，以反映其价格取值具有国际竞争力。

10.5 不同类型项目经济分析的特点

10.5.1 企业投资需要政府核准的冶金、石化、建材、农产品加工等加工工业项目，应在财务分析的基础上，通过调整计算项目占用的土地、资源等的经济费用，以及项目可能产生的环境污染等外部效果的经济费用，采用费用-效益分析的方法进行经济分析。

10.5.2 交通运输项目，应重点分析项目占用的土地、项目的实施带来的时间节约、运输费用节约、运输质量提高等方面的效益，并进行货币量化，采用费用-效益分析的方法进行项目的经济分析。

10.5.3　水利项目，应重点从占用土地等的费用、项目实施避免的洪涝损失、灌溉等方面的效益，进行货币量化，采用费用-效益分析的方法进行项目的经济分析。

10.5.4　对于社会事业建设项目，包括城市供水、医疗卫生、城市交通、学校教育、环境保护、公共建筑等项目，应尽可能对其实施效果进行量化估算，并主要以费用-效果分析的方法进行经济分析。

附录 B　美国联邦政府项目效益-费用分析准则

一、目的

本准则的目的旨在通过联邦政府可靠的政策促进资源的有效配置。对进行联邦项目效益-费用分析和费用-效果分析提供一般的指导,也对评价联邦项目计算期内的效益和费用采用的折现率提供特别指导。一般指导将作为政府部门考虑和正确处理健全的效益-费用分析和费用-效果分析的所有要素的检查标准。

二、适用范围

本准则适用于政府机构的内部计划工作。所有向管理和预算办公室提交的有关支持规制项目和预算项目均需遵守本准则。

(1) 除下列所举的项目分析以外,本准则适用于支持任何新建、改建、扩建项目决策的分析。这种项目在未来 3 年或 3 年以上可产生一系列可计量的效益和费用。本准则特别适用于:

1) 联邦项目或政策的效益-费用分析或费用-效果分析。

2) 规制的影响分析。

3) 租赁或采购决策分析。

4) 资产估价和出售分析。

(2) 本准则不适用于下列项目的决策:

1) 水资源项目〔此类项目遵循《水及相关土地资源实施研究的经济和环境原则及导则》(Economic and environmental principles and guide lines for water and related land resources imple mentation studies)〕。

2) 政府商业性服务的采购或合约经营,执行联邦政府管理和预算办公室 N0.A-76 通知文件的规定。

3) 联邦能源管理项目,执行联邦注册(federal register)规定。

(3) 本准则适用于所有联邦政府机构,但不适用于哥伦比亚特区政府和借贷契约或赠款的非联邦接受者。但是,当编制有关支持联邦事务的项目分析时,鼓励接受者遵循本准则。

(4) 对于具有类似特点的小型项目,鼓励执行部门进行一般性的研究,避免经济分析工作的重复。

三、一般原则

效益-费用分析被推荐为政府项目正式经济分析所采用的方法。费用-效果分析是一种综合性较差的方法。但是在争取备选方案效益相同或因政治决策要求必须实施的项目时,这种评价方法可能是适宜的。

1. 净现值和相关评价指标

政府项目按经济原则判断决策的标准指标是净现值一预期净效益的货币现值(亦即效益减费用的现值)。净现值是按效益和费用的货币价值计算的,即把未来的效益和费用采用适宜的折现率进行折现,并从总折现的效益减总折现的费用求得。按共同的计量单位把效益和费用的折现值转换为不同时期发生的所得和所失。净现值为正的项目增加社会资源,并且一般是可取的。净现值为负的项目一般应是被拒绝的。

虽然净现值并不总是可计算的（而且还会反映在收入的分配效果之中），但测算净现值能够提供有益参考，尽管某些效益或费用不能用货币量化。

（1）全面列举货币化的或不能货币化的各类效益和费用，有助于识别项目的全面影响效果。

（2）定量效益和费用是可计算的，甚至当不能赋予其货币价值时，物理计量也是可能的，而且是有益的。

其他总结性效果指标可能对净现值提供有益的附加信息，也应鼓励分析人员提供这种信息。例如，单位美元投入费用可防止受伤害的人数（两者均用现值表示）或项目内部收益率。

2. 费用-效果分析

如果竞争性备选方案按项目寿命期费用进行分析，并需要确定给定项目效益情况下以现值表示最低费用时，这就是费用-效果型项目。拟议方案提供的效益不一定必须或实际上不能用美元表示价值时，采用费用-效果分析是适宜的。这种情况有：①每一方案具有相同的年货币效益；②每一方案具有相同的年效果，但不能用货币表示方案的效益。备选的国防系统的分析通常属于这类情况。

费用-效果分析也可以用于比较费用相同而效益不同的项目。在这种情况下，决策的指标是效益现值。具有最大效益的备选方案通常应予以接受。

3. 效益-费用分析或费用-效果分析的基本内容

（1）政策依据。在分析中应明确陈述政府拟议项目的依据。在项目遇到市场失灵，属于公共产品和存在外部性时，按效率原则判断项目是合理的。在项目提高内部运作效率，如节省投资费用时，项目可以按此原则判断其合理性。

（2）明确假设。分析应明确陈述有关未来效益和费用估值采用的假设。例如，对公共保健项目，必须提供有关未来受益者人数、服务强度、医疗价格提高等方面的假设。分析应该包括对有关假设及其依据的说明以及对其优缺点的评判。分析还应提供关键数据和结果，如逐年效益和费用的估值，以促进独立分析和审查。

（3）方案评价。分析也应通过研究不同项目的规模、实施方案、政府参与程度考虑达到项目目标可供选择的措施。例如，在购置固定资产决策评价中，分析一般应考虑：①什么也不做；②直接购买；③升级、更新、共用或改造政府现有资产；④租赁或外包服务。

（4）检验。确定预期效益和费用能否实现其预期价值，是否需要对现有项目进行必要的修正，并用于改进现有项目或相关项目效益和费用的估值。

政府执行机构应有一个定期的项目效果的评价计划（以成果为目标的评价）。当建议再授权或提高项目融资时，政府机构还应讨论有关评价研究的结果。

四、效益和费用识别和计算

分析应包括预期的社会效益和社会费用的综合估值。这种估算基于项目和政策评价所建立的定义和实际做法。社会净效益，而不是联邦政府的效益和费用，应是评价对公民或政府其他层次有影响的政府项目或政策的标准。社会效益和社会费用可能与按市场测算的私人效益和私人费用不同，因为这是由于下述市场不完善引起的：①外部经济或外部不经济，一方的行动使其他群体在市场中得不到补偿；②垄断行为，扭曲了边际费用和市场价格之间的关系；③税收或补贴。

1. 效益和费用的识别

有形效益和有形费用以及无形效益和无形费用均应识别。有关费用的概念要比私营部门生产和产生的费用或政府现金支出广泛得多。费用应反映利用的任何资源的机会成本。机会成本是按资源在其他地方最有效利用产生的收益来度量的。下面列举识别效益和费用应考虑的一些准则：

（1）增量效益和增量费用。净现值的计算应建立在增量效益和增量费用的基础上。沉没成本和已实现的效益不予考虑。过去的相关经验有助于估算未来的效益和费用值。分析应特别注意识别有关的政策，如补贴计划会促使对无政策时可能发生的性质类似活动的代替。被排除的活动应明确地看作是一种费用或者增量所得只被记作政策的效益。

（2）互动效果。应该考虑要分析效益和费用与其他政策活动之间可能存在的互动情况。例如，影响农业产出的政策应反映实际的经济价值，而不是补贴的价格。

（3）国际效果（international effects）。在确定净现值中分析的重点应放在对美国公民新增的效益和费用上面。项目在美国以外产生效果时，这种效果应单独陈述。

（4）转移支付。纯粹的转移支付不存在经济所得，因为接受转移支付的人的效益等于付出的人所产生的费用。因此，转移支付应被排除在净现值计算之外。但是转移支付作为所分析的项目的结果则应予以识别，转移支付的分配效果也应予以说明。还应该承认，由于项目提供的效益和融资的无效率，项目转移的效益可能小于项目实际的经济费用。

2. 效益和费用的计算

支付意愿原则是提供一个个人愿意放弃的东西以获得给定效益的指标。市场价格提供了一个计量个人支付意愿的出发点，但是市场价格有时不能恰当地反映产品对社会的真实价值。外部效果，垄断力量以及税费或补贴都能扭曲市场价格。

例如，税费常常造成一种附加负担，它对社会是一种净损失（识别公共投资分析中的这种附加负担的适宜方法参见"十一、租赁·采购分析的特别指导"）。在其他情况下，对相关的效益或费用没有市场价格，在市场价格扭曲或得不到市场价格时，就必须采用估算效益的其他方法。根据实际市场行为推导出的下述方法，一般主张采用：

（1）基础边际效益和费用（inframarginal benefits and costs）。消费者一般愿意支付高于完全得不到拟采购商品时的市场价格。经济学家的消费者剩余的概念是度量消费者从其消费中推算出的超过按市场价格度量的价值。当消费者剩余能够确定时，消费者剩余就提供了政府项目对社会贡献的总效益最佳值。消费者剩余有时可通过采用估算消费者需求的经济计量方法进行计算。

（2）效益和费用的间接度量方法（indirect measures of benefits and costs）。消费者支付意愿有时可通过土地价值的变化来间接地估算。当这种方法是基于实际市场交易时，这种方法是可靠的。这种度量方法应与基本经济原则是一致的，而且应是可验证的。

（3）乘数效应（multiplier effects）。一般地说，分析应把资源看成是能够得到充分利用的。就业或产出乘数意味着度量政府支出对就业和产出的第二轮效应，乘数效应不包括测定社会效益和社会费用。

五、通货膨胀处理

未来的通货膨胀是高度不确定的。在可能发生通货膨胀的情况下，分析人员应避免对一般通货膨胀率做出假定。

1. 实际值或名义值

经济分析应利用实际值或不变美元值，亦即通过按稳定购买力单位计算效益和费用，一般就可以很容易完成经济分析（这种估算可以反映相对价格的预期未来变化，但是要有一个估算这种变化的合理标准），在未来效益和费用按名义值给定时，亦即是按美元的未来购买力价值给定时，分析应利用这种价值，而不是将其换算为不变美元，按照在租赁、采购分析中的要求进行处理。

在同样的分析中，不必将名义值和实际值联系在一起。逻辑的一致性要求分析按不变美元或者按名义值进行。这可能要求将某些名义值换算为实际值，或者相反，将实际值换算为名义值。

2. 建议的通货膨胀假设

当需要做出一般通货膨胀假设时，建议采用分析期内政府预期的国内生产总值物价折算指数的增长率。对于超过 6 年预算期以上的项目，可采用 6 年预算期预测的通货膨胀率。政府每年进行两次经济预测，即在每年 1 月或 2 月公布预算和 6 月的中期预算审查。也可采用基于私营部门的可信预测作为替代的通货膨胀估算进行敏感性分析。

六、折现率政策

为了计算项目的净现值，必须对未来的效益和费用进行折现。折现反映资金的时间价值。效益和费用经历时间越短，则越有价值。所有未来的效益和费用，包括不能货币化的效益和费用均应予以折现。折现率越高，现值越低。对于典型的投资，其费用集中发生在前期，效益随之发生在后期，提高折现率会使净现值降低（"**附 1：折现的补充指引**"提供的折现技术指导和折现系数取值）。

1. 实际折现率和名义折现率（real versus nominal discounted rate）

采用适宜的折现率依赖于按实际值或名义值计算的效益和费用。

（1）实际折现率：是消除了预期通货膨胀调整后的折现率。它应用于不变美元或实际效益和费用的折现。实际折现率近似地等于名义利率减预期的通货膨胀率。

（2）名义折现率：是反映预期通货膨胀的折现率。它应用于名义效益和费用的折现。在这种意义上，市场利率是名义利率。

2. 公共投资和规制分析（public investment and regulatory analysis）

本部分的指导适用于公共投资和向公众提供效益和费用的规制规划（regulatory programs）的效益-费用分析。

一般来说，联邦投资和规制项目挤出了私人投资和消费，为了说明这种挤出的合理性和推动有效率的投资和调控政策的实施，应遵守下列指导。

（1）基础情况分析（base case analysis），提议投资和规制项目的不变美元效益和费用分析应说明采用实际折现率 7%计算的净现值和其他成果。实际折现率近似等于最近几年私营部门的平均投资边际税前收益率（marginal pretax rate of return）。

（2）其他折现率（other discounted rates）。效益-费用分析应表示出折现的净现值和其他成果对不同折现率的敏感性。这种替代计算的重要性将取决于所分析的项目特殊的经济特征。例如，在分析一项调控建议中，该建议的主要费用是为了减少商业投资，这时应采用高于 7%的折现率来计算净现值。

在分析报告成果时，分析应包括由效益流和费用流产生的内部收益率。内部收益率是使项目净现值等于零的折现率。虽然内部收益率一般不能提供一个可接受的决策准则，但它可以提供有用的信息，特别是当预算受约束或有关合适的折现率存在不确定性的情况下。

（3）采用资本影子价格计算效益和费用是捕获政府项目对私营部门资源配置影响在分析上喜欢采用的方法。为了准确地使用这种方法，分析人员必须能够计算出项目效益和费用是如何影响私人消费和投资的。如果这种方法能够替代基础情况的折现率，需要征得管理和预算办公室的同意。

3. 费用-效果分析、租赁·采购分析，政府内部投资分析和资产出售分析（cost-effectiveness, lease-purchase, ineternal goverment investment, and asset sales analyses）

在下列情况下，应采用政府债券或借款利率作为折现率。

（1）费用-效果分析。不变美元的分析应采用与分析期相当的政府到期适销债券的实际借款利率。这种利率是采用政府预算经济假设计算的利率，每年1月公布。基于预算预测的第1年预期利率的折现率列于"附2：费用-效果分析、租赁·采购分析及其相关分析的折现率"中，每年修正一次。实际政府债券利率是从名义政府债券利率减去分析期预期通货膨胀率求得的（如"七、不确定性处理"所述，涉及名义费用的分析，应采用名义政府债券利率进行折现）。

（2）租赁·采购分析。租赁支出的名义费用应采用预算经济假设的利率。基于这种预算经济假设的折现率表列于"附2：费用-效果分析、租赁·采购分析及其相关分析的折现率"中，每年修正一次（不变美元的租赁·采购分析应采用前节所述的实际政府债券借款利率）。

（3）政府内部投资。某些联邦政府投资提供的"内部"效益表现为增加联邦政府收入或降低联邦政府支出费用。例如，节能建筑系统的投资可减少联邦政府办公费用。这类项目与联邦投资的公路情况不同（公路对整个社会提供"外部"效益），采用可比的到期政府债券利率作为折现率来计算净现值是恰当的。采用的这种利率，可以是名义利率，也可以是实际利率，这取决于效益和费用是如何计算的。

某些联邦项目取得的效益是一种联邦费用节约和包含外部效益的综合效益。例如，联邦对信息技术的投资产生的效益即表现为行政费用的降低，也表现为申诉处理过程加速的外部效益。这种投资的净现值应按公共投资和规划分析所采用的7%实际折现率进行评价，除非能够在联邦费用节约和外部效益之间分配投资费用。这种投资费用分配存在可能时，联邦费用的节约及与其相关的投资费用可按政府债券利率折现，而外部效益及其相关投资费用应按实际折现率7%折现。

4. 资产出售分析

可能的资产出售分析应反映下述情况：

（1）联邦政府拥有资产的现ľ最好采用政府债券利率对未来收入流进行折现计算。采用的政府债券利率既可以是名义利率，也可以是实际利率，这取决于收入是如何计算的。

（2）政府资产价值的分析应从预测现金流量中明确扣除预期的违约付款和推迟付款费用以及政府的管理费用。这种分析也应明确考虑可能引起资产功能变为无用、受损或降低价值的事件概率以及提高资产价值的事件概率。

（3）可能的资产出售分析，也应评价在政府资产受市场规则和私人激励影响而可能产生社会效益方面的收益。虽然政府资产可能在私营部门得到更有效的利用，但是潜在的私营部门的购买一般要按高于政府债券利率对这种资产收益进行折现。这种做法的部分原因是可能承担的风险费用。当有证据表明，政府资产能够在私营部门得到更有效的利用时，这种资产的评价分析应包括敏感性比较，即利用私营部门具有类似风险的资产收益率对这种资产收益折现进行敏感性分析比较。

七、不确定性处理

效益和费用估算值一般都存在不确定性，因为在基础数据和模拟假设中它们都是不准确的。由于这种不确定性是许多分析的基础，因此对其影响应予以分析和陈述。在陈述中有益的信息应包括关键的不确定性来源，结果的预期估值，结果对不确定性重要情况的敏感性，以及在可能时，还应包括效益、费用和净现值的概率分布。

（1）不确定性的描述。分析应尽可能说明不确定的来源和性质，最好应陈述潜在的效益、费用和净现值的概率分布。应该认识到，被当作决定性的或确定的数据时，如果可能的话，应采用客观概率估值。市场数据，如私有保险付费或利率的差异，可能对识别和估算相关风险是有用的。随机模拟方法对于分析这种现象和形成有关概率分布也是有用的。在任何情况下，都应说明概率分布假设的基础。由于不确定性或有关数据的假设或倾向性，分析的任何约束条件都应予以陈述。

（2）期望值。效益费用和净现值分布的期望值是通过对每个结果按发生的概率加权，然后将所有结果加总求得的。如果估算的效益、费用和净现值是用点状估值而不是概率分布表述时，期望值（无偏估值）是可用的适宜估值。除期望值外，还应提供与期望值不同的估值（如最坏情况下的估值），但是必须清楚说明这种估值的依据。对于任何这种估值，分析都应识别任何偏差的性质和幅度。例如，对过去活动的研究已有关于超出初始预期的费用增长趋势的陈述，分析应考虑过去的经验是否说明效益和费用的初始估值是最佳的。

（3）敏感性分析。主要假设应是变化的，对净现值及其结果进行重新计算以确定指标值是为何对这些假设变化产生敏感的。值得重视的假设将取决于所分析的项目主要效益和费用科目以及最大的不确定性范围。例如，在分析一个退休计划项目时，应考虑受益人数，未来工资增长、通货膨胀和折现率等方面的变化。总之敏感性分析应考虑下列估算值：①效益和费用；②折现率；③一般通货膨胀率；④分布假设。分析采用的模型应很好地予以说明。可能时，应提供有助于独立评审的条件。

（4）不确定性的其他调整。与其他影响社会福利的重要因素比较，风险性结果的绝对变异性与实际国民收入的相关性可能极不显著。总之，采取变化折现率来调整具体项目特定风险的净现值不是一个适宜的方法。在某些情况下，为了考虑风险，估算涉及调整不确定的期望值的确定性等值（certain equivalents）是可能的。

八、项目影响和分配效果

净现值最大化原则是建立在所得者完全补偿所失者并仍然变好的前提基础上。在分析中，对于有补偿或无补偿问题应予以说明。当效益和费用具有显著的分配效果时，这些效果应与净现值同时进行分析论证（在政府活动范围不变时，一般不属于费用-效果分析情况）。

（1）分类选择。分配效果可以按收入等级（如五级收入）、地区或人口组别（如年龄）对各类个人或家庭的影响进行分析。其他的分类，为按产业职业分类，在某些情况也是合适的。

分析的目的旨在识别与政策决定相关的所得者和所失者。所分析的项目对既有产权产生的影响应予以说明。在政策目的是使特定群体，如穷人受益时，分析应考虑政策达到目标群体的有效程度。

（2）经济影响。个人或家庭是收入的最终接受者，商业企业仅是中间者。分配分析应识别经济影响的范围和程度，或者家庭或个人最终承受的费用和效益是多少。

确定经济影响范围和程度可能是困难的，因为效益和费用常常以非预定的和非预期的方式进行再分配。例如，商品生产的补贴一般会提高商品供应者的收入，但也可能因价格降低而使消费者受益，从而减少竞争商品供应者的收入，补贴也能使受补贴商品生产采用的特定资源价值提高。由于补贴纳入资产价值中，所以补贴的分配效果也可能变化。

九、公共投资的特别指导

公共投资的特别指导，仅适用于具有社会效益的公共投资，而不考虑联邦费用降低问题。本指导不适用于费用-效果分析或租赁·采购分析。由于纳税一般使相对价格扭曲，所以纳税是一种强制负担，它超过相对价格使收入提高。最近美国税制研究提出边际超额税负值的范围，其合理的估值为每美元收入的 25%。

（1）超额税负分析。不是基于费用节约原则论证合理性的公共投资项目评价指标应包括采用 25%超额税负的补充分析。因此，在这种分析中，以公共支出形式表现的费用应乘以 1.25 系数，并重新计算净现值。

（2）例外情况。当有特定信息清楚地表明超额税负超过（或低于）25%时，超额税负分析必须采用不同的数据，对此应予以说明，例如利用对用户收费进行融资就是一种例外情况。对用户的收费类似于市场价格的功能。在这种情况下，超额税负为零。另一个例子是既能使联邦政府费用节约又能提供社会效益的项目。如果能够定量确定导致联邦政府节约的项目费用部分，这部分费用就可以免乘 1.25 的系数。

十、规制影响分析的特别指导

规制政策分析的补充指导是由管理和预算办公室每年公布的美国政府规制计划提出，由《规制影响分析指导》对美国政府规制计划予以说明。

十一、租赁·采购分析的特别指导

本节所述的特别指导不适用于取得资产利用的决策，如果可能的话，在做出这种决策中，政府部门应进行效益-费用分析。只有在做出要获得资产使用服务决定之后，才需要分析是采用租赁还是采购的决策。

1. 适用范围

本指导只适用于满足下列适用性的论证：

（1）租赁分析所涉及的资本资产（包括耐用品、设备、建筑物、设施、装置或土地）有：

1）联邦政府租赁期 3 年或 3 年以上的资本资产。

2）经济寿命期少于 3 年的新资产或联邦政府租赁此资产经济寿命期 75%或 75%以上的时间。

3）为了迅速租给联邦政府而建设的资产。

4）联邦政府租赁的而没有替代用途的资产（亦即政府专用设备）。

（2）租赁·采购涉及的市场合理价值超过 100 万美元的资本资产或一组相关资产。

2. 租赁要求的论证

所有资本资产的租赁都必须作为政府直接采购和取得所有权的最佳资产进行论证。这种论证可采用下述三种方式之一：

（1）进行单独的租赁·采购分析。这是获取资产的主要方法。在下述情况下，租赁是一种重要的资产获取方式：

1）租赁是政府机构预算单列项目时。

2）政府机构或管理预算办公室确定租赁是一种主要获得资产方式时。

3）资产总采购或可以租赁的一组资产价格超过 5 亿美元时。

（2）进行定期租赁·采购分析。这种分析适用于一般相同目的同类资产的定期租赁决策。这种分析适用整个一类资产。在确定任何这种一般分析范围时应取得管理和预算办公室的批准。

（3）对较小的租赁按照合法的政策执行，并将此政策呈报管理预算办公室批准。如果需要对租赁还是采购的决策进行单独分析，应确保这些政策得以执行。在采用这种政策之前，应证明：

1）所涉及的租赁一般应产生政府不能在采购中实现的重大节约。

2）不值得做租赁·采购分析的较小租赁或短期租赁。

3）不同类型租赁的说明应与管理和预算管理办公室的相关政策保持一致。

3. 分析要求和定义

联邦政府机构要获得使用一种资本资产时必须采用能使整个政府支出最少的办法。

（1）寿命周期费用。租赁·采购分析应将租赁寿命周期费用的折现值与购买或建设同样的资产全部费用进行比较。全部采购费用包括资产的购价加上与购买相关的附带服务费用的净折现值。

（2）经济寿命期。为达到租赁采购分析的目的，一项资产的经济寿命期是其保有的或有效的寿命期。经济寿命期起于资产的获得终于资产的退役。经济寿命期一般不是纳税的使用期。

（3）采购价格，对于租赁·采购分析来说，资产的采购价格是合理的市场价格。这个价格定义为在资产购置的竞争市场上愿买和愿卖的合理预期价格。

1）在已归政府所有的财产，或捐赠或充公的财产的情况下，应估算一个推算的财产购买价。

2）如果公共土地用作资产场地，投入的土地市场价值应是加上购买价的价值。

3）估算的资产残值，即分析期末价值应从买价中减去。

（4）税收。分析租赁费用时，对出租者征收的正常税额不应从租赁费用中扣除，因为正常税额也反映在采购费用中。如果有的话，与租赁有关的专项税收益的财政部费用应加上租赁费用。这种税的收益的例子可能包括高加速折旧提成或免税融资。

（5）附带服务。如果租赁包括出租者提供的附带服务，获得这种服务费用的现值应单独加在采购价格上。如果这种费用与租赁和采购方案估算的相同或相对比较影响过小，则可以扣除这种费用。附带服务可能包括：

1）所有与获得资产及其使用相关的费用，包括建设、安装、场地、设计和管理费用。

2）修理和改善费用（如果包括在租赁支出中）。

3）经营和维护费用（如果包括在租赁支出中）。

4）推算的财产税额（除实际已经支付外，不包括国外购置的外国财产税）。

5）推算的保险费。

（6）推算费用的估算。与联邦取得资产有关的某些费用可能不涉及直接的现金支付。某些推算费用估算如下：

1）采购价格。已经为政府所有的资产或捐赠所得资产或充公资产的推算购买价格应建立在相同或同类地区商业市场交易的同类资产的合理市场价值基础上。在估算用作资产场地的任何联邦土地的推算价格中应遵守同样的方法。

2）财产税。推算的财产税可按下述两种方式估算：

a．确定目的地可比财产的财产税率和税收评估值。如果没有据以估算未来税率变化或评估值的标准，第1年税率和评估值（以后各年按通货膨胀率进行调整）可以应用于所有年份。将评估值乘以这个税率就可以确定财产税的年推算额。

b．作为上述a的一个替代方法，可以先根据建筑物所有者和管理者协会地区贸易报告求得现行地方有效财产税率估算值，然后将政府所有财产的合理市场价值（经年通货膨胀率调整的）乘以有效税率。

c．保险费。根据建筑物所有者和管理者协会地区贸易报告确定同类财产标准商业保险金的当地估算值。

（7）残值。资产残值是租赁·采购分析期末资产可出售价的估算值，以折现值表示。估算残值的方法如下：

1）确定同类可比使用年限的资产在当地市场可出售的时价。

2）根据当地产业部门或政府方面可以得到的现有资产残值估算报告进行资产残值的估算。

3）利用为估算资产税所确定的同类可比使用年限资产的评估值进行估算。

（8）租约更新方案。在确定租赁期时，所有租约更新方案都应加上初始租赁期。

附1：折现的补充指引

1. 项目费用和效益折现的举例

假设政府承担一个为期10年的项目，其费用和效益的折现结果见附表1。

附表1　　　　　　　项目经济费用和效益的折现计算　　　　　（美元）

新建、更新或扩建年序（1）	预期年费用（2）	预期年效益（3）	折现率7%的折现系数（4）	费用现值（2）×（4）=（5）	效益现值（3）×（4）=（6）
1	10.00	0.00	0.9346	9.35	0.00
2	20.00	0.00	0.8334	17.47	0.00
3	30.00	5.00	0.8163	24.49	4.08
4	30.00	10.00	0.7629	22.89	7.63
5	20.00	30.00	0.7130	14.62	21.39
6	10.00	40.00	0.6663	6.66	26.65
7	5.00	40.00	0.6227	3.11	24.91
8	5.00	40.00	0.5820	2.91	23.28
9	5.00	40.00	0.5439	2.72	21.76
10	5.00	25.00	0.5083	2.54	12.71
合计				106.40 美元	142.41 美元

注　折现系数按 $R=1/(1+i)^t$ 计算，式中 R 为折现系数，i 为利现率，t 为年数。第5列的合计为费用现值，第6列的合计为效益现值。净现值为效益现值合计与费用现值合计之差36.01美元。

2. 年末和年中的折现系数

附表 1 所列的折现系数是按假设费用和效益均一次发生在年末计算出来的。在费用和效益量是一个稳定流时，采用年中折现系数更为合适，例如表中第 1 年费用可以按其发生 6 个月后计算，而不是按 1 年末计算。这更接近于第 1 年发生的费用和效益的稳定流量。同样也可以假设所有其他费用和效益提前 6 个月发生，则更接近于一个连续稳定流量。

根据附表 1 计算的费用和效益乘 1.0344（1.07 的平方根），就可以将其换算为年中的折现值。因此，如将附表 1 所列数据转换为年中值，则费用的总现值将变为 110.06 美元，效益的总现值将变为 147.31 美元，净现值将变为 37.25 美元。

3. 折现率 7% 的折现系数

折现率为 7% 情况下的各类折现系数见附表 2。

附表 2　　　　　　　　　　折现率为 7% 情况下的各类折现系数

新建、更新或扩建年序	年末折现系数	年中折现系数	年初折现系数	新建、更新或扩建年序	年末折现系数	年中折现系数	年初折现系数
1	0.9346	0.9667	1.0000	16	0.3387	0.3504	0.3624
2	0.8734	0.9035	0.9346	17	0.3166	0.3275	0.3387
3	0.8163	0.8444	0.8734	18	0.2959	0.3060	0.3166
4	0.7629	0.7891	0.8163	19	0.2765	0.2860	0.2959
5	0.7130	0.7375	0.7629	20	0.2584	0.2673	0.2765
6	0.6663	0.6893	0.7130	21	0.2415	0.2498	0.2584
7	0.6227	0.6442	0.6663	22	0.2257	0.2335	0.2415
8	0.5820	0.6020	0.6227	23	0.2109	0.2182	0.2257
9	0.5439	0.5626	0.5820	24	0.1971	0.2039	0.2109
10	0.5083	0.5258	0.5439	25	0.1842	0.1906	0.1971
11	0.4751	0.4914	0.5083	26	0.1722	0.1781	0.1842
12	0.4440	0.4593	0.4751	27	0.6609	0.1665	0.1722
13	0.4150	0.4292	0.4440	28	0.1504	0.1556	0.1609
14	0.3878	0.4012	0.4150	29	0.1406	0.1454	0.1504
15	0.3624	0.3749	0.3878	30	0.1314	0.1359	0.1406

附 2：费用-效果分析、租赁·采购分析及其相关分析的折现率

关于有效期，本附录所列数据在总统每年向国会提出预算时进行修正。每年执行的折现率都会根据当年情况进行修正。

关于名义折现率，基于预算拟定的名义利率列于附表 3。名义利率适用于名义现金流量的折现。名义现金流量一般发生在租赁·采购分析中。

关于实际折现率，基于预算拟定的实际利率列于附表 4。实际利率适用于实际（不变美元）现金流量的折现。费用-效果分析一般要求采用实际折现率。

附表 3　　　　　　　　　　中长期政府债券名义利率　　　　　　　　　　（%）

年限	3 年	5 年	7 年	10 年	30 年
利率	5.4	5.4	5.4	5.4	5.3

附表 4   中长期政府债券实际利率   （%）

年限	3 年	5 年	7 年	10 年	30 年
利率	3.2	3.2	3.2	3.2	3.2

对于计算期不同的项目分析，可根据附表 3-4 中各期利率采用线性插值法计算相应利率。例如，4 年期项目可用 3 年期利率和 5 年期利率的平均值进行评价。计算超过 30 年以上的项目，可用 30 年期的利率进行评价。

主 要 参 考 文 献

［1］中国国际工程咨询公司. 投资项目可行性研究指南. 北京：中国电力出版社，2002.

［2］欧盟委员会. 发展项目财务与经济分析手册. 中国国际工程咨询公司，译. 北京：中国计划出版社，2004.

［3］中国国际工程咨询公司. 中国投资项目社会评价指南. 北京：中国计划出版社，2004.

［4］P. 贝利，J. 安德森，H. 伯纳姆，J. 迪克逊，谭继鹏. 投资运营的经济分析. 建设部标准定额研究所，译. 北京：中国计划出版社，2002.

［5］同济大学，建设部标准定额研究所. 政府投资项目经济分析方法与参数研究. 北京：中国计划出版社，2004.

［6］清华大学经济管理学院，建设部标准定额研究所. 中国社会折现率研究与参数测算研究报告. 2003.

［7］中国社会科学院国际金融研究中心与建设部标准定额研究所. 人民币影子汇率研究报告. 2003.

［8］建设部标准定额研究所. 建设项目经济分析参数研究. 北京：中国计划出版社，2004.

［9］Robin W. Boadway，David E. Wildasin. 公共部门经济学. 邓力平，等，译. 北京：中国人民大学出版社，2000.

［10］蔡昉，白南生. 中国转轨时期劳动力流动. 北京：社会科学文献出版社，2006.

［11］程启智. 人的生命价值理论比较研究. 中南财经政法大学学报，2005（6）：39-44.

［12］黄向阳：西方生命周期理财概念的评价及启示. 中州学刊，2004（5）：47-49.

［13］魏振宽，周延峰，荆全忠. 基于生命经济价值理论的安全生产分析. 中国安全生产科学技术，2006（8）：8-11.

［14］牟勇. 伤亡事故中生命经济价值估算研究. 中国安全生产科学技术，2006（4）：109-111.

［15］王亮. 生命价值的实证研究. 中国安全科学学报，2004（6）：24-29.

［16］William A Ward，Barry J. Deren，Emmanuel H. D'Silva. 项目分析经济学实践指南. 北京：清华大学出版社，2001.

［17］Handbook for Integrating Poverty Impact Assessment in the Economic Analysis of Projects，Economics and Development Resource Centre，Asian Development Bank，2001.

［18］Guidelines for the Financial Governance and Management of Investment Projects Financed by the Asian Developmenmt Bank，ADB，2002.

［19］Project Cycle Management Handbook，European Commission，Euro Aid Co-operation Office，2002.

［20］Report and Recommendation of the President to the Board of Directors on A Proposed Loan to the People's Republic of China for the Hefei-Xi'an Railway Project，2000.

［21］D. Pearce et al. Cost-Benefit Analysis and Environment—Recent Development，OECD，2006.

［22］Louis Kaplow，the Value of a Statistical Life and the Coefficient of Relative Risk Aversion，the Journal of Risk and Uncertainty，31：1；23-34，2005.

［23］Mahmoud Arayssi，The Value of Life：A new Labor Theory-Based Model，Journal of Business Valuation and Economic Loss Analysis，Vol 1，Issue 1，2006 Article 3.

［24］Peter Abelson，The Value of life and health for Public Policy，The Economic Record，Vol 79，Special Issue，June，2003，S2-S13.

［25］W. Kip Viscusi，The value of life，ISSN1045-6333，Discussion Paper No.517，2005.

［26］Joseph E. Aldy，W. Kip Viscusi，Age Differences in the Value of Statistical Life，April 2007，RFF DP 07-05.

［27］Kenji Takeuchi，A Choice Experiment Approach to the Valuation of Morality，the Journal of Risk and Uncertainty，31:1；73-95，2005.

［28］R. J. Brent，A Simple Method for Converting Cost-Effectiveness Analysis to Cost-Benefits Analysis with an Application to State Mental Health Expenditures. Public Finance Review，Vol.30，2002.

［29］Guidelines for the Economic Analysis of Projects，Economics and Development Resource Center，Asian Development Bank（ADB），February 1997.

［30］Massimo Florio，Cost-Benefit Analysis and the European Union Cohesion Fund：On the Social Cost of Capital and Labour，Regional Studies，Vol. 402，pp. 211-224，April 2006.

［31］Iraj Saleh，Estimating shadow wage Rates for Economic Project Appraisal，The Pakistan Development Review 43：3 2004：253-266.

［32］EFTEC（Economics for the Environment Consultancy Ltd.）（2003），The Thames Tideway：Stated Preference Survey，Report to Thames Water plc，London，EFTEC.

［33］M. Clawson（1959），"Method of Measuring the Demand for and Value of Outdoor Recreation"，Resource for the Future，Washington.